# 旅游抽样调查资料

# 2020

中华人民共和国文化和旅游部

中国旅游出版社

# 编 者 说 明

本书是根据入境游客花费抽样调查和国内旅游抽样调查数据整理汇总，反映2019年入境游客花费和国内居民国内旅游情况的资料性年刊，主要供旅游业发展研究者参考使用。

上篇为停留3个月以内的入境游客抽样调查资料，主要反映入境游客的主要特征，入境外国人、港澳台同胞的花费水平和花费构成、在境内的停留时间以及入境次数、流向和对住宿单位的选择等信息。

下篇为国内旅游抽样调查资料，汇集了2019年对城镇居民和农村居民的国内旅游抽样调查结果，主要反映2019年国内旅游基本情况及城镇居民和农村居民国内旅游抽样调查分类数据。

2019年入境游客花费抽样调查和国内旅游抽样调查的组织实施，得到了国家统计局、国家移民管理局、国家民用航空局公安局和各省（区、市）文化和旅游部门、统计局、有关边检站的大力支持和协助，在此一并表示衷心感谢！

编　者

2020年10月

# 目　　录

## 上篇　入境游客抽样调查资料

## 第一部分　综合分析报告



## 第二部分　分类数据

### 一、入境游客人均天花费及构成

## 二、入境游客停留时间

## 三、入境游客来华（内地）旅游次数

## 四、入境游客的行程



## 五、入境游客的流向



## 六、入境过夜游客对住宿单位的选择



## 七、入境游客抽样调查总人数及所占比重

## 下篇　国内旅游抽样调查资料

# 第一部分　综合分析报告



# 第二部分　分类数据

## 一、国内旅游基本情况



## 二、城镇居民国内旅游抽样调查数据

# 上　　篇

## 入境游客抽样调查资料

# 第一部分　综合分析报告

# 2019 年入境游客抽样调查综合分析报告

为科学准确地反映 2019 年我国入境旅游业发展的总体情况，文化和旅游部组织实施了“入境游客花费情况抽样调查”。现将调查有关情况、数据及结果分析报告如下：

## 一、2019 年入境游客抽样调查情况

“入境游客花费情况抽样调查”是纳入《旅游统计调查制度》的国家调查项目。调查工作于 2019 年 5 月至 8 月在全国 132 个城市的主要边境口岸、旅游住宿单位、长江游船和部分接待入境游客的旅行社进行。在国家统计局、公安部、民航局等有关部门的配合下，经过各地旅游统计人员辛勤工作，按计划圆满地完成了现场调查、问卷审核、数据录入、资料汇总等工作。问卷按 6 种语种（即中、英、法、日、朝、俄）印刷。

根据《旅游统计调查制度（2017）》，本次调查范围及对象是到中国（大陆）的入境游客（包括外国人、港澳同胞和台湾同胞），其停留时间不超过 3 个月。调查的计划样本量为 47780 人，其中：口岸调查过夜游客 12600 人，一日游游客 4000 人；各省（区、市）饭店调查 30980 人，长江游船调查 200 人。另外，还对全国 140 家旅行社的 1934 个入境团队代收代付旅游费用的构成比例进行调查。

入境游客花费抽样调查的对象是到中国大陆境内旅游的外国人、香港同胞、澳门同胞和台湾同胞，调查内容主要包括：游客的主要特征、在境内的停留时间、在境内的旅游花费和构成、入境旅游的方式、在境内的行程和流向以及对旅游住宿单位的选择等。

## 二、抽样调查的基本结果

### （一）抽样人数的构成

2019 年入境游客抽样调查共回收有效调查问卷 53863 份，超过计划 12.7%，

其中，口岸调查表16173份，占回收问卷的30.0%（其中，过夜游客12583份，占77.8%；一日游游客3590份，占22.2%）；旅游住宿单位（含游船）调查37690份，占70%。2019年入境游客抽样调查人数占当年入境旅游人数的0.37‰，其中，外国人占当年入境外国人的1.19‰；香港同胞占当年入境香港同胞的0.09‰；澳门同胞占当年入境澳门同胞的0.13‰；台湾同胞占当年入境台湾同胞的0.81‰。具体情况如下：

**1. 按客源地分**

在接受调查的53863名入境游客中：外国游客38030人，占70.6%；香港同胞7475人，占13.9%；澳门同胞3390人，占6.3%；台湾同胞4968人，占9.2%。

**2. 按旅游方式分**

在接受调查的53863名入境游客中：团体游客17282人，占32.1%；散客36581人，占67.9%。

**3. 按过夜游客和一日游游客分**

在53863名被调查的入境游客中：过夜游客50273人，占93.3%；一日游游客3590人，占6.7%。

**4. 按性别分**

在接受调查的53863名入境游客中：男性游客29934人，占55.6%；女性游客23929人，占44.4%。

**5. 按年龄分**

在接受调查的53863名入境游客中：14岁及以下的游客385人，占0.7%；15岁至24岁的7510人，占13.9%；25岁至44岁的24548人，占45.6%；45至64岁的17656人，占32.8%；65岁及以上的3764人，占7.0%。

**6. 按职业分**

在接受调查的53863名入境游客中：政府工作人员2828人，占5.3%；专业技人员8533人，占15.8%；职员12110人，占22.5%；技工/工人2467人，占4.6%；商贸人员8389人，占15.6%；服务员/推销员2147人，占4.0%；退休人员4555人，占8.5%；家庭妇女2748人，占5.1%；军人135人，占0.3%；学生6420人，占11.9%；其他人员3531人，占6.6%。

**7. 按旅游目的分**

在接受调查的53863名入境游客中：观光游览的20106人，占37.3%；休闲度假的12422人，占23.1%；探亲访友的4023人，占7.5%；进行商务活动的8094人，占15.0%；参加会议的2882人，占5.4%；宗教朝拜的473人，占0.9%；文化/体育/科技交流的2472人，占4.6%；购物的891人，占1.7%；医疗保健的 306 人，占 0.6%；其他目的的 2194 人，占 4.1%。

**8. 外国人按国别分**

在接受调查的 38030 名外国人中，来自日本的 4710 人，占 12.4%；来自菲律宾的 740 人，占 1.9%；来自泰国的 1315 人，占 3.5%；来自新加坡的 1986 人，占 5.2%；来自印度尼西亚的 485 人，占 1.3%；来自马来西亚的 1235 人，占 3.2%；来自韩国的 5375 人，占 14.1%；来自朝鲜的 252 人，占 0.7%；来自蒙古的 387 人，占 1.0%；来自印度的 851 人，占 2.2%；来自越南的 734 人，占 1.9%；来自缅甸的 238 人，占 0.6%；来自哈萨克斯坦的 607 人，占 1.6%；来自英国的 2123 人，占 5.6%；来自法国的 1896 人，占 5.0%；来自德国的 1329 人，占 3.5%；来自西班牙的 585 人，占 1.5%；来自意大利的 813 人，占 2.1%；来自荷兰的 734 人，占 1.9%；来自瑞典的 427 人，占 1.1%；来自俄罗斯的 2665 人，占 7.0%，来自瑞士的 432 人，占 1.1%；来自乌克兰的 298 人，占 0.8%；来自美国的 2823 人，占 7.4%；来自加拿大的 1251 人，占 3.3%；来自澳大利亚的 1036 人，占 2.7%；来自新西兰的 527 人，占 1.4%；来自非洲国家的 429 人，占 1.1%；来自中南美洲国家的 209 人，占 0.5%；其他 1538 人，占 4.0%。

**（二）入境游客在境内花费及构成情况**

2019 年入境过夜游客在境内人均天花费总水平较上年微降，其中：香港同胞、澳门同胞和台湾同胞的人均天花费均有不同程度增长，外国人人均天花费同比下降。

入境过夜游客在境内人均天花费 231.06 美元 / 人天，比上年下降 0.5%。其中：外国人 260.08 美元 / 人天，下降 3.2%；香港同胞 139.47 美元 / 人天，增长 3.1%；澳门同胞 158.79 美元 / 人天，增长 4.2%；台湾同胞 199.87 美元 / 人天，增长 3.6%。

入境过夜游客在境内人均花费 1619.17 美元，与上年基本持平。其中：外国过夜游客人均花费 1936.48 美元，下降 8.7%；香港同胞人均花费 748.09 美元，增长 26.8%；澳门同胞人均花费 855.32 美元，增长 5.6%；台湾同胞人均花费 1448.53 美元，增长 27.6%。

入境一日游游客在境内人均花费 81.41 美元，比上年增长 0.8%。其中：外国游客人均花费 101.39 美元，增长 14.1%；香港同胞人均花费 56.30 美元，增长 0.9%；澳门同胞人均花费 68.89 美元，增长 1.6%；台湾同胞人均花费 68.59 美元，增长 0.6%。

入境过夜游客的花费构成情况：长途交通费占总花费的 34.1%，住宿费占 17.0%，餐饮费占 10.9%，游览费占 4.7%，娱乐费占 2.7%，购物费占 19.6%，市内交通费占 2.4%，邮电通信费占 0.5%，其他费用占 8.1%。与上年相比，过夜游客在长途交通、住宿、餐饮、市内交通的支出比例有不同程度的增长，在游览、娱乐、购物、邮电通信、其他方面的支出比例有所下降。

入境一日游游客花费的构成是：餐饮费占23.2%，游览费占6.1%，娱乐费占7.3%，购物费占47.2%，交通费占4.8%，邮电通信费占1.0%，其他费用占10.5%。与上年相比，一日游游客在餐饮、游览、娱乐、交通方面的支出比例有不同程度的增长，在购物和其他方面的支出比例下降，在邮电通信方面的支出比例保持不变。

在入境游客的花费中，不包括国际（地区）间交通费和境外旅行商（社）收取的劳务费。

**（三）入境过夜游客在境内停留时间**

2019年入境游客抽样调查结果显示：

入境过夜游客在境内的停留时间为7.0天，与上年持平。其中，25.3%的游客在境内停留1~3天，56.7%的游客停留4~7天；外国人、台湾同胞停留时间较长，停留8天及以上的比例，分别为19.7%和23.6%；香港同胞和澳门同胞在境内的停留时间较短，停留4~7天的游客分别为54.3%和59.2%，停留8天以上的分别仅有9.7%和8.7%。

从入境过夜游客的出游方式看，参加旅行团的团体游客在境内的停留时间短于散客。团体游客在境内平均停留6.9天，较上年延长0.4天；散客在境内平均停留7.1天，较上年缩短0.1天。

从入境过夜游客构成看，外国人平均停留7.4天，较上年缩短0.5天；香港同胞平均停留5.4天，较上年延长1.0天；澳门同胞平均停留5.4天，较上年延长0.1天；台湾同胞平均停留7.2天，较上年延长1.4天。

在不同性别的入境过夜游客中，男性游客的平均停留时间略长于女性游客的平均停留时间，分别为7.3天和6.6天。

在不同年龄段的入境过夜游客中，15~24岁游客的平均停留时间最长，为9.2天；65岁及以上游客的平均停留时间为6.9天；45~64岁游客的平均停留时间为6.8天；25~44岁游客的平均停留时间为6.5天；14岁及以下游客的平均停留时间最短，为6.3天。

在不同职业的入境过夜游客中，学生的平均停留时间最长，为9.9天；退休人员、政府工作人员、专业技术人员、军人、职员、商贸人员和家庭妇女的平均停留时间依次为7.3天、6.9天、6.8天、6.7天、6.3天、6.2天、6.2天；技工/工人、服务员/推销员的停留时间最短，均为5.8天。

在不同旅游目的的入境过夜游客中，以文化/体育/科技交流为主要目的的平均停留时间最长，为8.8天；以商务、医疗保健、探亲访友、观光游览、休闲度假、宗教朝拜、会议为主要目的的平均停留时间，依次为 7.6 天、7.6 天、6.9 天、6.4 天、6.3 天、6.2 天和 5.0 天；以购物为主要目的的停留时间最短，为 4.9 天。

**（四）入境游客来华（内地）次数**

1. 入境游客以多次来华（内地）为主。入境 4 次及以上的过夜游客占过夜游客比例为 25.2%，比上年下降了 4.0 个百分点，一日游游客占比为 45.9%，比上年下降了 1.4 个百分点；第一次来华（内地）旅游的过夜游客和一日游游客所占比例分别为 37.6% 和 20.2%，依次比上年增加了 2.3 个百分点和下降了 4.6 个百分点。

2. 初次来华（内地）的游客主要是团队游客，而数次来华（内地）的则以散客为主。调查中，团队游客第一次入境的占 51.4%，比上年下降了 4.4 个百分点；散客入境 4 次及以上的占 33.7%，比上年下降了 5.8 个百分点。

3. 从游客入境次数构成比例来看，首次入境和第 2~3 次入境的，以外国游客比例相对较高，分别占 41.4% 和 39.5%；多次（4 次及以上）入境的游客，以香港同胞和澳门同胞比例相对较高，分别占 62.6% 和 47.1%。在各类入境游客中，外国游客以首次入境和第 2~3 次入境的为主，多次（4 次及以上）入境的外国游客比例占 19.0%，低于首次入境者 22.4 个百分点；香港同胞和澳门同胞都以多次（4 次及以上）入境的为主，分别高于其首次入境的比例（12.1% 和 18.3%）50.5 个百分点和 28.8 个百分点；台湾同胞中，入境次数分布比较均匀，即首次入境、第 2~3 次入境和多次（4 次及以上）入境者的比例依次为 32.3%、36.9% 和 30.7%。

4. 从全国各省（区、市）的情况看，大部分省（区、市）接待首次来本地区的入境游客比例相对较高，而经济发达、交通便利的省（区、市）和部分边境口岸省（区、市）该比例相对较低。

**（五）入境游客的行程**

2019 年，入境游客在境内的行程有以下特点：

入境游客仍然以短程为主。游览 1~3 座城市的游客占被调查者的 93.6%，比上年增加 2.8 个百分点；游览 4~6 座城市和一次游览 7 座及以上城市的游客分别占 5.4% 和 1.0%。

团体游客的平均行程普遍长于散客，团体游客游览 4 座及以上城市的占 13.3%，散客占 4.6%。

在入境游客中，台湾同胞和外国人的行程相对较长，一次游览 4 座及以上城市的占比较高，分别为 8.2% 和 7.4%；香港同胞和澳门同胞的行程相对较短，分别有 97.7% 和 95.2 的游客一次只游览 1~3 座城市。

在不同性别的游客中，男性行程略长于女性，男性一次游览 4 座及以上城市的比例为 6.6%，女性为 6.2%。

在不同年龄的入境游客中，14 岁及以下的游客平均行程最短，游览城市最少，一次游览 1~3 座城市的比例为 96.4%；其次是 25~44 岁、45~64 岁和 15~24 岁的游客，一次游览 1~3 座城市的比例分别为 94.8%、93.2% 和 91.5%；65 岁及以上年龄段的游客平均行程最长，一次游览 4 座及以上城市的比例达到 9.2%。

在不同职业的入境游客中，军人和学生平均行程普遍较长，一次游览 4 座及以上城市的比例均超过 10%，分别为 13.2%、10.1%；退休人员、商贸人员、家庭妇女、职员、政府工作人员、服务员 / 推销员、专业技术人员和技工 / 工人的平均行程普遍较短，一次游览 1~3 座城市的均超过 90.0%。

在不同旅游目的的入境游客中，以宗教朝拜、观光游览和文化交流为主要目的游客的平均行程要长于其他旅游目的的游客，一次游览 4 座及以上城市的依次占 13.9%、11.9% 和 7.7%；而以会议为目的游客的平均行程较短，一次游览 1~3 座城市的达到 97.6%。

### （六）入境游客的流向

#### 1. 入境游客出境后的流向

2019 年入境游客抽样调查资料显示:（1）在入境外国游客中，到我国的“一国游游客”和以我国为最终旅游目的地的游客居于主要地位，78.8% 的游客出境后返回各自的国家，较上年提高了 1.8 个百分点。其中，我国周边国家的游客多数是只到我国旅游的“一国游游客”，比重超过八成；欧美、大洋洲和非洲等远程市场的入境游客，离境后前往其他国家或地区的比重为 23.5%，与上年相比略有下降。（2）入境外国游客出境后，除了直接返回客源地外，还有 21.2% 的游客前往其他国家或地区，这部分游客中 37.6% 的游客前往港澳特别行政区，比上年降低了 0.2 个百分点。（3）香港同胞和澳门同胞离境后直接返回各自地区的比重均超过 80%；哈萨克斯坦、俄罗斯、蒙古、韩国、日本市场的游客，出境后直接返回来自国家（或地区）的比重也均超过 80%。

#### 2. 入境过夜游客在我国省（区、市）之间的流向

在这次全国各省（区、市）旅游住宿单位（含游船）抽样调查的 37690 名入境过夜游客中，有 13227 人不立即出境，还将前往境内其他地区游览。这些游客流向主要有两个特点：第一，在被访地所在的省（区、市）内继续游览，这部分游客占在境内继续游览人数的32.6%，比上年下降了0.8个百分点；第二，前往北京、上海旅游，在各省（区、市）接待的入境游客中，选择这一流向的占 32.6%。

### （七）入境过夜游客对住宿单位的选择

2019 年入境过夜游客对住宿单位的选择是：选择宾馆饭店住宿的人天数占

其总人天数的 73.3%，比上年增加了 3.3 个百分点；选择公寓住宿的人天数占 7.6%，与上年持平；在私人住所住宿的人天数占 10.7%，比上年下降了 3.4 个百分点。此外，还有 8.4% 的入境过夜游客在车船等旅游住宿单位中住宿。

2019 年对入境过夜游客选择住宿单位的调查表明：（1）入境过夜游客对住宿单位的选择主要是宾馆饭店，占被调查者的 73.3%；其次是私人住所，占被调查者的 10.7%。（2）外国过夜游客选择宾馆饭店的比例高于香港同胞、澳门同胞和台湾同胞，为 74.8%；外国人、香港同胞、澳门同胞和台湾同胞选择宾馆饭店的比例较其他住宿单位高，分别为 74.8%、64.6%、74.6% 和 71.2%。（3）在入境过夜游客中，团体游客选择宾馆饭店住宿的比例（87.2%）高于散客（69.2%）；而散客选择公寓和私人住所住宿的比例（21.9%）远高于团体游客（6.2%）。

# 第二部分　分类数据

## 一、入境游客人均天花费及构成

# 1-1 2019年入境过夜游客人均天花费

| | | 人均天花费 | 政府工作人员 | 专业技术人员 | 职员 | 技工/工人 |
|---|---|---|---|---|---|---|
| 全国 | 合计 | **231.06** | **260.63** | **247.11** | **236.99** | **196.09** |
| | 团体 | 250.78 | 250.69 | 276.83 | 245.99 | 220.42 |
| | 散客 | 225.06 | 264.81 | 239.51 | 234.58 | 188.12 |
| 外国人 | 小计 | 260.08 | 273.30 | 275.21 | 260.85 | 231.22 |
| | 团体 | 268.54 | 253.27 | 322.67 | 253.42 | 242.76 |
| | 散客 | 257.61 | 280.76 | 265.26 | 262.73 | 227.76 |
| 香港同胞 | 小计 | 139.47 | 203.29 | 155.56 | 161.68 | 115.95 |
| | 团体 | 194.99 | 290.91 | 173.50 | 247.79 | 145.99 |
| | 散客 | 130.01 | 172.50 | 152.46 | 149.03 | 108.87 |
| 澳门同胞 | 小计 | 158.79 | 242.36 | 161.55 | 158.30 | 148.60 |
| | 团体 | 186.98 | 232.75 | 181.68 | 192.33 | 178.34 |
| | 散客 | 150.01 | 248.01 | 156.33 | 145.66 | 138.05 |
| 台湾同胞 | 小计 | 199.87 | 210.01 | 194.84 | 200.97 | 199.05 |
| | 团体 | 233.60 | 224.22 | 216.78 | 241.63 | 240.19 |
| | 散客 | 177.38 | 193.87 | 176.20 | 179.84 | 162.17 |

（按外国人、港澳台胞、团体及散客、职业分组）

单位：美元 / 人天

| 商贸人员 | 服务员 / 推销员 | 退休人员 | 家庭妇女 | 军人 | 学生 | 其他 |
|---|---|---|---|---|---|---|
| **262.84** | **212.01** | **191.11** | **201.65** | **295.97** | **204.37** | **233.85** |
| 311.87 | 208.69 | 197.09 | 259.18 | 334.70 | 265.57 | 244.46 |
| 254.04 | 213.41 | 187.29 | 175.31 | 269.47 | 185.60 | 231.25 |
| | | | | | | |
| 286.49 | 247.63 | 220.70 | 216.23 | 276.13 | 253.17 | 254.49 |
| 338.61 | 233.76 | 198.24 | 220.76 | 281.19 | 311.70 | 254.22 |
| 277.30 | 253.62 | 235.94 | 213.78 | 272.75 | 232.67 | 254.55 |
| | | | | | | |
| 182.12 | 125.62 | 108.70 | 104.52 | 370.45 | 99.94 | 136.31 |
| 240.11 | 141.12 | 175.50 | 184.90 | 513.06 | 160.23 | 170.52 |
| 176.56 | 122.20 | 93.35 | 97.75 | 156.54 | 88.19 | 132.99 |
| | | | | | | |
| 201.24 | 170.47 | 183.47 | 168.74 | 357.79 | 107.33 | 185.18 |
| 201.56 | 169.74 | 233.93 | 278.72 | — | 104.03 | 244.11 |
| 201.17 | 170.95 | 145.63 | 134.60 | 357.79 | 107.98 | 170.89 |
| | | | | | | |
| 218.39 | 166.24 | 181.68 | 274.18 | — | 149.85 | 197.63 |
| 264.12 | 170.86 | 195.52 | 401.07 | — | 163.86 | 214.39 |
| 204.94 | 163.42 | 163.91 | 155.55 | — | 143.57 | 189.64 |

# 1-2 2019年入境过夜游客人均天花费

| | | 人均天花费 | 观光游览 | 休闲度假 | 探亲访友 | 商务 |
|---|---|---|---|---|---|---|
| **全国** | **合计** | **231.06** | **230.92** | **238.26** | **153.43** | **242.64** |
| | 团体 | 250.78 | 230.82 | 252.36 | 226.65 | 332.55 |
| | 散客 | 225.06 | 230.97 | 231.84 | 148.83 | 239.19 |
| 外国人 | 小计 | 260.08 | 250.48 | 275.99 | 206.86 | 259.85 |
| | 团体 | 268.54 | 239.27 | 275.97 | 248.71 | 355.69 |
| | 散客 | 257.61 | 256.21 | 276.01 | 203.41 | 256.52 |
| 香港同胞 | 小计 | 139.47 | 168.75 | 133.36 | 88.91 | 164.48 |
| | 团体 | 194.99 | 198.73 | 170.85 | 264.74 | 240.85 |
| | 散客 | 130.01 | 156.31 | 125.11 | 86.40 | 162.50 |
| 澳门同胞 | 小计 | 158.79 | 156.76 | 165.89 | 118.57 | 173.97 |
| | 团体 | 186.98 | 175.97 | 194.81 | 180.56 | 215.40 |
| | 散客 | 150.01 | 147.98 | 151.74 | 115.30 | 170.05 |
| 台湾同胞 | 小计 | 199.87 | 213.61 | 206.99 | 150.18 | 209.82 |
| | 团体 | 233.60 | 232.95 | 237.89 | 178.33 | 343.46 |
| | 散客 | 177.38 | 189.42 | 171.58 | 146.43 | 201.69 |

（按外国人、港澳台胞、团体及散客、旅游目的分组）

单位：美元 / 人天

| 会 议 | 宗 教<br>朝 拜 | 文化 / 体育 /<br>科技交流 | 购 物 | 医 疗<br>保 健 | 其 他 |
|---|---|---|---|---|---|
| **253.64** | **233.84** | **246.06** | **362.46** | **226.88** | **248.64** |
| 295.46 | 207.66 | 329.85 | 407.98 | 122.34 | 336.42 |
| 250.38 | 248.44 | 227.16 | 334.78 | 267.67 | 235.59 |
| | | | | | |
| 269.72 | 249.68 | 260.53 | 403.01 | 236.77 | 265.47 |
| 319.71 | 232.08 | 342.91 | 423.96 | 118.77 | 372.79 |
| 265.71 | 257.41 | 240.39 | 388.54 | 288.83 | 251.33 |
| | | | | | |
| 176.28 | 240.02 | 176.53 | 190.05 | 211.96 | 143.59 |
| 145.15 | — | 267.58 | 239.84 | 192.42 | 232.28 |
| 177.35 | 240.02 | 166.94 | 150.22 | 215.22 | 123.32 |
| | | | | | |
| 234.27 | 166.43 | 167.77 | 109.74 | 100.14 | 176.21 |
| 218.02 | 180.91 | 143.48 | 95.35 | 159.47 | 238.98 |
| 236.24 | 159.20 | 171.37 | 111.25 | 85.31 | 153.79 |
| | | | | | |
| 187.57 | 183.36 | 185.66 | 365.33 | 169.16 | 147.24 |
| 200.50 | 166.38 | 272.78 | 603.03 | — | 171.36 |
| 186.53 | 217.32 | 168.91 | 127.62 | 169.16 | 141.49 |

## 1-3　2019年入境过夜游客人均天花费

| | | 人均天花费 | 男　性 | 女　性 |
|---|---|---|---|---|
| 全　国 | 合计 | **231.06** | **231.46** | **230.56** |
| | 团体 | 250.78 | 265.78 | 237.29 |
| | 散客 | 225.06 | 222.88 | 228.03 |
| 外 国 人 | 小计 | 260.08 | 261.47 | 258.29 |
| | 团体 | 268.54 | 293.55 | 246.07 |
| | 散客 | 257.61 | 253.93 | 262.84 |
| 香港同胞 | 小计 | 139.47 | 134.23 | 146.33 |
| | 团体 | 194.99 | 184.36 | 207.40 |
| | 散客 | 130.01 | 126.18 | 135.13 |
| 澳门同胞 | 小计 | 158.79 | 158.45 | 159.11 |
| | 团体 | 186.98 | 194.98 | 179.95 |
| | 散客 | 150.01 | 147.84 | 152.19 |
| 台湾同胞 | 小 计 | 199.87 | 192.92 | 207.01 |
| | 团 体 | 233.60 | 227.21 | 238.71 |
| | 散 客 | 177.38 | 174.40 | 181.00 |

（按外国人、港澳台胞、团体及散客、性别、年龄分组）

单位：美元 / 人天

| 14 岁及以下 | 15~24 岁 | 25~44 岁 | 45~64 岁 | 65 岁及以上 |
|---|---|---|---|---|
| **182.76** | **201.56** | **243.48** | **228.77** | **215.97** |
| 212.76 | 258.58 | 249.93 | 247.36 | 261.23 |
| 160.27 | 184.55 | 241.92 | 222.09 | 191.09 |
| | | | | |
| 271.32 | 249.39 | 270.40 | 248.34 | 258.21 |
| 238.03 | 300.80 | 267.21 | 254.05 | 285.89 |
| 312.01 | 231.19 | 271.08 | 246.39 | 241.21 |
| | | | | |
| 82.41 | 108.42 | 155.98 | 146.23 | 107.69 |
| 147.33 | 168.28 | 217.13 | 180.85 | 205.83 |
| 51.66 | 99.73 | 146.09 | 140.20 | 88.06 |
| | | | | |
| 144.25 | 114.19 | 161.00 | 199.65 | 219.37 |
| 290.48 | 116.75 | 179.10 | 223.25 | 308.78 |
| 102.47 | 113.63 | 155.15 | 191.32 | 149.82 |
| | | | | |
| 127.66 | 164.13 | 202.86 | 212.78 | 175.02 |
| 171.88 | 183.32 | 234.41 | 254.27 | 185.54 |
| 94.50 | 156.50 | 184.59 | 178.55 | 165.24 |

# 1-4　2019 年外国过夜游客人均天花费

| | 人均天花费 | 政府工作人员 | 专业技术人员 | 职员 | 技工/工人 | 商贸人员 |
|---|---|---|---|---|---|---|
| 日本 | 224.48 | 289.21 | 242.53 | 212.81 | 219.60 | 221.21 |
| 菲律宾 | 228.95 | 341.58 | 242.32 | 242.71 | 164.87 | 259.25 |
| 泰国 | 222.90 | 219.91 | 238.66 | 201.83 | 189.59 | 204.93 |
| 新加坡 | 241.97 | 246.43 | 256.77 | 230.63 | 319.24 | 287.91 |
| 印度尼西亚 | 246.00 | 263.64 | 291.69 | 199.71 | 209.31 | 274.66 |
| 马来西亚 | 229.34 | 272.50 | 246.33 | 262.44 | 215.31 | 211.32 |
| 韩国 | 195.37 | 227.15 | 216.26 | 192.00 | 180.35 | 204.49 |
| 朝鲜 | 226.65 | 315.38 | 210.88 | 156.76 | 218.51 | 384.73 |
| 蒙古 | 234.82 | 517.38 | 235.20 | 197.69 | 176.75 | 227.51 |
| 印度 | 231.08 | 258.18 | 276.52 | 209.40 | 205.47 | 209.22 |
| 越南 | 176.46 | 221.98 | 138.66 | 164.78 | 174.06 | 223.14 |
| 缅甸 | 292.06 | 335.17 | 315.72 | 332.36 | 201.08 | 284.38 |
| 哈萨克斯坦 | 442.59 | 403.46 | 250.87 | 397.94 | 351.67 | 481.55 |
| 英国 | 385.44 | 347.56 | 308.95 | 669.34 | 235.02 | 301.96 |
| 法国 | 313.66 | 371.69 | 312.63 | 286.94 | 322.37 | 369.74 |
| 德国 | 282.00 | 301.20 | 283.62 | 290.81 | 416.81 | 233.75 |
| 西班牙 | 309.01 | 268.08 | 311.32 | 248.03 | 342.08 | 435.67 |
| 意大利 | 257.63 | 272.15 | 272.82 | 290.02 | 291.62 | 267.98 |
| 荷兰 | 278.89 | 359.90 | 249.61 | 301.38 | 237.28 | 264.82 |
| 瑞典 | 279.51 | 239.89 | 282.06 | 332.81 | 202.33 | 283.93 |
| 俄罗斯 | 246.89 | 205.03 | 273.34 | 231.35 | 201.97 | 431.77 |
| 瑞士 | 292.68 | 279.00 | 312.13 | 300.22 | 243.09 | 328.22 |
| 乌克兰 | 321.62 | 322.05 | 314.51 | 441.26 | 185.08 | 303.10 |
| 美国 | 311.25 | 276.08 | 332.08 | 308.29 | 262.64 | 428.64 |
| 加拿大 | 316.07 | 270.78 | 408.20 | 300.51 | 338.36 | 331.33 |
| 澳大利亚 | 311.31 | 231.60 | 335.86 | 304.86 | 243.05 | 428.78 |
| 新西兰 | 285.43 | 277.12 | 291.73 | 291.89 | 244.78 | 288.95 |
| 非洲国家 | 234.94 | 284.38 | 252.81 | 258.51 | 258.70 | 218.58 |
| 中南美洲国家 | 333.90 | 528.05 | 334.58 | 364.84 | 302.16 | 303.10 |
| 其他国家 | 298.34 | 250.20 | 248.69 | 239.51 | 263.20 | 271.98 |

（按国别、职业分组）

单位：美元/人天

| 服务员/推销员 | 退休人员 | 家庭妇女 | 军人 | 学生 | 其他 |
|---|---|---|---|---|---|
| 216.84 | 210.44 | 212.57 | 163.88 | 222.92 | 250.35 |
| 211.67 | 176.30 | 192.73 | 93.65 | 159.80 | 172.09 |
| 293.60 | 270.24 | 199.89 | 71.05 | 209.39 | 230.98 |
| 228.99 | 219.35 | 230.19 | 126.91 | 178.44 | 238.50 |
| 350.02 | 241.21 | 276.60 | — | 193.42 | 228.79 |
| 184.38 | 167.05 | 182.02 | 375.42 | 232.49 | 220.60 |
| 248.25 | 185.36 | 180.23 | 544.06 | 158.41 | 174.43 |
| 226.55 | 223.33 | 156.94 | — | 183.89 | 272.85 |
| 261.91 | 304.36 | 142.33 | — | 199.86 | 235.12 |
| 238.06 | 293.15 | 298.72 | 118.80 | 213.40 | 226.71 |
| 219.16 | 209.39 | 118.22 | 284.76 | 234.69 | 105.71 |
| 313.10 | 150.09 | 86.73 | 164.87 | — | 341.04 |
| — | 371.38 | 330.94 | — | 479.54 | 532.66 |
| 225.92 | 214.60 | 290.88 | 634.24 | 242.92 | 268.23 |
| 254.92 | 260.11 | 342.52 | — | 291.97 | 335.57 |
| 216.14 | 253.10 | 261.88 | 340.53 | 306.17 | 313.05 |
| 282.92 | 256.38 | 137.94 | — | 329.18 | 439.07 |
| 215.19 | 245.82 | 351.77 | — | 101.48 | 369.31 |
| 362.14 | 263.30 | 266.88 | — | 311.80 | 251.95 |
| 292.90 | 273.92 | 396.27 | — | 252.32 | 132.10 |
| 222.67 | 161.92 | 172.25 | 527.65 | 302.84 | 167.33 |
| — | 202.55 | — | 414.44 | 256.23 | 215.44 |
| 316.62 | — | — | — | 333.86 | 164.46 |
| 300.75 | 259.86 | 228.90 | 419.18 | 259.61 | 257.67 |
| 212.73 | 289.18 | 268.69 | — | 242.86 | 245.66 |
| 349.52 | 242.21 | 346.24 | 316.26 | 199.73 | 227.66 |
| 314.43 | 274.73 | 279.42 | — | 302.22 | 217.90 |
| 246.69 | 554.85 | 214.12 | 219.77 | 199.16 | 307.42 |
| 309.47 | 304.32 | 281.80 | — | 271.68 | 422.23 |
| 275.97 | 296.00 | 238.87 | 160.67 | 365.66 | 339.49 |

# 1-5　2019年外国过夜游客人均天花费

| | 人均天花费 | 观光游览 | 休闲度假 | 探亲访友 | 商务 |
|---|---|---|---|---|---|
| 日　本 | 224.48 | 220.58 | 225.83 | 181.89 | 220.60 |
| 菲律宾 | 228.95 | 237.33 | 237.05 | 144.11 | 210.01 |
| 泰　国 | 222.90 | 225.09 | 216.80 | 263.60 | 227.72 |
| 新加坡 | 241.97 | 255.19 | 244.57 | 175.10 | 270.52 |
| 印度尼西亚 | 246.00 | 266.77 | 290.34 | 194.40 | 214.05 |
| 马来西亚 | 229.34 | 227.60 | 237.20 | 175.00 | 229.97 |
| 韩　国 | 195.37 | 198.80 | 196.42 | 169.90 | 194.13 |
| 朝　鲜 | 226.65 | 229.04 | 204.71 | 194.12 | 424.31 |
| 蒙　古 | 234.82 | 228.68 | 200.21 | 193.71 | 288.08 |
| 印　度 | 231.08 | 265.18 | 226.27 | 204.98 | 204.41 |
| 越　南 | 176.46 | 206.58 | 125.71 | 152.87 | 241.62 |
| 缅　甸 | 292.06 | 276.78 | 367.63 | 240.68 | 294.18 |
| 哈萨克斯坦 | 442.59 | 356.79 | 513.04 | 378.96 | 369.12 |
| 英　国 | 385.44 | 274.74 | 584.08 | 264.04 | 274.17 |
| 法　国 | 313.66 | 318.33 | 297.96 | 373.92 | 330.47 |
| 德　国 | 282.00 | 271.24 | 304.25 | 326.47 | 284.16 |
| 西班牙 | 309.01 | 265.04 | 393.05 | 293.51 | 239.95 |
| 意大利 | 257.63 | 274.35 | 282.91 | 181.75 | 278.69 |
| 荷　兰 | 278.89 | 269.64 | 280.12 | 258.21 | 245.84 |
| 瑞　典 | 279.51 | 295.91 | 310.24 | 220.46 | 262.63 |
| 俄罗斯 | 246.89 | 238.55 | 210.19 | 212.13 | 324.46 |
| 瑞　士 | 292.68 | 311.31 | 298.03 | 251.29 | 327.13 |
| 乌克兰 | 321.62 | 305.73 | 360.08 | — | 249.76 |
| 美　国 | 311.25 | 293.15 | 312.70 | 251.84 | 319.71 |
| 加拿大 | 316.07 | 295.05 | 400.24 | 207.62 | 357.19 |
| 澳大利亚 | 311.31 | 253.47 | 365.61 | 215.45 | 386.58 |
| 新西兰 | 285.43 | 280.84 | 279.84 | 186.95 | 255.63 |
| 非洲国家 | 234.94 | 259.19 | 202.55 | 188.52 | 246.18 |
| 中南美洲国家 | 333.90 | 309.68 | 363.20 | 269.10 | 318.08 |
| 其他国家 | 298.34 | 283.60 | 320.79 | 277.45 | 274.47 |

（按国别、旅游目的分组）

单位：美元 / 人天

| 会 议 | 宗 教 朝 拜 | 文化 / 体育 / 科技交流 | 购 物 | 医 疗 保 健 | 其 他 |
|---|---|---|---|---|---|
| 220.33 | 181.75 | 310.17 | 221.34 | 321.95 | 222.12 |
| 438.74 | 300.02 | 166.47 | 120.69 | 337.15 | 171.33 |
| 227.97 | 383.70 | 142.85 | 70.79 | 252.56 | 206.34 |
| 248.52 | 242.63 | 210.60 | 256.32 | 249.25 | 250.77 |
| 318.63 | 61.59 | 175.72 | 261.71 | 378.84 | 147.89 |
| 225.48 | 123.18 | 285.08 | 272.39 | 164.59 | 268.56 |
| 215.96 | 210.15 | 211.94 | 215.11 | 257.54 | 142.57 |
| 244.70 | 301.20 | 232.70 | 241.59 | 230.25 | 212.83 |
| 162.02 | 150.10 | 162.40 | 357.78 | 127.70 | 189.84 |
| 251.95 | — | 254.77 | 301.64 | 333.19 | 209.44 |
| 89.85 | 491.04 | 299.17 | 89.39 | 169.73 | 170.50 |
| 549.30 | — | 115.35 | — | — | 140.54 |
| 312.90 | — | 441.80 | 787.95 | 323.51 | 493.83 |
| 389.72 | 366.05 | 239.51 | 1,011.08 | 233.54 | 258.42 |
| 338.00 | 193.80 | 287.92 | 220.35 | 178.98 | 239.15 |
| 238.75 | 293.36 | 305.14 | 261.39 | 281.08 | 236.48 |
| 332.74 | — | 368.88 | — | — | 481.22 |
| 287.26 | — | 139.59 | 210.19 | — | 299.41 |
| 301.25 | — | 460.65 | — | — | 278.90 |
| 179.02 | — | 212.11 | 399.46 | — | 36.43 |
| 288.67 | 194.48 | 222.68 | 348.55 | 76.59 | 266.16 |
| 204.39 | 199.00 | 255.33 | — | — | 243.36 |
| 516.76 | — | 290.12 | — | 868.05 | 215.67 |
| 311.59 | — | 287.62 | 1,882.74 | 234.67 | 208.19 |
| 291.32 | — | 258.53 | — | 276.95 | 221.54 |
| 445.53 | — | 201.39 | — | 404.38 | 229.83 |
| 400.54 | 467.95 | 445.79 | — | 523.57 | 147.06 |
| 208.97 | — | 312.22 | 116.44 | 49.51 | 216.16 |
| 358.15 | 516.88 | 317.17 | — | — | — |
| 229.44 | — | 295.37 | 242.60 | 286.40 | 344.70 |

# 1-6　2019 年外国过夜游客人均天花费
## （按国别、性别、年龄分组）

单位：美元 / 人天

| | 人均天花费 | 男　性 | 女　性 | 14 岁及以下 | 15~24 岁 | 25~44 岁 | 45~64 岁 | 65 岁及以上 |
|---|---|---|---|---|---|---|---|---|
| 日　本 | 224.48 | 229.64 | 218.03 | 196.95 | 231.62 | 210.48 | 236.54 | 248.29 |
| 菲律宾 | 228.95 | 241.39 | 212.84 | — | 188.09 | 236.31 | 233.55 | 217.30 |
| 泰　国 | 222.90 | 225.13 | 220.33 | — | 225.31 | 215.07 | 236.05 | 246.45 |
| 新加坡 | 241.97 | 255.16 | 228.33 | 143.67 | 184.47 | 246.31 | 258.68 | 202.81 |
| 印度尼西亚 | 246.00 | 264.74 | 225.51 | 76.10 | 219.78 | 259.44 | 243.35 | 286.49 |
| 马来西亚 | 229.34 | 229.35 | 229.32 | 223.87 | 276.00 | 232.17 | 226.83 | 182.99 |
| 韩　国 | 195.37 | 194.83 | 196.04 | 353.45 | 166.85 | 203.93 | 192.72 | 197.85 |
| 朝　鲜 | 226.65 | 263.03 | 206.74 | 155.76 | 187.74 | 231.57 | 225.40 | 282.01 |
| 蒙　古 | 234.82 | 235.00 | 234.51 | — | 199.46 | 245.96 | 202.56 | 357.30 |
| 印　度 | 231.08 | 221.74 | 254.09 | — | 244.38 | 230.18 | 217.72 | 308.54 |
| 越　南 | 176.46 | 196.56 | 160.80 | 138.03 | 150.41 | 207.14 | 146.83 | 215.80 |
| 缅　甸 | 292.06 | 292.03 | 292.10 | — | 195.66 | 320.64 | 253.71 | 271.06 |
| 哈萨克斯坦 | 442.59 | 406.89 | 476.60 | 787.95 | 519.70 | 408.44 | 301.35 | 470.36 |
| 英　国 | 385.44 | 299.06 | 501.63 | 249.43 | 258.77 | 488.13 | 269.53 | 213.53 |
| 法　国 | 313.66 | 317.91 | 308.65 | 461.57 | 273.32 | 309.96 | 335.86 | 270.27 |
| 德　国 | 282.00 | 292.38 | 259.11 | — | 383.19 | 270.58 | 271.52 | 309.46 |
| 西班牙 | 309.01 | 304.59 | 315.30 | 282.02 | 260.60 | 309.11 | 320.04 | 320.34 |
| 意大利 | 257.63 | 270.56 | 243.86 | — | 117.01 | 284.37 | 265.87 | 268.95 |
| 荷　兰 | 278.89 | 258.56 | 303.71 | — | 289.75 | 315.99 | 233.08 | 241.24 |
| 瑞　典 | 279.51 | 280.91 | 277.36 | 429.92 | 187.05 | 325.77 | 258.19 | 236.99 |
| 俄罗斯 | 246.89 | 278.56 | 217.87 | 195.52 | 272.69 | 265.08 | 222.83 | 214.79 |
| 瑞　士 | 292.68 | 290.36 | 297.74 | — | 256.73 | 311.12 | 272.62 | 261.06 |
| 乌克兰 | 321.62 | 321.77 | 321.42 | — | 343.86 | 313.00 | 325.83 | 285.43 |
| 美　国 | 311.25 | 305.40 | 319.71 | 201.64 | 268.86 | 331.16 | 302.97 | 231.48 |
| 加拿大 | 316.07 | 301.97 | 328.76 | — | 239.51 | 305.19 | 285.18 | 784.90 |
| 澳大利亚 | 311.31 | 322.61 | 290.77 | 40.58 | 248.92 | 316.77 | 313.83 | 377.75 |
| 新西兰 | 285.43 | 293.52 | 279.29 | — | 307.73 | 281.43 | 273.39 | 335.68 |
| 非洲国家 | 234.94 | 235.40 | 233.83 | — | 242.93 | 226.83 | 264.38 | 181.27 |
| 中南美洲国家 | 333.90 | 324.71 | 349.01 | — | 367.27 | 323.96 | 354.53 | 244.47 |
| 其他国家 | 298.34 | 300.62 | 292.07 | 435.34 | 285.38 | 316.62 | 260.02 | 313.10 |

## 1-7 2019 年入境过夜游客在各省（区、市）人均天花费（按团体及散客、外国人及港澳台胞分组）

单位：美元 / 人天

| | | 人均天花费 | 外国人 | 香港同胞 | 澳门同胞 | 台湾同胞 |
|---|---|---|---|---|---|---|
| 北 京 | 小计 | 309.66 | 316.70 | 250.71 | 258.96 | 283.97 |
| | 团体 | 277.55 | 280.52 | 220.12 | 210.74 | 191.72 |
| | 散客 | 337.09 | 349.94 | 266.40 | 280.38 | 284.01 |
| 天 津 | 小计 | 256.83 | 265.56 | 210.47 | 241.41 | 244.50 |
| | 团体 | 228.13 | 238.23 | 212.19 | 223.77 | 167.32 |
| | 散客 | 264.67 | 272.72 | 200.32 | 241.43 | 275.02 |
| 河 北 | 小计 | 200.16 | 199.24 | 208.54 | 173.39 | 181.52 |
| | 团体 | 212.27 | 218.11 | 216.89 | 158.73 | 182.07 |
| | 散客 | 188.84 | 189.08 | 183.25 | 175.48 | 152.31 |
| 山 西 | 小计 | 161.81 | 163.96 | 143.55 | 140.70 | 151.85 |
| | 团体 | 239.66 | 245.62 | 141.66 | 140.70 | 145.70 |
| | 散客 | 150.03 | 149.23 | 176.80 | — | 181.67 |
| 内蒙古 | 小计 | 200.40 | 205.96 | 186.26 | 228.56 | 185.27 |
| | 团体 | 171.66 | 195.74 | 155.29 | 141.33 | 179.62 |
| | 散客 | 204.75 | 209.05 | 196.91 | 267.33 | 239.32 |
| 辽 宁 | 小计 | 213.04 | 221.03 | 265.34 | 219.56 | 196.83 |
| | 团体 | 228.13 | 237.41 | 350.17 | 222.15 | 248.35 |
| | 散客 | 203.66 | 211.84 | 214.45 | 189.46 | 187.17 |
| 吉 林 | 小计 | 194.46 | 209.70 | 170.68 | 135.57 | 153.98 |
| | 团体 | 205.46 | 226.76 | 177.83 | 110.65 | 154.27 |
| | 散客 | 160.20 | 166.59 | 139.25 | 172.94 | 151.42 |
| 黑龙江 | 小计 | 193.47 | 191.04 | 208.59 | 181.05 | 200.29 |
| | 团体 | 192.08 | 189.25 | 279.68 | — | 199.18 |
| | 散客 | 193.60 | 192.00 | 192.54 | 181.05 | 200.70 |
| 上 海 | 小计 | 288.75 | 293.08 | 251.39 | 236.04 | 271.05 |
| | 团体 | 214.76 | 217.04 | 141.61 | 173.32 | 109.60 |
| | 散客 | 293.78 | 298.72 | 253.04 | 239.28 | 273.01 |

单位：美元 / 人天

| | | 人均天花费 | 外国人 | 香港同胞 | 澳门同胞 | 台湾同胞 |
|---|---|---|---|---|---|---|
| 江　苏 | 小计 | 295.99 | 307.04 | 287.21 | 243.49 | 273.63 |
| | 团体 | 325.29 | 364.26 | 302.67 | 327.06 | 318.42 |
| | 散客 | 269.76 | 277.96 | 268.48 | 217.55 | 256.45 |
| 浙　江 | 小计 | 247.39 | 250.99 | 230.91 | 216.76 | 230.11 |
| | 团体 | 274.70 | 294.76 | 213.98 | 205.85 | 278.12 |
| | 散客 | 245.42 | 245.80 | 237.36 | 226.67 | 222.66 |
| 安　徽 | 小计 | 204.48 | 208.83 | 174.31 | 166.72 | 160.63 |
| | 团体 | 191.90 | 196.59 | 173.47 | 166.03 | 160.13 |
| | 散客 | 226.51 | 227.55 | 216.06 | 202.01 | 190.47 |
| 福　建 | 小计 | 241.69 | 278.54 | 174.25 | 180.44 | 195.60 |
| | 团体 | 186.97 | 208.77 | 167.59 | 115.86 | 178.89 |
| | 散客 | 263.28 | 295.31 | 191.05 | 187.10 | 212.48 |
| 江　西 | 小计 | 230.77 | 231.11 | 215.08 | 211.26 | 224.60 |
| | 团体 | 256.24 | 257.12 | 252.57 | 241.53 | 273.64 |
| | 散客 | 136.90 | 129.36 | 147.12 | 123.47 | 135.70 |
| 山　东 | 小计 | 260.09 | 282.58 | 200.59 | 185.82 | 198.48 |
| | 团体 | 247.70 | 283.32 | 193.15 | 170.66 | 184.22 |
| | 散客 | 263.63 | 275.02 | 208.99 | 190.00 | 235.99 |
| 河　南 | 小计 | 205.50 | 199.87 | 230.73 | 219.02 | 219.97 |
| | 团体 | 263.84 | 245.18 | 281.01 | 265.95 | 292.79 |
| | 散客 | 120.49 | 122.20 | 120.25 | 135.83 | 157.99 |
| 湖　北 | 小计 | 211.63 | 223.08 | 187.06 | 197.61 | 214.31 |
| | 团体 | 195.94 | 213.61 | 171.34 | 172.29 | 195.90 |
| | 散客 | 220.09 | 227.16 | 195.22 | 214.78 | 229.29 |
| 湖　南 | 小计 | 206.64 | 214.95 | 168.81 | 179.87 | 207.28 |
| | 团体 | 222.61 | 232.10 | 205.48 | 269.69 | 227.40 |
| | 散客 | 146.91 | 133.21 | 145.10 | 179.04 | 202.88 |
| 广　东 | 小计 | 200.34 | 220.74 | 179.28 | 154.96 | 211.79 |
| | 团体 | 175.78 | 187.42 | 146.43 | 121.95 | 185.37 |
| | 散客 | 206.50 | 230.42 | 185.79 | 160.97 | 212.74 |
| 广　西 | 小计 | 216.35 | 219.17 | 195.86 | 215.78 | 224.15 |
| | 团体 | 230.71 | 226.78 | 244.62 | 222.02 | 242.24 |
| | 散客 | 201.00 | 210.30 | 159.88 | 209.06 | 203.28 |

1-7（续2） 单位：美元/人天

| | | 人均天花　费 | 外国人 | 香港同胞 | 澳门同胞 | 台湾同胞 |
|---|---|---|---|---|---|---|
| 海　南 | 小计 | 211.46 | 209.00 | 212.67 | 234.03 | 216.39 |
| | 团体 | 125.60 | 124.37 | 134.07 | 236.25 | 106.87 |
| | 散客 | 239.65 | 247.47 | 217.23 | 233.60 | 240.35 |
| 重　庆 | 小计 | 239.09 | 241.94 | 224.75 | 232.88 | 251.74 |
| | 团体 | 183.74 | 183.04 | 166.08 | 181.85 | 220.96 |
| | 散客 | 313.41 | 313.42 | 272.75 | 258.40 | 284.98 |
| 四　川 | 小计 | 195.31 | 199.84 | 185.82 | 174.39 | 189.71 |
| | 团体 | 212.26 | 216.98 | 199.50 | 179.32 | 213.99 |
| | 散客 | 182.19 | 188.49 | 151.15 | 159.93 | 160.69 |
| 贵　州 | 小计 | 181.41 | 208.09 | 163.90 | 153.19 | 152.52 |
| | 团体 | 176.35 | 205.53 | 131.39 | 138.53 | 132.22 |
| | 散客 | 206.16 | 228.61 | 210.98 | 175.63 | 170.17 |
| 云　南 | 小计 | 283.29 | 300.74 | 236.00 | 263.72 | 269.41 |
| | 团体 | 242.71 | 259.73 | 205.79 | 206.78 | 237.39 |
| | 散客 | 309.49 | 323.63 | 245.42 | 293.33 | 271.43 |
| 西　藏 | 小计 | 259.55 | 257.48 | 207.51 | 259.84 | 239.16 |
| | 团体 | 259.55 | 257.48 | 207.51 | 259.84 | 239.16 |
| | 散客 | — | — | — | — | — |
| 陕　西 | 小计 | 250.73 | 248.88 | 259.75 | 241.58 | 263.99 |
| | 团体 | 189.45 | 189.27 | 180.50 | 204.17 | 129.70 |
| | 散客 | 256.58 | 253.90 | 283.53 | 241.68 | 288.76 |
| 甘　肃 | 小计 | 194.83 | 197.22 | 194.77 | 180.23 | 149.45 |
| | 团体 | 160.81 | 165.35 | 167.56 | 151.92 | 134.22 |
| | 散客 | 273.75 | 274.75 | 248.25 | 257.70 | 206.58 |
| 青　海 | 小计 | 157.25 | 162.09 | 145.05 | 140.42 | 144.52 |
| | 团体 | 186.77 | 188.15 | 178.47 | 189.02 | 167.65 |
| | 散客 | 128.23 | 128.88 | 91.63 | 127.25 | 121.39 |
| 宁　夏 | 小计 | 162.45 | 180.80 | 124.15 | 153.75 | 145.40 |
| | 团体 | 126.73 | 130.76 | 104.15 | 129.15 | 128.47 |
| | 散客 | 206.10 | 209.20 | 144.15 | 180.34 | 194.88 |
| 新　疆 | 小计 | 250.30 | 258.70 | — | — | 230.88 |
| | 团体 | 259.14 | 259.34 | — | — | 236.09 |
| | 散客 | 184.22 | 183.99 | — | — | 209.36 |

# 1-8　2019 年入境过夜游客在各省（区、市）人均天花费

| | | 人均天花费 | 政府工作人员 | 专业技术人员 | 职员 | 技工/工人 |
|---|---|---|---|---|---|---|
| 北　京 | 小计 | 309.66 | 335.28 | 314.13 | 313.40 | 323.24 |
| | 团体 | 277.55 | 305.55 | 300.59 | 304.88 | 274.46 |
| | 散客 | 337.09 | 352.89 | 323.02 | 320.91 | 373.46 |
| 天　津 | 小计 | 256.83 | 245.17 | 264.10 | 251.78 | 224.09 |
| | 团体 | 228.13 | 160.10 | 194.83 | 211.67 | 249.12 |
| | 散客 | 264.67 | 246.55 | 269.64 | 260.46 | 215.25 |
| 河　北 | 小计 | 200.16 | 220.32 | 196.91 | 208.56 | 175.04 |
| | 团体 | 212.27 | 262.36 | 242.61 | 198.27 | 214.25 |
| | 散客 | 188.84 | 187.68 | 179.59 | 209.19 | 152.99 |
| 山　西 | 小计 | 161.81 | 144.28 | 159.59 | 163.51 | 174.04 |
| | 团体 | 239.66 | 214.92 | 158.85 | 253.52 | 234.21 |
| | 散客 | 150.03 | 141.76 | 206.58 | 120.22 | 105.41 |
| 内蒙古 | 小计 | 200.40 | 214.35 | 189.95 | 175.67 | 147.35 |
| | 团体 | 171.66 | 152.48 | 148.51 | 133.03 | 117.60 |
| | 散客 | 204.75 | 281.30 | 210.85 | 211.20 | 167.78 |
| 辽　宁 | 小计 | 213.04 | 269.81 | 209.07 | 207.63 | 207.99 |
| | 团体 | 228.13 | 243.48 | 225.54 | 205.87 | 245.63 |
| | 散客 | 203.66 | 279.03 | 204.95 | 209.15 | 192.07 |
| 吉　林 | 小计 | 194.46 | 248.18 | 199.23 | 234.68 | 157.83 |
| | 团体 | 205.46 | 270.27 | 179.11 | 239.21 | 166.81 |
| | 散客 | 160.20 | 118.39 | 210.49 | 207.33 | 130.90 |
| 黑龙江 | 小计 | 193.47 | 191.01 | 201.31 | 229.79 | 208.69 |
| | 团体 | 192.08 | 197.66 | 196.39 | 186.56 | 324.06 |
| | 散客 | 193.60 | 188.31 | 202.62 | 238.44 | 149.97 |
| 上　海 | 小计 | 288.75 | 278.58 | 284.74 | 289.89 | 283.84 |
| | 团体 | 214.76 | — | 238.68 | 224.25 | 208.41 |
| | 散客 | 293.78 | 278.58 | 286.17 | 293.77 | 284.43 |
| 江　苏 | 小计 | 295.99 | 237.72 | 285.19 | 293.72 | 358.49 |
| | 团体 | 325.29 | 262.21 | 354.91 | 297.14 | 309.71 |
| | 散客 | 269.76 | 221.69 | 253.77 | 285.87 | 358.87 |

（按团体及散客、职业分组）

单位：美元 / 人天

| 商贸人员 | 服务员 / 推销员 | 退休人员 | 家庭妇女 | 军人 | 学生 | 其他 |
|---|---|---|---|---|---|---|
| 333.76 | 263.62 | 254.25 | 330.49 | 386.44 | 268.64 | 315.43 |
| 319.57 | 265.59 | 220.86 | 290.67 | 348.51 | 190.85 | 261.92 |
| 338.51 | 259.31 | 348.86 | 358.24 | 388.65 | 379.53 | 333.98 |
| 293.28 | 215.67 | 182.96 | 280.34 | — | 252.02 | 243.13 |
| 242.29 | 235.51 | 200.76 | 255.69 | — | 234.47 | 188.81 |
| 303.23 | 193.62 | 162.94 | 292.26 | — | 256.27 | 254.43 |
| 205.37 | 189.18 | 265.46 | 209.59 | 156.83 | 170.88 | 208.33 |
| 188.22 | 257.01 | 251.49 | 166.09 | — | 179.75 | 228.43 |
| 206.85 | 142.85 | 268.40 | 250.61 | 156.83 | 161.73 | 182.40 |
| 157.78 | 114.25 | 261.36 | 210.73 | — | 126.48 | 135.71 |
| 243.39 | 181.71 | 295.43 | 291.53 | — | 216.95 | 191.46 |
| 155.27 | 82.26 | 196.04 | 114.39 | — | 124.79 | 134.60 |
| 307.70 | 191.48 | 194.66 | 149.05 | — | 176.53 | 134.98 |
| 223.92 | 144.94 | 191.54 | 139.97 | — | 112.82 | 145.73 |
| 308.00 | 231.99 | 200.20 | 150.56 | — | 238.26 | 134.18 |
| 247.81 | 215.63 | 230.84 | 213.20 | — | 174.53 | 180.92 |
| 323.91 | 235.93 | 246.81 | 247.66 | — | 192.66 | 218.38 |
| 231.30 | 211.40 | 196.76 | 178.73 | — | 162.07 | 147.91 |
| 195.78 | 168.10 | 170.79 | 166.39 | 80.70 | 133.98 | 140.91 |
| 206.57 | 164.09 | 199.47 | 171.79 | — | 155.46 | 135.71 |
| 140.00 | 180.11 | 90.48 | 147.14 | 80.70 | 110.24 | 154.43 |
| 175.12 | 117.05 | 182.68 | 237.78 | 116.27 | 111.02 | 184.43 |
| 284.88 | 172.31 | 190.51 | 264.88 | — | 150.31 | 174.24 |
| 154.05 | 98.07 | 133.31 | 168.01 | 116.27 | 86.47 | 214.22 |
| 299.97 | 329.66 | 295.66 | 295.72 | 148.77 | 237.63 | 266.40 |
| 238.03 | 260.08 | 190.88 | 203.24 | — | 184.90 | 225.41 |
| 301.07 | 333.51 | 325.74 | 304.97 | 148.77 | 242.38 | 278.88 |
| 253.99 | 285.31 | 352.00 | 350.15 | 277.19 | 304.92 | 231.56 |
| 437.63 | 337.20 | 324.05 | 305.90 | 374.66 | 323.86 | 359.13 |
| 219.21 | 224.01 | 352.90 | 359.95 | 275.13 | 257.90 | 213.28 |

1-8（续1）

| | | 人均天花费 | 政府工作人员 | 专业技术人员 | 职员 | 技工/工人 |
|---|---|---|---|---|---|---|
| 浙江 | 小计 | 247.39 | 250.14 | 223.96 | 268.46 | 275.70 |
| | 团体 | 274.70 | 313.20 | 295.23 | 267.67 | 289.48 |
| | 散客 | 245.42 | 238.95 | 202.83 | 281.53 | 264.36 |
| 安徽 | 小计 | 204.48 | 206.27 | 212.81 | 203.99 | 188.56 |
| | 团体 | 191.90 | 195.08 | 191.58 | 186.35 | 182.08 |
| | 散客 | 226.51 | 231.10 | 229.82 | 230.85 | 205.57 |
| 福建 | 小计 | 241.69 | 235.24 | 258.46 | 269.13 | 237.94 |
| | 团体 | 186.97 | 199.45 | 170.53 | 217.50 | 156.81 |
| | 散客 | 263.28 | 254.08 | 275.06 | 281.40 | 276.04 |
| 江西 | 小计 | 230.77 | 227.59 | 222.21 | 235.32 | 228.26 |
| | 团体 | 256.24 | 270.64 | 248.14 | 259.20 | 248.84 |
| | 散客 | 136.90 | 120.63 | 124.55 | 122.49 | 108.26 |
| 山东 | 小计 | 260.09 | 249.32 | 257.05 | 280.18 | 274.99 |
| | 团体 | 247.70 | 180.92 | 196.44 | 274.00 | 273.17 |
| | 散客 | 263.63 | 280.88 | 270.79 | 281.32 | 275.38 |
| 河南 | 小计 | 205.50 | 159.16 | 231.97 | 288.85 | 183.29 |
| | 团体 | 263.84 | 236.85 | 283.12 | 321.90 | 277.20 |
| | 散客 | 120.49 | 70.67 | 122.09 | 138.14 | 115.46 |
| 湖北 | 小计 | 211.63 | 202.27 | 211.49 | 217.38 | 224.14 |
| | 团体 | 195.94 | 171.91 | 220.61 | 200.08 | 116.21 |
| | 散客 | 220.09 | 225.74 | 209.15 | 225.43 | 236.14 |
| 湖南 | 小计 | 206.64 | 196.35 | 187.04 | 218.55 | 195.72 |
| | 团体 | 222.61 | 207.82 | 208.54 | 228.32 | 205.88 |
| | 散客 | 146.91 | 150.46 | 129.39 | 156.03 | 166.15 |
| 广东 | 小计 | 200.34 | 211.11 | 214.50 | 192.63 | 193.61 |
| | 团体 | 175.78 | 202.69 | 203.24 | 173.39 | 155.37 |
| | 散客 | 206.50 | 213.40 | 216.83 | 197.90 | 202.88 |
| 广西 | 小计 | 216.35 | 207.19 | 223.42 | 230.18 | 192.11 |
| | 团体 | 230.71 | 244.31 | 231.67 | 236.65 | 211.06 |
| | 散客 | 201.00 | 170.07 | 215.42 | 221.67 | 169.17 |
| 海南 | 小计 | 211.46 | 182.81 | 213.35 | 198.80 | 164.54 |
| | 团体 | 125.60 | 117.44 | 123.49 | 136.70 | 132.02 |
| | 散客 | 239.65 | 212.53 | 232.84 | 225.41 | 189.56 |

单位：美元 / 人天

| 商贸人员 | 服务员 / 推销员 | 退休人员 | 家庭妇女 | 军人 | 学生 | 其他 |
|---|---|---|---|---|---|---|
| 269.75 | 232.04 | 196.75 | 183.76 | 141.65 | 258.87 | 282.01 |
| 304.77 | 302.96 | 236.45 | 239.08 | 240.33 | 256.83 | 305.94 |
| 246.31 | 215.38 | 196.05 | 182.04 | 104.57 | 278.97 | 211.34 |
| 235.41 | 217.98 | 165.42 | 198.28 | 287.44 | 185.07 | 175.70 |
| 224.76 | 248.86 | 164.13 | 197.34 | 160.05 | 174.37 | 173.34 |
| 248.03 | 215.88 | 198.35 | 218.90 | 295.82 | 199.99 | 199.65 |
| 244.81 | 235.69 | 211.58 | 230.74 | 142.34 | 201.47 | 206.14 |
| 226.61 | 155.59 | 181.07 | 155.43 | 88.13 | 135.16 | 158.27 |
| 246.23 | 259.61 | 264.82 | 288.35 | 224.33 | 229.46 | 238.29 |
| 229.38 | 194.69 | 261.34 | 247.65 | — | 193.66 | 220.79 |
| 275.50 | 246.30 | 262.17 | 257.20 | — | 223.25 | 246.64 |
| 170.21 | 81.36 | 167.88 | 122.80 | — | 95.14 | 106.30 |
| 268.72 | 326.84 | 234.02 | 258.93 | 281.13 | 246.70 | 171.41 |
| 194.49 | 228.33 | 289.23 | 268.96 | 243.58 | 284.65 | 159.47 |
| 275.09 | 349.08 | 177.95 | 250.98 | 287.26 | 229.64 | 174.25 |
| 173.49 | 140.98 | 255.88 | 180.48 | 112.75 | 178.73 | 151.25 |
| 231.09 | 201.40 | 314.70 | 237.82 | 116.25 | 202.88 | 198.85 |
| 142.48 | 55.25 | 106.87 | 111.68 | 108.37 | 136.01 | 108.79 |
| 204.00 | 209.58 | 190.21 | 212.51 | 213.19 | 202.80 | 239.06 |
| 167.92 | 170.60 | 174.66 | 202.59 | 152.54 | 205.53 | 225.38 |
| 211.78 | 210.09 | 227.21 | 220.71 | 213.91 | 195.12 | 252.98 |
| 234.99 | 183.68 | 211.96 | 218.34 | 212.52 | 173.24 | 186.20 |
| 253.33 | 195.03 | 218.88 | 226.61 | 217.84 | 199.31 | 221.24 |
| 167.75 | 141.76 | 171.31 | 161.81 | 201.88 | 121.11 | 125.79 |
| 229.02 | 180.73 | 176.91 | 188.35 | 261.02 | 183.63 | 210.28 |
| 209.54 | 162.60 | 159.96 | 183.58 | 219.47 | 157.13 | 158.02 |
| 231.12 | 185.85 | 187.70 | 190.37 | 265.63 | 189.30 | 229.91 |
| 224.81 | 170.74 | 200.26 | 228.45 | 180.97 | 225.97 | 191.14 |
| 235.21 | 210.20 | 224.87 | 248.87 | 188.94 | 233.60 | 221.74 |
| 219.28 | 137.36 | 149.00 | 208.03 | 167.69 | 212.05 | 165.65 |
| 241.58 | 229.23 | 201.45 | 182.95 | 174.92 | 212.87 | 225.78 |
| 110.53 | 107.74 | 121.51 | 147.58 | 106.59 | 130.56 | 118.88 |
| 272.78 | 258.63 | 227.55 | 196.75 | 220.46 | 234.20 | 262.20 |

1-8（续2）

| | | 人均天花费 | 政府工作人员 | 专业技术人员 | 职员 | 技工/工人 |
|---|---|---|---|---|---|---|
| 重庆 | 小计 | 239.09 | 179.77 | 244.49 | 235.20 | 232.85 |
| | 团体 | 183.74 | 171.96 | 190.11 | 192.43 | 184.84 |
| | 散客 | 313.41 | 203.20 | 332.13 | 279.79 | 309.67 |
| 四川 | 小计 | 195.31 | 202.60 | 179.23 | 231.97 | 253.47 |
| | 团体 | 212.26 | 207.84 | 208.22 | 233.39 | 254.32 |
| | 散客 | 182.19 | 187.85 | 166.03 | 213.83 | 205.49 |
| 贵州 | 小计 | 181.41 | 179.97 | 175.62 | 164.21 | 208.81 |
| | 团体 | 176.35 | 179.12 | 175.19 | 164.13 | 190.85 |
| | 散客 | 206.16 | 194.47 | 176.48 | 173.58 | 245.77 |
| 云南 | 小计 | 283.29 | 341.86 | 297.23 | 286.30 | 258.47 |
| | 团体 | 242.71 | 336.96 | 259.92 | 261.68 | 214.79 |
| | 散客 | 309.49 | 344.32 | 343.58 | 301.18 | 291.87 |
| 西藏 | 小计 | 259.55 | 239.64 | 290.60 | 282.97 | 280.04 |
| | 团体 | 259.55 | 239.64 | 290.60 | 282.97 | 280.04 |
| | 散客 | — | — | — | — | — |
| 陕西 | 小计 | 250.73 | 217.50 | 254.81 | 273.56 | 243.30 |
| | 团体 | 189.45 | 217.55 | 188.28 | 179.23 | 176.73 |
| | 散客 | 256.58 | 200.74 | 264.49 | 299.56 | 254.47 |
| 甘肃 | 小计 | 194.83 | 180.42 | 231.17 | 200.14 | 191.37 |
| | 团体 | 160.81 | 154.84 | 159.10 | 162.37 | 162.32 |
| | 散客 | 273.75 | 277.66 | 283.76 | 266.80 | 279.07 |
| 青海 | 小计 | 157.25 | 201.44 | 145.50 | 154.37 | 152.72 |
| | 团体 | 186.77 | 207.18 | 193.96 | 191.23 | 151.72 |
| | 散客 | 128.23 | 200.60 | 95.06 | 99.29 | 177.11 |
| 宁夏 | 小计 | 162.45 | 169.77 | 121.25 | 181.33 | 189.42 |
| | 团体 | 126.73 | — | 109.45 | 124.98 | 89.45 |
| | 散客 | 206.10 | 169.77 | 162.58 | 237.67 | 226.07 |
| 新疆 | 小计 | 250.30 | 153.28 | 276.18 | 212.97 | 190.04 |
| | 团体 | 259.14 | 188.59 | 360.01 | 229.50 | — |
| | 散客 | 184.22 | 138.36 | 193.68 | 145.93 | 190.04 |

单位：美元 / 人天

| 商贸人员 | 服务员 / 推销员 | 退　休 人　员 | 家　庭 妇　女 | 军　人 | 学　生 | 其　他 |
|---|---|---|---|---|---|---|
| 283.53 | 255.07 | 204.46 | 227.31 | 164.62 | 141.41 | 233.37 |
| 182.41 | 192.03 | 135.15 | 195.80 | 290.93 | 125.06 | 181.55 |
| 368.91 | 358.47 | 267.73 | 304.33 | 38.31 | 169.45 | 302.47 |
| 171.27 | 270.41 | 208.30 | 236.59 | 246.96 | 154.69 | 253.14 |
| 211.64 | 271.54 | 220.06 | 242.52 | 246.96 | 229.23 | 200.89 |
| 159.70 | 174.26 | 193.79 | 196.89 | — | 141.08 | 339.93 |
| 178.09 | — | 181.65 | — | — | 149.72 | 158.99 |
| 166.91 | — | 186.08 | — | — | 173.77 | 158.99 |
| 206.13 | — | 176.73 | — | — | 143.44 | — |
| 310.11 | 319.36 | 226.13 | 272.69 | — | 269.49 | 271.44 |
| 248.90 | 220.75 | 199.28 | 274.55 | — | 217.57 | 222.71 |
| 329.12 | 371.57 | 268.32 | 271.11 | — | 290.60 | 296.57 |
| 249.48 | 272.40 | 255.46 | 226.63 | 193.46 | 241.79 | 239.18 |
| 249.48 | 272.40 | 255.46 | 226.63 | 193.46 | 241.79 | 239.18 |
| — | — | — | — | — | — | — |
| 247.88 | 228.49 | 249.27 | 279.06 | 253.27 | 245.21 | 272.57 |
| 192.62 | 186.34 | 181.25 | 191.92 | 199.60 | 198.58 | 228.72 |
| 249.21 | 229.14 | 276.31 | 312.12 | 253.93 | 246.21 | 273.14 |
| 237.02 | 235.68 | 167.28 | 168.14 | — | 182.29 | 200.65 |
| 165.93 | 176.53 | 158.44 | 155.78 | — | 146.18 | 167.53 |
| 280.30 | 270.82 | 267.68 | 233.05 | — | 246.03 | 279.70 |
| 156.91 | 119.14 | 173.98 | 138.11 | 161.41 | 115.72 | 174.96 |
| 192.48 | 185.36 | 172.85 | 155.99 | 161.41 | 160.74 | 183.46 |
| 124.66 | 79.59 | 197.14 | 115.61 | — | 96.83 | 170.64 |
| 154.23 | 162.17 | 131.78 | 190.84 | — | 155.81 | 170.88 |
| 85.03 | — | 124.37 | 158.70 | — | 160.79 | 139.08 |
| 172.54 | 162.17 | 272.54 | 205.03 | — | 148.34 | 199.21 |
| 213.65 | 179.44 | 191.39 | 214.93 | — | 252.31 | 266.92 |
| 330.86 | — | 191.39 | 215.45 | — | 333.44 | 374.22 |
| 157.56 | 179.44 | — | 120.38 | — | 178.80 | 170.58 |

# 1-9 2019年入境过夜游客在各省（区、市）人均天花费

| | | 人均天花费 | 观光游览 | 休闲度假 | 探亲访友 | 商务 |
|---|---|---|---|---|---|---|
| 北京 | 小计 | 309.66 | 298.64 | 317.35 | 359.41 | 306.45 |
| | 团体 | 277.55 | 269.24 | 280.52 | 336.40 | 294.21 |
| | 散客 | 337.09 | 364.10 | 360.06 | 369.07 | 309.13 |
| 天津 | 小计 | 256.83 | 247.45 | 255.43 | 284.53 | 239.82 |
| | 团体 | 228.13 | 228.64 | 219.31 | 201.88 | 128.03 |
| | 散客 | 264.67 | 262.42 | 272.43 | 287.84 | 240.09 |
| 河北 | 小计 | 200.16 | 184.95 | 237.41 | 190.34 | 229.83 |
| | 团体 | 212.27 | 197.71 | 263.53 | 273.41 | 211.10 |
| | 散客 | 188.84 | 164.52 | 202.97 | 158.36 | 230.68 |
| 山西 | 小计 | 161.81 | 173.33 | 121.86 | 174.40 | 190.55 |
| | 团体 | 239.66 | 253.59 | 193.79 | 216.81 | 189.14 |
| | 散客 | 150.03 | 149.82 | 119.64 | 169.45 | 267.01 |
| 内蒙古 | 小计 | 200.40 | 203.85 | 178.66 | 204.14 | 187.84 |
| | 团体 | 171.66 | 151.72 | 131.53 | 143.43 | 144.89 |
| | 散客 | 204.75 | 250.78 | 224.53 | 261.71 | 227.82 |
| 辽宁 | 小计 | 213.04 | 225.29 | 217.45 | 179.67 | 183.16 |
| | 团体 | 228.13 | 223.78 | 253.03 | 200.88 | 262.99 |
| | 散客 | 203.66 | 227.28 | 196.01 | 172.35 | 179.13 |
| 吉林 | 小计 | 194.46 | 207.25 | 182.12 | 92.87 | 183.19 |
| | 团体 | 205.46 | 212.12 | 187.39 | 141.17 | 189.35 |
| | 散客 | 160.20 | 118.25 | 175.00 | 88.43 | 182.97 |
| 黑龙江 | 小计 | 193.47 | 193.00 | 187.46 | 250.65 | 204.56 |
| | 团体 | 192.08 | 195.85 | 188.85 | 279.09 | 225.54 |
| | 散客 | 193.60 | 152.67 | 148.22 | 241.59 | 196.96 |
| 上海 | 小计 | 288.75 | 295.74 | 327.49 | 284.51 | 275.02 |
| | 团体 | 214.76 | 207.55 | 229.14 | 176.72 | 155.20 |
| | 散客 | 293.78 | 315.96 | 336.68 | 285.43 | 275.71 |
| 江苏 | 小计 | 295.99 | 318.48 | 276.21 | 258.86 | 211.38 |
| | 团体 | 325.29 | 321.25 | 285.83 | 379.21 | 276.57 |
| | 散客 | 269.76 | 277.26 | 258.93 | 230.15 | 205.51 |

（按团体及散客、旅游目的分组）

单位：美元 / 人天

| 会 议 | 宗 教 朝 拜 | 文化 / 体育 / 科技交流 | 购 物 | 医疗保健 | 其他 |
|---|---|---|---|---|---|
| 318.50 | 410.68 | 268.49 | 368.36 | 260.18 | — |
| 344.74 | 325.38 | 201.65 | 318.72 | 212.72 | — |
| 312.27 | 412.36 | 403.87 | 368.77 | 286.62 | — |
| 253.24 | 224.72 | 305.60 | 299.74 | 272.31 | 115.78 |
| 210.10 | 210.15 | 377.80 | 202.92 | 227.04 | — |
| 255.60 | 227.77 | 297.27 | 348.15 | 287.40 | 115.78 |
| 263.33 | 210.40 | 201.52 | 207.35 | 214.49 | 137.30 |
| 226.18 | 332.27 | 179.84 | 288.65 | — | 149.65 |
| 266.97 | 95.87 | 204.02 | 112.46 | 214.49 | 125.63 |
| 93.77 | 176.97 | 193.14 | — | — | 229.68 |
| — | 172.03 | 260.80 | — | — | 311.70 |
| 93.77 | 197.21 | 191.88 | — | — | 222.09 |
| 151.76 | 217.05 | 129.85 | 252.13 | — | 141.65 |
| 139.37 | 217.05 | 128.96 | 257.78 | — | 147.22 |
| 173.55 | — | 147.90 | 180.34 | — | 137.06 |
| 171.39 | 150.05 | 216.23 | — | 189.92 | 210.83 |
| 166.79 | — | 226.64 | — | 138.21 | 183.47 |
| 179.62 | 150.05 | 215.93 | — | 197.30 | 215.18 |
| 151.75 | 156.33 | 215.58 | 159.12 | 172.34 | 163.26 |
| 283.65 | 156.33 | — | 159.77 | 163.13 | 177.46 |
| 141.97 | — | 215.58 | 158.86 | 190.78 | 162.25 |
| 201.56 | — | 140.89 | 178.48 | 219.72 | 221.05 |
| — | — | 121.35 | 236.84 | 219.72 | 249.40 |
| 201.56 | — | 145.79 | 105.62 | — | 193.35 |
| 293.38 | 249.46 | 223.03 | 418.79 | 630.34 | 241.44 |
| 212.90 | 268.38 | 218.93 | — | — | — |
| 293.78 | 240.00 | 223.10 | 418.79 | 630.34 | 241.44 |
| 238.44 | 275.54 | 236.39 | 550.40 | 196.25 | 211.04 |
| 314.68 | 279.41 | 263.13 | 508.50 | — | — |
| 233.70 | 239.51 | 224.07 | 566.53 | 196.25 | 211.04 |

1-9（续1）

| | | 人均天花费 | 观光游览 | 休闲度假 | 探亲访友 | 商务 |
|---|---|---|---|---|---|---|
| 浙江 | 小计 | 247.39 | 241.78 | 266.48 | 243.83 | 276.89 |
| | 团体 | 274.70 | 247.80 | 296.04 | 605.37 | 279.97 |
| | 散客 | 245.42 | 240.50 | 256.80 | 166.00 | 248.08 |
| 安徽 | 小计 | 204.48 | 195.58 | 183.05 | 203.88 | 237.19 |
| | 团体 | 191.90 | 184.38 | 178.65 | 173.19 | 183.76 |
| | 散客 | 226.51 | 227.82 | 201.10 | 215.96 | 247.14 |
| 福建 | 小计 | 241.69 | 208.79 | 267.71 | 232.58 | 259.34 |
| | 团体 | 186.97 | 177.38 | 218.79 | 173.35 | 167.34 |
| | 散客 | 263.28 | 266.09 | 285.34 | 245.79 | 263.69 |
| 江西 | 小计 | 230.77 | 254.20 | 221.42 | 148.55 | 183.77 |
| | 团体 | 256.24 | 260.50 | 242.02 | 209.46 | 251.02 |
| | 散客 | 136.90 | 108.96 | 121.70 | 126.48 | 174.35 |
| 山东 | 小计 | 260.09 | 249.37 | 298.40 | 224.46 | 273.20 |
| | 团体 | 247.70 | 269.49 | 299.68 | 214.59 | 162.70 |
| | 散客 | 263.63 | 238.69 | 298.07 | 224.73 | 276.67 |
| 河南 | 小计 | 205.50 | 188.76 | 235.63 | 259.50 | 166.18 |
| | 团体 | 263.84 | 233.61 | 298.85 | 317.95 | 245.82 |
| | 散客 | 120.49 | 117.16 | 126.96 | 106.06 | 119.72 |
| 湖北 | 小计 | 211.63 | 209.24 | 211.00 | 231.98 | 211.08 |
| | 团体 | 195.94 | 198.35 | 189.39 | 168.78 | 215.74 |
| | 散客 | 220.09 | 220.78 | 225.05 | 241.90 | 210.74 |
| 湖南 | 小计 | 206.64 | 208.47 | 216.79 | 169.76 | 184.64 |
| | 团体 | 222.61 | 221.25 | 239.25 | 182.14 | 205.67 |
| | 散客 | 146.91 | 127.44 | 143.98 | 164.13 | 155.34 |
| 广东 | 小计 | 200.34 | 178.27 | 192.76 | 199.02 | 239.21 |
| | 团体 | 175.78 | 172.58 | 179.19 | 167.19 | 203.75 |
| | 散客 | 206.50 | 181.13 | 197.40 | 201.23 | 240.71 |
| 广西 | 小计 | 216.35 | 207.87 | 227.09 | 175.99 | 214.28 |
| | 团体 | 230.71 | 216.78 | 242.66 | 211.86 | 214.34 |
| | 散客 | 201.00 | 190.41 | 211.27 | 144.60 | 214.24 |
| 海南 | 小计 | 211.46 | 221.73 | 195.66 | 211.51 | 245.77 |
| | 团体 | 125.60 | 141.24 | 122.15 | 137.16 | 225.21 |
| | 散客 | 239.65 | 256.05 | 231.00 | 214.49 | 246.05 |

单位：美元 / 人天

| 会　议 | 宗　教<br>朝　拜 | 文化 / 体育 /<br>科技交流 | 购　物 | 医疗保健 | 其他 |
|---|---|---|---|---|---|
| 243.27 | 226.13 | 275.79 | 320.89 | 175.26 | 279.94 |
| 289.06 | 293.48 | 162.14 | 444.39 | 231.47 | 255.46 |
| 219.57 | 222.13 | 280.16 | 313.82 | 171.20 | 286.84 |
| 232.85 | 142.11 | 252.21 | 151.38 | 133.26 | 190.58 |
| 281.60 | 187.93 | 215.90 | 194.85 | 133.26 | 185.20 |
| 230.82 | 137.13 | 263.12 | 142.84 | — | 201.12 |
| 270.93 | 208.94 | 195.74 | 305.85 | 385.45 | 260.44 |
| 133.39 | 210.25 | 111.46 | 245.87 | 908.97 | 171.21 |
| 272.61 | 150.15 | 205.14 | 321.46 | 242.42 | 268.44 |
| 198.43 | 138.78 | 162.43 | 329.93 | — | 157.47 |
| 356.55 | 312.89 | 223.85 | 236.50 | — | 273.09 |
| 169.83 | 82.05 | 90.70 | 362.42 | — | 120.13 |
| 229.82 | 303.34 | 249.73 | 201.90 | 240.16 | 142.01 |
| 109.88 | 353.77 | 203.30 | 191.96 | — | 250.08 |
| 269.29 | 202.48 | 286.76 | 203.87 | 240.16 | 131.02 |
| 253.97 | 175.24 | 168.37 | 327.38 | 348.01 | 205.44 |
| 290.72 | 309.23 | 214.10 | 348.96 | 428.88 | 274.93 |
| 187.15 | 107.32 | 92.16 | 108.71 | 105.41 | 131.32 |
| 225.36 | 169.20 | 201.61 | 180.95 | 161.43 | 187.20 |
| 263.49 | 219.48 | 126.67 | 137.87 | — | 142.20 |
| 210.96 | 138.61 | 218.27 | 264.04 | 161.43 | 197.59 |
| 196.94 | 202.80 | 196.09 | 216.91 | 215.51 | 185.85 |
| 205.19 | 203.48 | 215.44 | 211.85 | 226.21 | 230.24 |
| 167.02 | 201.88 | 173.40 | 228.07 | 207.49 | 101.08 |
| 232.76 | 192.61 | 231.82 | 188.86 | 175.21 | 222.59 |
| 173.71 | 194.91 | 147.21 | 179.72 | 165.37 | 178.63 |
| 236.37 | 189.91 | 242.00 | 190.46 | 175.64 | 229.51 |
| 176.81 | 187.35 | 237.74 | 227.26 | — | 176.34 |
| 217.54 | 204.50 | 213.51 | 254.43 | — | 212.86 |
| 132.69 | 135.88 | 256.58 | 208.08 | — | 151.99 |
| 239.55 | 184.12 | 195.47 | 373.03 | 230.05 | 254.44 |
| 107.62 | — | 68.08 | 73.91 | 99.17 | 63.67 |
| 242.77 | 184.12 | 241.80 | 422.89 | 360.94 | 278.28 |

1-9（续2）

| | | 人均天花费 | 观光游览 | 休闲度假 | 探亲访友 | 商务 |
|---|---|---|---|---|---|---|
| 重庆 | 小计 | 239.09 | 256.67 | 220.30 | 89.21 | 57.57 |
| | 团体 | 183.74 | 185.36 | 181.59 | 100.27 | — |
| | 散客 | 313.41 | 362.59 | 278.37 | 76.58 | 57.57 |
| 四川 | 小计 | 195.31 | 230.73 | 206.58 | 192.40 | 155.22 |
| | 团体 | 212.26 | 232.81 | 219.98 | 220.86 | 222.30 |
| | 散客 | 182.19 | 207.91 | 199.02 | 177.88 | 142.38 |
| 贵州 | 小计 | 181.41 | 164.88 | 201.89 | 172.34 | 177.42 |
| | 团体 | 176.35 | 163.08 | 177.49 | 168.38 | 137.82 |
| | 散客 | 206.16 | 179.93 | 242.19 | 203.07 | 230.93 |
| 云南 | 小计 | 283.29 | 257.60 | 291.00 | 252.91 | 351.83 |
| | 团体 | 242.71 | 234.11 | 258.94 | 185.00 | 433.50 |
| | 散客 | 309.49 | 282.42 | 317.30 | 254.97 | 343.80 |
| 西藏 | 小计 | 259.55 | 251.06 | 298.90 | 187.32 | 246.59 |
| | 团体 | 259.55 | 251.06 | 298.90 | 187.32 | 246.59 |
| | 散客 | — | — | — | — | — |
| 陕西 | 小计 | 250.73 | 251.91 | 247.07 | 263.25 | 261.40 |
| | 团体 | 189.45 | 189.57 | 188.78 | 177.21 | 184.83 |
| | 散客 | 256.58 | 259.54 | 251.74 | 270.46 | 265.82 |
| 甘肃 | 小计 | 194.83 | 180.31 | 192.91 | 311.16 | 263.43 |
| | 团体 | 160.81 | 160.85 | 158.55 | — | 172.73 |
| | 散客 | 273.75 | 269.64 | 253.99 | 311.16 | 288.17 |
| 青海 | 小计 | 157.25 | 163.29 | 152.62 | 117.74 | 143.46 |
| | 团体 | 186.77 | 186.24 | 193.43 | 159.45 | 176.37 |
| | 散客 | 128.23 | 137.40 | 99.17 | 117.43 | 142.80 |
| 宁夏 | 小计 | 162.45 | 153.26 | 147.82 | 186.83 | 195.84 |
| | 团体 | 126.73 | 132.98 | 129.71 | 91.86 | 135.66 |
| | 散客 | 206.10 | 190.24 | 234.17 | 202.66 | 209.51 |
| 新疆 | 小计 | 250.30 | 230.34 | 267.17 | 118.23 | 207.97 |
| | 团体 | 259.14 | 232.33 | 319.64 | — | 207.99 |
| | 散客 | 184.22 | 153.00 | 167.84 | 118.23 | 191.99 |

单位：美元 / 人天

| 会 议 | 宗 教 朝 拜 | 文化 / 体育 / 科技交流 | 购 物 | 医疗保健 | 其他 |
|---|---|---|---|---|---|
| 62.24 | 95.61 | 155.12 | 74.51 | 242.78 | 212.89 |
| 104.36 | 124.38 | 124.39 | — | 242.78 | 210.61 |
| 51.71 | 47.67 | 162.80 | 74.51 | — | 228.35 |
| | | | | | |
| 180.65 | 261.77 | 150.34 | — | 199.67 | 217.61 |
| 181.44 | 267.13 | 179.03 | — | — | — |
| 166.81 | 230.61 | 139.39 | — | 199.67 | 217.61 |
| | | | | | |
| 161.97 | 220.80 | 189.57 | 172.70 | 189.02 | 196.76 |
| 193.89 | 218.36 | 201.00 | 199.49 | 215.89 | 196.56 |
| 151.57 | 221.92 | 134.57 | 167.95 | 187.90 | 207.96 |
| | | | | | |
| 385.43 | 273.56 | 274.72 | 343.29 | 359.58 | 385.38 |
| 228.81 | 164.46 | 243.79 | — | — | 220.67 |
| 393.01 | 289.15 | 283.86 | 343.29 | 359.58 | 423.29 |
| | | | | | |
| 239.87 | 256.52 | 380.94 | 308.39 | — | 223.35 |
| 239.87 | 256.52 | 380.94 | 308.39 | — | 223.35 |
| — | — | — | — | — | — |
| | | | | | |
| 232.89 | 184.18 | 253.53 | 178.44 | 317.65 | 241.36 |
| 195.17 | — | 195.30 | 179.59 | — | 183.43 |
| 237.25 | 184.18 | 256.72 | 149.90 | 317.65 | 243.27 |
| | | | | | |
| 262.06 | — | 215.65 | — | 248.93 | 243.70 |
| 172.58 | — | 148.10 | — | — | 169.79 |
| 285.75 | — | 269.68 | — | 248.93 | 256.65 |
| | | | | | |
| 138.40 | 188.62 | 127.13 | — | 94.30 | 173.05 |
| 182.97 | 149.76 | 191.54 | — | — | 170.39 |
| 64.33 | 190.64 | 123.50 | — | 94.30 | 218.37 |
| | | | | | |
| 181.74 | 265.81 | 163.29 | — | 154.37 | 156.08 |
| 101.91 | — | 78.86 | — | — | — |
| 205.69 | 265.81 | 216.06 | — | 154.37 | 156.08 |
| | | | | | |
| 364.23 | — | 175.00 | 201.08 | — | 256.26 |
| 498.01 | — | 175.41 | — | — | 333.91 |
| 266.90 | — | 174.91 | 201.08 | — | 183.95 |

## 1-10 2019 年入境过夜游客在各省（区、市）人均天花费
### （按团体及散客、性别、年龄分组）

单位：美元 / 人天

| | | 人均天花费 | 男性 | 女性 | 14 岁及以下 | 15~24 岁 | 25~44 岁 | 45~64 岁 | 65 岁及以上 |
|---|---|---|---|---|---|---|---|---|---|
| 北京 | 小计 | 309.66 | 309.68 | 309.64 | 200.49 | 294.22 | 314.61 | 314.05 | 273.39 |
| | 团体 | 277.55 | 276.95 | 278.15 | 152.45 | 227.07 | 301.68 | 284.93 | 240.66 |
| | 散客 | 337.09 | 333.70 | 341.76 | 240.73 | 318.85 | 323.01 | 337.83 | 295.07 |
| 天津 | 小计 | 256.83 | 258.32 | 255.39 | 134.78 | 250.28 | 260.44 | 258.17 | 242.85 |
| | 团体 | 228.13 | 219.03 | 235.05 | — | 227.44 | 226.93 | 216.35 | 253.68 |
| | 散客 | 264.67 | 267.47 | 261.79 | 134.78 | 256.47 | 266.48 | 272.48 | 229.32 |
| 河北 | 小计 | 200.16 | 196.60 | 206.39 | 133.76 | 182.96 | 206.63 | 198.81 | 218.93 |
| | 团体 | 212.27 | 204.88 | 221.63 | 30.37 | 185.63 | 212.17 | 218.94 | 227.61 |
| | 散客 | 188.84 | 189.03 | 188.45 | 135.50 | 177.66 | 198.35 | 184.81 | 178.19 |
| 山西 | 小计 | 161.81 | 160.95 | 170.92 | 168.97 | 130.80 | 165.54 | 197.68 | 189.38 |
| | 团体 | 239.66 | 221.50 | 254.10 | 222.45 | 206.38 | 199.30 | 269.41 | 224.53 |
| | 散客 | 150.03 | 164.46 | 131.98 | 93.28 | 129.98 | 157.97 | 150.54 | 179.14 |
| 内蒙古 | 小计 | 200.40 | 212.69 | 186.50 | 150.91 | 184.13 | 177.35 | 217.91 | 206.96 |
| | 团体 | 171.66 | 185.10 | 156.89 | 150.91 | 137.93 | 153.94 | 190.00 | 171.01 |
| | 散客 | 204.75 | 213.19 | 194.90 | — | 227.41 | 189.71 | 219.90 | 319.40 |
| 辽宁 | 小计 | 213.04 | 210.40 | 216.46 | 187.96 | 178.48 | 207.04 | 218.45 | 209.60 |
| | 团体 | 228.13 | 231.77 | 225.10 | 201.93 | 188.65 | 230.90 | 226.09 | 203.29 |
| | 散客 | 203.66 | 200.88 | 208.46 | 184.00 | 170.42 | 198.85 | 211.91 | 215.94 |
| 吉林 | 小计 | 194.46 | 188.64 | 202.57 | 157.02 | 169.28 | 176.02 | 226.98 | 162.36 |
| | 团体 | 205.46 | 193.30 | 220.87 | 157.02 | 173.36 | 186.09 | 238.67 | 179.62 |
| | 散客 | 160.20 | 176.25 | 129.74 | — | 161.59 | 145.66 | 188.33 | 116.19 |
| 黑龙江 | 小计 | 193.47 | 187.20 | 197.57 | 90.91 | 170.13 | 206.94 | 201.91 | 154.69 |
| | 团体 | 192.08 | 183.47 | 197.09 | 111.12 | 168.94 | 200.94 | 200.99 | 177.41 |
| | 散客 | 193.60 | 189.69 | 197.88 | 37.84 | 173.84 | 208.61 | 202.07 | 131.10 |

1-10（续 1）　　单位：美元 / 人天

| | | 人均天花费 | 男　性 | 女　性 | 14 岁及以下 | 15~24 岁 | 25~44 岁 | 45~64 岁 | 65 岁及以上 |
|---|---|---|---|---|---|---|---|---|---|
| 上　海 | 小计 | 288.75 | 281.62 | 301.23 | 85.42 | 266.11 | 289.60 | 296.25 | 282.49 |
| | 团体 | 214.76 | 217.72 | 210.52 | 98.33 | 192.74 | 228.44 | 210.89 | 194.58 |
| | 散客 | 293.78 | 285.61 | 308.25 | 84.56 | 270.82 | 291.73 | 302.16 | 307.92 |
| 江　苏 | 小计 | 295.99 | 298.95 | 292.59 | 290.05 | 286.35 | 301.62 | 261.02 | 316.17 |
| | 团体 | 325.29 | 315.11 | 334.77 | — | 319.34 | 332.26 | 319.80 | 318.58 |
| | 散客 | 269.76 | 280.29 | 256.80 | 290.05 | 246.47 | 277.25 | 232.41 | 315.25 |
| 浙　江 | 小计 | 247.39 | 252.68 | 247.11 | 178.98 | 301.65 | 251.98 | 241.71 | 218.04 |
| | 团体 | 274.70 | 279.44 | 270.37 | 261.95 | 310.02 | 267.47 | 284.77 | 239.22 |
| | 散客 | 245.42 | 245.58 | 245.17 | 157.25 | 258.93 | 242.83 | 236.97 | 216.25 |
| 安　徽 | 小计 | 204.48 | 204.12 | 205.11 | 118.28 | 198.18 | 207.19 | 204.75 | 198.58 |
| | 团体 | 191.90 | 189.42 | 195.90 | 189.33 | 186.38 | 205.48 | 168.82 | 186.38 |
| | 散客 | 226.51 | 225.77 | 227.89 | 113.01 | 211.76 | 222.40 | 240.94 | 200.09 |
| 福　建 | 小计 | 241.69 | 239.94 | 243.71 | 123.20 | 222.00 | 249.07 | 252.51 | 193.33 |
| | 团体 | 186.97 | 175.91 | 195.96 | 123.20 | 149.67 | 190.83 | 213.90 | 156.34 |
| | 散客 | 263.28 | 260.45 | 267.14 | — | 254.16 | 263.68 | 265.91 | 257.51 |
| 江　西 | 小计 | 230.77 | 225.63 | 237.17 | 218.74 | 176.31 | 231.53 | 235.16 | 227.25 |
| | 团体 | 256.24 | 257.96 | 254.38 | 219.92 | 218.31 | 261.54 | 255.72 | 267.17 |
| | 散客 | 136.90 | 135.96 | 138.47 | 58.22 | 102.22 | 135.85 | 146.75 | 179.37 |
| 山　东 | 小计 | 260.09 | 255.37 | 268.82 | 214.36 | 254.84 | 267.10 | 259.16 | 239.20 |
| | 团体 | 247.70 | 225.47 | 271.76 | 245.97 | 282.94 | 255.89 | 224.59 | 238.71 |
| | 散客 | 263.63 | 262.67 | 267.10 | 137.18 | 243.15 | 269.02 | 269.85 | 239.59 |
| 河　南 | 小计 | 205.50 | 210.79 | 200.06 | 163.43 | 211.19 | 198.08 | 210.18 | 210.07 |
| | 团体 | 263.84 | 261.69 | 266.52 | 176.32 | 248.47 | 259.46 | 279.36 | 223.41 |
| | 散客 | 120.49 | 116.58 | 123.53 | 154.06 | 136.52 | 122.59 | 114.91 | 110.26 |

1-10（续 2）　　单位：美元 / 人天

| | | 人均天花费 | 男　性 | 女　性 | 14 岁及以下 | 15~24 岁 | 25~44 岁 | 45~64 岁 | 65 岁及以上 |
|---|---|---|---|---|---|---|---|---|---|
| 湖　北 | 小计 | 211.63 | 210.41 | 212.99 | 184.82 | 196.64 | 216.58 | 214.08 | 200.43 |
| | 团体 | 195.94 | 191.43 | 199.46 | 196.65 | 202.26 | 203.72 | 190.75 | 163.72 |
| | 散客 | 220.09 | 218.23 | 222.60 | 152.28 | 193.40 | 221.11 | 231.01 | 214.02 |
| 湖　南 | 小计 | 206.64 | 205.41 | 208.16 | 165.06 | 188.84 | 212.02 | 209.23 | 208.51 |
| | 团体 | 222.61 | 221.88 | 223.48 | 178.10 | 209.92 | 233.87 | 220.13 | 216.06 |
| | 散客 | 146.91 | 148.84 | 144.12 | 144.43 | 131.68 | 139.89 | 162.05 | 149.94 |
| 广　东 | 小计 | 200.34 | 205.62 | 193.24 | 125.81 | 182.30 | 203.08 | 209.23 | 187.91 |
| | 团体 | 175.78 | 180.21 | 171.74 | 105.31 | 159.35 | 186.16 | 170.08 | 180.80 |
| | 散客 | 206.50 | 210.70 | 200.25 | 136.96 | 187.25 | 206.74 | 221.66 | 188.01 |
| 广　西 | 小计 | 216.35 | 226.45 | 207.50 | 209.63 | 211.62 | 204.20 | 223.85 | 218.97 |
| | 团体 | 230.71 | 233.37 | 227.87 | 251.19 | 221.96 | 237.17 | 227.96 | 233.06 |
| | 散客 | 201.00 | 217.26 | 189.46 | 174.30 | 198.53 | 170.85 | 219.65 | 198.14 |
| 海　南 | 小计 | 211.46 | 222.91 | 200.01 | 189.27 | 223.95 | 211.80 | 200.65 | 236.47 |
| | 团体 | 125.60 | 133.34 | 119.34 | 116.66 | 145.82 | 125.83 | 114.23 | 147.34 |
| | 散客 | 239.65 | 248.35 | 230.32 | 213.47 | 243.28 | 240.63 | 231.23 | 266.96 |
| 重　庆 | 小计 | 239.09 | 241.62 | 236.60 | 144.89 | 249.91 | 239.04 | 237.93 | 206.32 |
| | 团体 | 183.74 | 182.14 | 185.25 | 144.89 | 159.52 | 192.12 | 183.05 | 182.50 |
| | 散客 | 313.41 | 317.81 | 308.82 | — | 297.93 | 298.35 | 321.34 | 330.13 |
| 四　川 | 小计 | 195.31 | 194.72 | 202.74 | 172.17 | 202.37 | 194.45 | 197.58 | 219.36 |
| | 团体 | 212.26 | 211.57 | 213.67 | 188.65 | 211.54 | 214.05 | 210.41 | 219.43 |
| | 散客 | 182.19 | 180.55 | 186.53 | 159.08 | 186.83 | 178.34 | 183.07 | 175.60 |
| 贵　州 | 小计 | 181.41 | 188.16 | 174.14 | 127.33 | 173.78 | 190.38 | 178.27 | 168.37 |
| | 团体 | 176.35 | 181.30 | 171.42 | — | 187.70 | 173.53 | 171.57 | 192.31 |
| | 散客 | 206.16 | 213.24 | 197.91 | 127.33 | 170.79 | 208.45 | 199.63 | 164.79 |

1-10（续 3） 单位：美元 / 人天

| | | 人均天花费 | 男 性 | 女 性 | 14 岁及以下 | 15~24 岁 | 25~44 岁 | 45~64 岁 | 65 岁及以上 |
|---|---|---|---|---|---|---|---|---|---|
| 云 南 | 小计 | 283.29 | 290.33 | 275.07 | 197.87 | 298.04 | 306.47 | 261.62 | 211.51 |
| | 团体 | 242.71 | 242.24 | 243.17 | 182.96 | 260.99 | 282.24 | 218.49 | 136.07 |
| | 散客 | 309.49 | 317.18 | 299.35 | 198.02 | 312.04 | 317.14 | 305.99 | 230.74 |
| 西 藏 | 小计 | 259.55 | 263.13 | 255.30 | — | 269.02 | 280.36 | 251.39 | 246.54 |
| | 团体 | 259.55 | 263.13 | 255.30 | — | 269.02 | 280.36 | 251.39 | 246.54 |
| | 散客 | — | — | — | — | — | — | — | — |
| 陕 西 | 小计 | 250.73 | 251.76 | 249.51 | 256.55 | 242.88 | 257.25 | 246.83 | 252.88 |
| | 团体 | 189.45 | 185.48 | 193.58 | 169.70 | 196.24 | 189.52 | 188.25 | 182.27 |
| | 散客 | 256.58 | 259.97 | 252.30 | 302.57 | 245.98 | 260.16 | 253.69 | 287.01 |
| 甘 肃 | 小计 | 194.83 | 203.57 | 187.16 | — | 180.86 | 210.44 | 191.67 | 183.19 |
| | 团体 | 160.81 | 163.84 | 158.46 | — | 148.39 | 158.72 | 158.24 | 170.91 |
| | 散客 | 273.75 | 274.15 | 242.60 | — | 238.26 | 247.32 | 274.08 | 250.75 |
| 青 海 | 小计 | 157.25 | 156.67 | 158.13 | — | 110.30 | 147.93 | 172.54 | 194.84 |
| | 团体 | 186.77 | 192.77 | 179.52 | — | 160.43 | 184.52 | 193.06 | 195.31 |
| | 散客 | 128.23 | 132.07 | 118.78 | — | 105.83 | 121.34 | 168.96 | 161.06 |
| 宁 夏 | 小计 | 162.45 | 168.96 | 154.80 | — | 132.02 | 176.76 | 150.43 | 256.89 |
| | 团体 | 126.73 | 128.73 | 124.87 | — | 111.80 | 130.08 | 123.41 | 256.89 |
| | 散客 | 206.10 | 207.72 | 203.56 | — | 142.12 | 204.13 | 225.26 | — |
| 新 疆 | 小计 | 250.30 | 250.58 | 224.09 | 212.13 | 188.74 | 262.70 | 192.46 | 85.17 |
| | 团体 | 259.14 | 276.60 | 250.90 | — | 174.06 | 321.60 | 138.62 | 157.25 |
| | 散客 | 184.22 | 184.24 | 165.62 | 212.13 | 189.01 | 186.56 | 194.43 | 49.96 |

# 1-11　2019 年入境过夜游客在各城市人均天花费
## （按外国人、港澳台胞分组）

单位：美元 / 人天

| | 人均天花费 | 外国人 | 香港同胞 | 澳门同胞 | 台湾同胞 |
|---|---|---|---|---|---|
| 北　京 | 309.66 | 316.70 | 250.71 | 258.96 | 283.97 |
| 天　津 | 256.83 | 265.56 | 210.47 | 241.41 | 244.50 |
| 石家庄 | 245.43 | 255.72 | 208.86 | 203.05 | 203.80 |
| 唐　山 | 189.68 | 193.22 | 191.76 | — | 157.77 |
| 秦皇岛 | 196.73 | 191.69 | 212.15 | 177.72 | 181.46 |
| 承　德 | 173.73 | 174.68 | 176.08 | 126.33 | 176.96 |
| 大　同 | 141.81 | 141.81 | — | — | — |
| 长　治 | 91.01 | 91.01 | — | — | — |
| 晋　城 | 165.36 | 165.36 | — | — | — |
| 晋　中 | 157.76 | 165.27 | 154.82 | 140.70 | 157.54 |
| 忻　州 | 59.40 | 143.28 | 55.95 | — | 57.02 |
| 呼和浩特 | 254.22 | 279.93 | 211.37 | 262.06 | 181.35 |
| 包　头 | 195.34 | 194.50 | 167.06 | 198.07 | 187.72 |
| 二连浩特 | 175.19 | 175.28 | 152.31 | — | — |
| 赤　峰 | 138.68 | 138.68 | — | — | — |
| 沈　阳 | 277.17 | 287.83 | 199.25 | — | 199.35 |
| 大　连 | 286.42 | 286.83 | 264.27 | 300.79 | 297.88 |
| 鞍　山 | 202.29 | 204.35 | — | 136.44 | — |
| 抚　顺 | 205.08 | 222.06 | 234.03 | 137.49 | 163.36 |
| 本　溪 | 146.20 | 146.84 | 146.26 | 175.19 | 117.82 |
| 丹　东 | 183.55 | 182.41 | 306.70 | 193.75 | 208.97 |
| 锦　州 | 148.28 | 125.66 | 270.70 | 307.35 | 151.89 |
| 营　口 | 158.37 | 169.28 | 309.20 | 149.78 | 150.35 |
| 盘　锦 | 251.86 | 252.34 | 212.27 | — | — |
| 葫芦岛 | 256.33 | 258.50 | 352.23 | 262.23 | 207.49 |
| 长　春 | 205.79 | 206.07 | 188.35 | 161.71 | 158.73 |
| 吉　林 | 189.29 | 199.84 | 187.43 | — | 152.32 |
| 通　化 | 222.56 | 240.71 | — | — | 172.42 |
| 白　山 | 142.46 | 135.55 | 158.91 | 105.69 | 108.88 |
| 延　吉 | 206.43 | 239.19 | 144.12 | — | — |

| | 人均天花费 | 外国人 | 香港同胞 | 澳门同胞 | 台湾同胞 |
|---|---|---|---|---|---|
| 哈尔滨 | 220.11 | 218.78 | 280.87 | — | 193.64 |
| 齐齐哈尔 | 221.00 | 223.35 | 197.48 | — | 231.62 |
| 大庆 | 172.51 | 155.51 | 187.50 | 181.05 | 168.03 |
| 佳木斯 | 191.50 | 191.16 | 225.63 | — | — |
| 牡丹江 | 152.80 | 152.80 | — | — | — |
| 上海 | 288.75 | 293.08 | 251.39 | 236.04 | 271.05 |
| 南京 | 316.65 | 338.55 | 333.60 | 320.42 | 291.18 |
| 无锡 | 301.57 | 300.48 | 221.76 | 207.89 | 307.02 |
| 苏州 | 291.34 | 281.42 | 306.65 | 229.15 | 280.67 |
| 南通 | 230.86 | 248.45 | 205.96 | 232.03 | 209.96 |
| 扬州 | 289.71 | 312.49 | 256.19 | 217.39 | 256.15 |
| 杭州 | 250.93 | 245.37 | 293.87 | 248.42 | 220.57 |
| 宁波 | 246.00 | 263.22 | 209.22 | 200.57 | 237.28 |
| 温州 | 247.83 | 231.26 | 283.98 | — | 246.18 |
| 绍兴 | 260.35 | 300.30 | 242.93 | 178.01 | 325.75 |
| 金华 | 179.02 | 176.69 | 180.52 | 195.24 | 182.59 |
| 合肥 | 284.40 | 285.89 | 241.04 | 202.62 | 235.80 |
| 芜湖 | 169.51 | 170.68 | 203.43 | 180.91 | 160.86 |
| 马鞍山 | 308.82 | 311.38 | 253.27 | — | — |
| 铜陵 | 168.23 | 168.59 | 160.81 | — | — |
| 安庆 | 183.88 | 181.63 | 205.74 | 194.55 | 180.33 |
| 黄山 | 191.07 | 201.13 | 206.24 | 180.13 | 188.13 |
| 滁州 | 233.39 | 233.39 | — | — | — |
| 亳州 | 164.62 | 168.42 | 59.24 | 109.98 | 52.99 |
| 池州 | 166.67 | 179.38 | 144.32 | 145.19 | 133.76 |
| 宣城 | 181.24 | 179.32 | 186.63 | 185.04 | 159.55 |
| 福州 | 238.19 | 250.62 | 183.33 | 168.83 | 201.83 |
| 厦门 | 292.07 | 315.74 | 229.96 | 239.23 | 207.08 |
| 泉州 | 211.59 | 269.22 | 170.44 | 164.10 | 198.29 |
| 漳州 | 232.14 | 235.41 | 187.95 | 152.63 | 216.62 |
| 武夷山 | 153.89 | 211.17 | 118.53 | — | 139.69 |
| 南昌 | 245.51 | 223.38 | 236.64 | 201.09 | 259.61 |
| 景德镇 | 299.15 | 293.52 | 299.21 | 278.89 | 261.46 |
| 九江 | 267.54 | 279.74 | 201.54 | 201.71 | 198.19 |
| 鹰潭 | 216.58 | 214.56 | 198.58 | 227.18 | 208.29 |
| 赣州 | 199.90 | 211.85 | 192.39 | 186.03 | 197.70 |
| 吉安 | 228.20 | 229.36 | 163.40 | 191.14 | 198.73 |

| | 人均天花费 | 外国人 | 香港同胞 | 澳门同胞 | 台湾同胞 |
|---|---|---|---|---|---|
| 济南 | 238.11 | 239.76 | 230.96 | 251.03 | 223.93 |
| 青岛 | 367.30 | 380.14 | 325.55 | 311.00 | 325.97 |
| 烟台 | 240.80 | 268.24 | 204.37 | 203.23 | 210.37 |
| 曲阜 | 198.04 | 248.75 | 122.65 | 119.18 | 96.17 |
| 泰安 | 212.57 | 227.68 | 184.92 | 210.06 | 190.38 |
| 威海 | 202.91 | 209.77 | 193.29 | 186.65 | 203.41 |
| 郑州 | 223.80 | 245.07 | 196.62 | 176.52 | 175.06 |
| 开封 | 246.08 | 232.52 | 298.82 | 296.24 | 247.50 |
| 洛阳 | 139.61 | 134.10 | 202.28 | — | 221.07 |
| 三门峡 | 215.70 | 195.13 | 228.09 | 246.57 | 206.69 |
| 武汉 | 228.02 | 237.59 | 196.89 | 252.38 | 234.77 |
| 十堰 | 205.00 | 212.38 | 145.77 | 186.16 | 228.18 |
| 宜昌 | 250.53 | 292.27 | 207.61 | 225.75 | 195.76 |
| 襄阳 | 201.16 | 176.67 | 205.17 | 157.59 | 208.58 |
| 荆州 | 146.03 | 162.00 | 152.07 | 142.35 | 161.86 |
| 恩施 | 217.31 | 223.32 | 213.80 | 171.80 | 233.40 |
| 湖北游船 | 165.03 | 185.69 | 132.70 | 143.49 | 146.74 |
| 长沙 | 206.80 | 212.67 | 188.40 | 159.17 | 208.90 |
| 湘潭 | 187.06 | 190.89 | 184.26 | 168.48 | 172.32 |
| 衡阳 | 221.62 | 221.62 | — | — | — |
| 岳阳 | 191.99 | 199.90 | 151.46 | 129.05 | 150.18 |
| 张家界 | 242.49 | 248.56 | 179.16 | 213.09 | 151.83 |
| 郴州 | 182.47 | 222.65 | 163.18 | 190.09 | 196.56 |
| 湘西 | 182.88 | 176.05 | 169.35 | — | 297.74 |
| 广州 | 233.19 | 243.59 | 213.21 | 206.48 | 251.37 |
| 深圳 | 227.54 | 233.51 | 209.04 | 194.41 | 263.07 |
| 珠海 | 203.11 | 237.14 | 191.56 | 147.14 | 221.99 |
| 汕头 | 171.67 | 191.69 | 173.28 | 170.59 | 170.42 |
| 江门 | 153.08 | 183.02 | 121.24 | 136.90 | 180.22 |
| 湛江 | 178.85 | 197.38 | 158.61 | 132.24 | 179.67 |
| 惠州 | 131.74 | 146.32 | 120.44 | 121.59 | 142.47 |
| 东莞 | 138.19 | 153.55 | 130.76 | 139.51 | 167.05 |
| 中山 | 167.18 | 170.79 | 160.39 | 137.80 | 155.93 |
| 南宁 | 225.91 | 242.19 | 211.82 | 225.76 | 210.40 |
| 桂林 | 268.84 | 264.31 | 235.45 | 242.54 | 269.21 |

1-11（续 3） 单位：美元 / 人天

| | 人均天花费 | 外国人 | 香港同胞 | 澳门同胞 | 台湾同胞 |
|---|---|---|---|---|---|
| 梧州 | 206.37 | 233.01 | 208.09 | 203.11 | 240.05 |
| 北海 | 216.52 | 220.68 | 227.04 | 207.87 | 198.26 |
| 防城港 | 198.21 | 188.12 | 205.73 | 191.01 | 191.96 |
| 贺州 | 186.98 | 222.98 | 165.14 | 185.43 | 173.25 |
| 崇左 | 192.70 | 184.84 | 191.88 | 211.46 | 212.27 |
| 海口 | 233.36 | 244.98 | 194.46 | 279.17 | 192.37 |
| 三亚 | 202.95 | 193.90 | 220.27 | 212.53 | 221.35 |
| 重庆 | 247.02 | 252.64 | 235.06 | 230.79 | 255.60 |
| 重庆游船 | 185.69 | 174.15 | 183.48 | 287.35 | 217.42 |
| 成都 | 273.69 | 284.64 | 202.97 | 256.44 | 235.12 |
| 绵阳 | 125.96 | 129.12 | 137.46 | 124.17 | 127.51 |
| 乐山（峨眉山） | 207.80 | 213.00 | 189.88 | 167.61 | 220.29 |
| 阿坝州 | 157.84 | 155.65 | 173.53 | 176.91 | 156.41 |
| 贵阳 | 189.51 | 214.94 | 169.79 | 176.06 | 160.77 |
| 安顺 | 176.53 | 204.10 | 166.74 | 154.90 | 155.21 |
| 黔东南 | 174.29 | 202.58 | 148.40 | 124.42 | 137.09 |
| 昆明 | 297.74 | 314.24 | 241.77 | 287.29 | 285.40 |
| 景洪 | 245.63 | 246.83 | 206.57 | 191.63 | 199.81 |
| 大理 | 216.05 | 260.31 | 187.33 | 203.81 | 227.27 |
| 拉萨 | 259.55 | 257.48 | 207.51 | 259.84 | 239.16 |
| 西安 | 255.31 | 253.32 | 256.23 | 241.58 | 286.79 |
| 咸阳 | 196.16 | 195.70 | 302.01 | — | 195.59 |
| 兰州 | 199.26 | 199.92 | 184.09 | 181.52 | 154.12 |
| 敦煌 | 190.40 | 194.76 | 208.26 | 178.82 | 142.81 |
| 西宁 | 142.34 | 145.42 | 167.99 | — | 140.87 |
| 海东 | 158.96 | 169.01 | 97.46 | — | 146.85 |
| 黄南州 | 169.64 | 168.64 | 161.56 | 191.76 | — |
| 海西州 | 165.37 | 166.16 | 193.19 | 135.29 | 142.51 |
| 银川 | 162.45 | 180.80 | 124.15 | 153.75 | 145.40 |
| 乌鲁木齐 | 250.30 | 258.70 | — | — | 230.88 |

## 1-12　2019年入境过夜游客在各城市

| | 人均天花费 | 政　府工作人员 | 专　业技术人员 | 职　员 | 技　工/工　人 |
|---|---|---|---|---|---|
| 北　京 | 309.66 | 335.28 | 314.13 | 313.40 | 323.24 |
| 天　津 | 256.83 | 254.17 | 264.10 | 251.78 | 224.09 |
| 石家庄 | 245.43 | 287.74 | 262.12 | 224.38 | 265.86 |
| 唐　山 | 189.68 | 198.30 | 257.76 | 167.65 | 168.85 |
| 秦皇岛 | 196.73 | 225.33 | 176.34 | 215.16 | 136.73 |
| 承　德 | 173.73 | 142.66 | 206.82 | 165.61 | 200.14 |
| 大　同 | 141.81 | 136.27 | 160.43 | 120.93 | 189.47 |
| 长　治 | 91.01 | 81.44 | 78.78 | — | — |
| 晋　城 | 165.36 | 166.27 | 98.88 | 156.04 | 181.58 |
| 晋　中 | 157.76 | 114.45 | 187.28 | 153.65 | 132.70 |
| 忻　州 | 59.40 | 55.34 | 57.01 | 55.79 | 62.14 |
| 呼和浩特 | 254.22 | 232.53 | 173.03 | 179.05 | 150.04 |
| 包　头 | 195.34 | 220.31 | 219.28 | 210.88 | 148.23 |
| 二连浩特 | 175.19 | 190.57 | 188.37 | 189.03 | — |
| 赤　峰 | 138.68 | 162.00 | 193.01 | 148.33 | 143.56 |
| 沈　阳 | 277.17 | 322.59 | 300.97 | 249.16 | 206.69 |
| 大　连 | 286.42 | 291.14 | 269.19 | 312.51 | 243.62 |
| 鞍　山 | 202.29 | 182.05 | 171.64 | 228.79 | — |
| 抚　顺 | 205.08 | — | 176.27 | 195.67 | 217.81 |
| 本　溪 | 146.20 | 105.19 | 82.54 | 143.26 | 122.51 |
| 丹　东 | 183.55 | — | 183.57 | 200.38 | — |
| 锦　州 | 148.28 | 153.45 | 134.11 | 138.97 | 179.40 |
| 营　口 | 158.37 | 200.69 | 137.65 | 168.67 | 118.23 |
| 盘　锦 | 251.86 | 234.94 | 246.23 | 228.09 | 255.34 |
| 葫芦岛 | 256.33 | 261.94 | 227.13 | 273.52 | 279.22 |
| 长　春 | 205.79 | 210.94 | 172.85 | 197.90 | 203.89 |
| 吉　林 | 189.29 | 113.96 | 209.46 | 208.68 | — |
| 通　化 | 222.56 | 235.65 | 140.56 | 289.04 | — |
| 白　山 | 142.46 | 153.26 | 116.08 | 143.80 | 147.41 |
| 延　吉 | 206.43 | 287.16 | 292.57 | 290.79 | 200.51 |
| 哈尔滨 | 220.11 | 218.91 | 208.84 | 219.29 | — |
| 齐齐哈尔 | 221.00 | 196.83 | 228.74 | 237.09 | 169.91 |
| 大　庆 | 172.51 | 128.60 | 127.31 | 229.35 | 153.33 |

## 人均天花费（按职业分组）

单位：美元 / 人天

| 商贸人员 | 服务员 / 推销员 | 退休人员 | 家庭妇女 | 军人 | 学生 | 其他 |
|---|---|---|---|---|---|---|
| 333.76 | 263.62 | 254.25 | 330.49 | 390.44 | 268.64 | 310.43 |
| 293.28 | 215.67 | 182.96 | 280.34 | — | 252.02 | 243.13 |
| 214.19 | 128.25 | 301.62 | 215.23 | 136.26 | 192.03 | 262.27 |
| 159.65 | — | 348.88 | 253.27 | — | — | 222.39 |
| 228.73 | 212.54 | 262.09 | 196.31 | — | 174.26 | 183.86 |
| 177.92 | 210.23 | 160.23 | 162.46 | — | 173.09 | 178.79 |
| 200.66 | 123.02 | 84.01 | 108.86 | — | 122.92 | 165.04 |
| 137.18 | — | — | 117.87 | — | — | 83.06 |
| 171.64 | — | 178.12 | 183.80 | — | 158.80 | 126.64 |
| 179.72 | 172.58 | 278.39 | 126.24 | — | 120.93 | 125.98 |
| 57.59 | 53.24 | 71.49 | 55.60 | — | 57.47 | — |
| 457.06 | 204.83 | 195.65 | 151.73 | — | 219.68 | 150.27 |
| 224.67 | 176.41 | 118.08 | 155.53 | — | 164.19 | 211.16 |
| 155.48 | 189.64 | 151.76 | — | — | 78.95 | — |
| 164.03 | 180.77 | 161.97 | 189.74 | — | 168.33 | 79.00 |
| 287.76 | — | 248.83 | 179.83 | — | 147.29 | 287.29 |
| 274.95 | 254.40 | 336.99 | 279.53 | — | 271.35 | 265.31 |
| 200.19 | 248.09 | 140.07 | 137.93 | — | 178.49 | 121.10 |
| 190.33 | 196.44 | 260.94 | 313.14 | — | 215.68 | 207.37 |
| 169.45 | 250.18 | 176.99 | 188.67 | — | 143.83 | 115.33 |
| — | — | 164.12 | — | — | — | — |
| 159.21 | 98.25 | 125.97 | 122.71 | — | 99.54 | — |
| 154.72 | 138.75 | — | 238.74 | — | — | — |
| 253.07 | 270.69 | 263.82 | 86.84 | — | 331.66 | 139.90 |
| 177.03 | 263.93 | 245.31 | 246.56 | — | — | 252.15 |
| 197.05 | 217.11 | 212.83 | 227.33 | — | 225.49 | — |
| 216.95 | 184.53 | 198.86 | 207.05 | — | 175.42 | 140.00 |
| 172.52 | — | 119.40 | 136.05 | — | — | — |
| 144.35 | 170.73 | 132.19 | 129.59 | 77.08 | 112.17 | 150.38 |
| 161.33 | 288.93 | 180.19 | 123.49 | — | 104.59 | 137.83 |
| 327.19 | — | 217.65 | 206.07 | 119.29 | 227.95 | 245.97 |
| 178.14 | — | 298.87 | 164.96 | — | 170.47 | 221.30 |
| 231.43 | 95.25 | 109.38 | 98.56 | — | 153.32 | 188.19 |

1–12（续 1）

| | 人均天花费 | 政府工作人员 | 专业技术人员 | 职员 | 技工/工人 |
|---|---|---|---|---|---|
| 佳木斯 | 191.50 | 152.68 | 132.22 | 161.09 | 283.41 |
| 牡丹江 | 152.80 | 244.31 | 155.90 | 185.18 | 130.28 |
| 上海 | 288.75 | 278.58 | 284.74 | 289.89 | 283.84 |
| 南京 | 316.65 | 284.10 | 310.03 | 296.53 | 363.94 |
| 无锡 | 301.57 | 201.10 | 313.43 | 266.07 | 469.17 |
| 苏州 | 291.34 | 251.66 | 311.25 | 312.34 | 280.35 |
| 南通 | 230.86 | 169.20 | 238.47 | 224.46 | 219.63 |
| 扬州 | 289.71 | 218.00 | 196.56 | 354.42 | 215.92 |
| 杭州 | 250.93 | 270.27 | 306.01 | 249.10 | 207.16 |
| 宁波 | 246.00 | 292.13 | 210.46 | 282.02 | 213.90 |
| 温州 | 247.83 | 144.44 | 195.98 | 275.80 | 321.77 |
| 绍兴 | 260.35 | 265.98 | 264.96 | 194.52 | 180.87 |
| 金华 | 179.02 | 163.27 | 213.53 | 126.75 | 186.17 |
| 合肥 | 284.40 | 261.93 | 247.08 | 366.83 | 94.82 |
| 芜湖 | 169.51 | 165.11 | 174.09 | 174.67 | 167.04 |
| 马鞍山 | 308.82 | 294.64 | 327.24 | 303.75 | 264.56 |
| 铜陵 | 168.23 | 153.17 | 221.76 | 159.61 | 222.26 |
| 安庆 | 183.88 | 177.09 | 186.85 | 190.83 | 197.62 |
| 黄山 | 191.07 | 184.33 | 203.20 | 187.64 | 201.51 |
| 滁州 | 233.39 | 245.85 | 249.27 | 230.61 | 261.18 |
| 亳州 | 164.62 | 205.07 | 150.89 | 175.63 | 185.28 |
| 池州 | 166.67 | 192.26 | 151.58 | 179.86 | 239.45 |
| 宣城 | 181.24 | 172.04 | 203.89 | 186.98 | 158.06 |
| 福州 | 238.19 | 204.62 | 294.45 | 229.98 | 247.88 |
| 厦门 | 292.07 | 309.36 | 257.41 | 314.43 | 367.93 |
| 泉州 | 211.59 | 243.66 | 238.44 | 205.82 | 127.31 |
| 漳州 | 232.14 | — | 139.60 | 239.54 | 96.98 |
| 武夷山 | 153.89 | 159.03 | 173.87 | 222.67 | 137.45 |
| 南昌 | 245.51 | 207.75 | 233.82 | 235.61 | 215.46 |
| 景德镇 | 299.15 | 370.11 | 201.53 | 328.51 | 255.17 |
| 九江 | 267.54 | 337.51 | 293.36 | 290.22 | 222.84 |
| 鹰潭 | 216.58 | 290.12 | 222.37 | 216.79 | 153.54 |
| 赣州 | 199.90 | 170.72 | 197.11 | 194.99 | 245.84 |

单位：美元 / 人天

| 商贸人员 | 服务员 / 推销员 | 退休人员 | 家庭妇女 | 军人 | 学生 | 其他 |
|---|---|---|---|---|---|---|
| 279.17 | 147.91 | 143.45 | 309.02 | — | 118.29 | 203.88 |
| 178.09 | 171.93 | 139.94 | 125.92 | — | 120.86 | 159.01 |
| 299.97 | 329.66 | 295.66 | 295.72 | 149.77 | 237.63 | 266.40 |
| 273.96 | 317.05 | 306.62 | 376.86 | 344.60 | 333.41 | 296.69 |
| 314.73 | 186.96 | 165.09 | 441.30 | — | 209.80 | 157.43 |
| 265.30 | 245.33 | 332.18 | 314.08 | — | 267.69 | 313.16 |
| 207.36 | 261.62 | 264.50 | 234.96 | — | 211.53 | — |
| 147.39 | 477.48 | 499.59 | 116.56 | — | 208.09 | 138.59 |
| 347.54 | 187.66 | 227.76 | 177.90 | — | 247.38 | 707.35 |
| 250.65 | 322.02 | 152.02 | 248.07 | — | 178.01 | 175.28 |
| 244.04 | 106.34 | 199.04 | 196.47 | — | 208.80 | 183.64 |
| 260.05 | 156.64 | 198.51 | 190.81 | — | 209.18 | 199.13 |
| 154.74 | 216.31 | 182.32 | 223.20 | 162.45 | 161.74 | 248.38 |
| 326.51 | 238.55 | 197.69 | — | — | 134.91 | 158.71 |
| 158.48 | 312.61 | 136.04 | 129.84 | 139.36 | 106.23 | 133.99 |
| 330.31 | 245.85 | 242.08 | 291.91 | 274.98 | 283.22 | 272.69 |
| 140.72 | 185.09 | 179.39 | 173.52 | — | 140.94 | 156.80 |
| 197.40 | 174.33 | 183.54 | 162.61 | — | 185.79 | 145.08 |
| 190.99 | 186.70 | 173.29 | 169.11 | — | 188.40 | 200.63 |
| 231.79 | — | 258.10 | 194.66 | — | 219.21 | 247.95 |
| 209.90 | 139.57 | 144.96 | 115.19 | — | 93.36 | 127.90 |
| 168.63 | — | 130.06 | 205.96 | — | 91.66 | 165.49 |
| 141.02 | 153.27 | 187.28 | 266.42 | — | 202.07 | 149.81 |
| 266.17 | 150.52 | 154.75 | 160.83 | 92.85 | 213.69 | 197.24 |
| 286.59 | 238.25 | 270.21 | 327.34 | 241.33 | 240.40 | 237.74 |
| 204.94 | 235.06 | 181.30 | 237.71 | — | 162.89 | 240.16 |
| 209.39 | — | 241.74 | 162.87 | — | 128.08 | 176.99 |
| 108.37 | 174.03 | 95.86 | 148.39 | — | 76.91 | 141.61 |
| 226.26 | 257.19 | 274.01 | 301.97 | — | 193.02 | 243.00 |
| 286.09 | 214.07 | 379.97 | 314.59 | — | 259.15 | 251.83 |
| 211.98 | 293.31 | 257.74 | 280.79 | — | 141.55 | 181.03 |
| 193.69 | 166.28 | 257.23 | 178.32 | — | 243.09 | 199.04 |
| 192.72 | 143.33 | 230.82 | 207.41 | — | 186.11 | 240.27 |

1-12（续 2）

| | 人均天花费 | 政府工作人员 | 专业技术人员 | 职员 | 技工/工人 |
|---|---|---|---|---|---|
| 吉安 | 228.20 | 221.56 | 217.32 | 234.50 | 256.93 |
| 济南 | 238.11 | 212.53 | 217.03 | 228.00 | 245.09 |
| 青岛 | 367.30 | 404.70 | 378.63 | 362.37 | 331.32 |
| 烟台 | 240.80 | 242.72 | 241.85 | 238.69 | 284.08 |
| 曲阜 | 198.04 | 194.66 | 206.45 | 212.64 | 221.19 |
| 泰安 | 212.57 | 187.32 | 261.41 | 230.79 | 314.70 |
| 威海 | 202.91 | 241.91 | 195.70 | 181.64 | 174.75 |
| 郑州 | 223.80 | 210.66 | 229.14 | 226.68 | 219.60 |
| 开封 | 246.08 | 212.77 | 237.98 | 256.42 | 250.14 |
| 洛阳 | 139.61 | 100.29 | 124.51 | 184.00 | 181.31 |
| 三门峡 | 215.70 | 175.67 | — | — | 207.44 |
| 武汉 | 228.02 | 238.90 | 206.89 | 235.20 | 234.89 |
| 十堰 | 205.00 | — | 220.24 | 212.76 | 143.02 |
| 宜昌 | 250.53 | 178.99 | 192.01 | 256.90 | 333.92 |
| 襄阳 | 201.16 | 261.70 | 222.79 | 185.57 | 185.63 |
| 荆州 | 146.03 | 102.01 | 150.99 | 146.53 | 139.66 |
| 恩施 | 217.31 | 162.25 | 344.32 | 208.09 | 203.90 |
| 湖北游船 | 165.03 | 168.98 | 138.74 | 127.78 | 128.92 |
| 长沙 | 206.80 | 196.16 | 197.36 | 207.35 | 205.19 |
| 湘潭 | 187.06 | 123.02 | 198.83 | 175.40 | 197.19 |
| 衡阳 | 221.62 | 206.19 | 220.37 | 216.81 | 236.39 |
| 岳阳 | 191.99 | 166.95 | 188.31 | 211.88 | 184.27 |
| 张家界 | 242.49 | 204.47 | 210.88 | 263.67 | 205.10 |
| 郴州 | 182.47 | 178.79 | 169.55 | 188.42 | 173.39 |
| 湘西 | 182.88 | 175.18 | 160.22 | 192.10 | 195.63 |
| 广州 | 233.19 | 220.18 | 246.53 | 215.23 | 227.76 |
| 深圳 | 227.54 | 253.90 | 225.08 | 210.87 | 226.35 |
| 珠海 | 203.11 | 323.82 | 229.52 | 215.27 | 193.98 |
| 汕头 | 171.67 | 257.68 | 164.73 | 164.78 | 149.50 |
| 江门 | 153.08 | 157.16 | 176.37 | 141.02 | 179.21 |
| 湛江 | 178.85 | 118.95 | 165.75 | 171.22 | 139.05 |
| 惠州 | 131.74 | 161.97 | 137.58 | 133.11 | 139.34 |
| 东莞 | 138.19 | 167.88 | 119.90 | 150.26 | 123.73 |
| 中山 | 167.18 | 139.02 | 176.39 | 187.20 | 189.65 |

单位：美元 / 人天

| 商贸人员 | 服务员 / 推销员 | 退休人员 | 家庭妇女 | 军人 | 学生 | 其他 |
|---|---|---|---|---|---|---|
| 218.46 | 201.56 | 231.79 | 204.16 | — | 206.19 | 253.03 |
| 282.31 | 263.47 | 161.74 | 212.57 | — | 295.24 | 296.73 |
| 369.50 | 359.19 | 312.34 | 299.61 | 227.71 | 374.68 | 197.95 |
| 239.73 | 313.73 | 207.13 | 198.50 | — | 180.37 | 328.58 |
| 164.37 | 122.85 | 228.05 | 233.97 | — | 184.79 | 92.02 |
| 238.19 | 240.22 | 232.05 | 295.72 | — | 200.29 | 181.08 |
| 192.09 | 317.79 | 223.51 | 147.80 | 284.73 | 178.37 | 155.27 |
| 231.78 | 196.33 | 224.27 | 230.71 | 241.61 | 209.79 | 180.75 |
| 230.65 | 162.60 | 235.44 | 161.63 | — | 249.09 | 266.06 |
| 177.38 | 74.90 | 109.64 | 148.37 | 104.11 | 116.88 | 103.35 |
| 210.78 | — | 246.99 | 213.27 | 175.84 | 213.02 | 222.37 |
| 219.76 | 253.92 | 233.11 | 220.33 | 218.16 | 229.03 | 239.84 |
| 205.39 | 119.45 | 229.57 | 184.60 | — | 192.84 | 119.63 |
| 236.38 | 254.35 | 171.19 | 273.17 | — | 225.97 | 342.81 |
| 182.72 | 96.96 | 218.79 | 202.87 | — | 110.85 | 136.11 |
| 148.91 | 146.16 | 166.92 | 205.03 | — | 124.09 | — |
| 163.95 | 166.42 | 139.57 | 196.38 | 247.28 | 219.42 | 231.53 |
| 199.76 | 222.96 | 138.27 | 216.88 | — | 167.64 | 145.24 |
| 225.01 | 176.98 | 199.58 | 212.60 | — | 201.29 | 187.70 |
| 219.20 | 108.46 | 194.04 | 198.63 | — | 171.60 | 143.35 |
| 227.47 | 165.45 | 252.70 | 221.62 | — | 214.11 | — |
| 181.41 | 207.73 | 216.69 | 232.13 | — | 119.68 | 201.20 |
| 284.43 | 186.92 | 245.07 | 264.10 | 277.27 | 210.39 | 159.57 |
| 174.15 | 175.68 | 198.32 | 176.59 | 194.16 | 180.79 | 204.10 |
| 203.28 | 195.18 | 201.59 | 179.15 | — | 163.95 | 164.51 |
| 249.54 | 205.69 | 258.65 | 228.11 | 387.31 | 219.57 | 245.42 |
| 277.94 | 199.05 | 214.93 | 218.29 | 337.24 | 211.60 | 271.58 |
| 204.54 | 186.49 | 201.84 | 218.93 | 200.09 | 179.09 | 175.72 |
| 187.48 | 203.42 | 160.10 | 131.90 | — | 159.97 | 222.71 |
| 183.50 | 139.25 | 130.85 | 242.11 | 220.64 | 111.26 | 146.04 |
| 217.03 | 190.04 | 95.10 | 134.43 | — | 176.34 | 215.39 |
| 152.70 | 105.53 | 126.04 | 135.07 | — | 106.62 | 114.45 |
| 148.06 | 145.69 | 129.07 | 134.07 | 144.14 | 115.09 | 118.30 |
| 144.82 | 140.30 | 157.27 | 123.87 | 233.27 | 162.25 | 133.56 |

1-12（续3）

| | 人均天花费 | 政府工作人员 | 专业技术人员 | 职员 | 技工/工人 |
|---|---|---|---|---|---|
| 南宁 | 225.91 | 219.97 | 228.07 | 259.08 | 209.17 |
| 桂林 | 268.84 | — | 286.59 | 287.88 | 236.96 |
| 梧州 | 206.37 | 258.34 | 197.30 | 229.77 | 168.98 |
| 北海 | 216.52 | 197.12 | 213.45 | 249.11 | 204.86 |
| 防城港 | 198.21 | 191.18 | 201.80 | 208.30 | 208.30 |
| 贺州 | 186.98 | 229.79 | 185.17 | 154.90 | 190.42 |
| 崇左 | 192.70 | 114.78 | 201.18 | 180.06 | 151.68 |
| 海口 | 233.36 | 223.38 | 216.15 | 208.16 | 153.48 |
| 三亚 | 202.95 | 169.29 | 212.57 | 194.04 | 169.38 |
| 重庆 | 247.02 | 212.26 | 239.89 | 252.63 | 229.23 |
| 重庆游船 | 185.69 | 234.24 | 211.59 | 131.07 | 100.65 |
| 成都 | 273.69 | 263.14 | 255.50 | 304.80 | 331.07 |
| 绵阳 | 125.96 | 101.43 | 127.92 | 138.58 | 113.61 |
| 乐山（峨眉山） | 207.80 | 181.58 | 218.60 | 202.11 | 224.10 |
| 阿坝州 | 157.84 | 200.85 | 170.78 | 160.01 | 154.04 |
| 贵阳 | 189.51 | 174.91 | 193.50 | 169.55 | 254.42 |
| 安顺 | 176.53 | 163.35 | 186.09 | 144.85 | 190.64 |
| 黔东南 | 174.29 | 177.61 | 168.78 | 144.91 | 171.00 |
| 昆明 | 297.74 | 355.42 | 297.11 | 311.56 | 266.88 |
| 景洪 | 245.63 | 157.29 | 414.43 | 229.11 | 181.84 |
| 大理 | 216.05 | 173.00 | 218.24 | 207.32 | 255.02 |
| 拉萨 | 259.55 | 239.64 | 290.60 | 282.97 | 280.04 |
| 西安 | 255.31 | 224.15 | 256.17 | 279.08 | 248.51 |
| 咸阳 | 196.16 | 150.65 | 176.38 | 150.63 | 245.48 |
| 兰州 | 199.26 | 185.46 | 235.92 | 199.18 | 201.71 |
| 敦煌 | 190.40 | 174.47 | 221.17 | 201.34 | 170.70 |
| 西宁 | 142.34 | 210.56 | 125.28 | 135.79 | 130.98 |
| 海东 | 158.96 | 201.86 | 117.50 | 130.09 | 160.00 |
| 黄南州 | 169.64 | 173.67 | 172.57 | 175.99 | — |
| 海西州 | 165.37 | 176.70 | 143.76 | 172.78 | 188.15 |
| 银川 | 162.45 | 169.77 | 121.25 | 181.33 | 190.42 |
| 乌鲁木齐 | 250.30 | 242.28 | 276.18 | 212.97 | 150.04 |

单位：美元 / 人天

| 商贸人员 | 服务员 / 推销员 | 退休人员 | 家庭妇女 | 军人 | 学生 | 其他 |
|---|---|---|---|---|---|---|
| 232.74 | — | 173.77 | 248.88 | — | 202.47 | 181.92 |
| 285.95 | 227.24 | 228.33 | 227.58 | 269.15 | 278.96 | 178.37 |
| 154.95 | 193.85 | 273.90 | 226.09 | 172.96 | 184.41 | 171.76 |
| 177.61 | 212.59 | 238.31 | 257.79 | 195.02 | 262.09 | 224.96 |
| 198.99 | 184.23 | 210.39 | 162.68 | — | 196.69 | 208.45 |
| 226.94 | 162.67 | 178.26 | 180.43 | — | 184.54 | 128.03 |
| 190.74 | 177.94 | 182.29 | 230.61 | — | 201.31 | 164.11 |
| 232.54 | 205.53 | 262.66 | 215.65 | — | 249.47 | 282.79 |
| 244.91 | 231.98 | 165.62 | 174.23 | 174.92 | 195.36 | 195.85 |
| 282.99 | 253.77 | 273.08 | 228.52 | 264.37 | 158.19 | 221.69 |
| 241.39 | 204.38 | 160.21 | 261.19 | 240.15 | 164.87 | — |
| 356.93 | 239.34 | 181.69 | 200.72 |  | 291.00 | 229.74 |
| 128.85 | 112.31 | 139.14 | 96.97 | — | 103.24 | — |
| 212.88 | 239.08 | 214.02 | 214.03 | 175.41 | 187.56 | 219.73 |
| 127.66 | 89.11 | 185.89 | 157.25 | 120.61 | 124.25 | 200.08 |
| 185.89 | — | 166.73 | — | — | 146.90 | 160.91 |
| 167.31 | — | 193.36 | — | — | 145.13 | — |
| 175.27 | — | 183.65 | — | — | 156.07 | — |
| 330.18 | 323.54 | 230.47 | 269.42 | — | 297.48 | 285.49 |
| 242.62 | — | 200.37 | 368.26 | — | 200.20 | 239.66 |
| 221.13 | 237.40 | 203.71 | 215.15 | — | 230.06 | 209.04 |
| 249.48 | 272.40 | 255.46 | 226.63 | 193.46 | 233.79 | 239.18 |
| 249.34 | 235.77 | 256.23 | 271.20 | 262.58 | 249.35 | 280.37 |
| 220.94 | 174.70 | 185.19 | 133.72 | — | 198.11 | 198.48 |
| 230.32 | 235.68 | 166.86 | 162.65 | — | 182.56 | 200.90 |
| 257.87 | — | 167.53 | 171.67 | — | 181.96 | 200.49 |
| 94.15 | 130.89 | 176.49 | 159.53 | — | 78.40 | 100.43 |
| 148.19 | 87.15 | 189.31 | 134.09 | 169.16 | 134.78 | 208.05 |
| 154.25 | — | 134.78 | 154.11 | — | — | — |
| 219.83 | 215.23 | 110.05 | 112.16 | — | 165.22 | 152.39 |
| 154.23 | 156.17 | 131.78 | 190.84 | — | 155.81 | 170.88 |
| 274.65 | 228.95 | 191.39 | 214.93 | — | 252.31 | 266.92 |

# 1-13　2019 年入境过夜游客在各城市

| | 人均天花费 | 观光游览 | 休闲度假 | 探亲访友 | 商务 |
|---|---|---|---|---|---|
| 北京 | 309.66 | 298.64 | 317.35 | 359.41 | 306.45 |
| 天津 | 256.83 | 247.45 | 255.43 | 284.53 | 239.82 |
| 石家庄 | 245.43 | 244.44 | 299.69 | 225.54 | 209.88 |
| 唐山 | 189.68 | 189.17 | 223.50 | 229.82 | 188.43 |
| 秦皇岛 | 196.73 | 178.89 | 228.86 | 136.18 | 245.63 |
| 承德 | 173.73 | 163.51 | 168.41 | 179.41 | 173.05 |
| 大同 | 141.81 | 147.96 | 127.96 | 211.74 | 140.50 |
| 长治 | 91.01 | 92.35 | 62.17 | — | — |
| 晋城 | 165.36 | 165.60 | 148.75 | — | — |
| 晋中 | 157.76 | 156.79 | 137.44 | 86.63 | 263.95 |
| 忻州 | 59.40 | 63.20 | 56.98 | — | — |
| 呼和浩特 | 254.22 | 227.08 | 202.98 | 277.18 | 181.04 |
| 包头 | 195.34 | 224.45 | 185.50 | 192.04 | 224.47 |
| 二连浩特 | 175.19 | 193.07 | 172.86 | — | 145.01 |
| 赤峰 | 138.68 | 154.15 | 155.15 | 152.68 | 158.34 |
| 沈阳 | 277.17 | 258.91 | 285.64 | 219.90 | 223.92 |
| 大连 | 286.42 | 329.83 | 285.96 | 264.18 | 261.67 |
| 鞍山 | 202.29 | 147.91 | 211.65 | 231.45 | 237.61 |
| 抚顺 | 205.08 | 245.46 | 185.03 | 218.90 | 181.57 |
| 本溪 | 146.20 | 140.19 | 193.87 | 208.70 | 85.22 |
| 丹东 | 183.55 | 183.55 | — | — | — |
| 锦州 | 148.28 | 152.63 | 141.16 | 94.91 | — |
| 营口 | 158.37 | 146.19 | 159.55 | 129.23 | 186.45 |
| 盘锦 | 251.86 | 253.88 | 258.28 | 180.79 | 222.16 |
| 葫芦岛 | 256.33 | 271.30 | 253.72 | — | — |
| 长春 | 205.79 | 207.32 | 206.66 | 190.11 | 196.93 |
| 吉林 | 189.29 | 186.28 | 209.30 | — | — |
| 通化 | 222.56 | 225.76 | 161.68 | — | — |
| 白山 | 142.46 | 154.37 | 153.23 | 79.03 | 89.62 |
| 延吉 | 206.43 | 217.93 | 291.56 | 96.56 | 393.95 |
| 哈尔滨 | 220.11 | 227.58 | 201.08 | 210.72 | 308.02 |
| 齐齐哈尔 | 221.00 | 209.73 | 243.74 | 274.55 | 226.42 |
| 大庆 | 172.51 | 218.00 | 134.12 | 123.49 | 183.28 |

## 人均天花费（按旅游目的分组）

单位：美元/人天

| 会议 | 宗教朝拜 | 文化/体育/科技交流 | 购物 | 医疗保健 | 其他 |
|---|---|---|---|---|---|
| 318.50 | 410.68 | 268.49 | 398.36 | 293.18 | — |
| 253.24 | 184.72 | 305.60 | 299.74 | 272.31 | 115.78 |
| 309.04 | 214.84 | 177.80 | 266.37 | 175.34 | 218.04 |
| 123.10 | — | 115.78 | — | — | — |
| 232.56 | 181.49 | 220.00 | 80.36 | — | 103.04 |
| 257.63 | — | 193.21 | 178.18 | 237.59 | 169.03 |
| — | 116.49 | 127.69 | — | — | 73.63 |
| — | — | — | — | — | 109.11 |
| — | — | — | — | — | — |
| 39.91 | 229.11 | 270.98 | — | — | 206.36 |
| — | 57.32 | — | — | — | — |
| 164.45 | 206.09 | 241.51 | 546.94 | — | 152.74 |
| 148.35 | — | 139.17 | 195.18 | — | 110.12 |
| 128.96 | — | 28.31 | 113.36 | — | 119.65 |
| — | — | 91.23 | 168.31 | — | 83.82 |
| 136.70 | — | 344.57 | — | 120.39 | 506.43 |
| 297.75 | 247.24 | 283.87 | — | 281.01 | 234.38 |
| 274.86 | — | 135.23 | — | 194.18 | — |
| 190.13 | — | 161.88 | — | — | 166.74 |
| 78.80 | — | 68.74 | — | — | 62.02 |
| — | — | — | — | — | — |
| — | — | — | — | — | 164.39 |
| 114.44 | — | — | — | — | — |
| 276.91 | — | 289.45 | — | — | 331.66 |
| — | — | — | — | — | 234.37 |
| 198.23 | 209.75 | 212.84 | 239.66 | 231.24 | 236.18 |
| — | — | — | — | — | — |
| — | — | — | — | — | — |
| 66.72 | — | — | 127.15 | — | 84.30 |
| 253.16 | — | 210.90 | — | — | 149.99 |
| — | — | — | — | — | 202.27 |
| 196.80 | — | 219.58 | — | — | 155.20 |
| 202.85 | — | 90.63 | — | — | 149.04 |

1-13（续 1）

| | 人均天花费 | 观光游览 | 休闲度假 | 探亲访友 | 商务 |
|---|---|---|---|---|---|
| 佳木斯 | 191.50 | 181.10 | 164.72 | 239.57 | 260.47 |
| 牡丹江 | 152.80 | 155.26 | 144.59 | — | 177.72 |
| 上海 | 288.75 | 295.74 | 327.49 | 284.51 | 275.02 |
| 南京 | 316.65 | 329.05 | 302.59 | 289.33 | 254.97 |
| 无锡 | 301.57 | 315.20 | 302.45 | 221.81 | 168.68 |
| 苏州 | 291.34 | 314.07 | 281.61 | 274.49 | 261.61 |
| 南通 | 230.86 | 238.95 | 237.39 | 224.73 | 218.08 |
| 扬州 | 289.71 | 280.03 | 197.06 | 226.50 | 120.58 |
| 杭州 | 250.93 | 228.49 | 224.12 | 223.02 | 429.80 |
| 宁波 | 246.00 | 216.15 | 174.56 | 331.15 | 247.83 |
| 温州 | 247.83 | 223.18 | 252.44 | 174.90 | 289.34 |
| 绍兴 | 260.35 | 248.44 | 272.64 | 126.59 | 251.45 |
| 金华 | 179.02 | 166.15 | 183.17 | 137.95 | 137.28 |
| 合肥 | 284.40 | 357.19 | 229.30 | 166.90 | 311.86 |
| 芜湖 | 169.51 | 152.99 | 151.82 | 194.79 | 170.89 |
| 马鞍山 | 308.82 | 249.84 | 296.82 | 335.65 | 312.69 |
| 铜陵 | 168.23 | 166.99 | 173.53 | 171.59 | 164.85 |
| 安庆 | 183.88 | 166.13 | 166.46 | 208.09 | 225.98 |
| 黄山 | 191.07 | 185.29 | 189.29 | 187.32 | 194.44 |
| 滁州 | 233.39 | 227.83 | 253.45 | 250.70 | 239.73 |
| 亳州 | 164.62 | 168.07 | 165.45 | 153.49 | 146.56 |
| 池州 | 166.67 | 164.27 | 175.44 | — | — |
| 宣城 | 181.24 | 197.47 | 199.71 | 150.03 | 172.29 |
| 福州 | 238.19 | 206.37 | 211.36 | 210.70 | 270.01 |
| 厦门 | 292.07 | 267.23 | 310.54 | 299.64 | 303.90 |
| 泉州 | 211.59 | 165.05 | 223.00 | 224.86 | 193.47 |
| 漳州 | 232.14 | 206.37 | 169.10 | 163.90 | 95.82 |
| 武夷山 | 153.89 | 126.81 | 216.36 | 86.63 | — |
| 南昌 | 245.51 | 273.39 | 255.56 | 135.53 | 165.36 |
| 景德镇 | 299.15 | 351.54 | 297.21 | 187.54 | 222.46 |
| 九江 | 267.54 | 283.01 | 227.00 | 124.87 | 159.61 |
| 鹰潭 | 216.58 | 240.77 | 218.27 | 170.00 | 168.68 |
| 赣州 | 199.90 | 212.80 | 203.02 | 161.25 | 159.93 |
| 吉安 | 228.20 | 239.48 | 225.61 | 148.81 | 246.70 |

单位：美元 / 人天

| 会议 | 宗教朝拜 | 文化 / 体育 / 科技交流 | 购物 | 医疗保健 | 其他 |
|---|---|---|---|---|---|
| — | — | 107.04 | 218.96 | 198.96 | 230.29 |
| 124.19 | — | 125.63 | 200.58 | — | — |
| 293.38 | 249.46 | 223.03 | 418.79 | 631.23 | 241.44 |
| 260.97 | 298.10 | 281.93 | 629.68 | — | 185.55 |
| 142.90 | 226.70 | 218.63 | 890.76 | 229.78 | 173.34 |
| 281.96 | 212.87 | 362.31 | 332.56 | 180.91 | 177.67 |
| 213.91 | 270.16 | 201.35 | 197.74 | 174.31 | — |
| 132.46 | 164.53 | 145.59 | 931.06 | — | — |
| 438.17 | 245.63 | 307.87 | — | 153.62 | 507.35 |
| 292.13 | 142.56 | 155.67 | 706.98 | — | 250.05 |
| 186.49 | — | 263.45 | — | — | 176.71 |
| 187.46 | 532.23 | 329.37 | 306.26 | — | 180.61 |
| 173.80 | 239.13 | 226.40 | 251.35 | 243.20 | — |
| 277.26 | — | 294.81 | 120.96 | — | — |
| 166.19 | — | 174.16 | — | — | 207.92 |
| 271.36 | — | 356.03 | 160.28 | — | 282.59 |
| 174.92 | 88.47 | 176.98 | — | — | 160.75 |
| 220.20 | 168.28 | 227.46 | — | 135.01 | 169.58 |
| 189.01 | — | 205.91 | — | — | 220.59 |
| — | — | 227.96 | — | — | 236.68 |
| — | — | 169.77 | — | — | 118.40 |
| — | 149.40 | — | — | — | — |
| 324.37 | — | 162.90 | — | — | 97.90 |
| 295.80 | — | 162.62 | 233.53 | 671.76 | — |
| 276.93 | 202.62 | 286.01 | 305.68 | 194.58 | 157.93 |
| 192.06 | 97.05 | 192.85 | — | — | 254.65 |
| — | 363.71 | — | — | — | 83.68 |
| — | — | 118.86 | — | — | 161.34 |
| 169.79 | 296.72 | 218.02 | — | — | 169.93 |
| 289.68 | 263.49 | — | 304.96 | — | — |
| 142.20 | 74.95 | 97.86 | — | — | 172.44 |
| 351.81 | 86.92 | 129.78 | 326.09 | — | 175.89 |
| 210.02 | — | 212.03 | — | — | 104.56 |
| 164.84 | 78.96 | 230.06 | — | — | 168.64 |

1-13（续 2）

| | 人均天花费 | 观光游览 | 休闲度假 | 探亲访友 | 商务 |
|---|---|---|---|---|---|
| 济南 | 238.11 | 225.74 | 296.17 | 164.11 | 232.67 |
| 青岛 | 367.30 | 332.22 | 380.15 | 386.61 | 375.92 |
| 烟台 | 240.80 | 234.80 | 261.51 | 165.32 | 248.10 |
| 曲阜 | 198.04 | 203.25 | 215.56 | 147.51 | 178.22 |
| 泰安 | 212.57 | 274.85 | 214.19 | 153.17 | 160.37 |
| 威海 | 202.91 | 169.16 | 231.32 | 113.68 | 195.29 |
| 郑州 | 223.80 | 221.22 | 221.22 | 232.26 | 238.13 |
| 开封 | 246.08 | 236.62 | 294.68 | 211.29 | 213.69 |
| 洛阳 | 139.61 | 137.33 | 136.67 | 126.44 | 116.17 |
| 三门峡 | 215.70 | 224.21 | 213.12 | — | 215.62 |
| 武汉 | 228.02 | 234.52 | 221.67 | 231.13 | 229.41 |
| 十堰 | 205.00 | 216.62 | 154.05 | — | 153.97 |
| 宜昌 | 250.53 | 219.60 | 336.00 | 223.88 | 225.21 |
| 襄阳 | 201.16 | 199.91 | 201.27 | 364.36 | 194.36 |
| 荆州 | 146.03 | 150.49 | 137.30 | — | 158.36 |
| 恩施 | 217.31 | 225.95 | 203.76 | 211.32 | 178.44 |
| 湖北游船 | 165.03 | 163.07 | 175.96 | 95.32 | — |
| 长沙 | 206.80 | 205.20 | 205.17 | 144.64 | 196.22 |
| 湘潭 | 187.06 | 193.64 | 201.18 | 179.94 | 193.90 |
| 衡阳 | 221.62 | 225.24 | 213.72 | 248.28 | 191.98 |
| 岳阳 | 191.99 | 205.53 | 112.88 | 162.03 | 155.18 |
| 张家界 | 242.49 | 245.77 | 231.49 | 236.61 | 191.84 |
| 郴州 | 182.47 | 185.60 | 169.86 | 158.50 | 151.35 |
| 湘西 | 182.88 | 187.79 | 150.26 | 249.65 | — |
| 广州 | 233.19 | 218.33 | 226.36 | 238.13 | 246.59 |
| 深圳 | 227.54 | 183.42 | 236.16 | 218.49 | 274.53 |
| 珠海 | 203.11 | 197.62 | 207.91 | 161.90 | 212.05 |
| 汕头 | 171.67 | 160.38 | 162.26 | 191.70 | 189.53 |
| 江门 | 153.08 | 149.90 | 163.67 | 128.04 | 200.63 |
| 湛江 | 178.85 | 170.46 | 165.00 | 186.62 | 226.75 |
| 惠州 | 131.74 | 126.17 | 130.90 | 133.12 | 152.07 |
| 东莞 | 138.19 | 130.17 | 130.58 | 143.15 | 144.59 |
| 中山 | 167.18 | 160.55 | 174.56 | 98.54 | 191.95 |
| 南宁 | 225.91 | 247.10 | 217.22 | 173.95 | 235.80 |
| 桂林 | 268.84 | 229.16 | 305.13 | 234.68 | 239.65 |

单位：美元 / 人天

| 会　议 | 宗　教<br>朝　拜 | 文化 / 体育 /<br>科技交流 | 购　物 | 医疗保健 | 其　他 |
|---|---|---|---|---|---|
| 203.07 | — | 267.09 | 426.98 | — | 198.60 |
| 391.70 | 308.66 | 310.23 | — | — | — |
| 239.82 | — | 282.53 | — | — | 256.89 |
| 189.94 | 201.29 | 182.38 | — | — | 235.18 |
| 247.91 | — | 203.73 | 228.56 | — | 178.94 |
| 252.07 | — | 218.63 | — | 261.19 | 116.97 |
| 226.65 | 218.63 | 190.37 | 213.20 | 268.88 | 236.10 |
| 253.15 | — | 191.43 | 205.26 | — | 484.21 |
| 196.38 | 191.50 | 100.09 | — | 163.54 | 96.64 |
| 191.76 | 207.94 | 156.30 | — | — | 194.22 |
| 228.58 | 160.05 | 233.10 | 257.51 | 160.00 | 196.01 |
| — | 234.69 | 161.77 | — | — | — |
| 263.35 | — | 149.68 | — | — | 125.43 |
| 209.79 | — | — | — | — | — |
| 107.73 | — | 180.61 | — | — | — |
| 226.50 | 247.28 | 264.13 | — | — | 167.81 |
| 126.97 | — | 281.80 | 99.54 | — | 127.52 |
| 217.17 | 212.65 | 236.35 | 275.99 | 211.71 | 209.67 |
| 231.56 | — | 179.39 | — | — | 113.36 |
| 156.29 | — | — | — | — | — |
| 142.58 | — | 158.23 | — | — | — |
| 185.19 | — | 186.57 | 244.14 | 207.90 | 264.52 |
| 177.71 | 195.56 | 210.61 | 192.61 | 223.25 | 179.17 |
| — | — | 75.98 | — | — | 208.41 |
| 215.46 | 195.68 | 264.51 | 184.63 | 227.73 | 247.08 |
| 321.29 | 203.68 | 257.33 | 256.51 | 204.89 | 236.95 |
| 224.69 | 201.96 | 190.37 | 234.05 | 281.61 | 216.72 |
| 171.53 | — | 182.57 | — | — | 91.59 |
| 156.06 | 192.97 | 134.36 | 128.58 | 73.87 | 177.70 |
| 173.40 | — | 165.57 | 108.04 | 209.05 | 192.36 |
| 151.03 | 92.26 | 120.67 | 169.88 | — | 102.20 |
| 148.95 | 110.94 | 167.59 | 105.62 | 79.54 | 158.96 |
| 85.69 | — | 156.18 | 157.75 | 143.46 | 186.06 |
| 168.87 | — | 271.59 | 259.23 | — | — |
| 269.82 | — | 274.38 | 212.74 | — | 218.09 |

1-13（续 3）

| | 人均天花费 | 观光游览 | 休闲度假 | 探亲访友 | 商务 |
|---|---|---|---|---|---|
| 梧州 | 206.37 | 277.75 | 210.12 | 173.93 | 176.58 |
| 北海 | 216.52 | 203.77 | 227.69 | 203.00 | 184.59 |
| 防城港 | 198.21 | 203.21 | 198.04 | 261.07 | 176.15 |
| 贺州 | 186.98 | 192.15 | 190.84 | 159.61 | 154.68 |
| 崇左 | 192.70 | 192.87 | 201.59 | 168.19 | 190.74 |
| 海口 | 233.36 | 225.70 | 244.62 | 253.63 | 206.11 |
| 三亚 | 202.95 | 219.46 | 186.62 | 162.38 | 281.36 |
| 重庆 | 247.02 | 252.68 | 230.69 | 104.88 | 113.12 |
| 重庆游船 | 185.69 | 214.99 | 225.16 | 76.22 | 50.82 |
| 成都 | 273.69 | 206.64 | 295.32 | 268.79 | 350.26 |
| 绵阳 | 125.96 | 118.78 | 104.20 | 140.54 | 129.47 |
| 乐山（峨眉山） | 207.80 | 208.99 | 185.70 | 156.22 | 204.68 |
| 阿坝州 | 157.84 | 136.71 | 269.62 | 218.61 | 190.22 |
| 贵阳 | 189.51 | 167.07 | 204.34 | 164.58 | 205.88 |
| 安顺 | 176.53 | 160.89 | 233.83 | 161.18 | 162.29 |
| 黔东南 | 174.29 | 155.29 | 177.35 | 196.94 | 137.08 |
| 昆明 | 297.74 | 266.97 | 303.66 | 278.35 | 372.06 |
| 景洪 | 245.63 | 248.50 | 259.74 | 179.96 | 207.00 |
| 大理 | 216.05 | 205.68 | 189.69 | 222.79 | 216.18 |
| 拉萨 | 259.55 | 251.06 | 298.90 | 166.29 | 243.69 |
| 西安 | 255.31 | 256.00 | 251.76 | 269.83 | 262.27 |
| 咸阳 | 196.16 | 187.05 | 142.09 | 205.26 | 255.73 |
| 兰州 | 199.26 | 173.95 | 195.18 | 311.16 | 259.64 |
| 敦煌 | 190.40 | 184.05 | 183.22 | — | 266.12 |
| 西宁 | 142.34 | 149.26 | 88.08 | — | 53.50 |
| 海东 | 158.96 | 184.34 | 105.28 | 128.48 | 107.57 |
| 黄南州 | 169.64 | 168.07 | 172.70 | — | — |
| 海西州 | 165.37 | 154.07 | 159.35 | 139.68 | 191.71 |
| 银川 | 162.45 | 153.26 | 147.82 | 186.83 | 195.84 |
| 乌鲁木齐 | 250.30 | 239.34 | 267.17 | 118.23 | 247.37 |

单位：美元 / 人天

| 会　议 | 宗　教<br>朝　拜 | 文化 / 体育 /<br>科技交流 | 购　物 | 医疗保健 | 其　他 |
|---|---|---|---|---|---|
| 171.14 | 249.26 | 196.23 | 146.55 | — | 175.28 |
| 227.29 | 159.20 | 213.54 | 85.63 | — | 207.92 |
| 118.50 | — | — | 214.48 | — | 191.42 |
| 169.86 | — | — | 183.17 | — | 175.93 |
| 174.50 | — | 186.35 | 139.53 | — | — |
| 195.63 | — | 179.17 | — | 360.94 | 415.21 |
| 261.51 | 184.12 | 260.67 | 373.03 | 99.17 | 208.50 |
| — | — | 253.95 | 112.44 | — | 209.67 |
| 117.95 | 181.19 | 81.30 | 58.07 | 460.08 | 62.91 |
| 340.70 | 208.00 | 339.06 | 931.12 | 138.72 | 245.51 |
| 113.82 | — | 118.34 | — | 173.31 | — |
| 156.52 | 227.21 | 301.74 | — | — | 208.89 |
| 311.16 | 214.49 | | | 262.44 | 133.59 |
| 177.39 | 220.63 | 224.86 | 179.27 | 151.46 | 222.03 |
| 168.88 | 281.61 | 157.87 | 145.89 | 217.75 | 130.76 |
| 129.59 | 213.51 | 232.69 | 182.94 | 186.13 | 224.30 |
| 411.15 | 275.17 | 306.38 | 345.32 | 424.05 | 404.00 |
| 277.40 | — | 185.78 | — | 89.97 | 417.99 |
| 294.24 | — | 187.27 | — | 336.94 | — |
| 239.87 | 256.52 | 371.29 | 308.39 | — | 223.35 |
| 231.39 | 190.95 | 262.52 | 195.37 | 329.33 | 250.24 |
| 241.11 | — | 173.36 | — | — | — |
| 254.91 | — | 191.93 | — | 248.93 | 243.70 |
| 274.14 | — | 271.96 | — | — | — |
| — | — | — | — | — | — |
| 112.63 | 156.95 | 84.71 | — | 46.39 | 171.35 |
| — | — | — | — | — | — |
| 209.48 | 231.29 | 236.82 | — | — | 200.98 |
| 181.74 | 263.38 | 163.29 | — | 154.37 | 156.08 |
| 364.23 | — | 222.69 | 244.08 | — | 256.26 |

# 1-14 2019年入境过夜游客在各城市人均天花费
## （按性别、年龄分组）

单位：美元/人天

| | 人均天花费 | 男性 | 女性 | 14岁及以下 | 15~24岁 | 25~44岁 | 45~64岁 | 65岁及以上 |
|---|---|---|---|---|---|---|---|---|
| 北京 | 309.66 | 309.68 | 309.64 | 200.49 | 299.22 | 314.61 | 314.05 | 273.39 |
| 天津 | 256.83 | 258.32 | 255.39 | 134.78 | 250.28 | 260.44 | 258.17 | 242.85 |
| 石家庄 | 245.43 | 239.79 | 252.70 | — | 235.53 | 237.43 | 258.44 | 268.05 |
| 唐山 | 189.68 | 187.62 | 197.46 | — | — | 174.31 | 209.69 | 124.58 |
| 秦皇岛 | 196.73 | 196.19 | 197.74 | 84.93 | 173.31 | 210.97 | 178.47 | 263.12 |
| 承德 | 173.73 | 173.44 | 174.19 | 163.98 | 174.68 | 168.96 | 182.30 | 166.56 |
| 大同 | 141.81 | 148.46 | 131.29 | — | 140.04 | 141.64 | 147.11 | 120.44 |
| 长治 | 91.01 | 80.43 | 103.94 | — | — | 81.34 | 93.43 | — |
| 晋城 | 165.36 | 165.83 | 165.17 | 205.09 | 143.38 | 128.65 | 176.02 | 154.57 |
| 晋中 | 157.76 | 156.12 | 159.50 | 151.98 | 122.14 | 142.78 | 178.07 | 201.50 |
| 忻州 | 59.40 | 62.67 | 56.53 | — | 57.47 | 55.69 | 56.55 | 71.49 |
| 呼和浩特 | 254.22 | 260.18 | 246.03 | 135.28 | 253.01 | 197.64 | 330.95 | 273.42 |
| 包头 | 195.34 | 218.01 | 168.43 | — | 180.03 | 180.21 | 221.63 | 207.79 |
| 二连浩特 | 175.19 | 175.43 | 174.91 | — | 90.95 | 141.86 | 205.78 | 156.87 |
| 赤峰 | 138.68 | 131.00 | 144.63 | 163.21 | 114.13 | 133.95 | 152.93 | 102.51 |
| 沈阳 | 277.17 | 279.97 | 272.27 | 130.25 | 117.36 | 277.55 | 308.54 | 215.71 |
| 大连 | 286.42 | 290.72 | 282.29 | 318.97 | 252.84 | 277.00 | 288.08 | 319.32 |
| 鞍山 | 202.29 | 205.01 | 198.10 | — | 179.93 | 231.58 | 156.14 | 122.77 |
| 抚顺 | 205.08 | 201.30 | 213.78 | — | 228.14 | 196.99 | 228.93 | 210.79 |
| 本溪 | 146.20 | 145.36 | 147.75 | 174.20 | 146.61 | 122.10 | 151.65 | 168.36 |
| 丹东 | 183.55 | 187.69 | 179.49 | — | — | 197.81 | 182.95 | 181.41 |
| 锦州 | 148.28 | 151.20 | 144.13 | 70.45 | 115.90 | 158.75 | 139.77 | 174.05 |
| 营口 | 158.37 | 148.90 | 177.31 | — | — | 157.41 | 159.48 | — |
| 盘锦 | 251.86 | 245.19 | 261.20 | — | 272.77 | 246.44 | 251.28 | 257.69 |
| 葫芦岛 | 256.33 | 251.64 | 258.25 | — | 223.38 | 263.30 | 262.49 | 243.65 |

1-14（续 1）

单位：美元 / 人天

| | 人均天花费 | 男性 | 女性 | 14 岁及以下 | 15~24 岁 | 25~44 岁 | 45~64 岁 | 65 岁及以上 |
|---|---|---|---|---|---|---|---|---|
| 长春 | 205.79 | 206.71 | 204.00 | 210.68 | 226.30 | 200.56 | 209.52 | 212.83 |
| 吉林 | 189.29 | 191.00 | 186.84 | — | 175.42 | 198.67 | 162.72 | — |
| 通化 | 222.56 | 186.46 | 254.57 | — | — | 176.82 | 245.75 | 121.28 |
| 白山 | 142.46 | 143.21 | 141.56 | — | 79.48 | 140.15 | 135.27 | 185.20 |
| 延吉 | 206.43 | 233.91 | 164.76 | — | 200.92 | 182.36 | 253.72 | 103.54 |
| 哈尔滨 | 220.11 | 212.65 | 228.73 | — | 225.58 | 213.96 | 230.90 | 204.48 |
| 齐齐哈尔 | 221.00 | 235.27 | 190.67 | 213.47 | 205.86 | 209.40 | 253.20 | 229.63 |
| 大庆 | 172.51 | 169.94 | 180.65 | — | 135.25 | 177.42 | 166.64 | 111.56 |
| 佳木斯 | 191.50 | 165.60 | 204.26 | 97.86 | 118.16 | 220.87 | 203.65 | 150.29 |
| 牡丹江 | 152.80 | 146.17 | 160.16 | 101.69 | 129.14 | 179.61 | 163.81 | 192.76 |
| 上海 | 288.75 | 281.62 | 301.23 | 133.82 | 266.11 | 289.60 | 296.25 | 282.49 |
| 南京 | 316.65 | 321.40 | 311.55 | 287.96 | 314.54 | 330.56 | 296.56 | 298.91 |
| 无锡 | 301.57 | 338.03 | 252.14 | 482.54 | 155.25 | 307.23 | 210.98 | 373.38 |
| 苏州 | 291.34 | 275.30 | 305.49 | 237.17 | 275.13 | 296.23 | 290.87 | 288.90 |
| 南通 | 230.86 | 227.51 | 235.99 | 153.80 | 211.41 | 214.42 | 247.19 | 259.73 |
| 扬州 | 289.71 | 268.94 | 326.63 | — | 183.73 | 283.37 | 191.17 | 379.21 |
| 杭州 | 250.93 | 254.08 | 247.81 | 187.66 | 249.20 | 276.29 | 242.30 | 230.78 |
| 宁波 | 246.00 | 247.04 | 244.04 | 261.82 | 329.95 | 224.36 | 266.65 | 172.46 |
| 温州 | 247.83 | 264.60 | 225.07 | 99.66 | 241.66 | 269.37 | 229.59 | 163.32 |
| 绍兴 | 260.35 | 271.53 | 247.17 | — | 274.20 | 236.87 | 288.48 | 265.57 |
| 金华 | 179.02 | 160.05 | 196.99 | — | 179.66 | 170.06 | 200.92 | 115.80 |
| 合肥 | 284.40 | 241.03 | 336.44 | — | 202.63 | 323.17 | 263.41 | 388.17 |
| 芜湖 | 169.51 | 169.54 | 169.44 | — | 172.99 | 158.29 | 186.32 | 189.43 |
| 马鞍山 | 308.82 | 308.77 | 308.91 | — | 273.86 | 314.77 | 323.12 | 269.00 |
| 铜陵 | 168.23 | 180.87 | 157.27 | 132.39 | 137.53 | 183.09 | 158.68 | 174.19 |
| 安庆 | 183.88 | 185.26 | 179.31 | 151.84 | 175.63 | 183.05 | 185.95 | 193.81 |
| 黄山 | 191.07 | 196.22 | 182.03 | 162.45 | 187.54 | 193.53 | 190.48 | 177.25 |
| 滁州 | 233.39 | 233.13 | 234.01 | — | 224.27 | 242.38 | 224.15 | 222.14 |
| 亳州 | 164.62 | 183.49 | 136.32 | — | 93.36 | 176.97 | 157.66 | 165.93 |
| 池州 | 166.67 | 155.89 | 186.21 | 91.66 | — | 169.28 | 178.37 | 133.85 |
| 宣城 | 181.24 | 170.51 | 196.00 | — | 181.14 | 162.48 | 208.00 | 217.91 |

1-14（续 2） 单位：美元 / 人天

| | 人均天花费 | 男性 | 女性 | 14 岁及以下 | 15~24 岁 | 25~44 岁 | 45~64 岁 | 65 岁及以上 |
|---|---|---|---|---|---|---|---|---|
| 福州 | 238.19 | 246.47 | 226.49 | — | 213.69 | 243.18 | 229.26 | 238.10 |
| 厦门 | 292.07 | 303.53 | 280.14 | — | 241.71 | 290.47 | 317.10 | 246.77 |
| 泉州 | 211.59 | 187.63 | 246.16 | — | 209.65 | 220.93 | 223.22 | 89.23 |
| 漳州 | 232.14 | 229.40 | 234.58 | — | 124.79 | 158.31 | 277.08 | 234.17 |
| 武夷山 | 153.89 | 119.86 | 183.43 | 62.20 | 110.68 | 183.40 | 161.42 | 104.70 |
| 南昌 | 245.51 | 235.69 | 256.21 | 231.87 | 180.33 | 242.00 | 271.61 | 273.96 |
| 景德镇 | 299.15 | 305.72 | 289.60 | — | 267.35 | 295.69 | 278.05 | 376.12 |
| 九江 | 267.54 | 250.18 | 283.46 | — | 104.98 | 273.98 | 271.42 | 252.09 |
| 鹰潭 | 216.58 | 213.23 | 222.09 | 283.21 | 221.99 | 216.19 | 198.83 | 255.34 |
| 赣州 | 199.90 | 199.64 | 200.23 | — | 173.94 | 197.70 | 205.36 | 234.11 |
| 吉安 | 228.20 | 226.69 | 230.19 | — | 168.01 | 236.34 | 225.75 | 234.79 |
| 济南 | 238.11 | 218.42 | 269.46 | 118.77 | 307.76 | 242.79 | 226.69 | 216.42 |
| 青岛 | 367.30 | 359.87 | 379.17 | — | 347.33 | 367.51 | 364.99 | 331.80 |
| 烟台 | 240.80 | 239.77 | 242.42 | — | 180.37 | 242.56 | 249.70 | 231.63 |
| 曲阜 | 198.04 | 193.00 | 206.18 | 233.12 | 172.89 | 197.73 | 211.63 | 241.67 |
| 泰安 | 212.57 | 201.41 | 222.59 | 147.12 | 244.52 | 211.43 | 209.65 | 205.95 |
| 威海 | 202.91 | 186.06 | 216.32 | — | 197.12 | 209.34 | 197.65 | 189.67 |
| 郑州 | 223.80 | 224.56 | 222.91 | — | 227.08 | 223.24 | 225.19 | 212.90 |
| 开封 | 246.08 | 245.71 | 246.74 | 278.55 | 276.00 | 232.33 | 249.30 | 214.24 |
| 洛阳 | 139.61 | 134.49 | 148.93 | 72.91 | 139.83 | 143.81 | 136.71 | 154.23 |
| 三门峡 | 215.70 | 248.85 | 207.47 | 170.12 | 221.28 | 199.91 | 217.22 | 253.12 |
| 武汉 | 228.02 | 229.04 | 226.83 | 150.76 | 212.12 | 233.98 | 227.98 | 227.51 |
| 十堰 | 205.00 | 210.90 | 198.57 | 150.19 | 205.48 | 179.49 | 215.32 | 299.95 |
| 宜昌 | 250.53 | 237.53 | 261.39 | 191.33 | 205.92 | 271.26 | 236.55 | 227.20 |
| 襄阳 | 201.16 | 203.35 | 195.23 | — | 144.90 | 194.61 | 217.82 | 128.27 |
| 荆州 | 146.03 | 147.25 | 144.45 | — | 122.74 | 150.22 | 155.03 | — |
| 恩施 | 217.31 | 212.84 | 220.99 | — | 227.50 | 212.07 | 219.38 | 233.66 |
| 湖北游船 | 165.03 | 167.50 | 163.33 | 138.91 | 162.10 | 188.77 | 168.87 | 144.87 |

1–14（续 3）　　　　单位：美元 / 人天

| | 人均天花费 | 男性 | 女性 | 14岁及以下 | 15~24岁 | 25~44岁 | 45~64岁 | 65岁及以上 |
|---|---|---|---|---|---|---|---|---|
| 长沙 | 206.80 | 208.91 | 204.95 | 126.89 | 208.53 | 210.89 | 211.55 | 179.88 |
| 湘潭 | 187.06 | 183.26 | 191.46 | 187.33 | 169.74 | 198.02 | 186.35 | 191.06 |
| 衡阳 | 221.62 | 224.41 | 217.70 | — | 219.94 | 214.16 | 227.46 | 222.91 |
| 岳阳 | 191.99 | 179.46 | 206.68 | 113.51 | 134.99 | 200.86 | 200.84 | 176.16 |
| 张家界 | 242.49 | 239.35 | 248.49 | 178.96 | 222.86 | 279.82 | 238.08 | 222.54 |
| 郴州 | 182.47 | 184.33 | 180.58 | 187.23 | 188.80 | 171.54 | 183.94 | 193.56 |
| 湘西 | 182.88 | 184.20 | 181.20 | 204.87 | 184.64 | 174.32 | 183.94 | 226.88 |
| 广州 | 233.19 | 244.45 | 217.91 | 141.02 | 206.85 | 224.91 | 259.52 | 284.68 |
| 深圳 | 227.54 | 234.93 | 218.66 | 147.36 | 205.24 | 235.76 | 223.39 | 218.89 |
| 珠海 | 203.11 | 195.49 | 212.91 | 136.59 | 192.11 | 209.53 | 206.88 | 211.49 |
| 汕头 | 171.67 | 179.98 | 159.92 | 127.89 | 154.86 | 177.82 | 173.32 | 146.29 |
| 江门 | 153.08 | 162.58 | 143.82 | 98.29 | 127.23 | 162.17 | 167.46 | 110.23 |
| 湛江 | 178.85 | 196.39 | 154.25 | — | 175.16 | 185.70 | 162.61 | 115.78 |
| 惠州 | 131.74 | 137.12 | 123.69 | 99.04 | 104.25 | 132.57 | 141.40 | 117.66 |
| 东莞 | 138.19 | 137.59 | 139.37 | 98.70 | 118.57 | 141.25 | 143.60 | 143.43 |
| 中山 | 167.18 | 164.58 | 171.71 | 110.65 | 167.56 | 168.97 | 159.77 | 176.65 |
| 南宁 | 225.91 | 225.60 | 226.34 | 201.85 | 209.64 | 222.15 | 234.22 | 207.45 |
| 桂林 | 268.84 | 275.54 | 259.06 | 265.93 | 283.38 | 253.37 | 274.11 | 276.86 |
| 梧州 | 206.37 | 203.15 | 209.51 | 180.83 | 200.53 | 212.10 | 193.09 | 288.12 |
| 北海 | 216.52 | 212.33 | 221.08 | 235.69 | 200.60 | 222.10 | 220.82 | 238.31 |
| 防城港 | 198.21 | 204.07 | 196.82 | 219.97 | 179.30 | 205.13 | 192.34 | 197.38 |
| 贺州 | 186.98 | 212.31 | 177.71 | 184.54 | 175.60 | 164.28 | 195.94 | 203.22 |
| 崇左 | 192.70 | 193.64 | 191.59 | 137.10 | 199.93 | 184.11 | 195.78 | 182.98 |
| 海口 | 233.36 | 242.65 | 219.37 | — | 262.00 | 242.07 | 194.10 | 321.81 |
| 三亚 | 202.95 | 212.90 | 194.44 | 189.27 | 211.96 | 201.41 | 203.87 | 189.93 |
| 重庆 | 247.02 | 244.91 | 249.19 | 137.64 | 264.46 | 255.01 | 243.92 | 240.54 |
| 重庆游船 | 185.69 | 208.37 | 169.19 | — | 149.61 | 172.30 | 176.15 | 254.20 |

1-14（续 4）

单位：美元 / 人天

| | 人均天花费 | 男性 | 女性 | 14 岁及以下 | 15~24 岁 | 25~44 岁 | 45~64 岁 | 65 岁及以上 |
|---|---|---|---|---|---|---|---|---|
| 成都 | 273.69 | 268.53 | 279.39 | — | 279.50 | 308.32 | 271.29 | 146.78 |
| 绵阳 | 125.96 | 125.84 | 126.37 | — | 103.62 | 120.38 | 131.73 | 97.51 |
| 乐山（峨眉山） | 207.80 | 209.61 | 204.49 | 149.45 | 183.70 | 204.82 | 212.00 | 210.44 |
| 阿坝州 | 157.84 | 148.51 | 170.90 | 109.91 | 122.82 | 161.74 | 152.60 | 200.92 |
| 贵阳 | 189.51 | 197.94 | 180.95 | 128.86 | 199.71 | 192.69 | 187.14 | 177.89 |
| 安顺 | 176.53 | 186.78 | 164.52 | — | 152.66 | 189.25 | 174.25 | 170.70 |
| 黔东南 | 174.29 | 175.70 | 172.77 | — | 161.45 | 187.17 | 170.18 | 154.43 |
| 昆明 | 297.74 | 306.46 | 287.25 | 204.63 | 326.35 | 323.98 | 269.35 | 215.40 |
| 景洪 | 245.63 | 236.62 | 256.63 | 165.11 | 222.38 | 262.31 | 252.43 | 182.07 |
| 大理 | 216.05 | 222.62 | 210.09 | 287.23 | 228.02 | 212.92 | 218.15 | 197.31 |
| 拉萨 | 259.55 | 263.13 | 255.30 | — | 269.02 | 280.36 | 251.39 | 246.54 |
| 西安 | 255.31 | 256.51 | 253.89 | 290.87 | 245.77 | 261.14 | 253.60 | 258.85 |
| 咸阳 | 196.16 | 196.10 | 196.23 | — | 206.76 | 203.78 | 176.22 | 193.50 |
| 兰州 | 199.26 | 207.18 | 192.02 | — | 183.37 | 209.68 | 194.64 | 189.40 |
| 敦煌 | 190.40 | 199.80 | 182.47 | — | 176.87 | 212.12 | 189.00 | 181.12 |
| 西宁 | 142.34 | 152.09 | 114.66 | — | 82.77 | 153.04 | 124.82 | 184.84 |
| 海东 | 158.96 | 159.71 | 157.70 | — | 77.94 | 145.09 | 185.47 | 163.33 |
| 黄南州 | 169.64 | 178.04 | 159.68 | — | — | 171.59 | 158.69 | 187.77 |
| 海西州 | 165.37 | 156.98 | 171.27 | — | 171.33 | 169.85 | 145.45 | 153.40 |
| 银川 | 162.45 | 168.96 | 154.80 | — | 132.02 | 176.76 | 150.43 | 296.89 |
| 乌鲁木齐 | 250.30 | 247.58 | 254.09 | 192.13 | 253.74 | 262.70 | 192.46 | 157.10 |

## 1-15　2019年入境一日游游客人均花费及构成
### （按外国人、港澳台胞、团体及散客分组）

| | | 人均花费（美元/人） | 花费构成（%） | | | | | | |
|---|---|---|---|---|---|---|---|---|---|
| | | | 餐饮 | 景区游览 | 娱乐 | 购物 | 交通 | 邮电通信 | 其他 |
| 全　国 | 合计 | **81.41** | **23.2** | **6.1** | **7.3** | **47.2** | **4.8** | **1.0** | **10.5** |
| | 团体 | 109.09 | 11.4 | 15.3 | 7.8 | 30.5 | 7.0 | 1.6 | 26.5 |
| | 散客 | 78.13 | 26.4 | 3.5 | 7.2 | 51.8 | 4.1 | 0.9 | 6.1 |
| 外国人 | 小计 | 101.39 | 22.4 | 6.1 | 5.1 | 50.6 | 4.1 | 0.8 | 10.9 |
| | 团体 | 119.43 | 11.4 | 17.7 | 6.6 | 29.0 | 8.0 | 1.3 | 26.1 |
| | 散客 | 98.97 | 25.7 | 2.7 | 4.6 | 57.0 | 2.9 | 0.6 | 6.4 |
| 香港同胞 | 小计 | 56.30 | 26.6 | 4.4 | 13.8 | 38.5 | 5.7 | 1.5 | 9.4 |
| | 团体 | 88.51 | 8.9 | 2.1 | 8.1 | 43.7 | 4.0 | 2.3 | 30.8 |
| | 散客 | 53.85 | 29.3 | 4.8 | 14.7 | 37.7 | 6.0 | 1.4 | 6.1 |
| 澳门同胞 | 小计 | 68.89 | 22.4 | 4.7 | 8.4 | 45.4 | 6.5 | 1.4 | 11.1 |
| | 团体 | 83.34 | 17.6 | 6.0 | 0.7 | 35.3 | 3.7 | 3.5 | 33.2 |
| | 散客 | 66.50 | 23.8 | 4.3 | 10.7 | 48.4 | 7.4 | 0.8 | 4.6 |
| 台湾同胞 | 小计 | 68.59 | 23.3 | 10.6 | 12.1 | 35.9 | 7.2 | 1.6 | 9.3 |
| | 团体 | 139.80 | 9.1 | 19.0 | 21.9 | 23.5 | 6.2 | 1.2 | 19.2 |
| | 散客 | 60.60 | 29.9 | 6.8 | 7.6 | 41.6 | 7.6 | 1.8 | 4.7 |

# 1-16 2019年入境过夜游客人均天花费构成

| | | 人均天花费（美元/人天） | 人均天花费构成（%） | | | | |
|---|---|---|---|---|---|---|---|
| | | | 长途交通 | 飞机 | 火车 | 汽车 | 轮船 |
| **全国** | **合计** | **231.06** | **34.1** | **31.3** | **1.2** | **1.4** | **0.2** |
| | 团体 | 250.78 | 14.5 | 7.9 | 2.1 | 4.1 | 0.3 |
| | 散客 | 225.06 | 40.7 | 39.2 | 0.9 | 0.4 | 0.2 |
| 外国人 | 小计 | 260.08 | 37.0 | 34.7 | 1.2 | 1.0 | 0.1 |
| | 团体 | 268.54 | 14.6 | 8.4 | 2.4 | 3.5 | 0.3 |
| | 散客 | 257.61 | 43.8 | 42.7 | 0.8 | 0.2 | 0.1 |
| 香港同胞 | 小计 | 139.47 | 21.4 | 17.6 | 1.4 | 1.8 | 0.6 |
| | 团体 | 194.99 | 13.4 | 7.3 | 1.3 | 4.2 | 0.7 |
| | 散客 | 130.01 | 23.5 | 20.2 | 1.5 | 1.2 | 0.6 |
| 澳门同胞 | 小计 | 158.79 | 20.4 | 16.1 | 1.0 | 2.8 | 0.5 |
| | 团体 | 186.98 | 10.6 | 3.5 | 0.9 | 5.9 | 0.3 |
| | 散客 | 150.01 | 24.2 | 20.9 | 1.0 | 1.6 | 0.6 |
| 台湾同胞 | 小计 | 199.87 | 26.8 | 21.5 | 1.2 | 3.5 | 0.6 |
| | 团体 | 233.60 | 15.5 | 7.6 | 1.1 | 6.7 | 0.2 |
| | 散客 | 177.38 | 36.7 | 33.7 | 1.3 | 0.7 | 1.0 |

（按外国人、港澳台胞、团体及散客分组）

| 住　宿 | 餐　饮 | 景　区<br>游　览 | 娱　乐 | 购　物 | 市　内<br>交　通 | 邮　电<br>通　信 | 其　他 |
|---|---|---|---|---|---|---|---|
| **17.0** | **10.9** | **4.7** | **2.7** | **19.6** | **2.4** | **0.5** | **8.1** |
| 16.2 | 7.4 | 7.1 | 2.5 | 28.3 | 3.1 | 1.3 | 19.7 |
| 17.3 | 12.1 | 3.9 | 2.8 | 16.6 | 2.2 | 0.3 | 4.2 |
| | | | | | | | |
| 16.7 | 10.3 | 4.3 | 2.2 | 18.7 | 2.4 | 0.4 | 8.0 |
| 16.4 | 7.2 | 7.0 | 1.8 | 28.5 | 3.4 | 0.9 | 20.2 |
| 16.8 | 11.2 | 3.5 | 2.3 | 15.8 | 2.1 | 0.2 | 4.3 |
| | | | | | | | |
| 18.3 | 15.7 | 5.6 | 5.5 | 22.5 | 3.0 | 0.6 | 7.3 |
| 15.5 | 8.6 | 6.5 | 1.7 | 30.3 | 3.2 | 1.0 | 19.9 |
| 19.1 | 17.5 | 5.4 | 6.4 | 20.5 | 2.9 | 0.5 | 4.1 |
| | | | | | | | |
| 18.7 | 12.7 | 5.9 | 4.2 | 25.6 | 2.8 | 0.6 | 9.1 |
| 13.5 | 6.8 | 6.0 | 2.0 | 35.1 | 2.7 | 1.3 | 22.0 |
| 20.8 | 15.0 | 5.9 | 5.1 | 22.0 | 2.8 | 0.3 | 4.1 |
| | | | | | | | |
| 17.5 | 10.7 | 6.2 | 4.5 | 21.3 | 2.0 | 1.8 | 9.1 |
| 16.2 | 8.2 | 8.0 | 6.3 | 24.1 | 1.6 | 3.4 | 16.6 |
| 18.6 | 12.9 | 4.7 | 3.0 | 18.8 | 2.3 | 0.4 | 2.6 |

# 1-17　2019年外国过夜游客

| | 人均天花费（美元/人天） | 人均天花费构成（%） | | | | |
|---|---|---|---|---|---|---|
| | | 长途交通 | 飞　机 | 火　车 | 汽　车 | 轮　船 |
| 日　本 | 224.48 | 35.7 | 33.6 | 1.1 | 0.8 | 0.2 |
| 菲律宾 | 228.95 | 27.6 | 23.9 | 1.3 | 1.9 | 0.4 |
| 泰　国 | 222.90 | 30.8 | 28.4 | 1.1 | 0.9 | 0.3 |
| 新加坡 | 241.97 | 31.3 | 29.0 | 0.9 | 1.2 | 0.2 |
| 印度尼西亚 | 246.00 | 31.2 | 29.1 | 1.4 | 0.5 | 0.3 |
| 马来西亚 | 229.34 | 26.6 | 24.2 | 1.2 | 1.0 | 0.2 |
| 韩　国 | 195.37 | 30.7 | 28.7 | 1.1 | 0.8 | 0.1 |
| 朝　鲜 | 226.65 | 29.6 | 27.6 | 1.2 | 0.7 | 0.2 |
| 蒙　古 | 234.82 | 18.2 | 10.5 | 1.1 | 6.5 | 0.1 |
| 印　度 | 231.08 | 35.5 | 33.1 | 1.1 | 1.1 | 0.1 |
| 越　南 | 176.46 | 23.6 | 19.4 | 1.9 | 1.9 | 0.4 |
| 缅　甸 | 292.06 | 28.0 | 26.5 | 0.8 | 0.3 | 0.3 |
| 哈萨克斯坦 | 442.59 | 36.5 | 33.6 | 0.9 | 2.1 | 0.0 |
| 英　国 | 385.44 | 38.1 | 36.8 | 0.7 | 0.5 | 0.1 |
| 法　国 | 313.66 | 46.9 | 44.3 | 1.5 | 1.0 | 0.1 |
| 德　国 | 282.00 | 47.4 | 45.2 | 1.0 | 1.1 | 0.1 |
| 西班牙 | 309.01 | 41.3 | 39.5 | 1.2 | 0.4 | 0.2 |
| 意大利 | 257.63 | 42.8 | 40.5 | 1.2 | 0.7 | 0.5 |
| 荷　兰 | 278.89 | 36.0 | 33.0 | 1.9 | 1.0 | 0.1 |
| 瑞　典 | 279.51 | 36.4 | 34.9 | 1.2 | 0.2 | 0.0 |
| 俄罗斯 | 246.89 | 26.7 | 23.3 | 1.2 | 2.2 | 0.1 |
| 瑞　士 | 292.68 | 44.7 | 43.3 | 0.8 | 0.5 | 0.1 |
| 乌克兰 | 321.62 | 36.0 | 34.4 | 1.0 | 0.4 | 0.2 |
| 美　国 | 311.25 | 49.2 | 47.5 | 1.1 | 0.4 | 0.1 |
| 加拿大 | 316.07 | 43.6 | 41.5 | 1.4 | 0.6 | 0.1 |
| 澳大利亚 | 311.31 | 42.0 | 40.4 | 1.2 | 0.4 | 0.1 |
| 新西兰 | 285.43 | 40.1 | 38.5 | 1.3 | 0.3 | 0.0 |
| 非洲国家 | 234.94 | 42.6 | 39.1 | 2.5 | 0.9 | 0.1 |
| 中南美洲国家 | 333.90 | 30.8 | 29.5 | 0.9 | 0.3 | 0.0 |
| 其他国家 | 298.34 | 43.0 | 40.5 | 1.5 | 0.9 | 0.1 |

## 人均天花费构成（按国别分组）

| 住　宿 | 餐　饮 | 景区游览 | 娱　乐 | 购　物 | 市内交通 | 邮电通信 | 其　他 |
|---|---|---|---|---|---|---|---|
| 18.7 | 10.9 | 4.7 | 2.6 | 16.5 | 2.4 | 0.4 | 8.2 |
| 18.1 | 11.7 | 6.4 | 3.2 | 19.9 | 3.8 | 0.5 | 8.8 |
| 17.8 | 9.9 | 5.3 | 2.0 | 21.2 | 2.8 | 0.5 | 9.7 |
| 18.4 | 10.9 | 5.2 | 3.8 | 17.9 | 2.8 | 0.6 | 9.1 |
| 17.3 | 9.9 | 5.3 | 2.6 | 21.3 | 2.4 | 0.5 | 9.5 |
| 17.8 | 10.7 | 4.5 | 2.6 | 24.9 | 2.9 | 0.6 | 9.2 |
| 19.8 | 12.0 | 4.8 | 2.4 | 19.8 | 2.7 | 0.3 | 7.6 |
| 16.5 | 9.4 | 3.9 | 3.1 | 19.7 | 1.8 | 0.8 | 15.0 |
| 15.1 | 10.9 | 6.6 | 1.7 | 26.8 | 1.3 | 0.8 | 18.6 |
| 18.2 | 10.8 | 4.1 | 2.4 | 18.7 | 2.7 | 0.5 | 7.2 |
| 17.0 | 10.1 | 5.1 | 3.4 | 20.8 | 3.1 | 1.4 | 15.6 |
| 16.2 | 11.5 | 4.7 | 2.7 | 22.9 | 3.2 | 1.4 | 9.5 |
| 11.8 | 10.8 | 3.2 | 1.9 | 26.6 | 0.7 | 0.1 | 8.4 |
| 13.5 | 10.3 | 2.8 | 1.0 | 21.3 | 1.8 | 0.2 | 11.0 |
| 17.2 | 10.3 | 4.1 | 2.2 | 12.7 | 1.9 | 0.2 | 4.5 |
| 18.3 | 9.2 | 4.3 | 1.9 | 10.7 | 2.4 | 0.3 | 5.5 |
| 18.0 | 8.1 | 4.9 | 3.1 | 12.5 | 2.1 | 0.5 | 9.5 |
| 17.3 | 10.1 | 4.6 | 1.9 | 15.3 | 3.1 | 0.2 | 4.5 |
| 18.8 | 9.7 | 5.3 | 2.4 | 16.7 | 3.3 | 0.4 | 7.5 |
| 15.0 | 9.3 | 4.9 | 2.0 | 21.9 | 3.0 | 0.3 | 7.4 |
| 12.1 | 7.8 | 4.0 | 1.8 | 35.9 | 1.3 | 0.5 | 9.8 |
| 15.5 | 9.1 | 4.4 | 1.1 | 15.2 | 2.6 | 0.3 | 7.0 |
| 12.8 | 11.2 | 3.0 | 3.1 | 23.3 | 2.0 | 0.4 | 8.3 |
| 16.0 | 10.6 | 3.3 | 1.9 | 11.7 | 2.3 | 0.2 | 4.9 |
| 15.6 | 9.7 | 5.1 | 1.4 | 14.4 | 3.3 | 0.2 | 6.6 |
| 15.5 | 9.4 | 4.2 | 1.6 | 16.5 | 2.8 | 0.3 | 7.6 |
| 16.7 | 9.4 | 4.5 | 1.9 | 17.8 | 2.3 | 0.2 | 7.1 |
| 17.5 | 10.3 | 3.1 | 2.3 | 14.7 | 2.0 | 0.6 | 6.9 |
| 15.5 | 10.5 | 6.4 | 0.8 | 24.2 | 4.7 | 0.2 | 6.8 |
| 16.5 | 10.0 | 2.7 | 2.1 | 14.4 | 1.8 | 0.4 | 9.0 |

## 1-18　2019年入境过夜游客在各省

| | | 人均天花费（美元/人天） | 人均天花费构成（%） | | | | |
|---|---|---|---|---|---|---|---|
| | | | 长途交通 | 飞　机 | 火　车 | 汽　车 | 轮　船 |
| 北　京 | 小计 | 309.66 | 28.4 | 27.6 | 0.6 | 0.2 | 0.0 |
| | 团体 | 277.55 | 6.1 | 3.8 | 1.8 | 0.5 | 0.0 |
| | 散客 | 337.09 | 36.0 | 35.6 | 0.3 | 0.1 | 0.0 |
| 天　津 | 小计 | 256.83 | 42.5 | 41.5 | 0.8 | 0.1 | 0.0 |
| | 团体 | 228.13 | 16.8 | 15.7 | 0.8 | 0.3 | 0.0 |
| | 散客 | 264.67 | 48.5 | 47.6 | 0.8 | 0.0 | 0.1 |
| 河　北 | 小计 | 200.16 | 29.6 | 26.5 | 1.6 | 1.3 | 0.2 |
| | 团体 | 212.27 | 4.5 | 1.5 | 1.0 | 2.0 | 0.0 |
| | 散客 | 188.84 | 44.8 | 41.6 | 2.0 | 0.9 | 0.3 |
| 山　西 | 小计 | 161.81 | 21.1 | 4.2 | 6.5 | 10.4 | 0.0 |
| | 团体 | 239.66 | 19.1 | 0.0 | 3.8 | 15.2 | 0.0 |
| | 散客 | 150.03 | 24.9 | 12.2 | 11.8 | 0.9 | 0.0 |
| 内蒙古 | 小计 | 200.40 | 19.9 | 12.5 | 0.3 | 7.1 | 0.0 |
| | 团体 | 171.66 | 11.1 | 0.8 | 0.0 | 10.3 | 0.0 |
| | 散客 | 204.75 | 34.2 | 31.2 | 0.8 | 2.2 | 0.0 |
| 辽　宁 | 小计 | 213.04 | 26.2 | 23.7 | 2.1 | 0.3 | 0.0 |
| | 团体 | 228.13 | 13.2 | 11.9 | 0.9 | 0.4 | 0.0 |
| | 散客 | 203.66 | 35.2 | 32.0 | 2.9 | 0.2 | 0.1 |
| 吉　林 | 小计 | 194.46 | 23.9 | 23.3 | 0.4 | 0.2 | 0.0 |
| | 团体 | 205.46 | 20.2 | 20.2 | 0.0 | 0.0 | 0.0 |
| | 散客 | 160.20 | 38.8 | 36.0 | 1.8 | 1.1 | 0.0 |
| 黑龙江 | 小计 | 193.47 | 25.9 | 22.5 | 2.5 | 0.9 | 0.0 |
| | 团体 | 192.08 | 14.4 | 11.1 | 3.0 | 0.3 | 0.0 |
| | 散客 | 193.60 | 32.4 | 29.0 | 2.2 | 1.2 | 0.0 |
| 上　海 | 小计 | 288.75 | 35.3 | 34.8 | 0.4 | 0.1 | 0.0 |
| | 团体 | 214.76 | 5.2 | 3.4 | 0.5 | 1.3 | 0.0 |
| | 散客 | 293.78 | 36.7 | 36.3 | 0.4 | 0.0 | 0.0 |
| 江　苏 | 小计 | 295.99 | 23.2 | 19.9 | 2.5 | 0.6 | 0.1 |
| | 团体 | 325.29 | 7.0 | 0.2 | 5.3 | 1.5 | 0.1 |
| | 散客 | 269.76 | 30.6 | 29.0 | 1.2 | 0.2 | 0.2 |

## 人均天花费构成（按团体及散客分组）

| 住 宿 | 餐 饮 | 景区游览 | 娱 乐 | 购 物 | 市内交通 | 邮电通信 | 其 他 |
|---|---|---|---|---|---|---|---|
| 19.0 | 9.4 | 4.5 | 1.4 | 24.5 | 4.0 | 0.4 | 8.3 |
| 16.9 | 3.1 | 3.0 | 0.5 | 39.7 | 4.7 | 1.2 | 24.9 |
| 19.7 | 11.5 | 5.0 | 1.7 | 19.4 | 3.8 | 0.1 | 2.7 |
| 20.1 | 8.9 | 2.2 | 2.6 | 15.4 | 2.5 | 0.3 | 5.6 |
| 12.0 | 6.9 | 5.0 | 0.4 | 28.2 | 7.1 | 1.3 | 22.2 |
| 22.0 | 9.4 | 1.5 | 3.1 | 12.4 | 1.4 | 0.0 | 1.7 |
| 17.4 | 9.0 | 4.3 | 2.8 | 21.4 | 1.5 | 2.0 | 11.9 |
| 13.2 | 6.2 | 3.7 | 0.0 | 38.4 | 1.9 | 4.5 | 27.6 |
| 19.9 | 10.7 | 4.6 | 4.5 | 11.1 | 1.3 | 0.6 | 2.5 |
| 23.4 | 10.7 | 13.8 | 0.6 | 6.0 | 1.4 | 0.6 | 22.5 |
| 18.5 | 7.9 | 12.7 | 0.2 | 7.5 | 0.3 | 0.7 | 33.2 |
| 32.9 | 16.0 | 15.9 | 1.4 | 3.1 | 3.5 | 0.4 | 1.7 |
| 16.8 | 10.8 | 4.4 | 4.4 | 31.2 | 0.5 | 0.7 | 11.3 |
| 15.3 | 9.3 | 5.1 | 5.3 | 43.2 | 0.1 | 1.1 | 9.3 |
| 19.1 | 13.2 | 3.1 | 2.8 | 12.0 | 1.1 | 0.0 | 14.5 |
| 17.1 | 12.5 | 6.0 | 3.1 | 20.2 | 3.0 | 0.9 | 10.9 |
| 12.8 | 10.0 | 8.5 | 1.0 | 26.3 | 5.0 | 1.8 | 21.5 |
| 20.1 | 14.3 | 4.3 | 4.6 | 16.0 | 1.6 | 0.3 | 3.6 |
| 6.3 | 6.6 | 6.6 | 3.1 | 38.9 | 4.0 | 1.9 | 8.7 |
| 4.3 | 5.1 | 7.5 | 2.9 | 44.4 | 4.5 | 1.9 | 9.0 |
| 14.0 | 12.5 | 3.2 | 3.9 | 17.0 | 1.9 | 1.6 | 7.2 |
| 16.8 | 9.0 | 2.5 | 2.1 | 31.1 | 1.6 | 0.2 | 10.6 |
| 5.2 | 2.9 | 1.2 | 0.0 | 50.1 | 0.9 | 0.4 | 24.9 |
| 23.5 | 12.5 | 3.3 | 3.4 | 20.3 | 2.1 | 0.1 | 2.5 |
| 26.1 | 12.1 | 3.8 | 3.7 | 12.7 | 3.4 | 0.2 | 2.8 |
| 10.7 | 4.5 | 3.0 | 4.3 | 36.7 | 4.3 | 0.3 | 30.9 |
| 26.9 | 12.5 | 3.9 | 3.6 | 11.5 | 3.3 | 0.2 | 1.4 |
| 20.6 | 8.9 | 2.3 | 4.4 | 19.8 | 1.8 | 1.5 | 17.6 |
| 15.8 | 7.0 | 1.6 | 2.2 | 38.1 | 1.8 | 3.6 | 23.0 |
| 22.8 | 9.7 | 2.6 | 5.4 | 11.5 | 1.8 | 0.5 | 15.1 |

1-18（续 1）

| | | 人均天花费（美元/人天） | 人均天花费构成（%） | | | | |
|---|---|---|---|---|---|---|---|
| | | | 长途交通 | 飞　机 | 火　车 | 汽　车 | 轮　船 |
| 浙　江 | 小计 | 247.39 | 30.6 | 28.1 | 1.6 | 0.8 | 0.2 |
| | 团体 | 274.70 | 9.3 | 4.4 | 2.3 | 2.5 | 0.2 |
| | 散客 | 245.42 | 37.9 | 36.2 | 1.3 | 0.2 | 0.3 |
| 安　徽 | 小计 | 204.48 | 23.7 | 20.3 | 2.8 | 0.5 | 0.1 |
| | 团体 | 191.90 | 2.7 | 0.3 | 1.4 | 1.0 | 0.0 |
| | 散客 | 226.51 | 29.6 | 25.9 | 3.2 | 0.4 | 0.1 |
| 福　建 | 小计 | 241.69 | 39.0 | 36.0 | 1.0 | 1.2 | 0.8 |
| | 团体 | 186.97 | 6.1 | 0.8 | 0.4 | 4.1 | 0.8 |
| | 散客 | 263.28 | 50.9 | 48.8 | 1.1 | 0.2 | 0.8 |
| 江　西 | 小计 | 230.77 | 11.4 | 4.8 | 0.5 | 6.1 | 0.0 |
| | 团体 | 256.24 | 7.4 | 0.0 | 0.0 | 7.4 | 0.0 |
| | 散客 | 136.90 | 28.0 | 24.7 | 2.7 | 0.4 | 0.1 |
| 山　东 | 小计 | 260.09 | 38.3 | 37.0 | 0.7 | 0.3 | 0.2 |
| | 团体 | 247.70 | 29.4 | 27.4 | 0.3 | 1.4 | 0.2 |
| | 散客 | 263.63 | 40.7 | 39.5 | 0.8 | 0.0 | 0.2 |
| 河　南 | 小计 | 205.50 | 12.0 | 5.4 | 4.7 | 1.9 | 0.0 |
| | 团体 | 263.84 | 6.5 | 0.0 | 4.4 | 2.1 | 0.0 |
| | 散客 | 120.49 | 29.4 | 22.7 | 5.5 | 1.2 | 0.0 |
| 湖　北 | 小计 | 211.63 | 25.5 | 22.1 | 0.9 | 1.6 | 0.9 |
| | 团体 | 195.94 | 8.4 | 0.5 | 0.5 | 4.7 | 2.6 |
| | 散客 | 220.09 | 33.7 | 32.5 | 1.1 | 0.1 | 0.1 |
| 湖　南 | 小计 | 206.64 | 13.8 | 7.8 | 2.2 | 3.8 | 0.1 |
| | 团体 | 222.61 | 11.3 | 5.3 | 1.8 | 4.2 | 0.0 |
| | 散客 | 146.91 | 28.2 | 21.7 | 4.5 | 1.8 | 0.3 |
| 广　东 | 小计 | 200.34 | 27.1 | 23.5 | 1.5 | 1.5 | 0.5 |
| | 团体 | 175.78 | 10.8 | 3.1 | 1.6 | 5.3 | 0.8 |
| | 散客 | 206.50 | 30.6 | 27.9 | 1.5 | 0.8 | 0.4 |
| 广　西 | 小计 | 216.35 | 20.2 | 15.5 | 3.5 | 0.9 | 0.3 |
| | 团体 | 230.71 | 7.2 | 3.8 | 3.1 | 0.0 | 0.4 |
| | 散客 | 201.00 | 36.1 | 29.8 | 4.0 | 2.0 | 0.3 |

| 住 宿 | 餐 饮 | 景区游览 | 娱 乐 | 购 物 | 市内交通 | 邮电通信 | 其 他 |
|---|---|---|---|---|---|---|---|
| 21.3 | 8.1 | 2.4 | 1.9 | 23.1 | 2.3 | 0.5 | 9.6 |
| 13.7 | 6.3 | 4.3 | 0.5 | 39.0 | 4.7 | 1.1 | 21.2 |
| 23.9 | 8.8 | 1.8 | 2.3 | 17.7 | 1.6 | 0.3 | 5.7 |
| 11.9 | 9.9 | 5.1 | 4.7 | 28.7 | 2.0 | 1.1 | 12.9 |
| 3.5 | 3.4 | 3.7 | 2.3 | 52.6 | 1.6 | 2.7 | 27.5 |
| 14.2 | 11.7 | 5.5 | 5.4 | 22.0 | 2.2 | 0.7 | 8.8 |
| 17.6 | 9.1 | 1.6 | 2.0 | 21.0 | 2.0 | 0.8 | 6.8 |
| 10.1 | 3.5 | 2.3 | 0.0 | 53.2 | 1.4 | 1.4 | 21.9 |
| 20.3 | 11.1 | 1.4 | 2.8 | 9.4 | 2.3 | 0.5 | 1.4 |
| 16.6 | 19.5 | 8.6 | 5.4 | 29.9 | 0.3 | 0.2 | 8.1 |
| 16.9 | 21.0 | 9.9 | 6.1 | 28.7 | 0.0 | 0.2 | 9.7 |
| 15.1 | 13.1 | 3.1 | 2.3 | 34.9 | 1.7 | 0.3 | 1.5 |
| 17.9 | 9.7 | 3.7 | 3.7 | 20.9 | 1.5 | 0.5 | 3.9 |
| 6.4 | 4.0 | 4.4 | 2.9 | 35.4 | 1.3 | 1.0 | 15.2 |
| 20.9 | 11.3 | 3.5 | 3.9 | 17.1 | 1.5 | 0.3 | 0.9 |
| 10.8 | 8.6 | 5.2 | 20.7 | 18.1 | 1.8 | 1.0 | 21.9 |
| 8.1 | 8.2 | 5.6 | 25.1 | 16.4 | 1.8 | 1.0 | 27.3 |
| 19.3 | 10.1 | 3.9 | 6.4 | 23.4 | 2.0 | 0.9 | 4.5 |
| 17.3 | 9.4 | 5.5 | 2.3 | 27.0 | 1.2 | 0.6 | 11.2 |
| 8.9 | 4.7 | 6.6 | 0.0 | 44.8 | 0.0 | 1.4 | 25.2 |
| 21.3 | 11.6 | 5.0 | 3.4 | 18.4 | 1.8 | 0.3 | 4.5 |
| 8.6 | 6.5 | 8.6 | 1.4 | 30.9 | 0.7 | 1.8 | 27.6 |
| 6.5 | 5.2 | 8.8 | 0.6 | 33.8 | 0.6 | 2.0 | 31.2 |
| 20.3 | 13.5 | 7.6 | 6.0 | 14.7 | 1.6 | 0.9 | 7.3 |
| 17.2 | 12.5 | 2.7 | 5.7 | 23.9 | 2.5 | 0.7 | 7.8 |
| 8.4 | 4.7 | 2.9 | 6.0 | 46.4 | 2.1 | 1.4 | 17.4 |
| 19.1 | 14.2 | 2.7 | 5.6 | 19.1 | 2.6 | 0.5 | 5.7 |
| 11.4 | 7.9 | 6.4 | 3.5 | 20.0 | 4.4 | 1.7 | 24.5 |
| 7.8 | 3.1 | 6.2 | 0.3 | 28.0 | 6.6 | 2.3 | 38.6 |
| 15.9 | 13.7 | 6.6 | 7.5 | 10.3 | 1.6 | 1.0 | 7.2 |

1-18（续 2）

| | | 人均天花费（美元 / 人天） | 人均天花费构成（%） | | | | |
|---|---|---|---|---|---|---|---|
| | | | 长途交通 | 飞 机 | 火 车 | 汽 车 | 轮 船 |
| 海 南 | 小计 | 211.46 | 36.4 | 35.5 | 0.3 | 0.3 | 0.2 |
| | 团体 | 125.60 | 1.2 | 0.0 | 0.0 | 1.2 | 0.0 |
| | 散客 | 239.65 | 42.5 | 41.6 | 0.4 | 0.2 | 0.3 |
| 重 庆 | 小计 | 239.09 | 8.2 | 1.8 | 0.1 | 1.8 | 4.5 |
| | 团体 | 183.74 | 13.4 | 0.0 | 0.0 | 3.9 | 9.5 |
| | 散客 | 313.41 | 4.0 | 3.3 | 0.1 | 0.1 | 0.5 |
| 四 川 | 小计 | 195.31 | 22.6 | 18.9 | 1.6 | 1.9 | 0.2 |
| | 团体 | 212.26 | 11.3 | 6.6 | 1.4 | 3.1 | 0.2 |
| | 散客 | 182.19 | 32.9 | 30.1 | 1.8 | 0.8 | 0.3 |
| 贵 州 | 小计 | 181.41 | 31.4 | 26.1 | 0.4 | 4.8 | 0.1 |
| | 团体 | 176.35 | 12.9 | 1.2 | 0.5 | 11.0 | 0.2 |
| | 散客 | 206.16 | 45.2 | 44.8 | 0.4 | 0.1 | 0.0 |
| 云 南 | 小计 | 283.29 | 30.8 | 28.6 | 0.4 | 1.7 | 0.1 |
| | 团体 | 242.71 | 14.3 | 9.1 | 0.6 | 4.6 | 0.0 |
| | 散客 | 309.49 | 39.2 | 38.5 | 0.3 | 0.3 | 0.1 |
| 西 藏 | 小计 | 259.55 | 11.9 | 5.1 | 1.1 | 5.2 | 0.4 |
| | 团体 | 259.55 | 11.9 | 5.1 | 1.1 | 5.2 | 0.4 |
| | 散客 | — | — | — | — | — | — |
| 陕 西 | 小计 | 250.73 | 17.9 | 15.9 | 1.7 | 0.3 | 0.0 |
| | 团体 | 189.45 | 32.5 | 31.6 | 0.3 | 0.6 | 0.0 |
| | 散客 | 256.58 | 10.8 | 8.3 | 2.4 | 0.2 | 0.0 |
| 甘 肃 | 小计 | 194.83 | 24.1 | 12.4 | 2.0 | 9.7 | 0.0 |
| | 团体 | 160.81 | 20.2 | 0.5 | 2.8 | 16.9 | 0.0 |
| | 散客 | 273.75 | 29.5 | 28.6 | 0.9 | 0.0 | 0.0 |
| 青 海 | 小计 | 157.25 | 25.7 | 9.3 | 14.1 | 2.2 | 0.0 |
| | 团体 | 186.77 | 25.9 | 7.6 | 16.9 | 1.3 | 0.0 |
| | 散客 | 128.23 | 24.8 | 16.0 | 3.3 | 5.5 | 0.0 |
| 宁 夏 | 小计 | 162.45 | 30.0 | 28.4 | 0.2 | 1.4 | 0.0 |
| | 团体 | 126.73 | 3.2 | 0.0 | 0.1 | 3.1 | 0.0 |
| | 散客 | 206.10 | 50.1 | 49.8 | 0.2 | 0.2 | 0.0 |
| 新 疆 | 小计 | 250.30 | 46.1 | 43.2 | 1.3 | 1.5 | 0.0 |
| | 团体 | 259.14 | 7.3 | 1.1 | 1.0 | 5.1 | 0.1 |
| | 散客 | 184.22 | 60.1 | 58.4 | 1.4 | 0.2 | 0.0 |

| 住 宿 | 餐 饮 | 景区游览 | 娱 乐 | 购 物 | 市内交通 | 邮电通信 | 其 他 |
|---|---|---|---|---|---|---|---|
| 15.2 | 11.3 | 3.6 | 2.8 | 21.3 | 1.8 | 0.3 | 7.2 |
| 13.9 | 8.5 | 3.5 | 0.1 | 40.3 | 4.5 | 0.6 | 27.5 |
| 15.5 | 11.7 | 3.7 | 3.3 | 18.1 | 1.4 | 0.3 | 3.7 |
| 24.0 | 18.0 | 2.7 | 1.6 | 20.7 | 0.4 | 0.1 | 24.3 |
| 8.7 | 3.6 | 2.5 | 0.0 | 24.6 | 0.7 | 0.2 | 46.2 |
| 36.1 | 29.3 | 2.8 | 2.8 | 17.6 | 0.2 | 0.1 | 7.1 |
| 18.0 | 9.0 | 3.7 | 2.0 | 24.6 | 2.7 | 0.8 | 16.6 |
| 13.9 | 5.5 | 3.7 | 0.6 | 31.6 | 4.5 | 1.5 | 27.5 |
| 21.7 | 12.1 | 3.7 | 3.2 | 18.2 | 1.1 | 0.2 | 6.8 |
| 16.8 | 9.2 | 4.5 | 2.4 | 16.7 | 2.6 | 1.1 | 15.4 |
| 15.7 | 8.1 | 8.0 | 0.2 | 27.2 | 0.1 | 1.9 | 26.1 |
| 17.7 | 10.0 | 1.8 | 4.0 | 8.9 | 4.5 | 0.4 | 7.4 |
| 18.1 | 9.7 | 4.1 | 2.5 | 21.1 | 1.6 | 0.5 | 11.6 |
| 14.7 | 7.6 | 4.9 | 0.6 | 30.0 | 2.8 | 1.1 | 24.1 |
| 19.8 | 10.8 | 3.7 | 3.4 | 16.6 | 1.0 | 0.2 | 5.2 |
| 14.3 | 5.2 | 5.9 | 0.3 | 36.9 | 4.7 | 0.1 | 20.8 |
| 14.3 | 5.2 | 5.9 | 0.3 | 36.9 | 4.7 | 0.1 | 20.8 |
| — | — | — | — | — | — | — | — |
| 10.1 | 6.0 | 7.6 | 3.3 | 28.7 | 1.1 | 0.5 | 24.8 |
| 11.6 | 5.0 | 13.0 | 6.2 | 9.6 | 0.9 | 0.7 | 20.7 |
| 9.4 | 6.5 | 4.9 | 1.9 | 38.0 | 1.2 | 0.4 | 26.8 |
| 21.4 | 8.7 | 7.9 | 2.3 | 24.9 | 1.5 | 0.4 | 8.8 |
| 15.7 | 7.4 | 10.1 | 0.0 | 32.8 | 0.0 | 0.4 | 13.5 |
| 29.1 | 10.4 | 5.0 | 5.4 | 14.3 | 3.5 | 0.4 | 2.4 |
| 14.5 | 5.6 | 8.8 | 1.2 | 24.9 | 6.6 | 2.0 | 10.7 |
| 13.4 | 3.2 | 9.0 | 0.8 | 26.3 | 7.4 | 2.2 | 11.8 |
| 18.8 | 14.8 | 8.1 | 2.6 | 19.8 | 3.5 | 1.3 | 6.3 |
| 17.2 | 8.1 | 5.2 | 0.9 | 22.4 | 2.3 | 3.1 | 10.8 |
| 11.0 | 7.1 | 7.9 | 0.0 | 40.3 | 2.7 | 6.3 | 21.3 |
| 21.8 | 8.8 | 3.1 | 1.6 | 9.0 | 2.0 | 0.7 | 2.9 |
| 16.5 | 7.2 | 1.7 | 0.7 | 19.2 | 0.7 | 0.4 | 7.5 |
| 6.9 | 6.1 | 4.3 | 0.5 | 55.1 | 0.4 | 1.1 | 18.4 |
| 19.9 | 7.6 | 0.8 | 0.8 | 6.2 | 0.8 | 0.2 | 3.6 |

# 1-19 2019年入境过夜游客在各省（区、市）

| | 人均天花费（美元/人天） | 人均天花费构成（%） | | | | |
|---|---|---|---|---|---|---|
| | | 长途交通 | 飞机 | 火车 | 汽车 | 轮船 |
| 北京 | 309.66 | 28.4 | 27.6 | 0.6 | 0.2 | 0.0 |
| 外国人 | 316.70 | 29.1 | 28.2 | 0.7 | 0.2 | 0.0 |
| 香港同胞 | 250.71 | 23.8 | 23.4 | 0.3 | 0.0 | 0.0 |
| 澳门同胞 | 258.96 | 23.1 | 22.4 | 0.6 | 0.1 | 0.0 |
| 台湾同胞 | 283.97 | 22.0 | 21.4 | 0.5 | 0.1 | 0.0 |
| 天津 | 256.83 | 42.5 | 41.5 | 0.8 | 0.1 | 0.0 |
| 外国人 | 265.56 | 43.4 | 42.6 | 0.7 | 0.1 | 0.1 |
| 香港同胞 | 210.47 | 34.6 | 32.9 | 1.5 | 0.1 | 0.0 |
| 澳门同胞 | 241.41 | 38.6 | 36.7 | 1.9 | 0.0 | 0.0 |
| 台湾同胞 | 244.50 | 43.2 | 42.1 | 1.0 | 0.0 | 0.0 |
| 河北 | 200.16 | 29.6 | 26.5 | 1.6 | 1.3 | 0.2 |
| 外国人 | 199.24 | 29.1 | 26.1 | 1.6 | 1.2 | 0.2 |
| 香港同胞 | 208.54 | 25.1 | 21.9 | 1.3 | 1.5 | 0.5 |
| 澳门同胞 | 173.39 | 42.3 | 37.4 | 2.9 | 2.1 | 0.0 |
| 台湾同胞 | 181.52 | 35.0 | 31.0 | 1.5 | 2.3 | 0.2 |
| 山西 | 161.81 | 21.1 | 4.2 | 6.5 | 10.4 | 0.0 |
| 外国人 | 163.96 | 21.6 | 4.5 | 7.3 | 9.7 | 0.0 |
| 香港同胞 | 143.55 | 21.1 | 3.4 | 1.9 | 15.9 | 0.0 |
| 澳门同胞 | 140.70 | 5.0 | 0.0 | 0.0 | 5.0 | 0.0 |
| 台湾同胞 | 151.85 | 15.2 | 0.0 | 0.4 | 14.8 | 0.0 |
| 内蒙古 | 200.40 | 19.9 | 12.5 | 0.3 | 7.1 | 0.0 |
| 外国人 | 205.96 | 17.2 | 9.2 | 0.4 | 7.6 | 0.0 |
| 香港同胞 | 186.26 | 36.3 | 32.8 | 0.1 | 3.4 | 0.0 |
| 澳门同胞 | 228.56 | 48.2 | 46.4 | 0.0 | 1.8 | 0.0 |
| 台湾同胞 | 185.27 | 29.5 | 22.3 | 0.3 | 6.9 | 0.0 |

## 人均天花费构成（按外国人、港澳台胞分组）

| 住 宿 | 餐 饮 | 景区游览 | 娱 乐 | 购 物 | 市内交通 | 邮电通信 | 其 他 |
|---|---|---|---|---|---|---|---|
| 19.0 | 9.4 | 4.5 | 1.4 | 24.5 | 4.0 | 0.4 | 8.3 |
| 18.7 | 9.0 | 4.5 | 1.4 | 24.2 | 4.1 | 0.4 | 8.6 |
| 21.4 | 11.8 | 4.6 | 1.2 | 28.0 | 3.3 | 0.6 | 5.3 |
| 20.0 | 11.1 | 5.7 | 1.5 | 27.2 | 4.8 | 0.3 | 6.4 |
| 22.0 | 14.0 | 5.1 | 1.3 | 25.8 | 3.4 | 0.2 | 6.2 |
| | | | | | | | |
| 20.1 | 8.9 | 2.2 | 2.6 | 15.4 | 2.5 | 0.3 | 5.6 |
| 20.0 | 8.4 | 2.1 | 2.5 | 15.3 | 2.5 | 0.3 | 5.6 |
| 20.6 | 11.8 | 3.1 | 3.1 | 16.4 | 2.9 | 0.2 | 7.4 |
| 21.6 | 13.2 | 2.3 | 5.2 | 14.4 | 2.3 | 0.1 | 2.3 |
| 19.8 | 9.4 | 1.7 | 2.4 | 15.5 | 2.3 | 0.2 | 5.4 |
| | | | | | | | |
| 17.4 | 9.0 | 4.3 | 2.8 | 21.4 | 1.5 | 2.0 | 11.9 |
| 17.0 | 8.9 | 4.3 | 2.9 | 21.8 | 1.4 | 2.1 | 12.5 |
| 22.9 | 10.8 | 4.4 | 3.9 | 16.9 | 5.5 | 2.3 | 8.3 |
| 20.7 | 9.8 | 2.4 | 0.7 | 15.6 | 1.2 | 1.0 | 6.2 |
| 17.4 | 8.7 | 4.6 | 2.5 | 22.4 | 0.5 | 0.8 | 8.2 |
| | | | | | | | |
| 23.4 | 10.7 | 13.8 | 0.6 | 6.0 | 1.4 | 0.6 | 22.5 |
| 23.0 | 9.7 | 13.4 | 0.6 | 6.2 | 1.6 | 0.5 | 23.5 |
| 29.5 | 19.6 | 12.8 | 0.1 | 3.2 | 0.5 | 1.0 | 12.3 |
| 14.3 | 10.9 | 8.4 | 0.0 | 5.7 | 0.0 | 7.4 | 48.4 |
| 25.6 | 16.3 | 20.2 | 0.0 | 6.0 | 0.0 | 0.7 | 16.0 |
| | | | | | | | |
| 16.8 | 10.8 | 4.4 | 4.4 | 31.2 | 0.5 | 0.7 | 11.3 |
| 17.2 | 11.1 | 4.2 | 4.4 | 33.9 | 0.4 | 0.8 | 10.9 |
| 17.6 | 10.7 | 4.1 | 4.1 | 14.3 | 1.2 | 0.2 | 11.4 |
| 11.0 | 8.2 | 2.4 | 1.4 | 10.5 | 2.6 | 0.0 | 15.6 |
| 14.9 | 9.5 | 8.3 | 6.9 | 15.6 | 0.5 | 0.0 | 14.8 |

1-19（续 1）

| | 人均天花费（美元/人天） | 人均天花费构成（%） | | | | |
|---|---|---|---|---|---|---|
| | | 长途交通 | 飞 机 | 火 车 | 汽 车 | 轮 船 |
| 辽 宁 | 213.04 | 26.2 | 23.7 | 2.1 | 0.3 | 0.0 |
| 外国人 | 221.03 | 27.9 | 25.2 | 2.3 | 0.4 | 0.0 |
| 香港同胞 | 265.34 | 19.9 | 18.5 | 1.2 | 0.1 | 0.2 |
| 澳门同胞 | 219.56 | 22.7 | 21.2 | 1.3 | 0.1 | 0.0 |
| 台湾同胞 | 196.83 | 20.6 | 18.4 | 2.0 | 0.1 | 0.1 |
| 吉 林 | 194.46 | 23.9 | 23.3 | 0.4 | 0.2 | 0.0 |
| 外国人 | 209.70 | 24.4 | 23.7 | 0.5 | 0.3 | 0.0 |
| 香港同胞 | 170.68 | 42.3 | 42.3 | 0.0 | 0.0 | 0.0 |
| 澳门同胞 | 135.57 | 23.4 | 23.0 | 0.0 | 0.4 | 0.0 |
| 台湾同胞 | 153.98 | 4.2 | 4.1 | 0.0 | 0.1 | 0.0 |
| 黑龙江 | 193.47 | 25.9 | 22.5 | 2.5 | 0.9 | 0.0 |
| 外国人 | 191.04 | 25.0 | 21.6 | 2.5 | 1.0 | 0.0 |
| 香港同胞 | 208.59 | 32.9 | 30.9 | 1.9 | 0.1 | 0.0 |
| 澳门同胞 | 181.05 | 32.6 | 21.3 | 11.3 | 0.0 | 0.0 |
| 台湾同胞 | 200.29 | 39.7 | 36.8 | 2.8 | 0.2 | 0.0 |
| 上 海 | 288.75 | 35.3 | 34.8 | 0.4 | 0.1 | 0.0 |
| 外国人 | 293.08 | 36.2 | 35.7 | 0.3 | 0.1 | 0.0 |
| 香港同胞 | 251.39 | 29.5 | 28.4 | 1.0 | 0.0 | 0.0 |
| 澳门同胞 | 236.04 | 23.1 | 22.7 | 0.2 | 0.2 | 0.0 |
| 台湾同胞 | 271.05 | 27.2 | 27.0 | 0.2 | 0.0 | 0.0 |
| 江 苏 | 295.99 | 23.2 | 19.9 | 2.5 | 0.6 | 0.1 |
| 外国人 | 307.04 | 24.1 | 20.7 | 2.8 | 0.5 | 0.1 |
| 香港同胞 | 287.21 | 19.2 | 17.8 | 1.1 | 0.0 | 0.4 |
| 澳门同胞 | 243.49 | 26.0 | 21.1 | 1.2 | 3.0 | 0.7 |
| 台湾同胞 | 273.63 | 19.8 | 16.8 | 2.2 | 0.7 | 0.2 |

| 住宿 | 餐饮 | 景区游览 | 娱乐 | 购物 | 市内交通 | 邮电通信 | 其他 |
|---|---|---|---|---|---|---|---|
| 17.1 | 12.5 | 6.0 | 3.1 | 20.2 | 3.0 | 0.9 | 10.9 |
| 18.1 | 12.7 | 5.5 | 2.9 | 17.4 | 3.1 | 0.9 | 11.4 |
| 12.6 | 11.1 | 7.7 | 3.8 | 32.9 | 2.2 | 0.4 | 9.4 |
| 15.0 | 13.7 | 7.7 | 4.0 | 23.4 | 2.8 | 0.8 | 10.0 |
| 15.1 | 11.4 | 7.8 | 3.6 | 27.2 | 3.2 | 1.3 | 9.8 |
| | | | | | | | |
| 6.3 | 6.6 | 6.6 | 3.1 | 38.9 | 4.0 | 1.9 | 8.7 |
| 6.4 | 6.8 | 6.3 | 3.1 | 38.2 | 3.7 | 1.9 | 9.2 |
| 4.1 | 4.8 | 6.8 | 2.7 | 22.7 | 4.4 | 2.2 | 9.9 |
| 11.2 | 7.0 | 9.3 | 4.9 | 27.3 | 5.3 | 1.6 | 10.1 |
| 6.2 | 6.3 | 8.8 | 3.7 | 60.8 | 5.8 | 1.0 | 3.1 |
| | | | | | | | |
| 16.8 | 9.0 | 2.5 | 2.1 | 31.1 | 1.6 | 0.2 | 10.6 |
| 15.6 | 9.0 | 2.6 | 2.1 | 32.5 | 1.6 | 0.2 | 11.3 |
| 29.2 | 10.1 | 2.1 | 2.2 | 17.7 | 1.4 | 0.1 | 4.3 |
| 46.8 | 0.0 | 0.0 | 0.0 | 14.2 | 6.4 | 0.0 | 0.0 |
| 29.8 | 9.0 | 2.8 | 2.7 | 12.3 | 2.5 | 0.3 | 0.9 |
| | | | | | | | |
| 26.1 | 12.1 | 3.8 | 3.7 | 12.7 | 3.4 | 0.2 | 2.8 |
| 25.9 | 11.8 | 3.7 | 3.5 | 12.5 | 3.3 | 0.2 | 3.0 |
| 29.0 | 15.1 | 3.7 | 4.1 | 12.9 | 3.7 | 0.1 | 1.9 |
| 26.4 | 15.8 | 3.1 | 4.9 | 19.2 | 4.1 | 0.2 | 3.2 |
| 26.5 | 14.5 | 6.0 | 6.1 | 14.3 | 4.0 | 0.4 | 1.0 |
| | | | | | | | |
| 20.6 | 8.9 | 2.3 | 4.4 | 19.8 | 1.8 | 1.5 | 17.6 |
| 20.3 | 8.7 | 2.1 | 4.0 | 20.1 | 1.6 | 1.6 | 17.4 |
| 22.1 | 10.6 | 2.9 | 6.2 | 18.6 | 2.3 | 1.4 | 16.7 |
| 20.5 | 10.1 | 3.9 | 5.8 | 20.8 | 1.8 | 1.7 | 9.4 |
| 21.0 | 8.2 | 2.4 | 4.7 | 19.0 | 2.2 | 0.6 | 22.0 |

1-19（续 2）

| | 人均天花费（美元/人天） | 人均天花费构成（%） | | | | |
|---|---|---|---|---|---|---|
| | | 长途交通 | 飞机 | 火车 | 汽车 | 轮船 |
| 浙江 | 247.39 | 30.6 | 28.1 | 1.6 | 0.8 | 0.2 |
| 外国人 | 250.99 | 31.1 | 28.7 | 1.5 | 0.7 | 0.2 |
| 香港同胞 | 230.91 | 27.0 | 23.5 | 2.0 | 0.4 | 1.2 |
| 澳门同胞 | 216.76 | 22.1 | 17.7 | 2.5 | 1.4 | 0.5 |
| 台湾同胞 | 230.11 | 32.2 | 29.4 | 0.8 | 1.9 | 0.1 |
| 安徽 | 204.48 | 23.7 | 20.3 | 2.8 | 0.5 | 0.1 |
| 外国人 | 208.83 | 24.2 | 20.7 | 2.9 | 0.5 | 0.1 |
| 香港同胞 | 174.31 | 18.9 | 17.0 | 1.3 | 0.6 | 0.0 |
| 澳门同胞 | 166.72 | 16.4 | 11.0 | 3.5 | 0.9 | 1.0 |
| 台湾同胞 | 160.63 | 22.3 | 19.5 | 2.2 | 0.7 | 0.0 |
| 福建 | 241.69 | 39.0 | 36.0 | 1.0 | 1.2 | 0.8 |
| 外国人 | 278.54 | 44.6 | 42.9 | 0.6 | 0.9 | 0.3 |
| 香港同胞 | 174.25 | 27.0 | 21.7 | 2.9 | 0.4 | 1.9 |
| 澳门同胞 | 180.44 | 40.1 | 36.9 | 1.8 | 1.3 | 0.1 |
| 台湾同胞 | 195.60 | 26.8 | 21.2 | 0.7 | 2.8 | 2.2 |
| 江西 | 230.77 | 11.4 | 4.8 | 0.5 | 6.1 | 0.0 |
| 外国人 | 231.11 | 11.6 | 4.5 | 0.5 | 6.6 | 0.0 |
| 香港同胞 | 215.08 | 11.0 | 5.7 | 0.6 | 4.7 | 0.0 |
| 澳门同胞 | 211.26 | 11.3 | 5.5 | 1.1 | 4.6 | 0.0 |
| 台湾同胞 | 224.60 | 10.6 | 5.0 | 0.4 | 5.0 | 0.1 |
| 山东 | 260.09 | 38.3 | 37.0 | 0.7 | 0.3 | 0.2 |
| 外国人 | 282.58 | 40.6 | 39.7 | 0.4 | 0.2 | 0.2 |
| 香港同胞 | 200.59 | 33.4 | 31.1 | 1.9 | 0.3 | 0.0 |
| 澳门同胞 | 185.82 | 33.5 | 30.3 | 1.9 | 0.7 | 0.6 |
| 台湾同胞 | 198.48 | 30.0 | 28.0 | 0.8 | 0.8 | 0.3 |

| 住宿 | 餐饮 | 景区游览 | 娱乐 | 购物 | 市内交通 | 邮电通信 | 其他 |
|---|---|---|---|---|---|---|---|
| 21.3 | 8.1 | 2.4 | 1.9 | 23.1 | 2.3 | 0.5 | 9.6 |
| 21.8 | 7.6 | 2.2 | 1.4 | 23.2 | 2.3 | 0.5 | 9.7 |
| 20.5 | 12.8 | 2.8 | 4.3 | 18.6 | 2.9 | 0.3 | 10.9 |
| 22.4 | 8.2 | 4.2 | 6.1 | 26.4 | 3.1 | 0.3 | 7.1 |
| 14.7 | 10.0 | 3.4 | 3.3 | 26.3 | 1.4 | 0.4 | 8.3 |
| | | | | | | | |
| 11.9 | 9.9 | 5.1 | 4.7 | 28.7 | 2.0 | 1.1 | 12.9 |
| 11.7 | 10.1 | 5.1 | 4.9 | 28.3 | 2.1 | 1.1 | 12.5 |
| 11.8 | 8.5 | 5.7 | 3.8 | 31.0 | 0.9 | 0.6 | 18.8 |
| 9.7 | 5.4 | 8.1 | 1.7 | 36.9 | 1.9 | 1.6 | 18.4 |
| 16.6 | 9.7 | 4.5 | 3.2 | 30.4 | 2.2 | 1.0 | 10.0 |
| | | | | | | | |
| 17.6 | 9.1 | 1.6 | 2.0 | 21.0 | 2.0 | 0.8 | 6.8 |
| 16.6 | 8.5 | 1.5 | 2.1 | 18.9 | 1.9 | 0.7 | 5.2 |
| 21.4 | 10.5 | 2.1 | 2.2 | 21.0 | 3.2 | 1.7 | 10.9 |
| 21.0 | 11.1 | 0.9 | 2.1 | 16.7 | 1.6 | 0.3 | 6.1 |
| 17.6 | 9.4 | 1.7 | 1.9 | 30.2 | 1.8 | 0.4 | 10.1 |
| | | | | | | | |
| 16.6 | 19.5 | 8.6 | 5.4 | 29.9 | 0.3 | 0.2 | 8.1 |
| 17.3 | 20.4 | 9.0 | 5.8 | 27.2 | 0.3 | 0.2 | 8.3 |
| 15.1 | 17.4 | 7.6 | 4.4 | 35.9 | 0.5 | 0.3 | 7.7 |
| 13.9 | 16.3 | 7.1 | 4.3 | 39.1 | 0.4 | 0.3 | 7.3 |
| 15.5 | 18.7 | 8.0 | 4.5 | 33.7 | 0.4 | 0.2 | 8.4 |
| | | | | | | | |
| 17.9 | 9.7 | 3.7 | 3.7 | 20.9 | 1.5 | 0.5 | 3.9 |
| 17.2 | 9.6 | 3.5 | 3.6 | 20.0 | 1.4 | 0.4 | 3.7 |
| 20.5 | 9.9 | 4.0 | 4.7 | 21.3 | 1.6 | 0.5 | 4.0 |
| 18.8 | 10.1 | 4.3 | 3.8 | 23.0 | 1.6 | 0.5 | 4.4 |
| 19.5 | 10.1 | 4.0 | 3.3 | 25.5 | 1.9 | 0.7 | 5.0 |

1-19（续 3）

| | 人均天花费（美元/人天） | 人均天花费构成（%） | | | | |
|---|---|---|---|---|---|---|
| | | 长途交通 | 飞 机 | 火 车 | 汽 车 | 轮 船 |
| 河 南 | 205.50 | 12.0 | 5.4 | 4.7 | 1.9 | 0.0 |
| 外国人 | 199.87 | 12.7 | 6.6 | 4.2 | 1.9 | 0.0 |
| 香港同胞 | 230.73 | 11.4 | 2.5 | 6.1 | 2.8 | 0.0 |
| 澳门同胞 | 219.02 | 7.5 | 1.4 | 5.6 | 0.5 | 0.0 |
| 台湾同胞 | 219.97 | 9.7 | 2.4 | 5.9 | 1.5 | 0.0 |
| 湖 北 | 211.63 | 25.5 | 22.1 | 0.9 | 1.6 | 0.9 |
| 外国人 | 223.08 | 29.4 | 26.4 | 0.8 | 1.5 | 0.7 |
| 香港同胞 | 187.06 | 21.4 | 19.0 | 1.2 | 1.2 | 0.0 |
| 澳门同胞 | 197.61 | 16.7 | 14.3 | 0.7 | 1.6 | 0.1 |
| 台湾同胞 | 214.31 | 22.9 | 17.6 | 0.8 | 2.0 | 2.4 |
| 湖 南 | 206.64 | 13.8 | 7.8 | 2.2 | 3.8 | 0.1 |
| 外国人 | 214.95 | 13.6 | 7.7 | 2.1 | 3.7 | 0.0 |
| 香港同胞 | 168.81 | 9.7 | 1.3 | 3.3 | 4.8 | 0.3 |
| 澳门同胞 | 179.87 | 19.3 | 14.8 | 2.2 | 2.3 | 0.0 |
| 台湾同胞 | 207.28 | 20.2 | 14.8 | 1.1 | 4.2 | 0.1 |
| 广 东 | 200.34 | 27.1 | 23.5 | 1.5 | 1.5 | 0.5 |
| 外国人 | 220.74 | 35.7 | 32.4 | 1.3 | 1.7 | 0.4 |
| 香港同胞 | 179.28 | 10.5 | 6.4 | 2.0 | 1.4 | 0.7 |
| 澳门同胞 | 154.96 | 15.3 | 10.2 | 2.3 | 1.9 | 0.9 |
| 台湾同胞 | 211.79 | 27.0 | 24.7 | 1.2 | 0.6 | 0.5 |
| 广 西 | 216.35 | 20.2 | 15.5 | 3.5 | 0.9 | 0.3 |
| 外国人 | 219.17 | 20.0 | 15.6 | 3.2 | 0.8 | 0.3 |
| 香港同胞 | 195.86 | 20.5 | 13.6 | 4.9 | 1.8 | 0.2 |
| 澳门同胞 | 215.78 | 20.9 | 16.6 | 3.2 | 0.7 | 0.4 |
| 台湾同胞 | 224.15 | 19.4 | 14.7 | 3.6 | 0.7 | 0.4 |

| 住　宿 | 餐　饮 | 景区游览 | 娱　乐 | 购　物 | 市内交通 | 邮电通信 | 其　他 |
|---|---|---|---|---|---|---|---|
| 10.8 | 8.6 | 5.2 | 20.7 | 18.1 | 1.8 | 1.0 | 21.9 |
| 10.8 | 8.6 | 4.7 | 20.6 | 17.2 | 1.9 | 1.0 | 22.5 |
| 9.8 | 8.8 | 7.5 | 20.8 | 16.8 | 1.4 | 0.8 | 22.6 |
| 10.0 | 9.1 | 5.5 | 29.0 | 17.9 | 1.7 | 0.7 | 18.5 |
| 12.2 | 8.6 | 6.1 | 15.5 | 27.6 | 1.9 | 1.1 | 17.4 |
| | | | | | | | |
| 17.3 | 9.4 | 5.5 | 2.3 | 27.0 | 1.2 | 0.6 | 11.2 |
| 17.6 | 9.1 | 5.9 | 2.3 | 24.1 | 1.4 | 0.7 | 9.5 |
| 18.7 | 10.2 | 5.2 | 2.7 | 29.6 | 1.3 | 0.8 | 10.1 |
| 15.7 | 10.5 | 6.3 | 2.2 | 28.9 | 1.2 | 0.5 | 18.0 |
| 15.7 | 8.8 | 4.5 | 2.2 | 30.6 | 0.8 | 0.5 | 14.1 |
| | | | | | | | |
| 8.6 | 6.5 | 8.6 | 1.4 | 30.9 | 0.7 | 1.8 | 27.6 |
| 7.8 | 5.9 | 8.6 | 1.1 | 30.8 | 0.8 | 1.8 | 29.5 |
| 10.5 | 8.5 | 7.5 | 0.8 | 37.7 | 0.5 | 1.4 | 23.4 |
| 14.6 | 9.6 | 9.0 | 4.7 | 22.1 | 0.4 | 2.5 | 17.8 |
| 13.3 | 9.8 | 10.9 | 4.4 | 27.1 | 0.3 | 2.3 | 11.8 |
| | | | | | | | |
| 17.2 | 12.5 | 2.7 | 5.7 | 23.9 | 2.5 | 0.7 | 7.8 |
| 15.8 | 9.8 | 2.4 | 3.0 | 22.5 | 2.3 | 0.7 | 7.6 |
| 19.1 | 18.8 | 3.5 | 8.1 | 27.5 | 2.8 | 0.5 | 9.2 |
| 26.6 | 15.2 | 3.4 | 7.6 | 23.0 | 3.0 | 0.7 | 5.1 |
| 13.5 | 10.6 | 1.8 | 14.0 | 23.2 | 2.3 | 0.7 | 6.9 |
| | | | | | | | |
| 11.4 | 7.9 | 6.4 | 3.5 | 20.0 | 4.4 | 1.7 | 24.5 |
| 11.2 | 7.9 | 6.0 | 3.5 | 20.2 | 4.2 | 1.9 | 25.1 |
| 13.8 | 8.6 | 6.6 | 3.4 | 18.0 | 4.6 | 1.7 | 22.8 |
| 11.1 | 7.7 | 7.0 | 3.6 | 20.1 | 4.3 | 1.4 | 23.9 |
| 10.8 | 7.5 | 6.7 | 3.8 | 20.9 | 4.7 | 1.5 | 24.8 |

1-19（续 4）

| | 人均天花费（美元/人天） | 人均天花费构成（%） | | | | |
|---|---|---|---|---|---|---|
| | | 长途交通 | | | | |
| | | | 飞 机 | 火 车 | 汽 车 | 轮 船 |
| 海 南 | 211.46 | 36.4 | 35.5 | 0.3 | 0.3 | 0.2 |
| 外国人 | 209.00 | 38.1 | 37.1 | 0.4 | 0.3 | 0.3 |
| 香港同胞 | 212.67 | 34.7 | 33.9 | 0.1 | 0.4 | 0.2 |
| 澳门同胞 | 234.03 | 30.4 | 30.1 | 0.2 | 0.0 | 0.0 |
| 台湾同胞 | 216.39 | 32.2 | 31.3 | 0.3 | 0.4 | 0.1 |
| 重 庆 | 239.09 | 8.2 | 1.8 | 0.1 | 1.8 | 4.5 |
| 外国人 | 241.94 | 8.5 | 2.0 | 0.1 | 1.3 | 5.1 |
| 香港同胞 | 224.75 | 6.7 | 0.9 | 0.0 | 1.5 | 4.3 |
| 澳门同胞 | 232.88 | 7.6 | 2.2 | 0.0 | 1.0 | 4.4 |
| 台湾同胞 | 251.74 | 6.5 | 1.2 | 0.1 | 5.2 | 0.0 |
| 四 川 | 195.31 | 22.6 | 18.9 | 1.6 | 1.9 | 0.2 |
| 外国人 | 199.84 | 24.5 | 21.1 | 1.6 | 1.6 | 0.2 |
| 香港同胞 | 185.82 | 12.5 | 7.2 | 0.9 | 3.9 | 0.4 |
| 澳门同胞 | 174.39 | 20.5 | 14.8 | 2.8 | 2.6 | 0.2 |
| 台湾同胞 | 189.71 | 18.9 | 14.7 | 2.0 | 2.0 | 0.2 |
| 贵 州 | 181.41 | 31.4 | 26.1 | 0.4 | 4.8 | 0.1 |
| 外国人 | 208.09 | 32.2 | 25.9 | 0.4 | 5.8 | 0.1 |
| 香港同胞 | 163.90 | 28.1 | 24.8 | 0.3 | 3.0 | 0.0 |
| 澳门同胞 | 153.19 | 34.4 | 28.4 | 0.7 | 5.3 | 0.1 |
| 台湾同胞 | 152.52 | 30.9 | 27.0 | 0.3 | 3.5 | 0.0 |
| 云 南 | 283.29 | 30.8 | 28.6 | 0.4 | 1.7 | 0.1 |
| 外国人 | 300.74 | 31.1 | 29.2 | 0.5 | 1.3 | 0.1 |
| 香港同胞 | 236.00 | 28.1 | 22.9 | 0.4 | 4.7 | 0.1 |
| 澳门同胞 | 263.72 | 33.8 | 31.7 | 0.0 | 2.1 | 0.0 |
| 台湾同胞 | 269.41 | 28.7 | 25.9 | 0.1 | 2.7 | 0.0 |

| 住 宿 | 餐 饮 | 景区游览 | 娱 乐 | 购 物 | 市内交通 | 邮电通信 | 其 他 |
|---|---|---|---|---|---|---|---|
| 15.2 | 11.3 | 3.6 | 2.8 | 21.3 | 1.8 | 0.3 | 7.2 |
| 14.6 | 10.5 | 3.3 | 3.0 | 19.3 | 1.8 | 0.3 | 9.1 |
| 17.0 | 13.3 | 3.7 | 2.3 | 22.8 | 1.8 | 0.3 | 4.0 |
| 14.8 | 10.3 | 3.9 | 3.0 | 28.0 | 2.6 | 0.2 | 6.9 |
| 16.3 | 12.7 | 4.9 | 2.3 | 27.2 | 1.9 | 0.5 | 1.9 |
| | | | | | | | |
| 24.0 | 18.0 | 2.7 | 1.6 | 20.7 | 0.4 | 0.1 | 24.3 |
| 24.8 | 18.3 | 2.4 | 1.7 | 19.8 | 0.5 | 0.1 | 24.0 |
| 27.5 | 22.8 | 1.7 | 0.8 | 17.3 | 0.3 | 0.1 | 22.7 |
| 28.9 | 24.1 | 3.0 | 0.9 | 22.8 | 0.4 | 0.4 | 11.8 |
| 15.6 | 11.6 | 5.0 | 1.1 | 26.5 | 0.0 | 0.3 | 33.3 |
| | | | | | | | |
| 18.0 | 9.0 | 3.7 | 2.0 | 24.6 | 2.7 | 0.8 | 16.6 |
| 18.5 | 8.9 | 3.4 | 1.8 | 22.7 | 2.9 | 0.8 | 16.6 |
| 15.4 | 8.5 | 4.0 | 3.4 | 38.5 | 0.4 | 1.2 | 16.2 |
| 17.3 | 10.7 | 5.3 | 2.2 | 24.8 | 1.0 | 0.8 | 17.4 |
| 16.8 | 9.0 | 4.4 | 1.7 | 27.1 | 4.0 | 1.0 | 17.0 |
| | | | | | | | |
| 16.8 | 9.2 | 4.5 | 2.4 | 16.7 | 2.6 | 1.1 | 15.4 |
| 17.4 | 9.3 | 4.0 | 2.2 | 14.3 | 2.4 | 0.8 | 17.5 |
| 14.2 | 7.3 | 4.7 | 2.5 | 24.4 | 3.0 | 1.5 | 14.4 |
| 16.0 | 9.5 | 4.7 | 3.7 | 12.5 | 3.2 | 1.6 | 14.3 |
| 18.0 | 10.4 | 5.5 | 2.2 | 18.1 | 2.6 | 1.2 | 11.2 |
| | | | | | | | |
| 18.1 | 9.7 | 4.1 | 2.5 | 21.1 | 1.6 | 0.5 | 11.6 |
| 18.2 | 9.8 | 4.0 | 2.6 | 21.7 | 1.5 | 0.6 | 10.4 |
| 18.8 | 9.7 | 4.1 | 1.3 | 16.6 | 2.9 | 0.3 | 18.2 |
| 19.2 | 10.3 | 4.0 | 3.6 | 14.2 | 1.1 | 0.5 | 13.3 |
| 15.3 | 7.9 | 5.2 | 1.4 | 23.9 | 1.3 | 0.4 | 15.8 |

1-19（续 5）

| | 人均天花费（美元/人天） | 人均天花费构成（%） | | | | |
|---|---|---|---|---|---|---|
| | | 长途交通 | 飞　机 | 火　车 | 汽　车 | 轮　船 |
| 西　　藏 | 259.55 | 11.9 | 5.1 | 1.1 | 5.2 | 0.4 |
| 外 国 人 | 257.48 | 11.9 | 5.2 | 1.2 | 5.1 | 0.4 |
| 香港同胞 | 207.51 | 12.5 | 8.2 | 0.0 | 4.2 | 0.0 |
| 澳门同胞 | 259.84 | 11.4 | 0.0 | 0.0 | 11.4 | 0.0 |
| 台湾同胞 | 239.16 | 11.9 | 5.0 | 1.0 | 5.5 | 0.3 |
| 陕　　西 | 250.73 | 17.9 | 15.9 | 1.7 | 0.3 | 0.0 |
| 外 国 人 | 248.88 | 18.1 | 16.0 | 1.7 | 0.3 | 0.0 |
| 香港同胞 | 259.75 | 9.4 | 7.9 | 1.2 | 0.2 | 0.0 |
| 澳门同胞 | 241.58 | 20.4 | 19.9 | 0.4 | 0.2 | 0.0 |
| 台湾同胞 | 263.99 | 9.7 | 9.6 | 0.0 | 0.1 | 0.0 |
| 甘　　肃 | 194.83 | 24.1 | 12.4 | 2.0 | 9.7 | 0.0 |
| 外 国 人 | 197.22 | 25.0 | 11.9 | 2.3 | 10.8 | 0.0 |
| 香港同胞 | 194.77 | 20.4 | 13.2 | 0.4 | 6.8 | 0.0 |
| 澳门同胞 | 180.23 | 22.0 | 8.4 | 2.7 | 10.9 | 0.0 |
| 台湾同胞 | 149.45 | 23.8 | 19.0 | 0.9 | 3.8 | 0.0 |
| 青　　海 | 157.25 | 25.7 | 9.3 | 14.1 | 2.2 | 0.0 |
| 外 国 人 | 162.09 | 24.7 | 9.5 | 13.6 | 1.6 | 0.0 |
| 香港同胞 | 145.05 | 33.0 | 6.3 | 20.0 | 6.7 | 0.0 |
| 澳门同胞 | 140.42 | 40.7 | 22.8 | 15.0 | 2.9 | 0.0 |
| 台湾同胞 | 144.52 | 14.3 | 1.7 | 5.8 | 6.8 | 0.0 |
| 宁　　夏 | 162.45 | 30.0 | 28.4 | 0.2 | 1.4 | 0.0 |
| 外 国 人 | 180.80 | 39.5 | 38.4 | 0.2 | 0.9 | 0.0 |
| 香港同胞 | 124.15 | 11.0 | 8.3 | 0.0 | 2.6 | 0.0 |
| 澳门同胞 | 153.75 | 17.1 | 13.9 | 0.0 | 3.2 | 0.0 |
| 台湾同胞 | 145.40 | 12.1 | 10.0 | 0.3 | 1.9 | 0.0 |
| 新　　疆 | 250.30 | 46.1 | 43.2 | 1.3 | 1.5 | 0.0 |
| 外 国 人 | 258.70 | 49.0 | 46.6 | 1.3 | 1.0 | 0.0 |
| 香港同胞 | — | — | — | — | — | — |
| 澳门同胞 | — | — | — | — | — | — |
| 台湾同胞 | 230.88 | 18.2 | 10.9 | 1.1 | 6.2 | 0.0 |

| 住 宿 | 餐 饮 | 景区游览 | 娱 乐 | 购 物 | 市内交通 | 邮电通信 | 其 他 |
|---|---|---|---|---|---|---|---|
| 14.3 | 5.2 | 5.9 | 0.3 | 36.9 | 4.7 | 0.1 | 20.8 |
| 13.9 | 5.2 | 5.8 | 0.3 | 37.6 | 4.9 | 0.1 | 20.3 |
| 20.1 | 2.6 | 9.6 | 0.0 | 15.2 | 0.0 | 0.0 | 40.1 |
| 27.9 | 4.7 | 9.1 | 0.0 | 11.1 | 0.0 | 0.0 | 35.9 |
| 15.2 | 5.0 | 6.2 | 0.3 | 40.5 | 4.3 | 0.0 | 16.6 |
| | | | | | | | |
| 10.1 | 6.0 | 7.6 | 3.3 | 28.7 | 1.1 | 0.5 | 24.8 |
| 10.1 | 6.0 | 7.6 | 3.3 | 28.5 | 1.1 | 0.5 | 24.7 |
| 8.8 | 4.5 | 6.5 | 1.2 | 42.9 | 0.9 | 0.3 | 25.5 |
| 14.3 | 11.8 | 8.4 | 2.1 | 26.6 | 1.2 | 0.2 | 14.9 |
| 6.9 | 5.3 | 5.8 | 4.5 | 30.2 | 0.3 | 0.2 | 37.0 |
| | | | | | | | |
| 21.4 | 8.7 | 7.9 | 2.3 | 24.9 | 1.5 | 0.4 | 8.8 |
| 20.9 | 8.2 | 7.0 | 2.2 | 25.5 | 1.4 | 0.4 | 9.4 |
| 23.8 | 10.4 | 14.9 | 2.7 | 20.2 | 1.4 | 0.4 | 5.9 |
| 21.4 | 8.9 | 8.5 | 2.4 | 26.0 | 1.2 | 0.4 | 9.2 |
| 22.0 | 10.6 | 5.3 | 2.7 | 25.9 | 2.0 | 0.7 | 7.1 |
| | | | | | | | |
| 14.5 | 5.6 | 8.8 | 1.2 | 24.9 | 6.6 | 2.0 | 10.7 |
| 14.4 | 5.2 | 9.1 | 1.0 | 26.2 | 6.7 | 2.1 | 10.4 |
| 14.7 | 8.0 | 6.8 | 3.1 | 14.7 | 5.5 | 1.0 | 13.2 |
| 14.9 | 6.4 | 8.6 | 1.3 | 13.2 | 7.0 | 0.7 | 7.2 |
| 17.1 | 9.3 | 7.3 | 1.1 | 31.9 | 3.7 | 1.8 | 13.5 |
| | | | | | | | |
| 17.2 | 8.1 | 5.2 | 0.9 | 22.4 | 2.3 | 3.1 | 10.8 |
| 17.1 | 8.3 | 4.1 | 0.9 | 16.3 | 2.3 | 2.3 | 9.3 |
| 17.9 | 6.0 | 6.5 | 0.2 | 29.3 | 2.2 | 4.6 | 22.3 |
| 20.4 | 9.0 | 6.7 | 0.0 | 27.9 | 0.6 | 4.3 | 14.0 |
| 16.0 | 8.1 | 7.5 | 1.4 | 37.5 | 3.0 | 4.8 | 9.6 |
| | | | | | | | |
| 16.5 | 7.2 | 1.7 | 0.7 | 19.2 | 0.7 | 0.4 | 7.5 |
| 16.9 | 7.3 | 1.1 | 0.8 | 16.6 | 0.7 | 0.4 | 7.2 |
| — | — | — | — | — | — | — | — |
| — | — | — | — | — | — | — | — |
| 12.2 | 6.7 | 7.6 | 0.2 | 43.2 | 0.1 | 0.7 | 11.0 |

# 1-20 2019 年入境过夜游客在各城市

| | 人均天花费（美元 / 人天） | 人均天花费构成（%） | | | | |
|---|---|---|---|---|---|---|
| | | 长途交通 | 飞 机 | 火 车 | 汽 车 | 轮 船 |
| 北 京 | 309.66 | 28.4 | 27.6 | 0.6 | 0.2 | 0.0 |
| 外国人 | 316.70 | 29.1 | 28.2 | 0.7 | 0.2 | 0.0 |
| 香港同胞 | 250.71 | 23.8 | 23.4 | 0.3 | 0.0 | 0.0 |
| 澳门同胞 | 258.96 | 23.1 | 22.4 | 0.6 | 0.1 | 0.0 |
| 台湾同胞 | 283.97 | 22.0 | 21.4 | 0.5 | 0.1 | 0.0 |
| 天 津 | 256.83 | 42.5 | 41.5 | 0.8 | 0.1 | 0.0 |
| 外国人 | 265.56 | 43.4 | 42.6 | 0.7 | 0.1 | 0.1 |
| 香港同胞 | 210.47 | 34.6 | 32.9 | 1.5 | 0.1 | 0.0 |
| 澳门同胞 | 241.41 | 38.6 | 36.7 | 1.9 | 0.0 | 0.0 |
| 台湾同胞 | 244.50 | 43.2 | 42.1 | 1.0 | 0.0 | 0.0 |
| 石家庄 | 245.43 | 29.1 | 25.5 | 0.9 | 2.7 | 0.0 |
| 外国人 | 255.72 | 28.8 | 25.1 | 0.9 | 2.8 | 0.0 |
| 香港同胞 | 208.86 | 31.8 | 29.3 | 1.6 | 0.9 | 0.0 |
| 澳门同胞 | 203.05 | 36.3 | 30.8 | 1.7 | 3.9 | 0.0 |
| 台湾同胞 | 203.80 | 29.5 | 27.7 | 0.8 | 1.1 | 0.0 |
| 唐 山 | 189.68 | 51.8 | 51.7 | 0.0 | 0.1 | 0.0 |
| 外国人 | 193.22 | 51.8 | 51.6 | 0.0 | 0.1 | 0.0 |
| 香港同胞 | 191.76 | 48.1 | 48.1 | 0.0 | 0.0 | 0.0 |
| 澳门同胞 | — | — | — | — | — | — |
| 台湾同胞 | 157.77 | 53.1 | 53.1 | 0.0 | 0.0 | 0.0 |
| 秦皇岛 | 196.73 | 30.6 | 27.5 | 2.1 | 0.7 | 0.3 |
| 外国人 | 191.69 | 30.1 | 27.3 | 2.2 | 0.4 | 0.2 |
| 香港同胞 | 212.15 | 20.2 | 16.3 | 1.3 | 1.8 | 0.8 |
| 澳门同胞 | 177.72 | 48.1 | 42.5 | 3.5 | 2.0 | 0.0 |
| 台湾同胞 | 181.46 | 34.2 | 29.3 | 1.5 | 3.1 | 0.3 |
| 承 德 | 173.73 | 19.2 | 15.7 | 1.9 | 1.4 | 0.2 |
| 外国人 | 174.68 | 19.3 | 15.8 | 1.8 | 1.4 | 0.2 |
| 香港同胞 | 176.08 | 31.1 | 29.7 | 0.0 | 1.4 | 0.0 |
| 澳门同胞 | 126.33 | 9.5 | 9.5 | 0.0 | 0.0 | 0.0 |
| 台湾同胞 | 176.96 | 18.5 | 5.6 | 10.5 | 2.4 | 0.0 |

## 人均天花费构成（按外国人、港澳台胞分组）

| 住　宿 | 餐　饮 | 景区游览 | 娱　乐 | 购　物 | 市内交通 | 邮电通信 | 其　他 |
|---|---|---|---|---|---|---|---|
| 19.0 | 9.4 | 4.5 | 1.4 | 24.5 | 4.0 | 0.4 | 8.3 |
| 18.7 | 9.0 | 4.5 | 1.4 | 24.2 | 4.1 | 0.4 | 8.6 |
| 21.4 | 11.8 | 4.6 | 1.2 | 28.0 | 3.3 | 0.6 | 5.3 |
| 20.0 | 11.1 | 5.7 | 1.5 | 27.2 | 4.8 | 0.3 | 6.4 |
| 22.0 | 14.0 | 5.1 | 1.3 | 25.8 | 3.4 | 0.2 | 6.2 |
| | | | | | | | |
| 20.1 | 8.9 | 2.2 | 2.6 | 15.4 | 2.5 | 0.3 | 5.6 |
| 20.0 | 8.4 | 2.1 | 2.5 | 15.3 | 2.5 | 0.3 | 5.6 |
| 20.6 | 11.8 | 3.1 | 3.1 | 16.4 | 2.9 | 0.2 | 7.4 |
| 21.6 | 13.2 | 2.3 | 5.2 | 14.4 | 2.3 | 0.1 | 2.3 |
| 19.8 | 9.4 | 1.7 | 2.4 | 15.5 | 2.3 | 0.2 | 5.4 |
| | | | | | | | |
| 16.6 | 10.4 | 4.3 | 2.9 | 20.6 | 2.3 | 0.5 | 13.2 |
| 16.3 | 10.5 | 4.2 | 2.7 | 20.7 | 2.3 | 0.6 | 13.9 |
| 21.0 | 10.0 | 4.6 | 5.5 | 15.4 | 3.6 | 0.4 | 7.8 |
| 16.5 | 9.6 | 4.1 | 1.1 | 8.9 | 4.1 | 0.4 | 18.9 |
| 17.6 | 9.9 | 6.2 | 2.8 | 31.2 | 0.7 | 0.0 | 2.1 |
| | | | | | | | |
| 17.8 | 9.8 | 3.5 | 3.7 | 9.8 | 1.1 | 0.1 | 2.4 |
| 17.5 | 9.6 | 3.6 | 3.3 | 10.2 | 1.2 | 0.1 | 2.7 |
| 23.6 | 9.4 | 0.0 | 9.4 | 9.4 | 0.0 | 0.0 | 0.0 |
| — | — | — | — | — | — | — | — |
| 18.5 | 12.1 | 2.9 | 6.9 | 6.5 | 0.0 | 0.0 | 0.0 |
| | | | | | | | |
| 18.1 | 6.5 | 2.7 | 2.2 | 24.4 | 1.1 | 3.0 | 11.4 |
| 17.5 | 6.0 | 2.6 | 2.3 | 25.4 | 0.8 | 3.2 | 12.1 |
| 24.2 | 11.2 | 4.2 | 2.7 | 18.2 | 6.7 | 3.4 | 9.2 |
| 22.0 | 9.0 | 1.2 | 0.5 | 15.5 | 0.7 | 0.9 | 2.3 |
| 16.8 | 7.4 | 3.7 | 0.9 | 23.4 | 0.2 | 1.3 | 12.1 |
| | | | | | | | |
| 16.5 | 13.6 | 8.9 | 4.2 | 18.5 | 1.6 | 2.4 | 15.2 |
| 16.5 | 13.6 | 8.8 | 4.2 | 18.4 | 1.5 | 2.4 | 15.3 |
| 14.6 | 11.4 | 11.4 | 5.9 | 13.2 | 7.3 | 0.5 | 4.6 |
| 17.8 | 16.3 | 9.2 | 1.0 | 26.6 | 0.5 | 2.5 | 16.5 |
| 21.0 | 12.2 | 14.0 | 10.5 | 10.1 | 4.0 | 0.0 | 9.6 |

1-20（续 1）

| | 人均天花费（美元/人天） | 人均天花费构成（%） | | | | |
|---|---|---|---|---|---|---|
| | | 长途交通 | 飞机 | 火车 | 汽车 | 轮船 |
| 大　同 | 141.81 | 22.9 | 5.8 | 9.6 | 7.5 | 0.0 |
| 外国人 | 141.81 | 22.9 | 5.8 | 9.6 | 7.5 | 0.0 |
| 香港同胞 | — | — | — | — | — | — |
| 澳门同胞 | — | — | — | — | — | — |
| 台湾同胞 | — | — | — | — | — | — |
| 长　治 | 91.01 | 19.8 | 2.0 | 5.1 | 12.7 | 0.0 |
| 外国人 | 91.01 | 19.8 | 2.0 | 5.1 | 12.7 | 0.0 |
| 香港同胞 | — | — | — | — | — | — |
| 澳门同胞 | — | — | — | — | — | — |
| 台湾同胞 | — | — | — | — | — | — |
| 晋　城 | 165.36 | 16.4 | 0.0 | 3.8 | 12.5 | 0.0 |
| 外国人 | 165.36 | 16.4 | 0.0 | 3.8 | 12.5 | 0.0 |
| 香港同胞 | — | — | — | — | — | — |
| 澳门同胞 | — | — | — | — | — | — |
| 台湾同胞 | — | — | — | — | — | — |
| 晋　中 | 157.76 | 22.9 | 5.8 | 7.9 | 9.2 | 0.0 |
| 外国人 | 165.27 | 23.9 | 6.4 | 8.9 | 8.6 | 0.0 |
| 香港同胞 | 154.82 | 22.5 | 7.2 | 4.0 | 11.3 | 0.0 |
| 澳门同胞 | 140.70 | 5.0 | 0.0 | 0.0 | 5.0 | 0.0 |
| 台湾同胞 | 157.54 | 15.0 | 0.0 | 0.7 | 14.3 | 0.0 |
| 忻　州 | 59.40 | 23.0 | 6.9 | 0.0 | 16.1 | 0.0 |
| 外国人 | 143.28 | 85.9 | 85.9 | 0.0 | 0.0 | 0.0 |
| 香港同胞 | 55.95 | 19.9 | 0.0 | 0.0 | 19.9 | 0.0 |
| 澳门同胞 | — | — | — | — | — | — |
| 台湾同胞 | 57.02 | 15.3 | 0.0 | 0.0 | 15.3 | 0.0 |
| 呼和浩特 | 254.22 | 21.0 | 16.6 | 0.0 | 4.4 | 0.0 |
| 外国人 | 279.93 | 17.5 | 13.0 | 0.0 | 4.5 | 0.0 |
| 香港同胞 | 211.37 | 45.2 | 42.5 | 0.2 | 2.5 | 0.0 |
| 澳门同胞 | 262.06 | 42.0 | 39.9 | 0.0 | 2.1 | 0.0 |
| 台湾同胞 | 181.35 | 41.1 | 32.4 | 0.0 | 8.7 | 0.0 |

| 住宿 | 餐饮 | 景区游览 | 娱乐 | 购物 | 市内交通 | 邮电通信 | 其他 |
|---|---|---|---|---|---|---|---|
| 30.1 | 11.5 | 18.9 | 0.4 | 4.8 | 4.9 | 0.0 | 6.5 |
| 30.1 | 11.5 | 18.9 | 0.4 | 4.8 | 4.9 | 0.0 | 6.5 |
| — | — | — | — | — | — | — | — |
| — | — | — | — | — | — | — | — |
| — | — | — | — | — | — | — | — |
| | | | | | | | |
| 15.8 | 6.5 | 13.4 | 0.2 | 2.2 | 0.7 | 0.1 | 41.4 |
| 15.8 | 6.5 | 13.4 | 0.2 | 2.2 | 0.7 | 0.1 | 41.4 |
| — | — | — | — | — | — | — | — |
| — | — | — | — | — | — | — | — |
| — | — | — | — | — | — | — | — |
| | | | | | | | |
| 14.5 | 5.2 | 10.2 | 0.2 | 0.4 | 0.3 | 0.0 | 53.0 |
| 14.5 | 5.2 | 10.2 | 0.2 | 0.4 | 0.3 | 0.0 | 53.0 |
| — | — | — | — | — | — | — | — |
| — | — | — | — | — | — | — | — |
| — | — | — | — | — | — | — | — |
| | | | | | | | |
| 26.2 | 13.3 | 13.2 | 1.0 | 11.1 | 0.7 | 1.4 | 10.1 |
| 26.2 | 12.6 | 12.8 | 1.2 | 11.9 | 0.7 | 1.3 | 9.3 |
| 28.4 | 19.2 | 10.9 | 0.2 | 4.8 | 1.1 | 2.1 | 10.8 |
| 14.3 | 10.9 | 8.4 | 0.0 | 5.7 | 0.0 | 7.4 | 48.4 |
| 25.2 | 16.1 | 19.8 | 0.0 | 8.1 | 0.1 | 1.3 | 14.4 |
| | | | | | | | |
| 27.1 | 16.7 | 16.3 | 0.0 | 2.4 | 0.0 | 0.0 | 14.6 |
| 14.1 | 0.0 | 0.0 | 0.0 | 0.0 | 0.0 | 0.0 | 0.0 |
| 30.4 | 20.0 | 14.4 | 0.0 | 1.8 | 0.0 | 0.0 | 13.5 |
| — | — | — | — | — | — | — | — |
| 26.1 | 16.5 | 20.7 | 0.0 | 3.4 | 0.0 | 0.0 | 18.0 |
| | | | | | | | |
| 14.8 | 9.2 | 3.0 | 3.6 | 40.8 | 0.4 | 0.4 | 6.7 |
| 15.2 | 9.2 | 2.9 | 3.4 | 44.9 | 0.3 | 0.4 | 6.1 |
| 16.7 | 11.8 | 2.6 | 7.3 | 14.2 | 0.9 | 0.0 | 1.3 |
| 9.5 | 7.9 | 1.6 | 1.7 | 14.4 | 1.9 | 0.0 | 20.9 |
| 11.7 | 9.0 | 7.2 | 8.6 | 18.7 | 0.7 | 0.0 | 3.0 |

1-20（续 2）

| | 人均天花费（美元/人天） | 人均天花费构成（%） | | | | |
|---|---|---|---|---|---|---|
| | | 长途交通 | 飞机 | 火车 | 汽车 | 轮船 |
| 包　头 | 195.34 | 22.9 | 16.0 | 1.1 | 5.9 | 0.0 |
| 外 国 人 | 194.50 | 19.7 | 12.0 | 1.3 | 6.4 | 0.0 |
| 香港同胞 | 167.06 | 27.6 | 23.8 | 0.0 | 3.8 | 0.0 |
| 澳门同胞 | 198.07 | 58.5 | 57.3 | 0.0 | 1.2 | 0.0 |
| 台湾同胞 | 187.72 | 23.3 | 16.9 | 0.4 | 6.0 | 0.0 |
| 二连浩特 | 175.19 | 12.9 | 0.2 | 0.2 | 12.5 | 0.0 |
| 外 国 人 | 175.28 | 12.7 | 0.0 | 0.2 | 12.6 | 0.0 |
| 香港同胞 | 152.31 | 20.8 | 10.3 | 0.0 | 10.4 | 0.0 |
| 澳门同胞 | — | — | — | — | — | — |
| 台湾同胞 | — | — | — | — | — | — |
| 赤　峰 | 138.68 | 15.6 | 1.2 | 0.0 | 14.3 | 0.0 |
| 外 国 人 | 138.68 | 15.6 | 1.2 | 0.0 | 14.3 | 0.0 |
| 香港同胞 | — | — | — | — | — | — |
| 澳门同胞 | — | — | — | — | — | — |
| 台湾同胞 | — | — | — | — | — | — |
| 沈　阳 | 277.17 | 45.2 | 44.5 | 0.6 | 0.1 | 0.0 |
| 外 国 人 | 287.83 | 46.6 | 45.9 | 0.6 | 0.1 | 0.0 |
| 香港同胞 | 199.25 | 0.0 | 0.0 | 0.0 | 0.0 | 0.0 |
| 澳门同胞 | — | — | — | — | — | — |
| 台湾同胞 | 199.35 | 24.5 | 23.8 | 0.7 | 0.0 | 0.0 |
| 大　连 | 286.42 | 27.4 | 26.6 | 0.6 | 0.2 | 0.0 |
| 外 国 人 | 286.83 | 27.4 | 26.5 | 0.7 | 0.2 | 0.0 |
| 香港同胞 | 264.27 | 30.6 | 29.8 | 0.8 | 0.0 | 0.0 |
| 澳门同胞 | 300.79 | 25.3 | 25.2 | 0.1 | 0.0 | 0.0 |
| 台湾同胞 | 297.88 | 23.1 | 22.7 | 0.2 | 0.2 | 0.0 |
| 鞍　山 | 202.29 | 47.3 | 45.2 | 1.5 | 0.5 | 0.0 |
| 外 国 人 | 204.35 | 47.3 | 45.2 | 1.5 | 0.6 | 0.0 |
| 香港同胞 | — | — | — | — | — | — |
| 澳门同胞 | 136.44 | 47.0 | 45.8 | 1.2 | 0.0 | 0.0 |
| 台湾同胞 | — | — | — | — | — | — |

| 住宿 | 餐饮 | 景区游览 | 娱乐 | 购物 | 市内交通 | 邮电通信 | 其他 |
|---|---|---|---|---|---|---|---|
| 14.6 | 11.3 | 4.9 | 3.5 | 17.2 | 0.9 | 0.2 | 24.3 |
| 14.1 | 11.9 | 4.4 | 3.6 | 19.1 | 0.7 | 0.3 | 26.2 |
| 18.8 | 9.7 | 5.5 | 0.7 | 12.6 | 1.4 | 0.0 | 23.7 |
| 13.7 | 8.8 | 3.8 | 0.9 | 3.9 | 3.7 | 0.0 | 6.6 |
| 16.6 | 9.8 | 8.9 | 5.9 | 14.0 | 0.5 | 0.0 | 21.1 |
| | | | | | | | |
| 20.0 | 12.2 | 6.1 | 6.2 | 36.5 | 0.1 | 4.1 | 1.8 |
| 20.1 | 12.3 | 6.1 | 6.3 | 36.6 | 0.0 | 4.1 | 1.8 |
| 14.7 | 7.8 | 8.4 | 1.9 | 35.6 | 3.8 | 4.8 | 2.2 |
| — | — | — | — | — | — | — | — |
| — | — | — | — | — | — | — | — |
| | | | | | | | |
| 24.7 | 14.0 | 6.4 | 6.9 | 24.5 | 0.1 | 0.5 | 7.2 |
| 24.7 | 14.0 | 6.4 | 6.9 | 24.5 | 0.1 | 0.5 | 7.2 |
| — | — | — | — | — | — | — | — |
| — | — | — | — | — | — | — | — |
| — | — | — | — | — | — | — | — |
| | | | | | | | |
| 20.3 | 14.9 | 1.7 | 2.5 | 10.4 | 1.4 | 0.9 | 2.5 |
| 20.2 | 15.1 | 1.4 | 2.5 | 9.6 | 1.2 | 1.0 | 2.5 |
| 27.8 | 38.9 | 16.7 | 0.0 | 0.0 | 16.7 | 0.0 | 0.0 |
| — | — | — | — | — | — | — | — |
| 20.6 | 10.4 | 6.4 | 4.6 | 26.4 | 4.2 | 0.3 | 2.5 |
| | | | | | | | |
| 22.9 | 18.2 | 6.6 | 1.9 | 12.7 | 2.4 | 0.2 | 7.6 |
| 23.3 | 18.6 | 6.3 | 2.0 | 12.9 | 2.5 | 0.2 | 6.8 |
| 20.1 | 17.4 | 6.6 | 2.8 | 11.7 | 2.2 | 0.2 | 8.3 |
| 20.9 | 14.6 | 8.5 | 0.2 | 12.8 | 1.9 | 0.0 | 15.7 |
| 25.4 | 17.6 | 8.4 | 0.8 | 12.1 | 2.1 | 0.1 | 10.2 |
| | | | | | | | |
| 18.9 | 9.8 | 2.9 | 4.8 | 11.0 | 2.6 | 0.9 | 2.0 |
| 18.8 | 9.8 | 2.9 | 4.7 | 11.0 | 2.6 | 0.8 | 2.0 |
| — | — | — | — | — | — | — | — |
| 21.4 | 9.3 | 1.4 | 7.2 | 10.1 | 2.0 | 1.4 | 0.0 |
| — | — | — | — | — | — | — | — |

1-20（续 3）

| | 人均天花费（美元/人天） | 人均天花费构成（%） | | | | |
|---|---|---|---|---|---|---|
| | | 长途交通 | 飞机 | 火车 | 汽车 | 轮船 |
| 抚　顺 | 205.08 | 8.8 | 7.6 | 0.9 | 0.3 | 0.0 |
| 外国人 | 222.06 | 8.1 | 6.8 | 0.9 | 0.4 | 0.0 |
| 香港同胞 | 234.03 | 8.8 | 7.4 | 1.4 | 0.1 | 0.0 |
| 澳门同胞 | 137.49 | 0.0 | 0.0 | 0.0 | 0.0 | 0.0 |
| 台湾同胞 | 163.36 | 37.0 | 36.9 | 0.0 | 0.1 | 0.0 |
| 本　溪 | 146.20 | 13.3 | 11.2 | 1.6 | 0.5 | 0.0 |
| 外国人 | 146.84 | 12.9 | 10.7 | 1.6 | 0.6 | 0.0 |
| 香港同胞 | 146.26 | 74.6 | 71.9 | 2.6 | 0.0 | 0.0 |
| 澳门同胞 | 175.19 | 17.9 | 17.6 | 0.2 | 0.0 | 0.0 |
| 台湾同胞 | 117.82 | 12.1 | 9.8 | 2.2 | 0.1 | 0.0 |
| 丹　东 | 183.55 | 15.7 | 14.1 | 1.2 | 0.4 | 0.0 |
| 外国人 | 182.41 | 15.7 | 13.9 | 1.2 | 0.5 | 0.0 |
| 香港同胞 | 306.70 | 22.8 | 21.8 | 0.8 | 0.2 | 0.0 |
| 澳门同胞 | 193.75 | 17.2 | 17.0 | 0.2 | 0.0 | 0.0 |
| 台湾同胞 | 208.97 | 13.0 | 11.2 | 1.7 | 0.2 | 0.0 |
| 锦　州 | 148.28 | 24.0 | 22.3 | 1.4 | 0.1 | 0.2 |
| 外国人 | 125.66 | 25.6 | 24.1 | 1.3 | 0.1 | 0.1 |
| 香港同胞 | 270.70 | 19.9 | 18.5 | 1.1 | 0.1 | 0.3 |
| 澳门同胞 | 307.35 | 28.7 | 27.1 | 1.3 | 0.3 | 0.0 |
| 台湾同胞 | 151.89 | 25.6 | 22.4 | 2.9 | 0.0 | 0.3 |
| 营　口 | 158.37 | 15.2 | 8.3 | 6.8 | 0.1 | 0.0 |
| 外国人 | 169.28 | 15.4 | 6.8 | 8.5 | 0.1 | 0.0 |
| 香港同胞 | 309.20 | 16.9 | 14.4 | 2.4 | 0.1 | 0.0 |
| 澳门同胞 | 149.78 | 12.5 | 9.3 | 3.2 | 0.0 | 0.0 |
| 台湾同胞 | 150.35 | 20.9 | 15.4 | 5.4 | 0.1 | 0.0 |
| 盘　锦 | 251.86 | 50.5 | 42.7 | 7.1 | 0.6 | 0.0 |
| 外国人 | 252.34 | 50.5 | 42.7 | 7.2 | 0.6 | 0.0 |
| 香港同胞 | 212.27 | 47.7 | 43.2 | 4.5 | 0.0 | 0.0 |
| 澳门同胞 | — | — | — | — | — | — |
| 台湾同胞 | — | — | — | — | — | — |

| 住宿 | 餐饮 | 景区游览 | 娱乐 | 购物 | 市内交通 | 邮电通信 | 其他 |
|---|---|---|---|---|---|---|---|
| 23.3 | 12.6 | 10.9 | 4.7 | 21.9 | 3.9 | 1.3 | 12.5 |
| 23.7 | 12.6 | 11.0 | 4.8 | 21.3 | 4.1 | 1.3 | 13.2 |
| 21.5 | 12.6 | 10.8 | 4.1 | 25.5 | 3.4 | 1.7 | 11.5 |
| 39.5 | 26.3 | 0.0 | 15.8 | 18.4 | 0.0 | 0.0 | 0.0 |
| 18.0 | 8.9 | 12.1 | 1.0 | 18.2 | 3.0 | 0.0 | 2.0 |
| | | | | | | | |
| 21.7 | 14.1 | 9.8 | 2.0 | 17.1 | 5.9 | 0.2 | 16.0 |
| 22.0 | 14.3 | 9.5 | 2.1 | 16.8 | 6.0 | 0.1 | 16.3 |
| 25.4 | 0.0 | 0.0 | 0.0 | 0.0 | 0.0 | 0.0 | 0.0 |
| 17.4 | 13.8 | 13.7 | 0.8 | 8.4 | 6.1 | 1.3 | 20.4 |
| 16.0 | 10.2 | 15.2 | 0.3 | 38.2 | 2.8 | 0.0 | 5.1 |
| | | | | | | | |
| 16.0 | 12.3 | 10.2 | 1.3 | 18.1 | 6.4 | 4.0 | 15.8 |
| 16.1 | 12.3 | 9.5 | 1.6 | 17.5 | 6.9 | 4.1 | 16.4 |
| 16.0 | 14.5 | 16.5 | 0.2 | 10.2 | 3.6 | 2.4 | 13.9 |
| 16.8 | 13.3 | 13.2 | 0.7 | 13.1 | 5.9 | 4.0 | 15.8 |
| 15.0 | 11.5 | 10.1 | 0.5 | 26.2 | 5.2 | 4.3 | 14.1 |
| | | | | | | | |
| 10.3 | 10.0 | 5.6 | 5.3 | 36.3 | 1.8 | 0.0 | 6.8 |
| 10.6 | 8.9 | 4.9 | 4.5 | 34.1 | 2.0 | 0.0 | 9.5 |
| 8.8 | 9.0 | 6.3 | 4.6 | 42.7 | 1.7 | 0.0 | 7.0 |
| 13.0 | 15.4 | 5.8 | 6.9 | 28.3 | 1.5 | 0.0 | 0.4 |
| 10.3 | 10.0 | 5.6 | 8.2 | 33.9 | 1.7 | 0.0 | 4.7 |
| | | | | | | | |
| 16.2 | 12.7 | 4.1 | 4.6 | 32.6 | 1.8 | 0.3 | 12.4 |
| 17.5 | 13.5 | 2.4 | 6.0 | 35.1 | 1.4 | 0.2 | 8.5 |
| 13.3 | 12.1 | 10.9 | 1.1 | 20.3 | 2.4 | 0.4 | 22.6 |
| 13.0 | 10.1 | 7.3 | 1.7 | 29.4 | 3.3 | 0.6 | 22.2 |
| 14.3 | 11.7 | 2.8 | 2.6 | 35.4 | 1.4 | 0.0 | 10.9 |
| | | | | | | | |
| 17.2 | 10.8 | 1.8 | 1.7 | 4.5 | 0.5 | 0.0 | 13.0 |
| 17.3 | 10.8 | 1.8 | 1.7 | 4.6 | 0.5 | 0.0 | 12.9 |
| 15.9 | 13.6 | 0.0 | 0.0 | 0.0 | 0.0 | 0.0 | 22.7 |
| — | — | — | — | — | — | — | — |
| — | — | — | — | — | — | — | — |

1-20（续 4）

| | 人均天花费（美元/人天） | 人均天花费构成（%） | | | | |
|---|---|---|---|---|---|---|
| | | 长途交通 | 飞机 | 火车 | 汽车 | 轮船 |
| 葫芦岛 | 256.33 | 14.2 | 12.7 | 1.1 | 0.4 | 0.0 |
| 外国人 | 258.50 | 14.1 | 12.7 | 1.0 | 0.4 | 0.0 |
| 香港同胞 | 352.23 | 19.9 | 19.0 | 0.7 | 0.2 | 0.0 |
| 澳门同胞 | 262.23 | 14.7 | 14.5 | 0.2 | 0.0 | 0.0 |
| 台湾同胞 | 207.49 | 11.9 | 10.2 | 1.5 | 0.2 | 0.0 |
| 长春 | 205.79 | 31.6 | 31.6 | 0.0 | 0.0 | 0.0 |
| 外国人 | 206.07 | 30.4 | 30.4 | 0.0 | 0.0 | 0.0 |
| 香港同胞 | 188.35 | 42.9 | 42.9 | 0.0 | 0.0 | 0.0 |
| 澳门同胞 | 161.71 | 30.9 | 30.9 | 0.0 | 0.0 | 0.0 |
| 台湾同胞 | 158.73 | 41.0 | 41.0 | 0.0 | 0.0 | 0.0 |
| 吉林 | 189.29 | 22.0 | 22.0 | 0.0 | 0.0 | 0.0 |
| 外国人 | 199.84 | 23.1 | 23.1 | 0.0 | 0.0 | 0.0 |
| 香港同胞 | 187.43 | 41.9 | 41.9 | 0.0 | 0.0 | 0.0 |
| 澳门同胞 | — | — | — | — | — | — |
| 台湾同胞 | 152.32 | 0.0 | 0.0 | 0.0 | 0.0 | 0.0 |
| 通化 | 222.56 | 11.3 | 11.3 | 0.0 | 0.0 | 0.0 |
| 外国人 | 240.71 | 14.0 | 14.0 | 0.0 | 0.0 | 0.0 |
| 香港同胞 | — | — | — | — | — | — |
| 澳门同胞 | — | — | — | — | — | — |
| 台湾同胞 | 172.42 | 0.0 | 0.0 | 0.0 | 0.0 | 0.0 |
| 白山 | 142.46 | 34.7 | 34.0 | 0.4 | 0.3 | 0.0 |
| 外国人 | 135.55 | 34.6 | 33.2 | 0.9 | 0.5 | 0.0 |
| 香港同胞 | 158.91 | 42.6 | 42.6 | 0.0 | 0.0 | 0.0 |
| 澳门同胞 | 105.69 | 12.7 | 11.7 | 0.0 | 1.0 | 0.0 |
| 台湾同胞 | 108.88 | 5.0 | 4.3 | 0.0 | 0.7 | 0.0 |
| 延吉 | 206.43 | 30.0 | 26.9 | 2.0 | 1.1 | 0.0 |
| 外国人 | 239.19 | 30.1 | 27.0 | 2.0 | 1.1 | 0.0 |
| 香港同胞 | 144.12 | 0.0 | 0.0 | 0.0 | 0.0 | 0.0 |
| 澳门同胞 | — | — | — | — | — | — |
| 台湾同胞 | — | — | — | — | — | — |

| 住宿 | 餐饮 | 景区游览 | 娱乐 | 购物 | 市内交通 | 邮电通信 | 其他 |
|---|---|---|---|---|---|---|---|
| 13.5 | 10.6 | 8.0 | 1.2 | 19.8 | 5.6 | 1.8 | 25.4 |
| 13.4 | 10.6 | 7.7 | 1.3 | 19.7 | 5.7 | 1.8 | 25.7 |
| 13.9 | 12.6 | 14.4 | 0.2 | 15.9 | 3.2 | 0.8 | 19.3 |
| 14.3 | 11.4 | 11.3 | 0.6 | 21.1 | 5.0 | 0.7 | 20.9 |
| 13.7 | 10.5 | 9.2 | 0.5 | 22.9 | 4.8 | 2.5 | 24.1 |
| | | | | | | | |
| 10.9 | 6.8 | 6.6 | 3.9 | 25.8 | 4.0 | 0.5 | 9.7 |
| 10.7 | 6.9 | 6.9 | 4.0 | 25.9 | 4.2 | 0.5 | 10.4 |
| 8.8 | 5.5 | 5.2 | 1.9 | 24.3 | 3.2 | 0.4 | 7.8 |
| 12.9 | 6.3 | 6.8 | 5.0 | 26.1 | 3.5 | 0.5 | 8.1 |
| 16.1 | 7.1 | 1.9 | 3.4 | 26.5 | 1.8 | 0.6 | 1.6 |
| | | | | | | | |
| 5.0 | 5.9 | 8.7 | 3.4 | 42.2 | 5.3 | 2.3 | 5.2 |
| 4.9 | 5.7 | 8.2 | 3.2 | 42.1 | 4.8 | 2.4 | 5.7 |
| 3.4 | 4.4 | 7.0 | 2.8 | 30.7 | 4.5 | 1.6 | 3.8 |
| — | — | — | — | — | — | — | — |
| 6.9 | 8.4 | 12.9 | 5.2 | 51.8 | 8.5 | 2.6 | 3.9 |
| | | | | | | | |
| 3.1 | 3.6 | 5.2 | 2.1 | 64.4 | 3.2 | 0.0 | 7.2 |
| 3.0 | 3.4 | 4.9 | 1.9 | 61.4 | 2.9 | 0.0 | 8.5 |
| — | — | — | — | — | — | — | — |
| — | — | — | — | — | — | — | — |
| 3.5 | 4.2 | 6.5 | 2.6 | 77.0 | 4.3 | 0.0 | 2.0 |
| | | | | | | | |
| 5.8 | 6.2 | 8.8 | 3.7 | 22.3 | 5.4 | 1.8 | 11.3 |
| 7.4 | 7.6 | 9.7 | 4.4 | 21.6 | 5.4 | 0.5 | 8.9 |
| 3.6 | 4.5 | 7.0 | 2.8 | 18.2 | 4.6 | 2.9 | 13.7 |
| 8.8 | 8.1 | 12.7 | 4.7 | 29.0 | 7.9 | 3.1 | 13.0 |
| 8.1 | 8.2 | 12.0 | 4.8 | 44.4 | 8.1 | 1.1 | 8.2 |
| | | | | | | | |
| 8.1 | 12.6 | 4.1 | 3.0 | 20.6 | 2.3 | 5.8 | 13.5 |
| 8.1 | 12.5 | 4.1 | 3.0 | 20.7 | 2.3 | 5.8 | 13.5 |
| 0.0 | 100.0 | 0.0 | 0.0 | 0.0 | 0.0 | 0.0 | 0.0 |
| — | — | — | — | — | — | — | — |
| — | — | — | — | — | — | — | — |

1-20（续 5）

| | 人均天花费（美元 / 人天） | 人均天花费构成（%） | | | | |
|---|---|---|---|---|---|---|
| | | 长途交通 | 飞机 | 火车 | 汽车 | 轮船 |
| 哈 尔 滨 | 220.11 | 22.2 | 19.5 | 2.6 | 0.1 | 0.0 |
| 外 国 人 | 218.78 | 22.0 | 19.2 | 2.7 | 0.1 | 0.0 |
| 香港同胞 | 280.87 | 18.3 | 17.9 | 0.0 | 0.4 | 0.0 |
| 澳门同胞 | — | — | — | — | — | — |
| 台湾同胞 | 193.64 | 44.0 | 43.4 | 0.0 | 0.6 | 0.0 |
| 齐齐哈尔 | 221.00 | 37.2 | 35.0 | 2.2 | 0.0 | 0.0 |
| 外 国 人 | 223.35 | 38.3 | 36.4 | 1.9 | 0.0 | 0.0 |
| 香港同胞 | 197.48 | 32.3 | 27.8 | 4.5 | 0.0 | 0.0 |
| 澳门同胞 | — | — | — | — | — | — |
| 台湾同胞 | 231.62 | 30.0 | 28.1 | 1.9 | 0.0 | 0.0 |
| 大 庆 | 172.51 | 46.8 | 44.6 | 2.1 | 0.0 | 0.0 |
| 外 国 人 | 155.51 | 48.3 | 46.5 | 1.8 | 0.0 | 0.0 |
| 香港同胞 | 187.50 | 42.0 | 40.6 | 1.5 | 0.0 | 0.0 |
| 澳门同胞 | 181.05 | 32.6 | 21.3 | 11.3 | 0.0 | 0.0 |
| 台湾同胞 | 168.03 | 51.8 | 45.1 | 6.7 | 0.0 | 0.0 |
| | 佳木斯 | | | | | |
| 佳 木 斯 | 191.50 | 12.1 | 9.2 | 2.6 | 0.2 | 0.0 |
| 外 国 人 | 191.16 | 11.9 | 9.0 | 2.7 | 0.2 | 0.0 |
| 香港同胞 | 225.63 | 23.0 | 22.5 | 0.0 | 0.5 | 0.0 |
| 澳门同胞 | — | — | — | — | — | — |
| 台湾同胞 | — | — | — | — | — | — |
| 牡 丹 江 | 152.80 | 17.5 | 7.7 | 2.7 | 7.1 | 0.0 |
| 外 国 人 | 152.80 | 17.5 | 7.7 | 2.7 | 7.1 | 0.0 |
| 香港同胞 | — | — | — | — | — | — |
| 澳门同胞 | — | — | — | — | — | — |
| 台湾同胞 | — | — | — | — | — | — |
| 上 海 | 288.75 | 35.3 | 34.8 | 0.4 | 0.1 | 0.0 |
| 外 国 人 | 293.08 | 36.2 | 35.7 | 0.3 | 0.1 | 0.0 |
| 香港同胞 | 251.39 | 29.5 | 28.4 | 1.0 | 0.0 | 0.0 |
| 澳门同胞 | 236.04 | 23.1 | 22.7 | 0.2 | 0.2 | 0.0 |
| 台湾同胞 | 271.05 | 27.2 | 27.0 | 0.2 | 0.0 | 0.0 |

| 住宿 | 餐饮 | 景区游览 | 娱乐 | 购物 | 市内交通 | 邮电通信 | 其他 |
|---|---|---|---|---|---|---|---|
| 14.3 | 9.2 | 3.3 | 2.1 | 33.4 | 2.2 | 0.3 | 13.0 |
| 14.1 | 9.0 | 3.4 | 2.1 | 33.8 | 2.3 | 0.3 | 13.1 |
| 19.5 | 13.6 | 1.3 | 0.7 | 29.7 | 0.4 | 0.3 | 16.1 |
| — | — | — | — | — | — | — | — |
| 15.0 | 10.0 | 4.2 | 1.3 | 19.3 | 1.8 | 1.0 | 3.4 |
| | | | | | | | |
| 29.8 | 9.3 | 3.3 | 1.9 | 16.8 | 1.4 | 0.1 | 0.2 |
| 29.2 | 8.6 | 3.1 | 1.7 | 17.5 | 1.4 | 0.1 | 0.2 |
| 33.5 | 14.0 | 4.9 | 2.3 | 11.3 | 1.7 | 0.0 | 0.0 |
| — | — | — | — | — | — | — | — |
| 31.9 | 11.1 | 3.7 | 5.1 | 15.9 | 2.2 | 0.0 | 0.0 |
| | | | | | | | |
| 27.4 | 11.3 | 0.6 | 1.3 | 9.0 | 1.8 | 0.0 | 1.9 |
| 24.3 | 14.0 | 0.6 | 0.9 | 7.9 | 1.6 | 0.0 | 2.5 |
| 32.4 | 5.3 | 0.8 | 3.0 | 14.1 | 1.8 | 0.0 | 0.5 |
| 46.8 | 0.0 | 0.0 | 0.0 | 14.2 | 6.4 | 0.0 | 0.0 |
| 39.9 | 4.6 | 0.0 | 0.0 | 0.0 | 3.7 | 0.0 | 0.0 |
| | | | | | | | |
| 4.1 | 2.2 | 1.0 | 0.0 | 60.8 | 0.8 | 0.0 | 19.0 |
| 3.9 | 2.0 | 1.1 | 0.0 | 61.1 | 0.8 | 0.0 | 19.2 |
| 23.0 | 18.0 | 0.5 | 0.0 | 32.1 | 0.0 | 0.0 | 3.4 |
| — | — | — | — | — | — | — | — |
| — | — | — | — | — | — | — | — |
| | | | | | | | |
| 11.7 | 14.7 | 2.5 | 6.6 | 29.6 | 0.7 | 0.5 | 16.3 |
| 11.7 | 14.7 | 2.5 | 6.6 | 29.6 | 0.7 | 0.5 | 16.3 |
| — | — | — | — | — | — | — | — |
| — | — | — | — | — | — | — | — |
| — | — | — | — | — | — | — | — |
| | | | | | | | |
| 26.1 | 12.1 | 3.8 | 3.7 | 12.7 | 3.4 | 0.2 | 2.8 |
| 25.9 | 11.8 | 3.7 | 3.5 | 12.5 | 3.3 | 0.2 | 3.0 |
| 29.0 | 15.1 | 3.7 | 4.1 | 12.9 | 3.7 | 0.1 | 1.9 |
| 26.4 | 15.8 | 3.1 | 4.9 | 19.2 | 4.1 | 0.2 | 3.2 |
| 26.5 | 14.5 | 6.0 | 6.1 | 14.3 | 4.0 | 0.4 | 1.0 |

1-20（续 6）

| | 人均天花费（美元 / 人天） | 人均天花费构成（%） | | | | |
|---|---|---|---|---|---|---|
| | | 长途交通 | 飞机 | 火车 | 汽车 | 轮船 |
| 南　京 | 316.65 | 23.2 | 19.2 | 3.7 | 0.4 | 0.0 |
| 外国人 | 338.55 | 23.6 | 19.3 | 4.0 | 0.3 | 0.0 |
| 香港同胞 | 333.60 | 20.1 | 18.3 | 1.7 | 0.0 | 0.0 |
| 澳门同胞 | 320.42 | 24.8 | 21.1 | 1.3 | 2.3 | 0.0 |
| 台湾同胞 | 291.18 | 21.0 | 16.6 | 3.9 | 0.5 | 0.0 |
| 无　锡 | 301.57 | 20.5 | 17.0 | 2.6 | 0.7 | 0.2 |
| 外国人 | 300.48 | 18.4 | 14.7 | 3.1 | 0.6 | 0.0 |
| 香港同胞 | 221.76 | 33.3 | 31.3 | 1.5 | 0.0 | 0.5 |
| 澳门同胞 | 207.89 | 33.9 | 28.0 | 1.2 | 3.4 | 1.3 |
| 台湾同胞 | 307.02 | 18.6 | 16.4 | 1.7 | 0.4 | 0.1 |
| 苏　州 | 291.34 | 31.4 | 30.0 | 0.7 | 0.4 | 0.3 |
| 外国人 | 281.42 | 34.3 | 33.0 | 0.7 | 0.4 | 0.2 |
| 香港同胞 | 306.65 | 19.6 | 19.2 | 0.1 | 0.0 | 0.3 |
| 澳门同胞 | 229.15 | 21.9 | 17.6 | 0.2 | 2.2 | 1.9 |
| 台湾同胞 | 280.67 | 30.7 | 29.0 | 0.8 | 0.5 | 0.4 |
| 南　通 | 230.86 | 8.3 | 4.4 | 2.8 | 1.2 | 0.0 |
| 外国人 | 248.45 | 9.4 | 4.9 | 3.2 | 1.3 | 0.0 |
| 香港同胞 | 205.96 | 6.5 | 4.1 | 1.8 | 0.3 | 0.3 |
| 澳门同胞 | 232.03 | 4.3 | 0.0 | 1.4 | 3.0 | 0.0 |
| 台湾同胞 | 209.96 | 6.2 | 3.4 | 1.9 | 0.9 | 0.0 |
| 扬　州 | 289.71 | 21.3 | 18.0 | 1.9 | 1.2 | 0.2 |
| 外国人 | 312.49 | 25.6 | 23.0 | 1.5 | 1.1 | 0.0 |
| 香港同胞 | 256.19 | 7.4 | 4.5 | 1.3 | 0.0 | 1.6 |
| 澳门同胞 | 217.39 | 26.7 | 18.2 | 2.0 | 6.5 | 0.0 |
| 台湾同胞 | 256.15 | 8.7 | 2.9 | 4.2 | 1.6 | 0.1 |
| 杭　州 | 250.93 | 32.6 | 29.4 | 1.6 | 1.5 | 0.0 |
| 外国人 | 245.37 | 34.5 | 31.5 | 1.7 | 1.3 | 0.0 |
| 香港同胞 | 293.87 | 14.9 | 12.5 | 1.4 | 1.0 | 0.0 |
| 澳门同胞 | 248.42 | 6.3 | 1.4 | 2.3 | 2.7 | 0.0 |
| 台湾同胞 | 220.57 | 16.4 | 9.8 | 0.0 | 6.7 | 0.0 |

| 住宿 | 餐饮 | 景区游览 | 娱乐 | 购物 | 市内交通 | 邮电通信 | 其他 |
|---|---|---|---|---|---|---|---|
| 21.0 | 11.1 | 2.1 | 4.9 | 24.7 | 1.2 | 2.2 | 9.5 |
| 21.1 | 10.9 | 2.1 | 4.2 | 25.6 | 1.3 | 2.3 | 9.0 |
| 21.8 | 12.0 | 2.3 | 8.9 | 20.2 | 0.4 | 1.9 | 12.4 |
| 17.9 | 11.0 | 1.9 | 8.4 | 21.6 | 1.0 | 3.3 | 10.1 |
| 20.8 | 12.4 | 1.9 | 7.8 | 21.2 | 1.4 | 0.6 | 13.0 |
| | | | | | | | |
| 18.6 | 5.8 | 2.4 | 2.0 | 14.6 | 2.6 | 1.0 | 32.5 |
| 18.5 | 5.8 | 2.1 | 2.2 | 15.4 | 2.1 | 1.1 | 34.4 |
| 24.0 | 7.1 | 4.7 | 1.9 | 15.6 | 6.6 | 0.5 | 6.3 |
| 20.8 | 7.8 | 5.3 | 1.4 | 19.5 | 2.9 | 0.6 | 7.8 |
| 16.2 | 4.1 | 1.7 | 1.9 | 8.2 | 2.9 | 0.5 | 46.0 |
| | | | | | | | |
| 25.6 | 7.7 | 2.0 | 3.8 | 12.6 | 2.0 | 0.6 | 14.3 |
| 25.3 | 6.9 | 2.0 | 4.2 | 12.5 | 2.0 | 0.6 | 12.0 |
| 23.7 | 11.6 | 2.2 | 3.3 | 10.5 | 2.9 | 1.2 | 25.1 |
| 25.2 | 7.0 | 6.5 | 3.9 | 20.7 | 0.9 | 0.4 | 13.5 |
| 28.0 | 7.6 | 1.3 | 2.6 | 13.3 | 1.3 | 0.3 | 14.9 |
| | | | | | | | |
| 17.2 | 9.2 | 4.1 | 7.9 | 26.7 | 2.6 | 2.0 | 21.9 |
| 16.5 | 8.3 | 3.2 | 6.4 | 27.7 | 2.2 | 2.0 | 24.3 |
| 23.3 | 10.2 | 5.4 | 9.4 | 25.8 | 2.7 | 2.7 | 14.0 |
| 21.5 | 17.7 | 3.9 | 14.0 | 23.0 | 3.8 | 2.9 | 8.8 |
| 17.1 | 10.7 | 6.3 | 11.2 | 24.4 | 3.8 | 2.0 | 18.4 |
| | | | | | | | |
| 13.4 | 7.8 | 2.0 | 4.6 | 20.5 | 1.2 | 1.1 | 28.1 |
| 12.0 | 7.8 | 1.5 | 4.2 | 13.2 | 0.9 | 1.4 | 33.3 |
| 14.6 | 6.7 | 3.9 | 9.5 | 39.2 | 1.8 | 1.0 | 15.7 |
| 21.6 | 14.3 | 1.7 | 8.0 | 20.6 | 0.6 | 0.0 | 6.6 |
| 17.3 | 7.4 | 2.7 | 2.3 | 43.3 | 2.6 | 0.0 | 15.7 |
| | | | | | | | |
| 17.6 | 8.1 | 3.3 | 0.9 | 24.5 | 4.4 | 0.3 | 8.3 |
| 17.7 | 8.3 | 3.2 | 1.0 | 22.2 | 4.6 | 0.3 | 8.2 |
| 16.4 | 4.7 | 2.9 | 1.1 | 36.5 | 1.2 | 0.1 | 22.1 |
| 14.0 | 6.3 | 3.9 | 0.5 | 54.5 | 5.3 | 0.0 | 9.1 |
| 17.4 | 6.4 | 4.8 | 0.0 | 51.2 | 1.7 | 1.0 | 1.1 |

1-20（续 7）

| | 人均天花费（美元/人天） | 人均天花费构成（%） | | | | |
|---|---|---|---|---|---|---|
| | | 长途交通 | 飞机 | 火车 | 汽车 | 轮船 |
| 宁　波 | 246.00 | 30.6 | 27.0 | 2.7 | 0.6 | 0.4 |
| 外国人 | 263.22 | 30.6 | 26.5 | 3.0 | 0.5 | 0.5 |
| 香港同胞 | 209.22 | 29.2 | 26.3 | 2.4 | 0.3 | 0.1 |
| 澳门同胞 | 200.57 | 21.5 | 19.2 | 1.1 | 1.0 | 0.2 |
| 台湾同胞 | 237.28 | 36.9 | 34.5 | 1.5 | 0.8 | 0.1 |
| 温　州 | 247.83 | 30.9 | 30.6 | 0.1 | 0.1 | 0.0 |
| 外国人 | 231.26 | 31.1 | 30.9 | 0.1 | 0.1 | 0.0 |
| 香港同胞 | 283.98 | 21.4 | 21.4 | 0.0 | 0.0 | 0.0 |
| 澳门同胞 | — | — | — | — | — | — |
| 台湾同胞 | 246.18 | 28.5 | 28.2 | 0.0 | 0.2 | 0.0 |
| 绍　兴 | 260.35 | 25.7 | 23.2 | 1.3 | 0.4 | 0.9 |
| 外国人 | 300.30 | 23.0 | 21.5 | 0.9 | 0.5 | 0.1 |
| 香港同胞 | 242.93 | 28.9 | 23.5 | 1.9 | 0.2 | 3.3 |
| 澳门同胞 | 178.01 | 52.7 | 33.9 | 18.8 | 0.0 | 0.0 |
| 台湾同胞 | 325.75 | 71.3 | 71.3 | 0.0 | 0.0 | 0.0 |
| 金　华 | 179.02 | 24.5 | 21.8 | 1.4 | 0.8 | 0.5 |
| 外国人 | 176.69 | 18.3 | 15.9 | 1.4 | 0.9 | 0.0 |
| 香港同胞 | 180.52 | 23.1 | 23.1 | 0.0 | 0.0 | 0.0 |
| 澳门同胞 | 195.24 | 75.1 | 67.6 | 2.8 | 0.0 | 4.7 |
| 台湾同胞 | 182.59 | 28.1 | 27.0 | 0.0 | 0.9 | 0.2 |
| 合　肥 | 284.40 | 27.0 | 24.7 | 1.6 | 0.4 | 0.3 |
| 外国人 | 285.89 | 30.7 | 27.4 | 2.4 | 0.4 | 0.6 |
| 香港同胞 | 241.04 | 15.2 | 14.6 | 0.1 | 0.4 | 0.0 |
| 澳门同胞 | 202.62 | 31.0 | 29.8 | 0.0 | 1.2 | 0.0 |
| 台湾同胞 | 235.80 | 33.1 | 31.9 | 0.8 | 0.4 | 0.0 |
| 芜　湖 | 169.51 | 38.3 | 33.6 | 4.0 | 0.6 | 0.1 |
| 外国人 | 170.68 | 39.8 | 35.3 | 3.9 | 0.5 | 0.1 |
| 香港同胞 | 203.43 | 22.0 | 17.2 | 3.9 | 0.9 | 0.0 |
| 澳门同胞 | 180.91 | 40.0 | 30.0 | 7.0 | 3.0 | 0.0 |
| 台湾同胞 | 160.86 | 32.3 | 23.8 | 5.3 | 3.2 | 0.0 |

| 住宿 | 餐饮 | 景区游览 | 娱乐 | 购物 | 市内交通 | 邮电通信 | 其他 |
|---|---|---|---|---|---|---|---|
| 16.0 | 9.5 | 3.1 | 2.9 | 24.9 | 1.5 | 0.3 | 11.0 |
| 15.3 | 8.6 | 2.7 | 2.0 | 27.1 | 1.3 | 0.3 | 12.2 |
| 17.5 | 12.4 | 3.8 | 3.3 | 20.0 | 3.2 | 0.4 | 10.3 |
| 29.9 | 8.6 | 5.4 | 9.9 | 14.5 | 2.1 | 0.6 | 7.5 |
| 13.7 | 12.8 | 3.5 | 5.8 | 20.2 | 1.4 | 0.2 | 5.5 |
| | | | | | | | |
| 32.9 | 4.2 | 0.5 | 0.9 | 21.7 | 0.5 | 0.2 | 8.2 |
| 34.0 | 3.8 | 0.5 | 0.9 | 21.8 | 0.4 | 0.2 | 7.2 |
| 20.9 | 25.4 | 0.0 | 0.0 | 16.3 | 3.1 | 0.0 | 13.0 |
| — | — | — | — | — | — | — | — |
| 13.3 | 5.2 | 0.7 | 0.9 | 21.5 | 1.5 | 0.7 | 27.7 |
| | | | | | | | |
| 22.7 | 11.6 | 1.9 | 3.9 | 18.5 | 2.2 | 1.2 | 12.5 |
| 22.2 | 10.9 | 2.0 | 3.0 | 21.0 | 2.0 | 1.5 | 14.4 |
| 25.6 | 13.8 | 1.8 | 7.2 | 11.5 | 2.8 | 0.3 | 8.0 |
| 18.5 | 16.1 | 0.0 | 0.0 | 8.1 | 4.5 | 0.0 | 0.0 |
| 8.1 | 8.1 | 0.0 | 0.0 | 11.1 | 1.3 | 0.0 | 0.0 |
| | | | | | | | |
| 20.4 | 13.6 | 3.1 | 2.2 | 16.5 | 2.6 | 5.7 | 11.3 |
| 20.6 | 13.5 | 2.7 | 1.8 | 19.5 | 3.0 | 7.3 | 13.4 |
| 32.7 | 38.5 | 0.0 | 0.0 | 0.0 | 5.8 | 0.0 | 0.0 |
| 7.7 | 8.8 | 0.0 | 7.7 | 0.7 | 0.0 | 0.0 | 0.0 |
| 27.2 | 12.8 | 9.7 | 1.3 | 12.1 | 0.5 | 0.3 | 7.9 |
| | | | | | | | |
| 19.5 | 11.1 | 3.8 | 3.1 | 19.3 | 0.9 | 1.0 | 14.3 |
| 21.1 | 11.4 | 2.5 | 2.5 | 16.1 | 1.1 | 1.6 | 13.0 |
| 11.5 | 9.1 | 7.5 | 4.7 | 27.9 | 0.3 | 0.1 | 23.8 |
| 27.8 | 9.1 | 7.9 | 1.2 | 21.8 | 1.2 | 0.0 | 0.0 |
| 26.9 | 14.0 | 2.2 | 3.2 | 17.0 | 1.3 | 0.0 | 2.3 |
| | | | | | | | |
| 20.8 | 11.7 | 3.1 | 2.6 | 16.8 | 1.6 | 0.4 | 4.7 |
| 21.0 | 11.3 | 3.1 | 2.5 | 16.2 | 1.6 | 0.4 | 4.1 |
| 15.8 | 14.0 | 4.2 | 5.2 | 26.1 | 0.7 | 0.3 | 11.7 |
| 10.0 | 10.0 | 5.0 | 0.0 | 25.0 | 0.0 | 0.0 | 10.0 |
| 25.4 | 16.7 | 1.3 | 1.3 | 14.2 | 3.2 | 0.7 | 4.9 |

1-20（续 8）

| | 人均天花费（美元/人天） | 人均天花费构成（%） | | | | |
| --- | --- | --- | --- | --- | --- | --- |
| | | 长途交通 | 飞机 | 火车 | 汽车 | 轮船 |
| 马 鞍 山 | 308.82 | 42.4 | 42.2 | 0.1 | 0.1 | 0.0 |
| 外 国 人 | 311.38 | 41.6 | 41.5 | 0.1 | 0.1 | 0.0 |
| 香港同胞 | 253.27 | 61.9 | 61.9 | 0.0 | 0.0 | 0.0 |
| 澳门同胞 | — | — | — | — | — | — |
| 台湾同胞 | — | — | — | — | — | — |
| 铜　　陵 | 168.23 | 11.5 | 3.3 | 7.4 | 0.9 | 0.0 |
| 外 国 人 | 168.59 | 11.0 | 3.1 | 7.2 | 0.7 | 0.0 |
| 香港同胞 | 160.81 | 24.3 | 7.0 | 12.0 | 5.3 | 0.0 |
| 澳门同胞 | — | — | — | — | — | — |
| 台湾同胞 | — | — | — | — | — | — |
| 安　　庆 | 183.88 | 14.0 | 11.9 | 1.0 | 0.6 | 0.4 |
| 外 国 人 | 181.63 | 13.7 | 11.9 | 0.8 | 0.7 | 0.3 |
| 香港同胞 | 205.74 | 8.0 | 7.3 | 0.6 | 0.1 | 0.0 |
| 澳门同胞 | 194.55 | 13.7 | 0.0 | 6.4 | 0.8 | 6.4 |
| 台湾同胞 | 180.33 | 22.4 | 21.7 | 0.6 | 0.1 | 0.0 |
| 黄　　山 | 191.07 | 21.5 | 18.6 | 2.3 | 0.5 | 0.0 |
| 外 国 人 | 201.13 | 22.4 | 19.4 | 2.3 | 0.6 | 0.0 |
| 香港同胞 | 206.24 | 11.7 | 10.8 | 0.4 | 0.5 | 0.0 |
| 澳门同胞 | 180.13 | 15.3 | 12.3 | 2.6 | 0.4 | 0.0 |
| 台湾同胞 | 188.13 | 9.5 | 6.9 | 2.3 | 0.3 | 0.0 |
| 滁　　州 | 233.39 | 6.3 | 0.2 | 5.7 | 0.3 | 0.0 |
| 外 国 人 | 233.39 | 6.3 | 0.2 | 5.7 | 0.3 | 0.0 |
| 香港同胞 | — | — | — | — | — | — |
| 澳门同胞 | — | — | — | — | — | — |
| 台湾同胞 | — | — | — | — | — | — |
| 亳　　州 | 164.62 | 4.7 | 1.0 | 2.5 | 1.2 | 0.0 |
| 外 国 人 | 168.42 | 3.2 | 0.0 | 1.8 | 1.3 | 0.0 |
| 香港同胞 | 59.24 | 4.7 | 2.8 | 1.6 | 0.3 | 0.0 |
| 澳门同胞 | 109.98 | 9.8 | 0.0 | 7.3 | 2.5 | 0.0 |
| 台湾同胞 | 52.99 | 8.8 | 3.7 | 4.3 | 0.8 | 0.0 |

| 住宿 | 餐饮 | 景区游览 | 娱乐 | 购物 | 市内交通 | 邮电通信 | 其他 |
|---|---|---|---|---|---|---|---|
| 8.9 | 10.3 | 0.3 | 3.6 | 29.3 | 0.5 | 0.0 | 4.7 |
| 8.8 | 10.5 | 0.4 | 3.8 | 29.6 | 0.6 | 0.0 | 4.9 |
| 11.7 | 4.6 | 0.0 | 0.0 | 21.8 | 0.0 | 0.0 | 0.0 |
| — | — | — | — | — | — | — | — |
| — | — | — | — | — | — | — | — |
| | | | | | | | |
| 16.5 | 9.7 | 3.5 | 3.9 | 38.0 | 1.9 | 3.4 | 11.7 |
| 16.4 | 9.6 | 3.5 | 3.8 | 38.8 | 1.9 | 3.4 | 11.5 |
| 18.5 | 13.0 | 3.0 | 6.6 | 14.5 | 2.0 | 1.5 | 16.5 |
| — | — | — | — | — | — | — | — |
| — | — | — | — | — | — | — | — |
| | | | | | | | |
| 6.7 | 5.8 | 5.5 | 4.4 | 37.7 | 2.4 | 2.2 | 21.3 |
| 6.6 | 5.7 | 5.6 | 4.3 | 38.1 | 2.4 | 2.2 | 21.5 |
| 5.2 | 4.4 | 4.0 | 3.1 | 43.8 | 1.4 | 2.2 | 27.8 |
| 5.1 | 4.6 | 4.9 | 2.7 | 40.9 | 2.2 | 2.5 | 23.2 |
| 9.8 | 8.1 | 6.3 | 7.2 | 27.2 | 3.1 | 1.7 | 14.2 |
| | | | | | | | |
| 9.8 | 6.6 | 8.7 | 3.8 | 30.0 | 2.1 | 1.1 | 16.5 |
| 10.1 | 6.8 | 8.8 | 4.1 | 28.5 | 2.1 | 1.1 | 16.1 |
| 5.4 | 3.4 | 6.8 | 1.3 | 49.7 | 1.2 | 1.6 | 19.0 |
| 8.3 | 4.3 | 9.5 | 1.3 | 36.6 | 1.9 | 1.0 | 21.7 |
| 4.3 | 3.9 | 6.2 | 1.9 | 52.4 | 1.7 | 1.4 | 18.7 |
| | | | | | | | |
| 11.3 | 18.1 | 5.7 | 11.6 | 28.3 | 3.9 | 0.7 | 14.1 |
| 11.3 | 18.1 | 5.7 | 11.6 | 28.3 | 3.9 | 0.7 | 14.1 |
| — | — | — | — | — | — | — | — |
| — | — | — | — | — | — | — | — |
| — | — | — | — | — | — | — | — |
| | | | | | | | |
| 6.7 | 5.3 | 5.6 | 3.5 | 53.7 | 2.4 | 2.1 | 15.9 |
| 5.7 | 4.6 | 4.5 | 2.8 | 60.7 | 2.1 | 2.3 | 14.1 |
| 7.3 | 6.6 | 6.7 | 5.7 | 36.4 | 2.5 | 2.1 | 28.0 |
| 7.7 | 7.6 | 8.3 | 3.6 | 47.8 | 3.2 | 3.6 | 8.5 |
| 9.5 | 5.7 | 7.2 | 3.5 | 50.1 | 3.5 | 0.8 | 11.0 |

1–20（续 9 ）

| | 人均天花费（美元 / 人天） | 人均天花费构成（%） | | | | |
|---|---|---|---|---|---|---|
| | | 长途交通 | 飞机 | 火车 | 汽车 | 轮船 |
| 池　州 | 166.67 | 15.5 | 9.7 | 4.0 | 1.9 | 0.0 |
| 外 国 人 | 179.38 | 15.4 | 9.1 | 4.2 | 2.1 | 0.0 |
| 香港同胞 | 144.32 | 11.3 | 9.3 | 0.9 | 1.1 | 0.0 |
| 澳门同胞 | 145.19 | 37.6 | 34.7 | 2.9 | 0.0 | 0.0 |
| 台湾同胞 | 133.76 | 18.8 | 11.9 | 6.6 | 0.3 | 0.0 |
| 宣　城 | 181.24 | 34.2 | 29.1 | 4.1 | 1.0 | 0.0 |
| 外 国 人 | 179.32 | 35.6 | 30.5 | 4.1 | 1.0 | 0.0 |
| 香港同胞 | 186.63 | 23.1 | 15.9 | 5.9 | 1.4 | 0.0 |
| 澳门同胞 | 185.04 | 2.4 | 0.0 | 1.8 | 0.6 | 0.0 |
| 台湾同胞 | 159.55 | 15.1 | 12.7 | 1.3 | 1.0 | 0.0 |
| 福　州 | 238.19 | 42.4 | 38.6 | 1.6 | 1.8 | 0.5 |
| 外 国 人 | 250.62 | 45.1 | 42.2 | 1.3 | 1.3 | 0.3 |
| 香港同胞 | 183.33 | 35.2 | 27.9 | 4.9 | 0.9 | 1.4 |
| 澳门同胞 | 168.83 | 44.6 | 39.9 | 2.3 | 2.4 | 0.1 |
| 台湾同胞 | 201.83 | 37.9 | 32.9 | 1.0 | 3.2 | 0.7 |
| 厦　门 | 292.07 | 52.6 | 51.1 | 0.4 | 0.3 | 0.8 |
| 外 国 人 | 315.74 | 55.5 | 54.7 | 0.2 | 0.3 | 0.2 |
| 香港同胞 | 229.96 | 38.5 | 36.1 | 2.0 | 0.0 | 0.4 |
| 澳门同胞 | 239.23 | 45.4 | 44.9 | 0.1 | 0.3 | 0.1 |
| 台湾同胞 | 207.08 | 40.0 | 31.6 | 0.2 | 0.2 | 8.0 |
| 泉　州 | 211.59 | 36.3 | 32.8 | 1.6 | 0.6 | 1.2 |
| 外 国 人 | 269.22 | 41.0 | 39.8 | 0.2 | 0.4 | 0.6 |
| 香港同胞 | 170.44 | 30.2 | 23.6 | 4.4 | 0.7 | 1.5 |
| 澳门同胞 | 164.10 | 31.4 | 28.0 | 2.6 | 0.7 | 0.1 |
| 台湾同胞 | 198.29 | 34.8 | 29.4 | 0.5 | 1.3 | 3.5 |
| 漳　州 | 232.14 | 4.5 | 0.7 | 0.9 | 2.4 | 0.4 |
| 外 国 人 | 235.41 | 4.4 | 0.7 | 1.0 | 2.7 | 0.0 |
| 香港同胞 | 187.95 | 6.9 | 3.0 | 1.2 | 0.2 | 2.5 |
| 澳门同胞 | 152.63 | 4.8 | 0.0 | 4.8 | 0.0 | 0.0 |
| 台湾同胞 | 216.62 | 3.8 | 0.0 | 0.7 | 2.9 | 0.2 |

| 住宿 | 餐饮 | 景区游览 | 娱乐 | 购物 | 市内交通 | 邮电通信 | 其他 |
|---|---|---|---|---|---|---|---|
| 18.0 | 8.9 | 7.4 | 3.6 | 19.4 | 2.8 | 0.8 | 23.4 |
| 14.9 | 8.3 | 7.5 | 4.0 | 20.1 | 3.0 | 0.9 | 25.9 |
| 34.0 | 11.6 | 6.2 | 1.8 | 21.1 | 1.3 | 0.0 | 12.7 |
| 30.3 | 14.5 | 7.5 | 0.0 | 7.2 | 2.9 | 0.0 | 0.0 |
| 36.5 | 11.9 | 7.7 | 1.5 | 9.3 | 2.6 | 1.6 | 9.9 |
| | | | | | | | |
| 9.0 | 8.5 | 4.7 | 3.5 | 27.7 | 2.7 | 2.4 | 7.3 |
| 8.9 | 8.6 | 4.7 | 3.8 | 26.3 | 2.7 | 2.4 | 7.0 |
| 13.5 | 11.9 | 3.2 | 0.0 | 44.6 | 3.7 | 0.0 | 0.0 |
| 1.9 | 1.9 | 2.1 | 0.9 | 50.8 | 0.8 | 5.1 | 34.2 |
| 5.9 | 4.3 | 6.5 | 1.3 | 41.2 | 2.3 | 4.3 | 19.1 |
| | | | | | | | |
| 17.7 | 11.2 | 1.3 | 1.9 | 19.4 | 1.7 | 0.7 | 3.6 |
| 15.6 | 11.6 | 1.0 | 1.8 | 19.7 | 1.1 | 0.8 | 3.2 |
| 25.4 | 12.8 | 1.7 | 2.3 | 14.0 | 2.5 | 0.8 | 5.4 |
| 20.8 | 8.4 | 1.3 | 1.4 | 17.2 | 1.5 | 0.3 | 4.6 |
| 19.0 | 10.7 | 1.8 | 2.2 | 21.7 | 2.8 | 0.5 | 3.5 |
| | | | | | | | |
| 19.3 | 8.1 | 1.9 | 1.9 | 11.0 | 2.7 | 0.3 | 2.2 |
| 17.9 | 7.5 | 1.9 | 1.5 | 11.1 | 2.7 | 0.2 | 1.8 |
| 27.0 | 8.5 | 3.1 | 5.2 | 11.9 | 2.5 | 0.4 | 2.9 |
| 21.3 | 10.6 | 0.6 | 0.5 | 11.9 | 2.4 | 0.6 | 6.6 |
| 25.1 | 13.5 | 2.1 | 2.4 | 9.6 | 3.8 | 0.6 | 2.9 |
| | | | | | | | |
| 21.4 | 13.9 | 0.6 | 4.3 | 14.0 | 1.4 | 1.5 | 6.7 |
| 21.9 | 12.5 | 0.4 | 5.6 | 11.9 | 1.2 | 2.8 | 2.6 |
| 21.9 | 15.3 | 1.0 | 1.5 | 18.6 | 2.2 | 0.4 | 8.8 |
| 19.9 | 15.4 | 0.8 | 3.9 | 19.6 | 1.0 | 0.2 | 7.9 |
| 19.9 | 15.2 | 0.5 | 5.3 | 8.2 | 0.9 | 0.0 | 15.5 |
| | | | | | | | |
| 10.0 | 3.1 | 1.7 | 1.4 | 62.6 | 1.0 | 0.1 | 15.8 |
| 10.0 | 2.5 | 1.9 | 2.8 | 60.3 | 0.9 | 0.1 | 17.1 |
| 11.5 | 4.6 | 2.3 | 0.2 | 51.6 | 3.8 | 0.0 | 19.1 |
| 47.0 | 5.0 | 0.0 | 13.3 | 24.9 | 1.7 | 0.0 | 3.3 |
| 8.9 | 3.1 | 1.4 | 0.0 | 69.1 | 0.2 | 0.1 | 13.7 |

1-20（续10）

| | 人均天花费（美元/人天） | 人均天花费构成（%） | | | | |
|---|---|---|---|---|---|---|
| | | 长途交通 | 飞机 | 火车 | 汽车 | 轮船 |
| 武夷山 | 153.89 | 6.2 | 0.6 | 0.4 | 3.5 | 1.7 |
| 外国人 | 211.17 | 4.9 | 0.9 | 0.5 | 3.5 | 0.0 |
| 香港同胞 | 118.53 | 6.4 | 0.7 | 0.0 | 0.3 | 5.4 |
| 澳门同胞 | — | — | — | — | — | — |
| 台湾同胞 | 139.69 | 9.4 | 0.0 | 0.7 | 8.2 | 0.4 |
| 南昌 | 245.51 | 11.8 | 5.8 | 0.6 | 5.4 | 0.0 |
| 外国人 | 223.38 | 12.3 | 6.1 | 0.4 | 5.8 | 0.0 |
| 香港同胞 | 236.64 | 11.4 | 5.1 | 1.6 | 4.3 | 0.3 |
| 澳门同胞 | 201.09 | 9.4 | 3.6 | 1.8 | 4.0 | 0.0 |
| 台湾同胞 | 259.61 | 11.1 | 5.7 | 0.2 | 5.3 | 0.0 |
| 景德镇 | 299.15 | 11.7 | 7.2 | 0.2 | 4.3 | 0.0 |
| 外国人 | 293.52 | 13.4 | 8.2 | 0.1 | 5.1 | 0.0 |
| 香港同胞 | 299.21 | 9.9 | 6.9 | 0.2 | 2.8 | 0.0 |
| 澳门同胞 | 278.89 | 9.0 | 5.4 | 0.6 | 3.0 | 0.0 |
| 台湾同胞 | 261.46 | 7.5 | 3.9 | 0.3 | 3.3 | 0.0 |
| 九江 | 267.54 | 7.8 | 0.8 | 0.3 | 6.7 | 0.0 |
| 外国人 | 279.74 | 8.1 | 0.7 | 0.2 | 7.2 | 0.0 |
| 香港同胞 | 201.54 | 6.5 | 1.8 | 0.0 | 4.7 | 0.0 |
| 澳门同胞 | 201.71 | 5.8 | 0.0 | 0.0 | 5.8 | 0.0 |
| 台湾同胞 | 198.19 | 7.4 | 1.9 | 1.5 | 4.1 | 0.0 |
| 鹰潭 | 216.58 | 12.1 | 3.0 | 1.7 | 7.3 | 0.1 |
| 外国人 | 214.56 | 11.7 | 2.6 | 1.4 | 7.7 | 0.0 |
| 香港同胞 | 198.58 | 12.8 | 4.5 | 2.6 | 5.7 | 0.0 |
| 澳门同胞 | 227.18 | 12.1 | 1.6 | 3.2 | 7.4 | 0.0 |
| 台湾同胞 | 208.29 | 14.6 | 5.4 | 1.1 | 7.0 | 1.1 |
| 赣州 | 199.90 | 13.7 | 6.6 | 0.5 | 6.6 | 0.0 |
| 外国人 | 211.85 | 11.9 | 3.6 | 0.6 | 7.6 | 0.0 |
| 香港同胞 | 192.39 | 14.8 | 9.2 | 0.1 | 5.5 | 0.0 |
| 澳门同胞 | 186.03 | 19.9 | 14.6 | 1.0 | 4.3 | 0.0 |
| 台湾同胞 | 197.70 | 16.4 | 11.5 | 0.1 | 4.8 | 0.0 |

| 住宿 | 餐饮 | 景区游览 | 娱乐 | 购物 | 市内交通 | 邮电通信 | 其他 |
|---|---|---|---|---|---|---|---|
| 11.7 | 5.4 | 2.6 | 0.0 | 35.6 | 2.5 | 3.2 | 32.9 |
| 7.9 | 4.4 | 2.2 | 0.0 | 45.5 | 1.0 | 0.7 | 33.4 |
| 13.1 | 6.4 | 2.9 | 0.0 | 27.1 | 6.7 | 8.8 | 28.6 |
| — | — | — | — | — | — | — | — |
| 20.0 | 6.8 | 3.1 | 0.0 | 21.2 | 0.2 | 1.4 | 38.0 |
| | | | | | | | |
| 16.2 | 18.3 | 7.6 | 5.0 | 32.2 | 0.4 | 0.2 | 8.2 |
| 16.8 | 18.5 | 7.8 | 5.0 | 31.1 | 0.4 | 0.1 | 7.9 |
| 14.6 | 16.5 | 7.0 | 6.8 | 34.3 | 0.5 | 0.5 | 8.4 |
| 13.9 | 19.1 | 5.8 | 3.3 | 39.9 | 0.2 | 0.3 | 8.0 |
| 15.4 | 18.4 | 7.8 | 5.0 | 32.3 | 0.3 | 0.3 | 9.4 |
| | | | | | | | |
| 13.1 | 15.4 | 6.2 | 3.6 | 44.8 | 0.4 | 0.1 | 4.6 |
| 14.8 | 17.8 | 7.0 | 4.3 | 37.0 | 0.4 | 0.1 | 5.2 |
| 11.0 | 11.9 | 4.7 | 2.4 | 56.1 | 0.5 | 0.0 | 3.4 |
| 10.3 | 11.0 | 5.1 | 2.6 | 57.3 | 0.4 | 0.1 | 4.2 |
| 10.4 | 12.7 | 5.4 | 2.8 | 56.9 | 0.3 | 0.0 | 3.9 |
| | | | | | | | |
| 16.7 | 20.5 | 9.2 | 5.7 | 31.3 | 0.1 | 0.2 | 8.5 |
| 17.0 | 20.8 | 9.6 | 6.1 | 29.6 | 0.1 | 0.2 | 8.6 |
| 14.7 | 18.3 | 7.6 | 4.2 | 40.6 | 0.2 | 0.2 | 7.6 |
| 14.6 | 17.2 | 8.2 | 5.3 | 38.5 | 0.0 | 0.5 | 9.9 |
| 17.6 | 22.1 | 7.8 | 3.3 | 32.4 | 0.9 | 0.3 | 8.2 |
| | | | | | | | |
| 19.6 | 23.0 | 11.0 | 6.9 | 15.2 | 0.5 | 0.4 | 11.3 |
| 20.1 | 23.5 | 11.2 | 7.4 | 13.9 | 0.4 | 0.4 | 11.4 |
| 17.6 | 20.9 | 10.1 | 4.7 | 22.8 | 0.6 | 0.7 | 9.9 |
| 19.4 | 22.5 | 11.4 | 6.8 | 16.0 | 0.2 | 0.2 | 11.5 |
| 18.9 | 22.6 | 10.8 | 6.6 | 12.8 | 0.5 | 0.4 | 12.8 |
| | | | | | | | |
| 18.4 | 21.3 | 9.3 | 5.9 | 21.0 | 0.5 | 0.4 | 9.6 |
| 19.5 | 23.2 | 10.0 | 6.6 | 18.8 | 0.3 | 0.3 | 9.5 |
| 17.6 | 19.6 | 8.9 | 5.0 | 22.4 | 0.8 | 0.4 | 10.5 |
| 14.1 | 15.4 | 7.1 | 4.8 | 29.1 | 1.3 | 0.7 | 7.6 |
| 17.5 | 18.9 | 8.1 | 4.7 | 24.3 | 0.3 | 0.3 | 9.5 |

1-20（续11）

| | 人均天花费（美元/人天） | 人均天花费构成（%） | | | | |
|---|---|---|---|---|---|---|
| | | 长途交通 | 飞机 | 火车 | 汽车 | 轮船 |
| 吉　安 | 228.20 | 12.2 | 5.1 | 0.4 | 6.7 | 0.0 |
| 外国人 | 229.36 | 13.2 | 6.0 | 0.4 | 6.8 | 0.0 |
| 香港同胞 | 163.40 | 9.9 | 2.7 | 0.6 | 6.6 | 0.0 |
| 澳门同胞 | 191.14 | 10.3 | 3.4 | 0.8 | 6.0 | 0.0 |
| 台湾同胞 | 198.73 | 8.1 | 1.5 | 0.3 | 6.3 | 0.0 |
| 济　南 | 238.11 | 40.9 | 39.6 | 0.6 | 0.7 | 0.1 |
| 外国人 | 239.76 | 41.3 | 40.0 | 0.4 | 0.8 | 0.1 |
| 香港同胞 | 230.96 | 41.6 | 39.8 | 1.2 | 0.7 | 0.0 |
| 澳门同胞 | 251.03 | 42.9 | 41.6 | 1.0 | 0.0 | 0.2 |
| 台湾同胞 | 223.93 | 38.1 | 36.8 | 0.8 | 0.5 | 0.1 |
| 青　岛 | 367.30 | 35.1 | 34.4 | 0.3 | 0.1 | 0.3 |
| 外国人 | 380.14 | 37.2 | 36.5 | 0.3 | 0.1 | 0.3 |
| 香港同胞 | 325.55 | 22.6 | 21.4 | 1.0 | 0.1 | 0.0 |
| 澳门同胞 | 311.00 | 18.9 | 18.7 | 0.0 | 0.3 | 0.0 |
| 台湾同胞 | 325.97 | 26.4 | 25.0 | 0.5 | 0.1 | 0.9 |
| 烟　台 | 240.80 | 38.3 | 37.9 | 0.0 | 0.2 | 0.1 |
| 外国人 | 268.24 | 40.2 | 39.9 | 0.0 | 0.2 | 0.1 |
| 香港同胞 | 204.37 | 32.1 | 31.7 | 0.1 | 0.3 | 0.0 |
| 澳门同胞 | 203.23 | 33.0 | 32.6 | 0.0 | 0.4 | 0.0 |
| 台湾同胞 | 210.37 | 35.3 | 34.9 | 0.1 | 0.3 | 0.0 |
| 曲　阜 | 198.04 | 53.3 | 50.2 | 2.2 | 0.6 | 0.2 |
| 外国人 | 248.75 | 59.7 | 58.4 | 1.1 | 0.2 | 0.0 |
| 香港同胞 | 122.65 | 49.3 | 44.3 | 4.7 | 0.2 | 0.1 |
| 澳门同胞 | 119.18 | 43.7 | 36.6 | 4.4 | 1.2 | 1.5 |
| 台湾同胞 | 96.17 | 32.0 | 26.3 | 2.6 | 3.1 | 0.0 |
| 泰　安 | 212.57 | 19.8 | 18.3 | 0.8 | 0.6 | 0.1 |
| 外国人 | 227.68 | 27.7 | 26.5 | 0.8 | 0.3 | 0.2 |
| 香港同胞 | 184.92 | 14.7 | 13.2 | 0.8 | 0.6 | 0.0 |
| 澳门同胞 | 210.06 | 13.2 | 10.9 | 1.3 | 1.0 | 0.0 |
| 台湾同胞 | 190.38 | 5.9 | 4.3 | 0.5 | 1.1 | 0.0 |

| 住宿 | 餐饮 | 景区游览 | 娱乐 | 购物 | 市内交通 | 邮电通信 | 其他 |
|---|---|---|---|---|---|---|---|
| 17.1 | 20.3 | 9.3 | 5.9 | 26.5 | 0.2 | 0.2 | 8.3 |
| 17.1 | 20.0 | 9.2 | 6.2 | 25.7 | 0.2 | 0.2 | 8.2 |
| 18.2 | 22.1 | 10.0 | 5.2 | 24.6 | 0.3 | 0.0 | 9.6 |
| 16.4 | 19.7 | 8.7 | 5.4 | 32.1 | 0.1 | 0.0 | 7.4 |
| 16.9 | 21.1 | 9.8 | 5.2 | 30.4 | 0.2 | 0.1 | 8.3 |
| | | | | | | | |
| 21.0 | 8.0 | 3.0 | 3.0 | 17.5 | 1.7 | 0.7 | 4.1 |
| 19.8 | 7.6 | 3.1 | 3.5 | 18.6 | 1.5 | 0.8 | 3.9 |
| 25.4 | 9.0 | 3.8 | 2.3 | 11.8 | 1.6 | 0.7 | 3.8 |
| 22.4 | 8.8 | 1.8 | 2.1 | 16.7 | 0.7 | 0.5 | 4.1 |
| 22.0 | 8.3 | 2.9 | 2.1 | 17.6 | 3.1 | 0.8 | 5.0 |
| | | | | | | | |
| 18.1 | 12.4 | 3.7 | 3.1 | 23.2 | 1.3 | 0.4 | 2.6 |
| 17.7 | 11.9 | 3.4 | 3.1 | 22.1 | 1.3 | 0.4 | 3.0 |
| 20.8 | 14.2 | 5.1 | 4.2 | 30.7 | 1.3 | 0.4 | 0.8 |
| 24.6 | 17.0 | 5.6 | 3.8 | 28.1 | 1.1 | 0.4 | 0.5 |
| 18.4 | 15.6 | 4.9 | 2.8 | 29.1 | 1.4 | 0.6 | 0.7 |
| | | | | | | | |
| 20.3 | 4.7 | 2.8 | 2.9 | 26.9 | 0.9 | 0.1 | 2.9 |
| 19.2 | 4.3 | 3.0 | 2.9 | 26.5 | 0.8 | 0.1 | 2.8 |
| 21.4 | 5.6 | 2.3 | 3.1 | 29.2 | 1.2 | 0.2 | 5.0 |
| 26.8 | 6.1 | 2.7 | 0.7 | 27.0 | 1.5 | 0.1 | 2.1 |
| 21.8 | 5.4 | 2.3 | 4.3 | 27.3 | 0.8 | 0.1 | 2.7 |
| | | | | | | | |
| 11.2 | 7.4 | 5.4 | 5.6 | 9.0 | 1.8 | 0.5 | 5.9 |
| 9.6 | 6.0 | 5.2 | 5.7 | 5.8 | 1.7 | 0.4 | 5.8 |
| 15.5 | 9.5 | 4.4 | 6.6 | 8.8 | 1.9 | 0.6 | 3.4 |
| 12.7 | 9.2 | 5.9 | 5.0 | 15.7 | 2.3 | 0.6 | 4.8 |
| 12.5 | 10.1 | 7.5 | 4.4 | 19.7 | 1.4 | 1.2 | 11.4 |
| | | | | | | | |
| 16.5 | 8.8 | 4.2 | 2.6 | 37.1 | 2.7 | 0.7 | 7.6 |
| 16.8 | 9.4 | 4.3 | 2.8 | 32.0 | 2.7 | 0.4 | 3.7 |
| 17.5 | 8.2 | 4.1 | 2.3 | 37.5 | 2.8 | 1.0 | 12.0 |
| 14.5 | 7.5 | 3.7 | 2.9 | 42.7 | 2.2 | 0.9 | 12.5 |
| 15.8 | 8.7 | 4.5 | 2.2 | 47.7 | 2.9 | 0.8 | 11.4 |

1-20（续12）

| | 人均天花费（美元/人天） | 人均天花费构成（%） | | | | |
|---|---|---|---|---|---|---|
| | | 长途交通 | 飞机 | 火车 | 汽车 | 轮船 |
| 威　　海 | 202.91 | 27.8 | 26.5 | 0.7 | 0.3 | 0.2 |
| 外 国 人 | 209.77 | 26.3 | 25.4 | 0.6 | 0.1 | 0.3 |
| 香港同胞 | 193.29 | 30.3 | 28.4 | 1.4 | 0.5 | 0.0 |
| 澳门同胞 | 186.65 | 20.6 | 19.0 | 0.6 | 1.1 | 0.0 |
| 台湾同胞 | 203.41 | 30.7 | 29.3 | 0.5 | 0.5 | 0.5 |
| 郑　　州 | 223.80 | 5.2 | 0.2 | 3.0 | 2.0 | 0.0 |
| 外 国 人 | 245.07 | 4.6 | 0.1 | 2.6 | 1.9 | 0.0 |
| 香港同胞 | 196.62 | 10.0 | 0.5 | 6.1 | 3.4 | 0.0 |
| 澳门同胞 | 176.52 | 6.5 | 0.9 | 5.0 | 0.6 | 0.0 |
| 台湾同胞 | 175.06 | 6.0 | 0.0 | 3.9 | 2.1 | 0.0 |
| 开　　封 | 246.08 | 19.5 | 13.6 | 4.2 | 1.6 | 0.0 |
| 外 国 人 | 232.52 | 24.8 | 19.9 | 3.7 | 1.2 | 0.0 |
| 香港同胞 | 298.82 | 12.1 | 3.4 | 5.7 | 3.0 | 0.0 |
| 澳门同胞 | 296.24 | 10.7 | 7.1 | 3.4 | 0.2 | 0.0 |
| 台湾同胞 | 247.50 | 10.6 | 4.3 | 4.4 | 1.9 | 0.0 |
| 洛　　阳 | 139.61 | 32.7 | 20.1 | 9.3 | 3.3 | 0.1 |
| 外 国 人 | 134.10 | 35.0 | 21.4 | 10.1 | 3.4 | 0.1 |
| 香港同胞 | 202.28 | 20.4 | 13.5 | 4.6 | 2.4 | 0.0 |
| 澳门同胞 | — | — | — | — | — | — |
| 台湾同胞 | 221.07 | 16.6 | 9.7 | 4.8 | 2.1 | 0.0 |
| 三 门 峡 | 215.70 | 8.5 | 0.0 | 7.4 | 1.1 | 0.0 |
| 外 国 人 | 195.13 | 8.4 | 0.0 | 7.3 | 1.2 | 0.0 |
| 香港同胞 | 228.09 | 9.2 | 0.0 | 7.4 | 1.8 | 0.0 |
| 澳门同胞 | 246.57 | 7.4 | 0.0 | 6.9 | 0.5 | 0.0 |
| 台湾同胞 | 206.69 | 8.9 | 0.2 | 7.9 | 0.8 | 0.0 |
| 武　　汉 | 228.02 | 30.9 | 29.4 | 0.3 | 0.7 | 0.4 |
| 外 国 人 | 237.59 | 35.8 | 34.5 | 0.3 | 0.7 | 0.3 |
| 香港同胞 | 196.89 | 28.5 | 27.6 | 0.4 | 0.5 | 0.0 |
| 澳门同胞 | 252.38 | 14.5 | 13.7 | 0.0 | 0.9 | 0.0 |
| 台湾同胞 | 234.77 | 26.4 | 24.0 | 0.4 | 0.9 | 1.1 |

| 住宿 | 餐饮 | 景区游览 | 娱乐 | 购物 | 市内交通 | 邮电通信 | 其他 |
|---|---|---|---|---|---|---|---|
| 24.0 | 7.9 | 1.6 | 6.9 | 24.9 | 0.6 | 0.1 | 6.2 |
| 23.5 | 9.7 | 1.4 | 6.2 | 25.2 | 0.4 | 0.3 | 7.1 |
| 24.4 | 5.2 | 2.1 | 9.3 | 21.2 | 0.9 | 0.0 | 6.7 |
| 20.5 | 7.3 | 2.3 | 7.7 | 34.8 | 0.4 | 0.0 | 6.4 |
| 25.9 | 6.7 | 1.3 | 5.9 | 25.1 | 0.9 | 0.0 | 3.6 |
| | | | | | | | |
| 8.7 | 9.0 | 5.0 | 29.2 | 13.4 | 1.4 | 0.9 | 27.2 |
| 8.8 | 9.1 | 4.6 | 29.5 | 13.6 | 1.4 | 1.0 | 27.4 |
| 8.1 | 8.3 | 8.4 | 23.3 | 13.1 | 1.4 | 0.9 | 26.5 |
| 6.3 | 9.1 | 6.1 | 35.9 | 10.7 | 1.5 | 0.3 | 23.4 |
| 8.4 | 9.1 | 6.0 | 30.1 | 11.2 | 1.4 | 0.7 | 27.1 |
| | | | | | | | |
| 12.1 | 8.2 | 5.6 | 14.6 | 18.5 | 1.6 | 1.2 | 18.7 |
| 13.6 | 7.9 | 4.3 | 10.8 | 19.6 | 1.7 | 1.5 | 15.8 |
| 8.6 | 9.0 | 7.9 | 22.5 | 12.6 | 1.3 | 0.6 | 25.5 |
| 12.9 | 11.2 | 5.4 | 29.7 | 12.6 | 1.4 | 0.2 | 16.0 |
| 11.1 | 8.1 | 7.1 | 16.0 | 23.2 | 1.9 | 1.0 | 21.1 |
| | | | | | | | |
| 12.9 | 7.6 | 6.0 | 3.4 | 15.3 | 3.9 | 0.2 | 17.8 |
| 13.2 | 7.2 | 5.7 | 1.0 | 15.7 | 4.3 | 0.3 | 17.7 |
| 10.8 | 8.9 | 7.4 | 18.3 | 13.0 | 1.3 | 0.0 | 19.9 |
| — | — | — | — | — | — | — | — |
| 12.6 | 11.7 | 10.5 | 16.0 | 14.8 | 1.9 | 0.0 | 15.8 |
| | | | | | | | |
| 14.0 | 8.6 | 4.7 | 14.0 | 34.3 | 2.0 | 1.4 | 12.4 |
| 14.4 | 8.4 | 4.3 | 11.7 | 37.7 | 2.1 | 1.6 | 11.3 |
| 13.8 | 9.3 | 5.7 | 15.6 | 29.8 | 1.7 | 1.3 | 13.6 |
| 12.6 | 8.4 | 4.9 | 22.5 | 26.2 | 1.9 | 1.3 | 14.8 |
| 14.1 | 8.5 | 4.6 | 11.6 | 37.2 | 1.9 | 1.4 | 11.6 |
| | | | | | | | |
| 20.3 | 10.3 | 4.1 | 3.3 | 19.7 | 1.4 | 0.5 | 9.6 |
| 20.0 | 10.2 | 4.4 | 3.3 | 17.2 | 1.5 | 0.6 | 7.0 |
| 22.7 | 11.2 | 4.0 | 4.0 | 20.2 | 1.5 | 0.5 | 7.3 |
| 16.5 | 9.4 | 4.6 | 3.1 | 22.0 | 0.5 | 0.3 | 29.1 |
| 19.7 | 10.0 | 3.3 | 2.6 | 24.2 | 1.2 | 0.4 | 12.2 |

1-20（续13）

| | 人均天花费（美元/人天） | 人均天花费构成（%） | | | | |
|---|---|---|---|---|---|---|
| | | 长途交通 | 飞机 | 火车 | 汽车 | 轮船 |
| 十　堰 | 205.00 | 21.6 | 19.7 | 0.2 | 0.9 | 0.7 |
| 外国人 | 212.38 | 20.7 | 19.3 | 0.1 | 0.8 | 0.4 |
| 香港同胞 | 145.77 | 26.3 | 25.9 | 0.0 | 0.4 | 0.0 |
| 澳门同胞 | 186.16 | 22.0 | 21.8 | 0.2 | 0.0 | 0.0 |
| 台湾同胞 | 228.18 | 20.9 | 16.6 | 0.3 | 1.8 | 2.3 |
| 宜　昌 | 250.53 | 25.0 | 22.0 | 0.4 | 1.7 | 0.8 |
| 外国人 | 292.27 | 32.9 | 30.9 | 0.3 | 1.1 | 0.5 |
| 香港同胞 | 207.61 | 11.2 | 8.9 | 0.4 | 1.9 | 0.0 |
| 澳门同胞 | 225.75 | 11.4 | 9.1 | 0.0 | 2.3 | 0.0 |
| 台湾同胞 | 195.76 | 24.6 | 17.0 | 0.9 | 3.2 | 3.6 |
| 襄　阳 | 201.16 | 22.7 | 18.3 | 1.4 | 1.7 | 1.2 |
| 外国人 | 176.67 | 28.2 | 24.3 | 2.4 | 1.0 | 0.4 |
| 香港同胞 | 205.17 | 20.5 | 18.2 | 0.8 | 1.5 | 0.0 |
| 澳门同胞 | 157.59 | 39.8 | 38.0 | 1.8 | 0.0 | 0.0 |
| 台湾同胞 | 208.58 | 11.5 | 2.6 | 0.6 | 3.7 | 4.6 |
| 荆　州 | 146.03 | 36.9 | 28.4 | 5.2 | 1.8 | 1.4 |
| 外国人 | 162.00 | 46.5 | 38.9 | 3.4 | 2.4 | 1.8 |
| 香港同胞 | 152.07 | 25.4 | 14.3 | 9.8 | 1.0 | 0.3 |
| 澳门同胞 | 142.35 | 30.0 | 20.9 | 6.3 | 1.6 | 1.2 |
| 台湾同胞 | 161.86 | 34.1 | 26.8 | 3.5 | 1.7 | 2.1 |
| 恩　施 | 217.31 | 10.7 | 4.9 | 0.9 | 3.2 | 1.7 |
| 外国人 | 223.32 | 12.9 | 7.0 | 1.3 | 3.2 | 1.4 |
| 香港同胞 | 213.80 | 4.9 | 1.8 | 0.8 | 2.3 | 0.0 |
| 澳门同胞 | 171.80 | 8.1 | 4.6 | 0.0 | 3.5 | 0.0 |
| 台湾同胞 | 233.40 | 11.9 | 3.0 | 0.6 | 3.7 | 4.6 |
| 湖北游船 | 165.03 | 9.9 | 1.3 | 1.6 | 4.8 | 2.2 |
| 外国人 | 185.69 | 10.2 | 1.7 | 1.5 | 4.9 | 2.1 |
| 香港同胞 | 132.70 | 5.0 | 0.0 | 0.6 | 4.3 | 0.0 |
| 澳门同胞 | 143.49 | 6.1 | 0.0 | 1.2 | 4.9 | 0.0 |
| 台湾同胞 | 146.74 | 15.1 | 0.9 | 3.0 | 5.2 | 6.0 |

| 住宿 | 餐饮 | 景区游览 | 娱乐 | 购物 | 市内交通 | 邮电通信 | 其他 |
|---|---|---|---|---|---|---|---|
| 15.6 | 11.6 | 10.6 | 1.3 | 33.1 | 2.5 | 0.2 | 3.5 |
| 15.3 | 12.5 | 11.4 | 1.2 | 32.3 | 2.4 | 0.1 | 3.9 |
| 19.9 | 14.5 | 14.4 | 1.6 | 17.6 | 4.0 | 1.2 | 0.5 |
| 20.7 | 13.8 | 9.8 | 5.0 | 23.1 | 5.5 | 0.0 | 0.0 |
| 11.9 | 7.3 | 6.8 | 0.0 | 46.6 | 0.8 | 0.0 | 5.6 |
| | | | | | | | |
| 11.3 | 6.4 | 4.3 | 1.9 | 38.1 | 0.2 | 1.1 | 11.8 |
| 12.3 | 5.5 | 3.5 | 2.5 | 31.8 | 0.2 | 0.9 | 10.5 |
| 10.1 | 6.9 | 4.4 | 0.2 | 52.2 | 0.1 | 2.0 | 13.0 |
| 9.6 | 8.6 | 4.8 | 0.5 | 49.9 | 0.0 | 0.5 | 14.6 |
| 10.7 | 7.9 | 6.5 | 2.7 | 33.6 | 0.4 | 0.7 | 12.9 |
| | | | | | | | |
| 16.3 | 10.1 | 4.9 | 3.6 | 30.9 | 2.4 | 0.5 | 8.5 |
| 21.0 | 11.8 | 5.0 | 2.9 | 24.0 | 3.6 | 0.6 | 2.9 |
| 14.4 | 10.8 | 5.1 | 3.7 | 31.7 | 2.1 | 0.2 | 11.5 |
| 20.1 | 15.4 | 6.0 | 2.8 | 12.1 | 3.8 | 0.0 | 0.0 |
| 10.2 | 4.9 | 3.9 | 4.7 | 47.0 | 0.5 | 0.7 | 16.4 |
| | | | | | | | |
| 23.9 | 12.7 | 5.2 | 2.1 | 14.4 | 1.0 | 0.4 | 3.4 |
| 22.2 | 9.5 | 5.6 | 1.2 | 10.3 | 1.4 | 0.6 | 2.8 |
| 30.5 | 13.8 | 4.4 | 2.2 | 20.8 | 0.7 | 0.0 | 2.0 |
| 23.4 | 16.5 | 5.7 | 1.5 | 19.6 | 0.9 | 0.2 | 2.1 |
| 20.5 | 15.8 | 5.3 | 3.5 | 13.2 | 0.5 | 0.6 | 6.5 |
| | | | | | | | |
| 11.1 | 6.2 | 8.2 | 0.6 | 44.7 | 0.8 | 1.3 | 16.3 |
| 13.4 | 7.0 | 10.4 | 0.6 | 43.6 | 1.0 | 1.3 | 9.8 |
| 9.8 | 5.8 | 5.8 | 0.9 | 55.4 | 0.9 | 1.5 | 14.9 |
| 10.5 | 7.6 | 9.5 | 0.5 | 45.9 | 0.5 | 1.8 | 15.6 |
| 7.6 | 4.3 | 5.1 | 0.2 | 37.7 | 0.3 | 1.0 | 31.9 |
| | | | | | | | |
| 15.4 | 6.4 | 7.2 | 0.0 | 26.4 | 0.0 | 0.3 | 34.4 |
| 16.6 | 6.0 | 7.5 | 0.0 | 24.5 | 0.0 | 0.3 | 34.8 |
| 12.2 | 7.2 | 6.8 | 0.0 | 29.5 | 0.0 | 0.5 | 38.9 |
| 12.8 | 8.0 | 9.9 | 0.0 | 22.3 | 0.0 | 0.0 | 40.9 |
| 14.1 | 7.0 | 5.3 | 0.1 | 33.4 | 0.0 | 0.2 | 24.8 |

1–20（续14）

| | 人均天花费（美元/人天） | 人均天花费构成（%） | | | | |
|---|---|---|---|---|---|---|
| | | 长途交通 | 飞机 | 火车 | 汽车 | 轮船 |
| 长　　沙 | 206.80 | 6.8 | 1.5 | 4.0 | 1.1 | 0.1 |
| 外 国 人 | 212.67 | 6.2 | 1.0 | 4.1 | 1.0 | 0.1 |
| 香港同胞 | 188.40 | 13.1 | 5.3 | 1.5 | 4.1 | 2.1 |
| 澳门同胞 | 159.17 | 16.0 | 10.9 | 2.1 | 2.9 | 0.2 |
| 台湾同胞 | 208.90 | 16.9 | 10.8 | 2.0 | 2.7 | 1.4 |
| 湘　　潭 | 187.06 | 22.8 | 17.7 | 2.9 | 2.3 | 0.0 |
| 外 国 人 | 190.89 | 27.6 | 22.9 | 2.6 | 2.1 | 0.0 |
| 香港同胞 | 184.26 | 12.5 | 4.7 | 5.1 | 2.6 | 0.1 |
| 澳门同胞 | 168.48 | 8.0 | 2.2 | 3.1 | 2.7 | 0.0 |
| 台湾同胞 | 172.32 | 4.7 | 0.0 | 1.2 | 3.5 | 0.0 |
| 衡　　阳 | 221.62 | 12.9 | 8.5 | 1.7 | 2.7 | 0.0 |
| 外 国 人 | 221.62 | 12.9 | 8.5 | 1.7 | 2.7 | 0.0 |
| 香港同胞 | — | — | — | — | — | — |
| 澳门同胞 | — | — | — | — | — | — |
| 台湾同胞 | — | — | — | — | — | — |
| 岳　　阳 | 191.99 | 12.1 | 5.3 | 4.4 | 2.4 | 0.0 |
| 外 国 人 | 199.90 | 12.2 | 6.0 | 3.8 | 2.4 | 0.0 |
| 香港同胞 | 151.46 | 10.0 | 0.0 | 7.3 | 2.6 | 0.1 |
| 澳门同胞 | 129.05 | 15.0 | 0.0 | 15.0 | 0.0 | 0.0 |
| 台湾同胞 | 150.18 | 10.5 | 0.0 | 10.5 | 0.0 | 0.0 |
| 张 家 界 | 242.49 | 14.6 | 12.0 | 0.1 | 2.4 | 0.0 |
| 外 国 人 | 248.56 | 14.9 | 12.6 | 0.0 | 2.3 | 0.0 |
| 香港同胞 | 179.16 | 7.6 | 0.0 | 1.6 | 5.7 | 0.3 |
| 澳门同胞 | 213.09 | 10.8 | 7.1 | 0.0 | 3.7 | 0.0 |
| 台湾同胞 | 151.83 | 4.5 | 0.0 | 0.0 | 4.5 | 0.0 |
| 郴　　州 | 182.47 | 17.4 | 11.6 | 2.1 | 3.6 | 0.1 |
| 外 国 人 | 222.65 | 13.1 | 7.9 | 2.1 | 3.1 | 0.0 |
| 香港同胞 | 163.18 | 9.8 | 0.7 | 3.4 | 5.4 | 0.2 |
| 澳门同胞 | 190.09 | 25.0 | 21.5 | 1.5 | 1.9 | 0.0 |
| 台湾同胞 | 196.56 | 23.2 | 19.9 | 0.9 | 2.4 | 0.0 |

| 住宿 | 餐饮 | 景区游览 | 娱乐 | 购物 | 市内交通 | 邮电通信 | 其他 |
|---|---|---|---|---|---|---|---|
| 5.8 | 6.0 | 8.2 | 0.3 | 34.6 | 0.2 | 3.6 | 34.6 |
| 5.6 | 5.7 | 8.3 | 0.3 | 34.8 | 0.1 | 3.6 | 35.3 |
| 8.5 | 8.5 | 5.4 | 0.5 | 25.4 | 0.5 | 3.0 | 35.2 |
| 12.9 | 12.2 | 6.7 | 1.9 | 25.0 | 0.4 | 3.3 | 21.6 |
| 6.3 | 12.2 | 5.3 | 1.4 | 48.7 | 2.0 | 2.5 | 4.6 |
| | | | | | | | |
| 9.7 | 8.3 | 9.4 | 1.5 | 26.7 | 1.3 | 3.5 | 16.8 |
| 9.4 | 8.4 | 9.1 | 1.5 | 23.3 | 1.4 | 3.0 | 16.4 |
| 11.3 | 9.3 | 9.5 | 1.2 | 33.4 | 1.4 | 4.5 | 17.0 |
| 10.1 | 8.8 | 11.3 | 1.6 | 37.0 | 1.0 | 5.2 | 17.1 |
| 9.6 | 5.3 | 10.4 | 1.9 | 41.4 | 0.5 | 5.4 | 20.8 |
| | | | | | | | |
| 6.5 | 4.9 | 7.9 | 0.7 | 20.7 | 0.7 | 1.3 | 44.6 |
| 6.5 | 4.9 | 7.9 | 0.7 | 20.7 | 0.7 | 1.3 | 44.6 |
| — | — | — | — | — | — | — | — |
| — | — | — | — | — | — | — | — |
| — | — | — | — | — | — | — | — |
| | | | | | | | |
| 12.3 | 7.2 | 7.8 | 2.0 | 38.3 | 0.9 | 0.1 | 19.3 |
| 11.6 | 6.8 | 8.0 | 1.6 | 38.7 | 1.0 | 0.1 | 20.0 |
| 16.0 | 9.1 | 6.5 | 3.4 | 38.1 | 0.4 | 0.4 | 16.0 |
| 31.8 | 15.9 | 8.4 | 7.5 | 12.1 | 0.9 | 0.0 | 8.4 |
| 14.9 | 12.8 | 5.1 | 6.4 | 39.8 | 0.0 | 0.0 | 10.3 |
| | | | | | | | |
| 6.1 | 3.4 | 6.2 | 1.3 | 38.4 | 0.8 | 1.1 | 28.1 |
| 6.0 | 3.3 | 6.1 | 1.3 | 37.4 | 0.8 | 1.1 | 29.1 |
| 8.5 | 7.6 | 7.7 | 0.0 | 57.1 | 0.0 | 1.2 | 10.5 |
| 8.6 | 4.9 | 9.4 | 2.0 | 54.2 | 0.5 | 0.3 | 9.3 |
| 9.9 | 5.8 | 11.2 | 2.5 | 55.3 | 0.0 | 0.3 | 10.4 |
| | | | | | | | |
| 13.3 | 9.3 | 9.0 | 4.0 | 21.2 | 0.4 | 1.9 | 23.4 |
| 6.8 | 5.2 | 9.1 | 0.8 | 25.0 | 0.7 | 0.8 | 38.7 |
| 10.9 | 8.9 | 7.4 | 0.8 | 31.2 | 0.5 | 1.3 | 29.3 |
| 16.1 | 9.3 | 9.1 | 6.7 | 12.9 | 0.2 | 2.0 | 18.7 |
| 16.5 | 11.2 | 11.2 | 7.3 | 13.1 | 0.2 | 3.0 | 14.3 |

1-20（续15）

| | 人均天花费（美元/人天） | 人均天花费构成（%） | | | | |
|---|---|---|---|---|---|---|
| | | 长途交通 | 飞机 | 火车 | 汽车 | 轮船 |
| 湘　西 | 182.88 | 20.5 | 3.5 | 0.9 | 16.1 | 0.1 |
| 外国人 | 176.05 | 22.8 | 2.5 | 0.9 | 19.4 | 0.0 |
| 香港同胞 | 169.35 | 7.6 | 0.0 | 1.6 | 5.7 | 0.3 |
| 澳门同胞 | — | — | — | — | — | — |
| 台湾同胞 | 297.74 | 24.8 | 15.5 | 0.0 | 9.2 | 0.0 |
| 广　州 | 233.19 | 39.8 | 36.5 | 1.0 | 2.0 | 0.3 |
| 外国人 | 243.59 | 43.5 | 39.6 | 1.1 | 2.5 | 0.3 |
| 香港同胞 | 213.21 | 27.8 | 26.6 | 0.8 | 0.2 | 0.1 |
| 澳门同胞 | 206.48 | 34.5 | 31.9 | 1.3 | 1.0 | 0.3 |
| 台湾同胞 | 251.37 | 25.2 | 24.8 | 0.2 | 0.1 | 0.1 |
| 深　圳 | 227.54 | 21.2 | 19.4 | 1.0 | 0.5 | 0.4 |
| 外国人 | 233.51 | 31.9 | 30.6 | 0.6 | 0.3 | 0.4 |
| 香港同胞 | 209.04 | 3.2 | 0.9 | 1.4 | 0.6 | 0.1 |
| 澳门同胞 | 194.41 | 15.6 | 10.0 | 2.2 | 0.5 | 2.9 |
| 台湾同胞 | 263.07 | 38.8 | 36.1 | 0.9 | 0.4 | 1.4 |
| 珠　海 | 203.11 | 18.4 | 14.7 | 0.5 | 1.9 | 1.2 |
| 外国人 | 237.14 | 27.2 | 23.9 | 0.9 | 1.8 | 0.5 |
| 香港同胞 | 191.56 | 9.0 | 2.3 | 0.4 | 2.5 | 3.7 |
| 澳门同胞 | 147.14 | 3.1 | 1.0 | 0.0 | 1.8 | 0.2 |
| 台湾同胞 | 221.99 | 22.9 | 21.9 | 0.0 | 0.8 | 0.2 |
| 汕　头 | 171.67 | 14.9 | 11.2 | 3.1 | 0.6 | 0.0 |
| 外国人 | 191.69 | 17.5 | 13.9 | 3.0 | 0.6 | 0.0 |
| 香港同胞 | 173.28 | 5.4 | 0.7 | 4.0 | 0.8 | 0.0 |
| 澳门同胞 | 170.59 | 5.9 | 2.1 | 2.8 | 1.0 | 0.0 |
| 台湾同胞 | 170.42 | 18.0 | 15.0 | 2.5 | 0.4 | 0.0 |
| 江　门 | 153.08 | 27.8 | 20.7 | 4.9 | 1.8 | 0.4 |
| 外国人 | 183.02 | 36.6 | 31.7 | 4.3 | 0.5 | 0.1 |
| 香港同胞 | 121.24 | 15.2 | 3.6 | 8.0 | 3.5 | 0.1 |
| 澳门同胞 | 136.90 | 15.3 | 4.9 | 3.7 | 4.7 | 2.0 |
| 台湾同胞 | 180.22 | 29.4 | 25.8 | 1.7 | 1.2 | 0.7 |

| 住宿 | 餐饮 | 景区游览 | 娱乐 | 购物 | 市内交通 | 邮电通信 | 其他 |
|---|---|---|---|---|---|---|---|
| 14.0 | 11.3 | 15.3 | 1.9 | 21.3 | 1.8 | 0.0 | 13.9 |
| 15.8 | 12.7 | 17.3 | 2.6 | 12.6 | 2.4 | 0.1 | 13.7 |
| 8.5 | 7.6 | 7.7 | 0.0 | 47.8 | 0.0 | 0.0 | 20.9 |
| — | — | — | — | — | — | — | — |
| 10.2 | 8.1 | 12.8 | 0.0 | 39.4 | 0.1 | 0.0 | 4.6 |
| | | | | | | | |
| 12.6 | 8.9 | 2.0 | 3.0 | 22.8 | 2.2 | 0.5 | 8.2 |
| 12.5 | 8.2 | 2.0 | 1.7 | 21.6 | 1.9 | 0.5 | 8.0 |
| 14.1 | 11.3 | 2.4 | 4.0 | 28.4 | 4.4 | 0.5 | 7.1 |
| 15.4 | 12.0 | 1.8 | 4.6 | 22.0 | 3.0 | 0.6 | 6.2 |
| 9.9 | 9.8 | 1.5 | 12.9 | 26.6 | 1.9 | 0.3 | 11.9 |
| | | | | | | | |
| 17.5 | 17.0 | 2.7 | 6.6 | 22.5 | 2.2 | 0.6 | 9.8 |
| 17.9 | 10.4 | 3.0 | 3.7 | 21.1 | 2.5 | 0.7 | 8.8 |
| 17.0 | 26.7 | 2.5 | 10.4 | 24.9 | 1.7 | 0.4 | 13.2 |
| 24.0 | 17.4 | 2.7 | 3.0 | 30.9 | 3.9 | 0.2 | 2.4 |
| 16.5 | 12.7 | 1.5 | 6.9 | 19.0 | 2.2 | 0.6 | 1.8 |
| | | | | | | | |
| 24.7 | 10.9 | 3.5 | 5.4 | 28.6 | 2.1 | 0.8 | 5.5 |
| 18.7 | 9.1 | 2.4 | 2.8 | 31.0 | 2.0 | 0.9 | 6.0 |
| 28.7 | 13.3 | 6.2 | 3.7 | 31.6 | 2.4 | 0.5 | 4.7 |
| 41.9 | 14.9 | 3.7 | 10.3 | 18.9 | 2.1 | 0.6 | 4.6 |
| 15.1 | 6.6 | 2.3 | 17.0 | 26.1 | 2.2 | 1.2 | 6.7 |
| | | | | | | | |
| 20.5 | 16.5 | 3.3 | 7.5 | 28.5 | 3.4 | 1.0 | 4.4 |
| 19.9 | 16.3 | 3.0 | 6.2 | 27.8 | 3.5 | 1.0 | 4.8 |
| 24.8 | 14.2 | 3.8 | 9.4 | 33.3 | 2.9 | 0.8 | 5.5 |
| 22.3 | 22.0 | 5.8 | 5.1 | 31.6 | 3.5 | 1.4 | 2.4 |
| 17.5 | 15.2 | 2.2 | 17.0 | 23.5 | 3.1 | 1.1 | 2.5 |
| | | | | | | | |
| 15.6 | 8.3 | 1.9 | 6.9 | 25.3 | 2.0 | 0.7 | 11.6 |
| 14.5 | 6.8 | 1.7 | 2.2 | 22.8 | 1.6 | 0.8 | 13.0 |
| 20.7 | 11.6 | 2.8 | 6.1 | 30.8 | 2.6 | 0.7 | 9.6 |
| 18.2 | 11.6 | 2.0 | 8.9 | 31.3 | 3.1 | 0.6 | 8.9 |
| 7.0 | 4.5 | 0.8 | 25.6 | 18.4 | 1.1 | 0.6 | 12.6 |

1-20（续16）

| | 人均天花费（美元/人天） | 人均天花费构成（%） | | | | |
|---|---|---|---|---|---|---|
| | | 长途交通 | 飞机 | 火车 | 汽车 | 轮船 |
| 湛　江 | 178.85 | 36.0 | 30.1 | 4.7 | 1.0 | 0.2 |
| 外国人 | 197.38 | 44.8 | 42.1 | 1.5 | 0.9 | 0.3 |
| 香港同胞 | 158.61 | 26.3 | 17.4 | 7.5 | 1.4 | 0.1 |
| 澳门同胞 | 132.24 | 25.9 | 15.2 | 10.0 | 0.6 | 0.0 |
| 台湾同胞 | 179.67 | 35.5 | 29.7 | 5.5 | 0.3 | 0.0 |
| 惠　州 | 131.74 | 11.2 | 5.0 | 2.2 | 4.0 | 0.0 |
| 外国人 | 146.32 | 20.7 | 14.4 | 2.4 | 3.8 | 0.1 |
| 香港同胞 | 120.44 | 6.8 | 0.7 | 2.0 | 4.2 | 0.0 |
| 澳门同胞 | 121.59 | 8.7 | 1.7 | 1.8 | 5.3 | 0.0 |
| 台湾同胞 | 142.47 | 12.8 | 7.4 | 2.7 | 2.6 | 0.0 |
| 东　莞 | 138.19 | 14.9 | 10.9 | 2.5 | 1.3 | 0.1 |
| 外国人 | 153.55 | 24.8 | 21.0 | 2.2 | 1.3 | 0.3 |
| 香港同胞 | 130.76 | 7.7 | 4.5 | 1.8 | 1.4 | 0.1 |
| 澳门同胞 | 139.51 | 12.7 | 4.0 | 7.1 | 1.5 | 0.0 |
| 台湾同胞 | 167.05 | 16.3 | 13.5 | 2.0 | 0.6 | 0.3 |
| 中　山 | 167.18 | 21.7 | 15.0 | 1.5 | 3.4 | 1.7 |
| 外国人 | 170.79 | 30.0 | 24.3 | 1.4 | 3.7 | 0.6 |
| 香港同胞 | 160.39 | 11.6 | 3.7 | 1.6 | 3.8 | 2.6 |
| 澳门同胞 | 137.80 | 12.9 | 1.7 | 1.4 | 3.4 | 6.4 |
| 台湾同胞 | 155.93 | 16.8 | 13.0 | 1.4 | 1.4 | 1.0 |
| 南　宁 | 225.91 | 27.1 | 24.5 | 1.8 | 0.3 | 0.4 |
| 外国人 | 242.19 | 25.1 | 22.2 | 2.1 | 0.3 | 0.5 |
| 香港同胞 | 211.82 | 26.7 | 26.7 | 0.0 | 0.0 | 0.0 |
| 澳门同胞 | 225.76 | 30.0 | 28.3 | 1.3 | 0.2 | 0.3 |
| 台湾同胞 | 210.40 | 33.4 | 30.8 | 1.5 | 0.7 | 0.4 |
| 桂　林 | 268.84 | 12.6 | 9.7 | 2.7 | 0.0 | 0.3 |
| 外国人 | 264.31 | 12.0 | 9.2 | 2.5 | 0.0 | 0.3 |
| 香港同胞 | 235.45 | 13.8 | 8.8 | 4.8 | 0.0 | 0.2 |
| 澳门同胞 | 242.54 | 12.7 | 9.6 | 2.8 | 0.0 | 0.3 |
| 台湾同胞 | 269.21 | 13.0 | 10.5 | 2.3 | 0.0 | 0.3 |

| 住宿 | 餐饮 | 景区游览 | 娱乐 | 购物 | 市内交通 | 邮电通信 | 其他 |
|---|---|---|---|---|---|---|---|
| 19.3 | 12.4 | 2.0 | 4.5 | 19.7 | 2.6 | 0.6 | 3.0 |
| 18.3 | 12.7 | 1.7 | 2.8 | 13.8 | 2.7 | 0.5 | 2.7 |
| 21.5 | 12.0 | 2.5 | 3.2 | 27.3 | 2.6 | 0.7 | 3.9 |
| 22.7 | 15.5 | 2.4 | 2.1 | 24.4 | 2.6 | 0.4 | 4.1 |
| 13.9 | 9.4 | 1.3 | 17.7 | 18.8 | 1.8 | 0.5 | 1.1 |
| | | | | | | | |
| 21.1 | 16.0 | 2.5 | 10.1 | 28.0 | 2.8 | 0.7 | 7.6 |
| 25.9 | 15.3 | 2.7 | 10.2 | 16.3 | 3.2 | 0.6 | 5.1 |
| 20.3 | 17.0 | 2.7 | 6.4 | 35.0 | 3.0 | 0.7 | 8.0 |
| 22.1 | 17.2 | 2.3 | 5.5 | 31.9 | 2.4 | 0.6 | 9.3 |
| 14.5 | 12.7 | 1.5 | 27.0 | 19.9 | 2.0 | 0.9 | 8.7 |
| | | | | | | | |
| 20.5 | 13.7 | 3.2 | 12.7 | 20.6 | 4.4 | 0.9 | 9.1 |
| 19.1 | 11.3 | 3.2 | 8.2 | 19.1 | 4.1 | 0.6 | 9.6 |
| 20.9 | 13.9 | 3.5 | 15.1 | 24.1 | 4.6 | 0.9 | 9.3 |
| 23.1 | 16.3 | 3.4 | 15.7 | 16.4 | 4.6 | 1.2 | 6.6 |
| 20.4 | 15.8 | 2.4 | 12.5 | 17.7 | 4.4 | 1.1 | 9.3 |
| | | | | | | | |
| 18.0 | 12.5 | 5.2 | 7.9 | 24.5 | 3.7 | 1.3 | 5.1 |
| 18.0 | 11.3 | 2.7 | 4.1 | 21.9 | 3.6 | 2.2 | 6.3 |
| 19.4 | 15.2 | 9.2 | 9.8 | 26.5 | 4.2 | 0.3 | 3.8 |
| 24.4 | 17.9 | 8.0 | 9.7 | 20.2 | 5.0 | 0.5 | 1.3 |
| 9.1 | 6.9 | 4.2 | 18.5 | 34.6 | 2.5 | 1.0 | 6.4 |
| | | | | | | | |
| 8.4 | 6.9 | 5.4 | 5.1 | 17.7 | 3.3 | 2.1 | 24.0 |
| 8.2 | 6.7 | 4.5 | 4.8 | 18.5 | 3.7 | 2.4 | 26.2 |
| 16.0 | 12.0 | 2.7 | 13.3 | 12.0 | 2.7 | 1.3 | 13.3 |
| 8.5 | 7.0 | 7.6 | 5.0 | 17.2 | 2.7 | 1.4 | 20.5 |
| 9.9 | 7.2 | 6.1 | 6.9 | 13.9 | 2.5 | 1.5 | 18.7 |
| | | | | | | | |
| 9.7 | 6.4 | 6.2 | 3.1 | 22.9 | 5.8 | 1.4 | 32.0 |
| 10.6 | 6.1 | 6.3 | 2.0 | 21.7 | 5.8 | 1.9 | 33.4 |
| 14.0 | 6.6 | 6.1 | 0.2 | 23.8 | 5.3 | 0.9 | 29.3 |
| 10.2 | 6.8 | 5.9 | 3.0 | 23.7 | 5.9 | 1.3 | 30.5 |
| 7.3 | 6.0 | 6.3 | 4.9 | 22.9 | 5.6 | 1.2 | 32.8 |

| | 人均天花费（美元/人天） | 人均天花费构成（%） | | | | |
|---|---|---|---|---|---|---|
| | | 长途交通 | 飞机 | 火车 | 汽车 | 轮船 |
| 梧　　州 | 206.37 | 18.3 | 11.8 | 4.9 | 1.1 | 0.5 |
| 外 国 人 | 233.01 | 18.7 | 14.4 | 3.9 | 0.0 | 0.4 |
| 香港同胞 | 208.09 | 20.4 | 13.7 | 5.0 | 1.6 | 0.2 |
| 澳门同胞 | 203.11 | 17.2 | 10.5 | 4.1 | 1.5 | 1.2 |
| 台湾同胞 | 240.05 | 16.1 | 9.6 | 6.0 | 0.2 | 0.3 |
| 北　　海 | 216.52 | 15.9 | 11.1 | 3.4 | 1.0 | 0.5 |
| 外 国 人 | 220.68 | 14.9 | 9.7 | 3.4 | 1.4 | 0.4 |
| 香港同胞 | 227.04 | 16.9 | 11.5 | 4.0 | 1.0 | 0.4 |
| 澳门同胞 | 207.87 | 16.1 | 12.8 | 3.0 | 0.0 | 0.4 |
| 台湾同胞 | 198.26 | 20.3 | 15.9 | 2.7 | 0.3 | 1.4 |
| 防 城 港 | 198.21 | 22.9 | 15.8 | 4.9 | 2.2 | 0.1 |
| 外 国 人 | 188.12 | 23.0 | 15.8 | 5.1 | 2.0 | 0.1 |
| 香港同胞 | 205.73 | 16.2 | 11.1 | 3.7 | 1.2 | 0.2 |
| 澳门同胞 | 191.01 | 23.7 | 16.6 | 4.1 | 3.0 | 0.1 |
| 台湾同胞 | 191.96 | 19.6 | 12.5 | 4.2 | 2.7 | 0.2 |
| 贺　　州 | 186.98 | 29.3 | 19.2 | 6.6 | 3.4 | 0.2 |
| 外 国 人 | 222.98 | 25.6 | 17.9 | 6.0 | 1.5 | 0.2 |
| 香港同胞 | 165.14 | 28.9 | 18.1 | 6.3 | 4.4 | 0.1 |
| 澳门同胞 | 185.43 | 34.4 | 22.9 | 7.8 | 3.6 | 0.1 |
| 台湾同胞 | 173.25 | 27.5 | 17.8 | 6.3 | 3.2 | 0.2 |
| 崇　　左 | 192.70 | 10.4 | 6.1 | 3.9 | 0.0 | 0.4 |
| 外 国 人 | 184.84 | 9.5 | 6.1 | 3.1 | 0.0 | 0.4 |
| 香港同胞 | 191.88 | 14.2 | 9.5 | 4.4 | 0.0 | 0.4 |
| 澳门同胞 | 211.46 | 9.9 | 4.6 | 4.9 | 0.1 | 0.4 |
| 台湾同胞 | 212.27 | 9.4 | 3.9 | 5.2 | 0.0 | 0.4 |
| 海　　口 | 233.36 | 35.4 | 34.4 | 0.3 | 0.4 | 0.3 |
| 外 国 人 | 244.98 | 34.8 | 33.8 | 0.3 | 0.3 | 0.3 |
| 香港同胞 | 194.46 | 38.3 | 37.1 | 0.2 | 0.9 | 0.1 |
| 澳门同胞 | 279.17 | 41.4 | 41.1 | 0.3 | 0.0 | 0.0 |
| 台湾同胞 | 192.37 | 32.1 | 31.0 | 0.1 | 0.8 | 0.3 |

| 住宿 | 餐饮 | 景区游览 | 娱乐 | 购物 | 市内交通 | 邮电通信 | 其他 |
|---|---|---|---|---|---|---|---|
| 11.6 | 7.0 | 6.7 | 3.4 | 22.0 | 5.0 | 1.6 | 24.4 |
| 10.7 | 6.3 | 8.0 | 2.8 | 18.0 | 6.8 | 1.2 | 27.4 |
| 12.7 | 7.8 | 6.7 | 4.4 | 17.4 | 4.5 | 2.1 | 24.0 |
| 11.2 | 7.5 | 6.7 | 4.1 | 25.2 | 4.5 | 1.0 | 22.6 |
| 10.8 | 5.5 | 6.4 | 1.5 | 26.5 | 5.8 | 1.5 | 25.9 |
| 12.0 | 6.5 | 6.2 | 1.9 | 26.2 | 4.8 | 2.1 | 24.4 |
| 11.8 | 6.1 | 6.1 | 2.0 | 26.9 | 5.0 | 2.1 | 25.1 |
| 11.9 | 6.3 | 6.5 | 1.7 | 26.6 | 4.7 | 2.0 | 23.3 |
| 11.0 | 6.2 | 6.4 | 1.6 | 22.9 | 5.0 | 2.4 | 28.3 |
| 15.5 | 9.4 | 5.5 | 1.8 | 26.8 | 3.4 | 2.0 | 15.4 |
| 15.9 | 12.3 | 7.8 | 4.9 | 17.8 | 2.3 | 1.5 | 14.7 |
| 16.3 | 12.8 | 7.6 | 4.5 | 17.9 | 2.3 | 1.5 | 14.1 |
| 12.9 | 7.3 | 5.1 | 8.4 | 9.5 | 4.1 | 2.4 | 34.1 |
| 14.2 | 11.2 | 8.6 | 6.9 | 17.4 | 2.2 | 1.4 | 14.3 |
| 14.5 | 8.2 | 9.7 | 2.8 | 24.4 | 3.3 | 1.8 | 15.8 |
| 18.3 | 13.3 | 7.2 | 2.6 | 12.7 | 3.0 | 1.9 | 11.6 |
| 16.2 | 11.2 | 6.5 | 0.9 | 18.0 | 3.6 | 2.2 | 15.8 |
| 18.9 | 14.2 | 6.6 | 3.9 | 12.1 | 3.1 | 1.6 | 10.6 |
| 19.7 | 13.6 | 7.1 | 2.4 | 10.0 | 2.2 | 1.5 | 9.1 |
| 17.8 | 13.4 | 8.8 | 2.3 | 12.2 | 3.3 | 2.5 | 12.3 |
| 10.4 | 5.5 | 7.0 | 1.2 | 21.9 | 7.1 | 1.1 | 35.4 |
| 10.2 | 5.3 | 6.8 | 1.2 | 22.1 | 7.1 | 1.2 | 36.7 |
| 9.4 | 4.6 | 7.4 | 2.1 | 19.2 | 6.9 | 1.0 | 35.0 |
| 11.2 | 6.1 | 7.0 | 0.6 | 22.8 | 7.1 | 1.2 | 34.1 |
| 11.2 | 6.7 | 7.0 | 1.3 | 23.5 | 7.2 | 0.9 | 32.8 |
| 13.9 | 9.5 | 2.6 | 2.4 | 15.6 | 2.0 | 0.3 | 18.3 |
| 12.7 | 9.2 | 2.3 | 2.5 | 14.9 | 1.9 | 0.3 | 21.5 |
| 17.4 | 10.2 | 3.4 | 2.3 | 17.1 | 1.9 | 0.4 | 9.0 |
| 14.5 | 8.3 | 0.6 | 3.0 | 19.1 | 3.0 | 0.0 | 10.0 |
| 19.3 | 11.7 | 5.1 | 1.7 | 18.0 | 1.7 | 0.3 | 10.0 |

1-20（续18）

| | 人均天花费（美元/人天） | 人均天花费构成（%） | | | | |
|---|---|---|---|---|---|---|
| | | 长途交通 | 飞机 | 火车 | 汽车 | 轮船 |
| 三　亚 | 202.95 | 36.9 | 36.0 | 0.4 | 0.3 | 0.2 |
| 外 国 人 | 193.90 | 39.8 | 38.8 | 0.4 | 0.3 | 0.2 |
| 香港同胞 | 220.27 | 33.4 | 32.8 | 0.1 | 0.2 | 0.3 |
| 澳门同胞 | 212.53 | 23.5 | 23.3 | 0.2 | 0.0 | 0.0 |
| 台湾同胞 | 221.35 | 32.2 | 31.4 | 0.4 | 0.4 | 0.1 |
| 重　庆 | 247.02 | 7.8 | 1.9 | 0.1 | 1.7 | 4.1 |
| 外 国 人 | 252.64 | 8.1 | 2.0 | 0.1 | 1.2 | 4.7 |
| 香港同胞 | 235.06 | 5.9 | 1.1 | 0.0 | 1.1 | 3.6 |
| 澳门同胞 | 230.79 | 7.6 | 2.3 | 0.0 | 1.0 | 4.4 |
| 台湾同胞 | 255.60 | 6.6 | 1.3 | 0.2 | 5.1 | 0.0 |
| 重庆游船 | 185.69 | 14.2 | 0.0 | 0.2 | 3.9 | 10.1 |
| 外 国 人 | 174.15 | 17.3 | 0.0 | 0.3 | 3.4 | 13.6 |
| 香港同胞 | 183.48 | 11.9 | 0.0 | 0.0 | 3.4 | 8.4 |
| 澳门同胞 | 287.35 | 7.5 | 0.0 | 0.0 | 2.2 | 5.3 |
| 台湾同胞 | 217.42 | 6.3 | 0.0 | 0.0 | 6.3 | 0.0 |
| 成　都 | 273.69 | 30.7 | 28.1 | 0.8 | 1.6 | 0.2 |
| 外 国 人 | 284.64 | 31.3 | 29.1 | 0.6 | 1.5 | 0.1 |
| 香港同胞 | 202.97 | 24.1 | 19.3 | 1.7 | 2.7 | 0.4 |
| 澳门同胞 | 256.44 | 29.0 | 24.6 | 1.8 | 2.6 | 0.0 |
| 台湾同胞 | 235.12 | 28.8 | 25.2 | 1.1 | 2.4 | 0.1 |
| 绵　阳 | 125.96 | 24.5 | 20.4 | 4.1 | 0.0 | 0.0 |
| 外 国 人 | 129.12 | 26.8 | 23.0 | 3.8 | 0.0 | 0.0 |
| 香港同胞 | 137.46 | 9.1 | 2.7 | 6.4 | 0.0 | 0.0 |
| 澳门同胞 | 124.17 | 11.4 | 5.6 | 5.9 | 0.0 | 0.0 |
| 台湾同胞 | 127.51 | 19.3 | 14.8 | 4.6 | 0.0 | 0.0 |
| 乐山（峨眉山） | 207.80 | 12.1 | 7.7 | 1.1 | 3.0 | 0.3 |
| 外 国 人 | 213.00 | 13.8 | 9.9 | 1.3 | 2.3 | 0.3 |
| 香港同胞 | 189.88 | 7.3 | 1.9 | 0.1 | 5.0 | 0.3 |
| 澳门同胞 | 167.61 | 11.2 | 3.4 | 0.7 | 6.9 | 0.2 |
| 台湾同胞 | 220.29 | 10.6 | 6.3 | 1.5 | 2.5 | 0.2 |

| 住宿 | 餐饮 | 景区游览 | 娱乐 | 购物 | 市内交通 | 邮电通信 | 其他 |
|---|---|---|---|---|---|---|---|
| 15.8 | 12.1 | 4.1 | 2.9 | 23.9 | 1.8 | 0.3 | 2.2 |
| 15.6 | 11.2 | 3.8 | 3.3 | 21.7 | 1.7 | 0.3 | 2.5 |
| 16.8 | 14.4 | 3.9 | 2.3 | 24.9 | 1.8 | 0.3 | 2.2 |
| 14.9 | 11.5 | 6.0 | 3.0 | 33.5 | 2.3 | 0.3 | 5.1 |
| 15.8 | 12.9 | 4.9 | 2.3 | 28.9 | 1.9 | 0.5 | 0.5 |
| | | | | | | | |
| 24.8 | 18.8 | 2.7 | 1.7 | 20.7 | 0.4 | 0.1 | 22.9 |
| 25.5 | 19.0 | 2.4 | 1.8 | 20.0 | 0.5 | 0.1 | 22.7 |
| 30.8 | 26.1 | 1.6 | 1.0 | 13.3 | 0.2 | 0.1 | 21.0 |
| 29.9 | 24.9 | 3.0 | 0.9 | 23.0 | 0.5 | 0.4 | 9.7 |
| 16.4 | 12.3 | 5.0 | 1.2 | 26.2 | 0.0 | 0.3 | 32.1 |
| | | | | | | | |
| 9.0 | 4.0 | 2.6 | 0.0 | 19.9 | 0.7 | 0.0 | 49.5 |
| 9.7 | 4.1 | 2.1 | 0.0 | 14.3 | 0.9 | 0.0 | 51.6 |
| 7.7 | 3.2 | 2.3 | 0.0 | 41.4 | 0.6 | 0.0 | 32.9 |
| 4.9 | 2.0 | 1.4 | 0.0 | 18.7 | 0.4 | 0.0 | 65.1 |
| 8.0 | 4.2 | 5.1 | 0.0 | 30.2 | 0.0 | 0.0 | 46.2 |
| | | | | | | | |
| 19.2 | 7.5 | 3.2 | 2.4 | 23.2 | 3.1 | 0.4 | 10.3 |
| 19.4 | 7.5 | 3.0 | 2.2 | 22.9 | 3.3 | 0.3 | 10.0 |
| 18.4 | 8.0 | 4.5 | 5.0 | 26.0 | 0.9 | 0.9 | 12.3 |
| 15.1 | 8.5 | 3.9 | 1.9 | 28.8 | 1.3 | 1.1 | 10.3 |
| 19.3 | 6.9 | 3.5 | 2.9 | 21.4 | 4.7 | 0.4 | 12.0 |
| | | | | | | | |
| 25.5 | 16.8 | 2.4 | 3.9 | 15.7 | 1.5 | 0.3 | 9.4 |
| 25.8 | 16.1 | 1.4 | 3.9 | 15.1 | 1.4 | 0.3 | 9.2 |
| 25.5 | 19.0 | 4.4 | 3.8 | 20.5 | 2.0 | 0.4 | 15.2 |
| 25.1 | 18.2 | 8.5 | 4.3 | 19.1 | 1.9 | 0.3 | 11.2 |
| 23.2 | 20.1 | 5.1 | 4.0 | 17.5 | 1.9 | 0.2 | 8.5 |
| | | | | | | | |
| 14.3 | 6.4 | 4.0 | 0.9 | 36.5 | 4.1 | 1.3 | 20.5 |
| 14.6 | 6.2 | 4.0 | 0.4 | 33.0 | 5.0 | 1.2 | 21.9 |
| 14.3 | 7.6 | 3.6 | 3.1 | 48.5 | 0.2 | 1.3 | 14.0 |
| 14.2 | 6.6 | 4.9 | 1.1 | 35.1 | 0.1 | 0.9 | 26.0 |
| 13.5 | 5.9 | 4.1 | 0.4 | 37.1 | 5.6 | 1.6 | 21.2 |

| | 人均天花费（美元/人天） | 人均天花费构成（%） | | | | |
|---|---|---|---|---|---|---|
| | | 长途交通 | 飞机 | 火车 | 汽车 | 轮船 |
| 阿坝州 | 157.84 | 21.9 | 17.0 | 2.1 | 2.4 | 0.4 |
| 外国人 | 155.65 | 21.1 | 16.2 | 2.0 | 2.5 | 0.3 |
| 香港同胞 | 173.53 | 19.4 | 14.6 | 1.3 | 2.1 | 1.4 |
| 澳门同胞 | 176.91 | 24.6 | 19.0 | 3.0 | 1.6 | 1.0 |
| 台湾同胞 | 156.41 | 28.0 | 23.5 | 2.4 | 1.8 | 0.4 |
| 贵阳 | 189.51 | 32.1 | 27.1 | 0.4 | 4.6 | 0.1 |
| 外国人 | 214.94 | 32.4 | 25.9 | 0.4 | 5.9 | 0.1 |
| 香港同胞 | 169.79 | 30.4 | 27.2 | 0.3 | 2.9 | 0.0 |
| 澳门同胞 | 176.06 | 38.0 | 33.6 | 0.2 | 4.2 | 0.1 |
| 台湾同胞 | 160.77 | 31.4 | 27.7 | 0.4 | 3.2 | 0.0 |
| 安顺 | 176.53 | 31.0 | 25.6 | 0.3 | 5.0 | 0.1 |
| 外国人 | 204.10 | 32.4 | 26.0 | 0.4 | 5.9 | 0.1 |
| 香港同胞 | 166.74 | 22.8 | 19.2 | 0.2 | 3.4 | 0.0 |
| 澳门同胞 | 154.90 | 32.7 | 25.7 | 0.3 | 6.6 | 0.1 |
| 台湾同胞 | 155.21 | 32.3 | 28.8 | 0.3 | 3.3 | 0.0 |
| 黔东南 | 174.29 | 30.6 | 25.2 | 0.5 | 4.8 | 0.1 |
| 外国人 | 202.58 | 31.8 | 25.8 | 0.4 | 5.5 | 0.1 |
| 香港同胞 | 148.40 | 28.3 | 25.1 | 0.3 | 2.9 | 0.0 |
| 澳门同胞 | 124.42 | 31.0 | 23.7 | 1.9 | 5.4 | 0.1 |
| 台湾同胞 | 137.09 | 28.7 | 24.3 | 0.3 | 4.1 | 0.0 |
| 昆明 | 297.74 | 29.5 | 27.1 | 0.4 | 2.0 | 0.0 |
| 外国人 | 314.24 | 29.6 | 27.6 | 0.5 | 1.5 | 0.0 |
| 香港同胞 | 241.77 | 27.3 | 22.0 | 0.3 | 4.9 | 0.2 |
| 澳门同胞 | 287.29 | 31.4 | 28.9 | 0.0 | 2.5 | 0.0 |
| 台湾同胞 | 285.40 | 29.3 | 26.5 | 0.1 | 2.7 | 0.0 |
| 景洪 | 245.63 | 28.7 | 26.4 | 0.5 | 1.5 | 0.2 |
| 外国人 | 246.83 | 30.1 | 28.1 | 0.7 | 1.1 | 0.3 |
| 香港同胞 | 206.57 | 21.8 | 15.5 | 0.2 | 6.1 | 0.0 |
| 澳门同胞 | 191.63 | 32.0 | 30.1 | 0.0 | 1.9 | 0.0 |
| 台湾同胞 | 199.81 | 18.2 | 15.2 | 0.0 | 3.0 | 0.0 |

| 住宿 | 餐饮 | 景区游览 | 娱乐 | 购物 | 市内交通 | 邮电通信 | 其他 |
|---|---|---|---|---|---|---|---|
| 14.4 | 9.4 | 5.6 | 0.9 | 14.0 | 0.3 | 1.5 | 31.8 |
| 14.4 | 9.2 | 5.8 | 0.9 | 13.7 | 0.3 | 1.6 | 32.9 |
| 9.9 | 10.1 | 4.7 | 1.2 | 14.2 | 0.3 | 1.2 | 38.9 |
| 15.2 | 9.9 | 4.6 | 1.3 | 14.6 | 0.4 | 1.1 | 28.4 |
| 16.2 | 10.0 | 6.0 | 1.1 | 15.7 | 0.4 | 1.0 | 21.5 |
| 16.3 | 9.1 | 4.2 | 2.3 | 17.1 | 2.7 | 1.0 | 15.1 |
| 16.1 | 9.1 | 3.8 | 2.0 | 14.3 | 2.3 | 0.9 | 19.1 |
| 14.6 | 7.7 | 4.6 | 2.2 | 23.5 | 3.1 | 1.2 | 12.8 |
| 14.8 | 10.1 | 3.9 | 5.8 | 10.7 | 4.6 | 1.1 | 11.0 |
| 19.3 | 10.2 | 5.2 | 2.0 | 19.7 | 2.7 | 1.1 | 8.6 |
| 16.3 | 8.8 | 4.6 | 2.0 | 17.3 | 2.3 | 1.0 | 16.7 |
| 16.9 | 9.0 | 4.4 | 1.7 | 16.0 | 2.2 | 0.7 | 16.6 |
| 12.9 | 5.8 | 4.2 | 1.8 | 29.4 | 2.0 | 1.5 | 19.6 |
| 17.8 | 10.3 | 5.4 | 2.7 | 9.0 | 2.8 | 1.9 | 17.5 |
| 16.5 | 9.9 | 5.1 | 2.7 | 15.2 | 2.6 | 1.1 | 14.6 |
| 18.2 | 9.6 | 4.7 | 2.7 | 15.7 | 2.7 | 1.1 | 14.6 |
| 19.6 | 9.8 | 3.9 | 2.9 | 12.5 | 2.5 | 0.7 | 16.2 |
| 14.6 | 7.8 | 5.3 | 4.0 | 21.4 | 3.8 | 2.0 | 12.8 |
| 15.8 | 7.6 | 5.3 | 1.7 | 19.2 | 1.8 | 2.0 | 15.5 |
| 17.9 | 11.2 | 6.2 | 2.0 | 18.8 | 2.6 | 1.3 | 11.3 |
| 17.8 | 9.4 | 4.2 | 2.5 | 22.2 | 1.8 | 0.6 | 12.1 |
| 17.9 | 9.6 | 4.2 | 2.7 | 22.8 | 1.7 | 0.6 | 10.9 |
| 18.5 | 9.2 | 4.2 | 0.9 | 18.1 | 3.0 | 0.3 | 18.3 |
| 18.1 | 9.4 | 3.9 | 4.5 | 16.4 | 1.3 | 0.6 | 14.4 |
| 15.2 | 7.5 | 4.9 | 1.6 | 23.5 | 1.4 | 0.4 | 16.3 |
| 19.1 | 10.0 | 3.7 | 2.0 | 23.1 | 1.1 | 0.3 | 12.0 |
| 19.3 | 10.0 | 3.5 | 2.4 | 23.6 | 1.1 | 0.3 | 9.6 |
| 17.8 | 8.9 | 5.3 | 0.4 | 10.7 | 2.4 | 0.0 | 32.7 |
| 28.2 | 12.2 | 3.5 | 0.0 | 8.5 | 0.5 | 0.0 | 15.2 |
| 13.9 | 9.6 | 4.6 | 0.0 | 31.0 | 1.0 | 0.0 | 21.5 |

1-20（续20）

| | 人均天花费（美元/人天） | 人均天花费构成（%） | | | | |
|---|---|---|---|---|---|---|
| | | 长途交通 | 飞机 | 火车 | 汽车 | 轮船 |
| 大　理 | 216.05 | 43.1 | 42.5 | 0.2 | 0.2 | 0.1 |
| 外国人 | 260.31 | 43.2 | 42.8 | 0.1 | 0.1 | 0.1 |
| 香港同胞 | 187.33 | 42.7 | 40.8 | 1.4 | 0.5 | 0.0 |
| 澳门同胞 | 203.81 | 50.6 | 50.6 | 0.0 | 0.0 | 0.0 |
| 台湾同胞 | 227.27 | 35.5 | 33.0 | 0.9 | 1.4 | 0.2 |
| 拉　萨 | 259.55 | 11.9 | 5.1 | 1.1 | 5.2 | 0.4 |
| 外国人 | 257.48 | 11.9 | 5.2 | 1.2 | 5.1 | 0.4 |
| 香港同胞 | 207.51 | 12.5 | 8.2 | 0.0 | 4.2 | 0.0 |
| 澳门同胞 | 259.84 | 11.4 | 0.0 | 0.0 | 11.4 | 0.0 |
| 台湾同胞 | 239.16 | 11.9 | 5.0 | 1.0 | 5.5 | 0.3 |
| 西　安 | 255.31 | 18.2 | 16.3 | 1.7 | 0.3 | 0.0 |
| 外国人 | 253.32 | 18.4 | 16.4 | 1.7 | 0.3 | 0.0 |
| 香港同胞 | 256.23 | 8.4 | 7.0 | 1.2 | 0.2 | 0.0 |
| 澳门同胞 | 241.58 | 20.4 | 19.9 | 0.4 | 0.2 | 0.0 |
| 台湾同胞 | 286.79 | 10.5 | 10.4 | 0.0 | 0.1 | 0.0 |
| 咸　阳 | 196.16 | 14.9 | 12.2 | 2.2 | 0.6 | 0.0 |
| 外国人 | 195.70 | 14.9 | 12.1 | 2.2 | 0.6 | 0.0 |
| 香港同胞 | 302.01 | 26.0 | 23.8 | 1.4 | 0.9 | 0.0 |
| 澳门同胞 | — | — | — | — | — | — |
| 台湾同胞 | 195.59 | 7.4 | 7.2 | 0.0 | 0.2 | 0.0 |
| 兰　州 | 199.26 | 27.2 | 17.0 | 1.8 | 8.3 | 0.0 |
| 外国人 | 199.92 | 28.3 | 16.8 | 2.1 | 9.4 | 0.0 |
| 香港同胞 | 184.09 | 23.5 | 17.0 | 0.7 | 5.8 | 0.0 |
| 澳门同胞 | 181.52 | 22.8 | 9.2 | 3.2 | 10.4 | 0.0 |
| 台湾同胞 | 154.12 | 28.8 | 24.9 | 0.7 | 3.1 | 0.0 |
| 敦　煌 | 190.40 | 20.9 | 7.5 | 2.1 | 11.2 | 0.0 |
| 外国人 | 194.76 | 22.0 | 7.4 | 2.5 | 12.1 | 0.0 |
| 香港同胞 | 208.26 | 16.2 | 8.0 | 0.0 | 8.1 | 0.0 |
| 澳门同胞 | 178.82 | 21.1 | 7.5 | 2.1 | 11.4 | 0.0 |
| 台湾同胞 | 142.81 | 14.6 | 8.1 | 1.4 | 5.1 | 0.0 |

| 住宿 | 餐饮 | 景区游览 | 娱乐 | 购物 | 市内交通 | 邮电通信 | 其他 |
|---|---|---|---|---|---|---|---|
| 19.8 | 12.0 | 3.4 | 2.2 | 11.5 | 0.7 | 0.3 | 7.2 |
| 19.5 | 11.6 | 3.0 | 2.1 | 12.0 | 0.7 | 0.3 | 7.7 |
| 23.8 | 17.6 | 2.0 | 6.7 | 0.0 | 0.9 | 0.2 | 6.0 |
| 20.4 | 14.5 | 4.6 | 0.2 | 4.6 | 0.0 | 0.0 | 5.1 |
| 19.1 | 10.9 | 9.4 | 1.0 | 19.2 | 1.6 | 0.4 | 2.9 |
| | | | | | | | |
| 14.3 | 5.2 | 5.9 | 0.3 | 36.9 | 4.7 | 0.1 | 20.8 |
| 13.9 | 5.2 | 5.8 | 0.3 | 37.6 | 4.9 | 0.1 | 20.3 |
| 20.1 | 2.6 | 9.6 | 0.0 | 15.2 | 0.0 | 0.0 | 40.1 |
| 27.9 | 4.7 | 9.1 | 0.0 | 11.1 | 0.0 | 0.0 | 35.9 |
| 15.2 | 5.0 | 6.2 | 0.3 | 40.5 | 4.3 | 0.0 | 16.6 |
| | | | | | | | |
| 10.3 | 6.1 | 7.6 | 3.3 | 28.4 | 1.2 | 0.5 | 24.5 |
| 10.3 | 6.1 | 7.7 | 3.3 | 28.1 | 1.2 | 0.5 | 24.5 |
| 8.8 | 4.6 | 6.2 | 1.0 | 44.4 | 0.9 | 0.3 | 25.5 |
| 14.3 | 11.8 | 8.4 | 2.1 | 26.6 | 1.2 | 0.2 | 14.9 |
| 8.2 | 6.0 | 7.3 | 5.7 | 33.0 | 0.3 | 0.2 | 28.7 |
| | | | | | | | |
| 8.6 | 5.1 | 6.8 | 3.5 | 32.5 | 0.8 | 0.3 | 27.5 |
| 8.7 | 5.2 | 6.8 | 3.5 | 32.8 | 0.8 | 0.3 | 27.0 |
| 10.4 | 3.6 | 11.1 | 3.8 | 17.6 | 1.2 | 0.0 | 26.3 |
| — | — | — | — | — | — | — | — |
| 3.6 | 3.2 | 1.8 | 1.3 | 22.5 | 0.4 | 0.1 | 59.7 |
| | | | | | | | |
| 23.1 | 9.2 | 6.3 | 2.2 | 22.5 | 1.8 | 0.3 | 7.5 |
| 23.2 | 8.8 | 5.4 | 2.1 | 22.1 | 1.8 | 0.3 | 8.2 |
| 24.1 | 10.3 | 12.4 | 2.9 | 20.1 | 1.7 | 0.3 | 4.8 |
| 22.0 | 9.1 | 6.9 | 1.3 | 27.1 | 1.1 | 0.5 | 9.2 |
| 22.0 | 10.4 | 3.6 | 2.5 | 24.6 | 2.2 | 0.4 | 5.4 |
| | | | | | | | |
| 19.6 | 8.2 | 9.6 | 2.4 | 27.5 | 1.2 | 0.5 | 10.1 |
| 18.7 | 7.6 | 8.5 | 2.3 | 28.7 | 1.1 | 0.5 | 10.6 |
| 23.3 | 10.4 | 18.3 | 2.4 | 20.4 | 0.9 | 0.5 | 7.5 |
| 20.6 | 8.6 | 10.2 | 3.6 | 24.9 | 1.3 | 0.4 | 9.3 |
| 21.9 | 10.8 | 8.3 | 3.0 | 28.4 | 1.6 | 1.2 | 10.1 |

1-20（续21）

| | 人均天花费（美元/人天） | 人均天花费构成（%） | | | | |
|---|---|---|---|---|---|---|
| | | 长途交通 | 飞机 | 火车 | 汽车 | 轮船 |
| 西　　宁 | 142.34 | 26.8 | 6.7 | 18.1 | 2.0 | 0.0 |
| 外 国 人 | 145.42 | 24.0 | 7.5 | 15.7 | 0.8 | 0.0 |
| 香港同胞 | 167.99 | 38.8 | 3.8 | 28.1 | 7.0 | 0.0 |
| 澳门同胞 | — | — | — | — | — | — |
| 台湾同胞 | 140.87 | 0.0 | 0.0 | 0.0 | 0.0 | 0.0 |
| 海　　东 | 158.96 | 21.8 | 6.2 | 12.6 | 3.1 | 0.0 |
| 外 国 人 | 169.01 | 22.9 | 6.7 | 13.6 | 2.6 | 0.0 |
| 香港同胞 | 97.46 | 11.2 | 0.4 | 3.1 | 7.7 | 0.0 |
| 澳门同胞 | — | — | — | — | — | — |
| 台湾同胞 | 146.85 | 10.2 | 0.6 | 2.1 | 7.5 | 0.0 |
| 黄 南 州 | 169.64 | 22.2 | 11.3 | 10.4 | 0.6 | 0.0 |
| 外 国 人 | 168.64 | 21.3 | 10.5 | 10.3 | 0.5 | 0.0 |
| 香港同胞 | 161.56 | 47.1 | 26.6 | 17.2 | 3.3 | 0.0 |
| 澳门同胞 | 191.76 | 37.7 | 37.7 | 0.0 | 0.0 | 0.0 |
| 台湾同胞 | — | — | — | — | — | — |
| 海 西 州 | 165.37 | 35.1 | 15.6 | 17.1 | 2.4 | 0.0 |
| 外 国 人 | 166.16 | 33.8 | 16.5 | 15.9 | 1.4 | 0.0 |
| 香港同胞 | 193.19 | 41.6 | 10.8 | 24.8 | 6.1 | 0.0 |
| 澳门同胞 | 135.29 | 41.1 | 20.7 | 17.1 | 3.3 | 0.0 |
| 台湾同胞 | 142.51 | 21.3 | 3.4 | 11.5 | 6.4 | 0.0 |
| 银　　川 | 162.45 | 30.0 | 28.4 | 0.2 | 1.4 | 0.0 |
| 外 国 人 | 180.80 | 39.5 | 38.4 | 0.2 | 0.9 | 0.0 |
| 香港同胞 | 124.15 | 11.0 | 8.3 | 0.0 | 2.6 | 0.0 |
| 澳门同胞 | 153.75 | 17.1 | 13.9 | 0.0 | 3.2 | 0.0 |
| 台湾同胞 | 145.40 | 12.1 | 10.0 | 0.3 | 1.9 | 0.0 |
| 乌鲁木齐 | 250.30 | 46.1 | 43.2 | 1.3 | 1.5 | 0.0 |
| 外 国 人 | 258.70 | 49.0 | 46.6 | 1.3 | 1.0 | 0.0 |
| 香港同胞 | — | — | — | — | — | — |
| 澳门同胞 | — | — | — | — | — | — |
| 台湾同胞 | 230.88 | 18.2 | 10.9 | 1.1 | 6.2 | 0.0 |

| 住宿 | 餐饮 | 景区游览 | 娱乐 | 购物 | 市内交通 | 邮电通信 | 其他 |
|---|---|---|---|---|---|---|---|
| 19.7 | 5.6 | 9.7 | 1.2 | 18.4 | 7.5 | 0.2 | 10.9 |
| 20.4 | 5.7 | 10.4 | 0.8 | 20.6 | 7.8 | 0.2 | 10.0 |
| 16.1 | 5.1 | 7.0 | 2.6 | 9.3 | 6.1 | 0.2 | 14.7 |
| — | — | — | — | — | — | — | — |
| 56.5 | 16.1 | 0.0 | 0.0 | 24.2 | 3.2 | 0.0 | 0.0 |
| | | | | | | | |
| 14.3 | 7.5 | 9.8 | 1.4 | 23.0 | 7.2 | 2.5 | 12.6 |
| 14.3 | 6.6 | 9.9 | 1.2 | 22.5 | 7.4 | 2.5 | 12.7 |
| 15.0 | 17.4 | 8.1 | 4.4 | 23.2 | 5.7 | 2.2 | 12.7 |
| — | — | — | — | — | — | — | — |
| 12.2 | 11.4 | 8.2 | 2.0 | 38.4 | 4.4 | 1.7 | 11.4 |
| | | | | | | | |
| 10.9 | 4.1 | 7.0 | 0.8 | 43.8 | 4.7 | 0.9 | 5.6 |
| 10.7 | 3.8 | 6.9 | 0.7 | 45.1 | 4.7 | 0.9 | 5.7 |
| 14.7 | 4.5 | 5.4 | 2.0 | 18.2 | 2.8 | 0.0 | 5.3 |
| 18.9 | 18.9 | 18.9 | 1.9 | 1.9 | 1.9 | 0.0 | 0.0 |
| — | — | — | — | — | — | — | — |
| | | | | | | | |
| 13.8 | 3.8 | 8.1 | 1.3 | 15.3 | 6.6 | 4.0 | 12.1 |
| 13.6 | 3.5 | 8.8 | 1.1 | 15.3 | 6.9 | 4.9 | 12.0 |
| 12.5 | 4.1 | 5.5 | 2.7 | 13.8 | 5.0 | 1.4 | 13.3 |
| 14.4 | 4.6 | 7.2 | 1.2 | 14.8 | 7.7 | 0.8 | 8.2 |
| 20.5 | 5.9 | 6.6 | 0.0 | 23.4 | 2.7 | 2.0 | 17.5 |
| | | | | | | | |
| 17.2 | 8.1 | 5.2 | 0.9 | 22.4 | 2.3 | 3.1 | 10.8 |
| 17.1 | 8.3 | 4.1 | 0.9 | 16.3 | 2.3 | 2.3 | 9.3 |
| 17.9 | 6.0 | 6.5 | 0.2 | 29.3 | 2.2 | 4.6 | 22.3 |
| 20.4 | 9.0 | 6.7 | 0.0 | 27.9 | 0.6 | 4.3 | 14.0 |
| 16.0 | 8.1 | 7.5 | 1.4 | 37.5 | 3.0 | 4.8 | 9.6 |
| | | | | | | | |
| 16.5 | 7.2 | 1.7 | 0.7 | 19.2 | 0.7 | 0.4 | 7.5 |
| 16.9 | 7.3 | 1.1 | 0.8 | 16.6 | 0.7 | 0.4 | 7.2 |
| — | — | — | — | — | — | — | — |
| — | — | — | — | — | — | — | — |
| 12.2 | 6.7 | 7.6 | 0.2 | 43.2 | 0.1 | 0.7 | 11.0 |

## 二、入境游客停留时间

## 2-1 2019年入境过夜游客不同停留时间的人数构成
### （按外国人、港澳台胞、团体及散客分组）

| | | 调查人数 | | 1~3天 | 4~7天 | 8~14天 | 15天及以上 |
|---|---|---|---|---|---|---|---|
| | | （人） | （%） | （%） | （%） | （%） | （%） |
| **全国** | **总计** | **12583** | **100** | **25.3** | **56.7** | **15.2** | **2.8** |
| | 团体 | 2934 | 100 | 18.4 | 57.1 | 22.3 | 2.2 |
| | 散客 | 9649 | 100 | 27.4 | 56.6 | 13.0 | 3.0 |
| 外国人 | 小计 | 8790 | 100 | 23.4 | 56.8 | 16.2 | 3.5 |
| | 团体 | 1984 | 100 | 16.8 | 57.8 | 22.2 | 3.1 |
| | 散客 | 6806 | 100 | 25.4 | 56.5 | 14.4 | 3.6 |
| 香港同胞 | 小计 | 1683 | 100 | 36.0 | 54.3 | 8.8 | 0.9 |
| | 团体 | 245 | 100 | 32.7 | 57.1 | 9.8 | 0.4 |
| | 散客 | 1438 | 100 | 36.6 | 53.8 | 8.6 | 1.0 |
| 澳门同胞 | 小计 | 855 | 100 | 32.2 | 59.2 | 8.5 | 0.1 |
| | 团体 | 203 | 100 | 28.6 | 60.6 | 10.8 | 0.0 |
| | 散客 | 652 | 100 | 33.3 | 58.7 | 7.8 | 0.2 |
| 台湾同胞 | 小计 | 1255 | 100 | 19.0 | 57.4 | 21.0 | 2.5 |
| | 团体 | 502 | 100 | 13.5 | 52.8 | 33.5 | 0.2 |
| | 散客 | 753 | 100 | 22.7 | 60.4 | 12.7 | 4.1 |

# 2-2 2019年入境过夜游客不同停留时间的人数构成
## （按性别、职业、团体及散客分组）

| | | 调查人数 | | 1~3天 | 4~7天 | 8~14天 | 15天及以上 |
|---|---|---|---|---|---|---|---|
| | | （人） | （%） | （%） | （%） | （%） | （%） |
| **全　国** | **总计** | **12583** | **100** | **25.3** | **56.7** | **15.2** | **2.8** |
| | 团体 | 2934 | 100 | 18.4 | 57.1 | 22.3 | 2.2 |
| | 散客 | 9649 | 100 | 27.4 | 56.6 | 13.0 | 3.0 |
| 男　性 | 小计 | 6946 | 100 | 26.3 | 55.6 | 15.1 | 3.0 |
| | 团体 | 1389 | 100 | 20.6 | 55.5 | 22.6 | 1.3 |
| | 散客 | 5557 | 100 | 27.7 | 55.6 | 13.2 | 3.5 |
| 女　性 | 小计 | 5637 | 100 | 24.0 | 58.0 | 15.3 | 2.6 |
| | 团体 | 1545 | 100 | 16.4 | 58.5 | 22.1 | 3.0 |
| | 散客 | 4092 | 100 | 26.9 | 57.9 | 12.8 | 2.5 |
| 政府工作人员 | 小计 | 577 | 100 | 22.2 | 61.9 | 14.2 | 1.7 |
| | 团体 | 171 | 100 | 15.2 | 60.2 | 24.0 | 0.6 |
| | 散客 | 406 | 100 | 25.1 | 62.6 | 10.1 | 2.2 |
| 专业技术人员 | 小计 | 2263 | 100 | 23.6 | 57.2 | 17.4 | 1.9 |
| | 团体 | 461 | 100 | 18.2 | 50.1 | 30.6 | 1.1 |
| | 散客 | 1802 | 100 | 24.9 | 59.0 | 14.0 | 2.1 |
| 职　员 | 小计 | 2863 | 100 | 24.3 | 62.6 | 11.9 | 1.2 |
| | 团体 | 605 | 100 | 15.4 | 66.1 | 18.5 | 0.0 |
| | 散客 | 2258 | 100 | 26.7 | 61.6 | 10.2 | 1.5 |
| 技工 / 工人 | 小计 | 579 | 100 | 33.7 | 51.3 | 13.8 | 1.2 |
| | 团体 | 143 | 100 | 29.4 | 46.2 | 23.8 | 0.7 |
| | 散客 | 436 | 100 | 35.1 | 53.0 | 10.6 | 1.4 |
| 商贸人员 | 小计 | 1776 | 100 | 32.2 | 52.0 | 14.0 | 1.8 |
| | 团体 | 270 | 100 | 32.2 | 50.4 | 17.0 | 0.4 |
| | 散客 | 1506 | 100 | 32.1 | 52.3 | 13.5 | 2.1 |
| 服务员 / 推销员 | 小计 | 552 | 100 | 27.9 | 59.2 | 12.0 | 0.9 |
| | 团体 | 164 | 100 | 17.1 | 62.8 | 20.1 | 0.0 |
| | 散客 | 388 | 100 | 32.5 | 57.7 | 8.5 | 1.3 |
| 退休人员 | 小计 | 1025 | 100 | 17.0 | 59.3 | 21.4 | 2.3 |
| | 团体 | 399 | 100 | 14.3 | 59.1 | 25.3 | 1.3 |
| | 散客 | 626 | 100 | 18.7 | 59.4 | 18.8 | 3.0 |
| 家庭妇女 | 小计 | 659 | 100 | 23.7 | 59.0 | 15.6 | 1.7 |
| | 团体 | 207 | 100 | 18.8 | 61.4 | 19.8 | 0.0 |
| | 散客 | 452 | 100 | 25.9 | 58.0 | 13.7 | 2.4 |
| 军　人 | 小计 | 32 | 100 | 25.0 | 59.4 | 6.3 | 9.4 |
| | 团体 | 13 | 100 | 15.4 | 76.9 | 7.7 | 0.0 |
| | 散客 | 19 | 100 | 31.6 | 47.4 | 5.3 | 15.8 |
| 学　生 | 小计 | 1496 | 100 | 26.1 | 46.3 | 17.1 | 10.5 |
| | 团体 | 351 | 100 | 17.1 | 49.6 | 19.7 | 13.7 |
| | 散客 | 1145 | 100 | 28.9 | 45.2 | 16.3 | 9.5 |
| 其　他 | 小计 | 761 | 100 | 22.9 | 57.4 | 15.4 | 4.3 |
| | 团体 | 150 | 100 | 14.7 | 59.3 | 24.0 | 2.0 |
| | 散客 | 611 | 100 | 24.9 | 57.0 | 13.3 | 4.9 |

## 2-3　2019 年入境过夜游客不同停留时间的人数构成
### （按年龄、旅游目的、团体及散客分组）

| | | 调查人数（人） | 调查人数（%） | 1~3 天（%） | 4~7 天（%） | 8~14 天（%） | 15 天及以上（%） |
|---|---|---|---|---|---|---|---|
| **全　国** | **总计** | **12583** | **100** | **25.3** | **56.7** | **15.2** | **2.8** |
| | 团体 | 2934 | 100 | 18.4 | 57.1 | 22.3 | 2.2 |
| | 散客 | 9649 | 100 | 27.4 | 56.6 | 13.0 | 3.0 |
| 65 岁及以上 | 小计 | 798 | 100 | 23.9 | 56.8 | 16.7 | 2.6 |
| | 团体 | 283 | 100 | 17.0 | 60.8 | 21.2 | 1.1 |
| | 散客 | 515 | 100 | 27.8 | 54.6 | 14.2 | 3.5 |
| 45~64 岁 | 小计 | 3997 | 100 | 23.2 | 58.6 | 16.2 | 1.9 |
| | 团体 | 1056 | 100 | 15.5 | 63.1 | 21.0 | 0.4 |
| | 散客 | 2941 | 100 | 26.0 | 57.1 | 14.5 | 2.4 |
| 25~44 岁 | 小计 | 6024 | 100 | 26.2 | 57.7 | 14.4 | 1.8 |
| | 团体 | 1173 | 100 | 21.0 | 52.3 | 25.7 | 1.1 |
| | 散客 | 4851 | 100 | 27.4 | 59.0 | 11.6 | 2.0 |
| 15~24 岁 | 小计 | 1680 | 100 | 27.3 | 48.9 | 14.9 | 8.8 |
| | 团体 | 386 | 100 | 19.4 | 52.1 | 17.4 | 11.1 |
| | 散客 | 1294 | 100 | 29.7 | 48.0 | 14.2 | 8.1 |
| 14 岁及以下 | 小计 | 84 | 100 | 32.1 | 51.2 | 13.1 | 3.6 |
| | 团体 | 36 | 100 | 19.4 | 63.9 | 13.9 | 2.8 |
| | 散客 | 48 | 100 | 41.7 | 41.7 | 12.5 | 4.2 |
| 观光游览 | 小计 | 4113 | 100 | 18.1 | 64.3 | 16.6 | 1.1 |
| | 团体 | 1468 | 100 | 14.4 | 64.6 | 19.7 | 1.2 |
| | 散客 | 2645 | 100 | 20.1 | 64.0 | 14.9 | 1.0 |
| 休闲度假 | 小计 | 3037 | 100 | 21.6 | 59.8 | 17.1 | 1.5 |
| | 团体 | 950 | 100 | 18.0 | 52.8 | 27.7 | 1.5 |
| | 散客 | 2087 | 100 | 23.2 | 63.0 | 12.3 | 1.5 |
| 探亲访友 | 小计 | 1319 | 100 | 28.8 | 49.6 | 16.8 | 4.8 |
| | 团体 | 78 | 100 | 25.6 | 56.4 | 17.9 | 0.0 |
| | 散客 | 1241 | 100 | 29.0 | 49.2 | 16.8 | 5.1 |
| 商　务 | 小计 | 1952 | 100 | 32.8 | 53.2 | 10.6 | 3.4 |
| | 团体 | 72 | 100 | 36.1 | 47.2 | 13.9 | 2.8 |
| | 散客 | 1880 | 100 | 32.7 | 53.4 | 10.5 | 3.5 |
| 会　议 | 小计 | 568 | 100 | 42.8 | 50.2 | 6.5 | 0.5 |
| | 团体 | 41 | 100 | 41.5 | 46.3 | 9.8 | 2.4 |
| | 散客 | 527 | 100 | 42.9 | 50.5 | 6.3 | 0.4 |
| 宗教朝拜 | 小计 | 81 | 100 | 29.6 | 39.5 | 30.9 | 0.0 |
| | 团体 | 29 | 100 | 3.4 | 31.0 | 65.5 | 0.0 |
| | 散客 | 52 | 100 | 44.2 | 44.2 | 11.5 | 0.0 |
| 文体交流 | 小计 | 603 | 100 | 24.7 | 48.1 | 16.9 | 10.3 |
| | 团体 | 111 | 100 | 19.8 | 44.1 | 17.1 | 18.9 |
| | 散客 | 492 | 100 | 25.8 | 49.0 | 16.9 | 8.3 |
| 购　物 | 小计 | 201 | 100 | 49.3 | 43.8 | 6.0 | 1.0 |
| | 团体 | 76 | 100 | 60.5 | 32.9 | 6.6 | 0.0 |
| | 散客 | 125 | 100 | 42.4 | 50.4 | 5.6 | 1.6 |
| 医疗保健 | 小计 | 114 | 100 | 19.3 | 49.1 | 28.9 | 2.6 |
| | 团体 | 32 | 100 | 6.3 | 28.1 | 65.6 | 0.0 |
| | 散客 | 82 | 100 | 24.4 | 57.3 | 14.6 | 3.7 |
| 其　他 | 小计 | 595 | 100 | 37.8 | 39.0 | 11.6 | 11.6 |
| | 团体 | 77 | 100 | 29.9 | 45.5 | 14.3 | 10.4 |
| | 散客 | 518 | 100 | 39.0 | 38.0 | 11.2 | 11.8 |

## 2-4　2019 年外国过夜游客不同停留时间的人数构成
### （按国别分组）

| | 调查人数 | | 1~3 天 | 4~7 天 | 8~14 天 | 15 天及以上 |
|---|---|---|---|---|---|---|
| | （人） | （%） | （%） | （%） | （%） | （%） |
| 日　　本 | 1240 | 100 | 24.7 | 61.0 | 11.9 | 2.4 |
| 菲 律 宾 | 179 | 100 | 22.3 | 60.3 | 15.6 | 1.7 |
| 泰　　国 | 295 | 100 | 20.3 | 67.8 | 10.5 | 1.4 |
| 新 加 坡 | 427 | 100 | 21.3 | 66.3 | 8.4 | 4.0 |
| 印度尼西亚 | 134 | 100 | 19.4 | 61.9 | 16.4 | 2.2 |
| 马来西亚 | 298 | 100 | 19.1 | 61.4 | 17.1 | 2.3 |
| 韩　　国 | 1252 | 100 | 25.0 | 58.9 | 12.1 | 3.9 |
| 朝　　鲜 | 82 | 100 | 31.7 | 59.8 | 6.1 | 2.4 |
| 蒙　　古 | 128 | 100 | 61.7 | 32.0 | 5.5 | 0.8 |
| 印　　度 | 194 | 100 | 19.6 | 61.3 | 17.5 | 1.5 |
| 越　　南 | 121 | 100 | 26.4 | 57.0 | 16.5 | 0.0 |
| 缅　　甸 | 45 | 100 | 31.1 | 55.6 | 11.1 | 2.2 |
| 哈萨克斯坦 | 123 | 100 | 40.7 | 37.4 | 13.8 | 8.1 |
| 英　　国 | 333 | 100 | 18.0 | 56.8 | 22.5 | 2.7 |
| 法　　国 | 371 | 100 | 23.2 | 52.8 | 21.3 | 2.7 |
| 德　　国 | 279 | 100 | 25.1 | 52.7 | 17.6 | 4.7 |
| 西 班 牙 | 97 | 100 | 22.7 | 62.9 | 13.4 | 1.0 |
| 意 大 利 | 192 | 100 | 17.7 | 55.7 | 17.7 | 8.9 |
| 荷　　兰 | 131 | 100 | 16.8 | 56.5 | 21.4 | 5.3 |
| 瑞　　典 | 86 | 100 | 16.3 | 57.0 | 23.3 | 3.5 |
| 俄 罗 斯 | 713 | 100 | 27.5 | 49.6 | 19.5 | 3.4 |
| 瑞　　士 | 86 | 100 | 16.3 | 67.4 | 16.3 | 0.0 |
| 乌 克 兰 | 60 | 100 | 16.7 | 60.0 | 21.7 | 1.7 |
| 美　　国 | 743 | 100 | 24.4 | 55.3 | 17.8 | 2.6 |
| 加 拿 大 | 342 | 100 | 17.0 | 54.1 | 25.7 | 3.2 |
| 澳大利亚 | 172 | 100 | 19.2 | 58.1 | 19.2 | 3.5 |
| 新 西 兰 | 102 | 100 | 14.7 | 62.7 | 21.6 | 1.0 |
| 非洲国家 | 123 | 100 | 13.0 | 56.1 | 15.4 | 15.4 |
| 中南美洲国家 | 74 | 100 | 6.8 | 56.8 | 33.8 | 2.7 |
| 其他国家 | 368 | 100 | 25.3 | 41.3 | 23.4 | 10.1 |

# 2-5 2019 年入境过夜游客平均停留时间

单位：天 / 人

| | 平均停留 | 团　体 | 散　客 |
|---|---|---|---|
| **总平均** | **7.0** | **6.9** | **7.1** |
| 外 国 人 | 7.4 | 7.2 | 7.5 |
| 香港同胞 | 5.4 | 5.5 | 5.3 |
| 澳门同胞 | 5.4 | 5.6 | 5.3 |
| 台湾同胞 | 7.2 | 6.7 | 7.6 |
| 男　　性 | 7.3 | 6.8 | 7.4 |
| 女　　性 | 6.6 | 6.9 | 6.5 |
| 65 岁及以上 | 6.9 | 6.8 | 7.0 |
| 45~64 岁 | 6.8 | 6.6 | 6.9 |
| 25~44 岁 | 6.5 | 6.8 | 6.5 |
| 15~24 岁 | 9.2 | 8.0 | 9.5 |
| 14 岁及以下 | 6.3 | 6.8 | 5.9 |
| 观光游览 | 6.4 | 6.6 | 6.2 |
| 休闲度假 | 6.3 | 6.7 | 6.1 |
| 探亲访友 | 6.9 | 5.9 | 7.0 |
| 商　　务 | 7.6 | 10.8 | 7.5 |
| 会　　议 | 5.0 | 5.9 | 5.0 |
| 宗教朝拜 | 6.2 | 8.2 | 5.1 |
| 文体交流 | 8.8 | 9.2 | 8.7 |
| 购　　物 | 4.9 | 4.7 | 5.0 |
| 医疗保健 | 7.6 | 9.5 | 6.8 |
| 其　　他 | 14.0 | 7.7 | 15.0 |
| 政府工作人员 | 6.9 | 6.7 | 6.9 |
| 专业技术人员 | 6.8 | 7.5 | 6.7 |
| 职　　员 | 6.3 | 6.2 | 6.3 |
| 技工 / 工人 | 5.8 | 6.3 | 5.6 |
| 商贸人员 | 6.2 | 5.8 | 6.3 |
| 服务员 / 推销员 | 5.8 | 6.5 | 5.5 |
| 退休人员 | 7.3 | 7.1 | 7.4 |
| 家庭妇女 | 6.2 | 6.1 | 6.3 |
| 军　　人 | 6.7 | 6.1 | 7.1 |
| 学　　生 | 9.9 | 8.6 | 10.3 |
| 其　　他 | 8.7 | 6.8 | 9.2 |

# 2-6 2019 年入境过夜游客平均停留时间
## （按外国人、港澳台胞、团体及散客、性别、年龄分组）

单位：天 / 人

| | | 平均停留 | 性别 | | 年龄 | | | | |
|---|---|---|---|---|---|---|---|---|---|
| | | | 男性 | 女性 | 14 岁及以下 | 15~24 岁 | 25~44 岁 | 45~64 岁 | 65 岁及以上 |
| **全国** | **平均** | **7.0** | **7.3** | **6.6** | **6.3** | **9.2** | **6.5** | **6.8** | **6.9** |
| | 团体 | 6.9 | 6.8 | 6.9 | 6.8 | 8.0 | 6.8 | 6.6 | 6.8 |
| | 散客 | 7.1 | 7.4 | 6.5 | 5.9 | 9.5 | 6.5 | 6.9 | 7.0 |
| 外国人 | 小计 | 7.4 | 7.8 | 7.0 | 6.9 | 11.1 | 6.8 | 7.1 | 7.1 |
| | 团体 | 7.2 | 7.1 | 7.3 | 6.7 | 9.2 | 7.0 | 6.7 | 7.2 |
| | 散客 | 7.5 | 8.0 | 6.9 | 7.1 | 11.8 | 6.8 | 7.3 | 7.0 |
| 香港同胞 | 小计 | 5.4 | 5.4 | 5.4 | 6.0 | 5.5 | 5.2 | 5.3 | 6.0 |
| | 团体 | 5.5 | 5.7 | 5.4 | 8.1 | 4.9 | 5.5 | 5.5 | 5.7 |
| | 散客 | 5.3 | 5.3 | 5.3 | 4.9 | 5.6 | 5.1 | 5.3 | 6.0 |
| 澳门同胞 | 小计 | 5.4 | 5.4 | 5.4 | 5.1 | 5.1 | 5.3 | 5.7 | 6.1 |
| | 团体 | 5.6 | 5.7 | 5.6 | 6.2 | 5.1 | 5.5 | 6.1 | 6.3 |
| | 散客 | 5.3 | 5.3 | 5.3 | 4.8 | 5.1 | 5.3 | 5.6 | 6.0 |
| 台湾同胞 | 小计 | 7.2 | 7.8 | 6.7 | 6.0 | 8.2 | 6.8 | 7.4 | 7.8 |
| | 团体 | 6.7 | 6.9 | 6.6 | 4.4 | 5.6 | 7.1 | 6.7 | 6.0 |
| | 散客 | 7.6 | 8.2 | 6.8 | 7.2 | 9.3 | 6.7 | 7.9 | 9.4 |

## 2-7　2019 年入境过夜游客平均停留时间

| | | 平均停留 | 职业 | | | | |
|---|---|---|---|---|---|---|---|
| | | | 政府工作人员 | 专业技术人员 | 职员 | 技工/工人 | 商贸人员 |
| **全国** | **平均** | **7.0** | **6.9** | **6.8** | **6.3** | **5.8** | **6.2** |
| | 团体 | 6.9 | 6.7 | 7.5 | 6.2 | 6.3 | 5.8 |
| | 散客 | 7.1 | 6.9 | 6.7 | 6.3 | 5.6 | 6.3 |
| 外国人 | 小计 | 7.4 | 7.1 | 7.2 | 6.6 | 6.1 | 6.2 |
| | 团体 | 7.2 | 6.9 | 8.0 | 6.3 | 6.8 | 5.8 |
| | 散客 | 7.5 | 7.2 | 7.0 | 6.7 | 5.9 | 6.2 |
| 香港同胞 | 小计 | 5.4 | 5.5 | 5.4 | 5.0 | 5.0 | 5.4 |
| | 团体 | 5.5 | 5.5 | 5.2 | 5.6 | 5.0 | 5.3 |
| | 散客 | 5.3 | 5.5 | 5.5 | 4.9 | 5.0 | 5.4 |
| 澳门同胞 | 小计 | 5.4 | 5.7 | 5.9 | 5.2 | 5.0 | 5.1 |
| | 团体 | 5.6 | 6.0 | 6.4 | 5.6 | 4.7 | 5.0 |
| | 散客 | 5.3 | 5.5 | 5.7 | 5.1 | 5.1 | 5.1 |
| 台湾同胞 | 小计 | 7.2 | 6.6 | 6.7 | 6.0 | 5.8 | 8.4 |
| | 团体 | 6.7 | 6.8 | 7.4 | 6.5 | 6.7 | 6.3 |
| | 散客 | 7.6 | 6.3 | 6.0 | 5.8 | 5.0 | 9.0 |

（按外国人、港澳台胞、团体及散客、职业分组）

单位：天/人

| 服务员/推销员 | 退休人员 | 家庭妇女 | 军人 | 学生 | 其他 |
|---|---|---|---|---|---|
| **5.8** | **7.3** | **6.2** | **6.7** | **9.9** | **8.7** |
| 6.5 | 7.1 | 6.1 | 6.1 | 8.6 | 6.8 |
| 5.5 | 7.4 | 6.3 | 7.1 | 10.3 | 9.2 |
| | | | | | |
| 6.1 | 7.6 | 6.2 | 7.2 | 11.8 | 9.4 |
| 6.8 | 7.4 | 6.1 | 6.5 | 9.7 | 7.1 |
| 5.8 | 7.8 | 6.2 | 7.7 | 12.5 | 10.0 |
| | | | | | |
| 4.6 | 5.9 | 5.2 | 4.5 | 5.8 | 5.8 |
| 5.2 | 5.8 | 4.7 | 4.7 | 6.0 | 6.8 |
| 4.5 | 5.9 | 5.3 | 4.2 | 5.8 | 5.7 |
| | | | | | |
| 5.3 | 6.4 | 5.5 | 5.7 | 5.1 | 5.6 |
| 5.6 | 6.3 | 6.0 | — | 5.2 | 5.1 |
| 5.0 | 6.5 | 5.3 | 5.7 | 5.1 | 5.7 |
| | | | | | |
| 5.9 | 7.8 | 8.1 | — | 9.8 | 8.6 |
| 6.2 | 7.0 | 6.3 | — | 5.6 | 6.3 |
| 5.7 | 8.9 | 9.7 | — | 11.6 | 9.7 |

## 2-8 2019 年入境过夜游客平均停留时间

| | | 平均停留 | 旅游目的 | | | |
|---|---|---|---|---|---|---|
| | | | 观光游览 | 休闲度假 | 探亲访友 | 商务 |
| **全 国** | **平均** | **7.0** | **6.4** | **6.3** | **6.9** | **7.6** |
| | 团体 | 6.9 | 6.6 | 6.7 | 5.9 | 10.8 |
| | 散客 | 7.1 | 6.2 | 6.1 | 7.0 | 7.5 |
| 外 国 人 | 小计 | 7.4 | 6.6 | 6.6 | 8.0 | 7.9 |
| | 团体 | 7.2 | 6.9 | 6.9 | 5.9 | 12.9 |
| | 散客 | 7.5 | 6.4 | 6.5 | 8.1 | 7.7 |
| 香港同胞 | 小计 | 5.4 | 5.4 | 5.1 | 5.5 | 5.4 |
| | 团体 | 5.5 | 5.5 | 5.7 | 4.9 | 5.7 |
| | 散客 | 5.3 | 5.4 | 5.0 | 5.5 | 5.4 |
| 澳门同胞 | 小计 | 5.4 | 5.5 | 5.5 | 5.5 | 4.9 |
| | 团体 | 5.6 | 5.9 | 5.6 | 5.0 | 5.4 |
| | 散客 | 5.3 | 5.3 | 5.4 | 5.6 | 4.9 |
| 台湾同胞 | 小计 | 7.2 | 6.5 | 6.6 | 7.9 | 8.5 |
| | 团体 | 6.7 | 6.6 | 7.1 | 6.3 | 5.7 |
| | 散客 | 7.6 | 6.4 | 6.1 | 8.1 | 8.7 |

（按外国人、港澳台胞、团体及散客、旅游目的分组）

单位：天 / 人

| 会 议 | 宗 教 朝 拜 | 文化 / 体育 / 科技交流 | 购 物 | 医疗保健 | 其 他 |
|---|---|---|---|---|---|
| **5.0** | **6.2** | **8.8** | **4.9** | **7.6** | **14.0** |
| 5.9 | 8.2 | 9.2 | 4.7 | 9.5 | 7.7 |
| 5.0 | 5.1 | 8.7 | 5.0 | 6.8 | 15.0 |
| | | | | | |
| 5.1 | 6.2 | 9.4 | 5.0 | 7.9 | 14.7 |
| 6.2 | 9.0 | 9.7 | 4.7 | 9.8 | 8.6 |
| 5.0 | 4.9 | 9.3 | 5.2 | 7.0 | 15.5 |
| | | | | | |
| 4.6 | 5.5 | 6.4 | 4.9 | 5.3 | 5.9 |
| 3.7 | — | 6.7 | 5.5 | 4.7 | 4.1 |
| 4.6 | 5.5 | 6.4 | 4.5 | 5.4 | 6.4 |
| | | | | | |
| 4.9 | 4.4 | 5.4 | 4.3 | 5.3 | 5.6 |
| 4.7 | 5.7 | 4.0 | 3.7 | 5.7 | 5.3 |
| 4.9 | 3.7 | 5.7 | 4.3 | 5.2 | 5.7 |
| | | | | | |
| 4.6 | 7.0 | 6.5 | 3.7 | 6.5 | 21.5 |
| 4.2 | 7.1 | 4.9 | 2.7 | — | 5.9 |
| 4.7 | 6.7 | 6.8 | 4.7 | 6.5 | 25.3 |

# 2-9 2019年外国过夜游客平均停留时间

| | 平均停留 | 职业 | | | | |
|---|---|---|---|---|---|---|
| | | 政府工作人员 | 专业技术人员 | 职员 | 技工/工人 | 商贸人员 |
| 日本 | 7.3 | 5.5 | 5.7 | 8.3 | 5.7 | 7.6 |
| 菲律宾 | 6.3 | 8.1 | 6.2 | 5.8 | 5.7 | 6.0 |
| 泰国 | 6.0 | 6.4 | 5.7 | 6.1 | 6.6 | 6.1 |
| 新加坡 | 6.7 | 7.5 | 5.5 | 5.9 | 5.4 | 6.1 |
| 印度尼西亚 | 7.1 | 5.3 | 5.7 | 6.5 | 5.2 | 5.6 |
| 马来西亚 | 6.6 | 6.5 | 6.1 | 5.5 | 6.9 | 6.1 |
| 韩国 | 6.9 | 6.9 | 6.0 | 5.8 | 5.7 | 5.3 |
| 朝鲜 | 5.7 | 4.2 | 4.6 | 7.6 | 5.2 | 5.6 |
| 蒙古 | 4.4 | 3.7 | 4.5 | 4.5 | 6.7 | 3.8 |
| 印度 | 6.8 | 6.9 | 6.4 | 6.1 | 5.4 | 6.1 |
| 越南 | 5.6 | 4.8 | 5.6 | 6.0 | 5.1 | 5.1 |
| 缅甸 | 5.8 | 4.7 | 5.9 | 5.1 | 5.2 | 6.1 |
| 哈萨克斯坦 | 19.0 | 5.0 | 7.9 | 4.7 | 5.0 | 5.2 |
| 英国 | 6.9 | 5.7 | 7.3 | 6.8 | 6.7 | 6.2 |
| 法国 | 6.8 | 6.6 | 7.0 | 6.5 | 6.6 | 5.8 |
| 德国 | 9.8 | 5.1 | 18.1 | 6.1 | 6.6 | 5.0 |
| 西班牙 | 7.5 | 5.5 | 5.6 | 11.8 | 4.7 | 5.5 |
| 意大利 | 8.5 | 6.5 | 9.3 | 6.9 | 6.2 | 5.2 |
| 荷兰 | 7.6 | 7.3 | 8.2 | 6.4 | 7.0 | 7.9 |
| 瑞典 | 7.1 | 7.7 | 6.8 | 6.1 | 4.7 | 6.4 |
| 俄罗斯 | 6.8 | 6.5 | 6.0 | 5.8 | 6.1 | 5.6 |
| 瑞士 | 6.2 | 5.7 | 6.4 | 6.2 | 6.7 | 5.7 |
| 乌克兰 | 6.8 | 6.7 | 6.6 | 6.0 | 8.5 | 7.6 |
| 美国 | 7.5 | 5.8 | 7.4 | 6.0 | 6.5 | 5.7 |
| 加拿大 | 7.1 | 6.8 | 7.4 | 7.3 | 8.7 | 6.0 |
| 澳大利亚 | 7.0 | 8.9 | 6.7 | 6.5 | 6.0 | 6.3 |
| 新西兰 | 6.6 | 8.7 | 7.2 | 6.5 | 7.2 | 5.9 |
| 非洲国家 | 10.5 | 13.4 | 7.6 | 6.7 | 6.2 | 9.1 |
| 中南美洲国家 | 8.2 | 6.0 | 7.7 | 7.8 | 7.7 | 9.2 |
| 其他国家 | 11.8 | 23.4 | 15.1 | 6.8 | 6.0 | 7.5 |

（按国别、职业分组）

单位：天 / 人

| 服务员 / 推销员 | 退休人员 | 家庭妇女 | 军人 | 学生 | 其他 |
|---|---|---|---|---|---|
| 5.8 | 6.9 | 6.1 | 3.7 | 6.6 | 17.9 |
| 5.1 | 7.6 | 6.1 | 3.7 | 7.7 | 7.4 |
| 6.2 | 6.3 | 7.1 | 4.7 | 5.4 | 5.7 |
| 5.6 | 10.3 | 6.6 | 5.0 | 9.0 | 6.4 |
| 6.2 | 6.5 | 8.7 | — | 11.2 | 6.5 |
| 5.3 | 8.9 | 6.8 | 7.0 | 9.7 | 6.5 |
| 6.4 | 7.9 | 6.0 | 5.7 | 11.2 | 16.5 |
| 5.0 | 6.7 | 5.3 | — | 6.6 | 3.7 |
| 4.5 | 5.6 | 3.6 | — | 5.1 | 3.3 |
| 6.8 | 5.7 | 6.0 | 6.7 | 13.8 | 6.0 |
| 5.8 | 4.8 | 5.4 | 7.7 | 6.2 | 7.9 |
| 5.0 | 5.7 | 11.7 | 7.7 | — | 4.2 |
| — | 7.0 | 4.9 | — | 37.6 | 7.2 |
| 9.4 | 6.8 | 8.5 | 3.7 | 7.3 | 7.1 |
| 5.5 | 7.5 | 6.6 | — | 7.5 | 8.5 |
| 5.8 | 8.5 | 5.1 | 3.7 | 19.7 | 7.1 |
| 6.1 | 6.3 | 6.7 | — | 5.6 | 5.9 |
| 5.7 | 8.6 | 4.7 | — | 15.9 | 5.5 |
| 7.7 | 6.6 | 6.7 | — | 8.9 | 8.3 |
| 8.7 | 6.7 | 6.4 | — | 8.9 | 10.3 |
| 7.6 | 7.0 | 5.7 | 6.7 | 10.9 | 6.5 |
| — | 6.7 | — | 4.7 | 4.7 | 8.5 |
| 6.7 | — | — | — | 6.1 | 4.7 |
| 6.3 | 8.6 | 7.0 | 16.7 | 7.0 | 13.8 |
| 5.8 | 7.3 | 6.4 | — | 7.9 | 6.1 |
| 6.5 | 8.0 | 5.5 | 5.7 | 10.7 | 6.8 |
| 6.0 | 7.4 | 4.2 | — | 5.1 | 8.4 |
| 4.7 | 10.0 | 6.7 | 5.7 | 14.0 | 4.7 |
| 5.9 | 8.4 | 10.0 | — | 11.0 | 8.2 |
| 6.0 | 7.2 | 5.0 | 14.7 | 16.4 | 8.0 |

## 2-10　2019 年外国过夜游客平均停留时间
### （按国别、旅游目的分组）

单位：天 / 人

| | 平均停留 | 旅游目的 | | | | | | | | | |
|---|---|---|---|---|---|---|---|---|---|---|---|
| | | 观光游览 | 休闲度假 | 探亲访友 | 商务 | 会议 | 宗教朝拜 | 文体交流 | 购物 | 医疗保健 | 其他 |
| 日　本 | 7.3 | 6.1 | 6.1 | 8.5 | 11.2 | 4.5 | 3.6 | 6.2 | 4.7 | 5.9 | 6.8 |
| 菲律宾 | 6.3 | 6.2 | 5.9 | 8.0 | 7.2 | 5.2 | 4.7 | 6.1 | 6.7 | 4.7 | 6.7 |
| 泰　国 | 6.0 | 6.1 | 6.2 | 6.5 | 5.6 | 5.2 | 5.2 | 6.2 | 8.2 | 5.7 | 5.1 |
| 新加坡 | 6.7 | 6.2 | 5.9 | 10.7 | 5.5 | 5.1 | 3.7 | 8.7 | 5.5 | 5.7 | 6.4 |
| 印度尼西亚 | 7.1 | 6.2 | 6.1 | 7.6 | 5.6 | 4.5 | 9.7 | 8.2 | 4.7 | 3.7 | 15.8 |
| 马来西亚 | 6.6 | 6.3 | 6.6 | 6.7 | 5.8 | 4.6 | 4.7 | 5.3 | 7.7 | 6.5 | 14.7 |
| 韩　国 | 6.9 | 6.6 | 6.6 | 7.6 | 5.6 | 4.6 | 9.1 | 6.7 | 5.3 | 5.4 | 21.5 |
| 朝　鲜 | 5.7 | 6.6 | 5.2 | 4.5 | 4.7 | 5.0 | 6.7 | 5.0 | 12.2 | 4.7 | 3.7 |
| 蒙　古 | 4.4 | 4.0 | 6.0 | 4.4 | 4.3 | 4.3 | 6.2 | 4.7 | 3.5 | 3.7 | 5.4 |
| 印　度 | 6.8 | 7.0 | 6.0 | 6.2 | 6.2 | 4.8 | — | 5.9 | 6.3 | 11.7 | 14.8 |
| 越　南 | 5.6 | 6.2 | 5.6 | 4.6 | 5.0 | 4.7 | 8.7 | 5.0 | 3.7 | 7.0 | 6.5 |
| 缅　甸 | 5.8 | 5.8 | 5.3 | 3.2 | 6.0 | 4.7 | — | 5.2 | — | — | 11.2 |
| 哈萨克斯坦 | 19.0 | 6.4 | 4.8 | 5.2 | 6.0 | 4.7 | — | 72.5 | 5.7 | 3.7 | 26.7 |
| 英　国 | 6.9 | 7.0 | 7.5 | 10.7 | 6.6 | 3.7 | 4.7 | 8.5 | 4.7 | 5.2 | 5.6 |
| 法　国 | 6.8 | 6.8 | 7.0 | 7.2 | 5.7 | 5.4 | 6.7 | 8.4 | 5.2 | 14.1 | 5.9 |
| 德　国 | 9.8 | 7.7 | 6.6 | 7.0 | 15.4 | 6.2 | 7.7 | 6.2 | 7.0 | 13.7 | 19.6 |
| 西班牙 | 7.5 | 6.2 | 5.4 | 5.0 | 15.7 | 4.7 | — | 5.5 | — | — | 4.3 |
| 意大利 | 8.5 | 7.4 | 6.7 | 6.6 | 10.4 | 4.9 | — | 16.7 | 5.7 | — | 5.7 |
| 荷　兰 | 7.6 | 7.8 | 7.4 | 6.1 | 8.4 | 5.2 | — | 6.7 | — | — | 8.2 |
| 瑞　典 | 7.1 | 6.4 | 6.7 | 6.7 | 6.7 | 5.2 | — | 8.8 | 6.4 | — | 29.7 |
| 俄罗斯 | 6.8 | 6.9 | 6.7 | 5.9 | 5.7 | 4.8 | 2.7 | 15.6 | 4.4 | 10.4 | 5.2 |
| 瑞　士 | 6.2 | 6.2 | 6.7 | 4.9 | 6.0 | 6.2 | 3.7 | 5.9 | — | — | 5.2 |
| 乌克兰 | 6.8 | 7.2 | 6.1 | — | 7.6 | 5.4 | — | 6.5 | — | 5.7 | 5.7 |
| 美　国 | 7.5 | 6.7 | 7.0 | 9.0 | 6.2 | 6.0 | — | 5.3 | 5.3 | 13.5 | 18.8 |
| 加拿大 | 7.1 | 7.4 | 7.0 | 11.5 | 5.9 | 5.0 | — | 6.7 | — | 4.7 | 4.2 |
| 澳大利亚 | 7.0 | 6.9 | 6.2 | 11.0 | 5.8 | 4.5 | — | 12.7 | — | 3.7 | 8.9 |
| 新西兰 | 6.6 | 6.5 | 7.2 | 7.9 | 5.5 | 6.0 | 2.7 | 5.5 | — | 3.7 | 10.2 |
| 非洲国家 | 10.5 | 7.1 | 8.2 | 10.5 | 9.9 | 5.7 | — | 7.6 | 5.7 | 11.7 | 15.5 |
| 中南美洲国家 | 8.2 | 8.9 | 8.0 | 6.7 | 7.8 | 5.3 | 8.7 | 10.4 | — | — | — |
| 其他国家 | 11.8 | 6.5 | 8.9 | 8.1 | 10.7 | 7.3 | — | 9.7 | 7.7 | 7.5 | 20.6 |

## 2-11　2019 年外国过夜游客平均停留时间
### （按国别、性别、年龄分组）

单位：天 / 人

| | 平均停留 | 性别 | | 年龄 | | | | |
|---|---|---|---|---|---|---|---|---|
| | | 男性 | 女性 | 14 岁及以下 | 15~24 岁 | 25~44 岁 | 45~64 岁 | 65 岁及以上 |
| 日本 | 7.3 | 8.2 | 6.2 | 6.2 | 6.9 | 7.2 | 7.9 | 5.8 |
| 菲律宾 | 6.3 | 6.6 | 5.9 | — | 5.8 | 6.2 | 6.6 | 6.4 |
| 泰国 | 6.0 | 5.9 | 6.1 | — | 5.7 | 5.9 | 6.4 | 5.8 |
| 新加坡 | 6.7 | 7.0 | 6.3 | 5.2 | 8.8 | 6.0 | 5.8 | 13.7 |
| 印度尼西亚 | 7.1 | 7.7 | 6.3 | 8.7 | 10.5 | 5.7 | 6.5 | 5.7 |
| 马来西亚 | 6.6 | 6.5 | 6.7 | 6.7 | 7.4 | 6.6 | 6.3 | 7.0 |
| 韩国 | 6.9 | 6.9 | 6.9 | 5.9 | 9.9 | 6.5 | 6.3 | 7.0 |
| 朝鲜 | 5.7 | 5.4 | 5.9 | 12.7 | 5.1 | 5.2 | 6.0 | 5.8 |
| 蒙古 | 4.4 | 4.7 | 4.0 | — | 7.4 | 4.1 | 4.3 | 4.7 |
| 印度 | 6.8 | 7.0 | 6.2 | — | 12.1 | 6.1 | 6.4 | 5.1 |
| 越南 | 5.6 | 5.6 | 5.6 | 5.7 | 6.3 | 6.0 | 5.2 | 5.2 |
| 缅甸 | 5.8 | 5.6 | 6.0 | — | 6.2 | 5.5 | 6.7 | 3.2 |
| 哈萨克斯坦 | 19.0 | 19.9 | 18.1 | 5.7 | 35.5 | 6.0 | 6.2 | 4.7 |
| 英国 | 6.9 | 6.6 | 7.3 | 6.0 | 7.0 | 6.7 | 7.3 | 6.9 |
| 法国 | 6.8 | 6.8 | 6.7 | 5.7 | 7.5 | 6.6 | 6.8 | 6.8 |
| 德国 | 9.8 | 11.2 | 6.8 | — | 15.6 | 11.6 | 6.2 | 6.6 |
| 西班牙 | 7.5 | 8.9 | 5.5 | 5.2 | 6.3 | 8.8 | 6.1 | 5.7 |
| 意大利 | 8.5 | 8.1 | 8.9 | — | 15.2 | 6.6 | 9.2 | 7.0 |
| 荷兰 | 7.6 | 8.3 | 6.7 | — | 8.3 | 7.7 | 7.5 | 6.2 |
| 瑞典 | 7.1 | 7.2 | 6.9 | 3.7 | 9.7 | 6.5 | 7.0 | 8.4 |
| 俄罗斯 | 6.8 | 6.9 | 6.7 | 8.0 | 9.9 | 5.7 | 6.6 | 7.0 |
| 瑞士 | 6.2 | 6.4 | 5.7 | — | 4.5 | 6.4 | 6.2 | 6.7 |
| 乌克兰 | 6.8 | 6.8 | 6.7 | — | 6.0 | 7.3 | 6.3 | 5.7 |
| 美国 | 7.5 | 8.3 | 6.4 | 7.7 | 6.8 | 6.0 | 10.1 | 9.9 |
| 加拿大 | 7.1 | 7.0 | 7.1 | — | 8.5 | 6.8 | 7.3 | 6.0 |
| 澳大利亚 | 7.0 | 6.9 | 7.2 | 21.7 | 8.8 | 7.0 | 6.5 | 6.8 |
| 新西兰 | 6.6 | 6.7 | 6.6 | — | 4.4 | 6.7 | 7.3 | 6.7 |
| 非洲国家 | 10.5 | 9.4 | 13.1 | — | 11.6 | 10.1 | 9.0 | 9.5 |
| 中南美洲国家 | 8.2 | 8.4 | 7.8 | — | 9.2 | 8.4 | 7.5 | 7.7 |
| 其他国家 | 11.8 | 11.5 | 12.4 | 4.2 | 21.4 | 9.7 | 8.2 | 6.0 |

## 2-12 2019年入境过夜游客在各主要城市平均停留时间
### （按外国人、港澳台同胞分组）

单位：天/人

| | 平均停留 | 外国人 | 香港同胞 | 澳门同胞 | 台湾同胞 |
|---|---|---|---|---|---|
| 北　京 | 4.5 | 4.5 | 4.3 | 3.8 | 4.3 |
| 天　津 | 4.4 | 4.7 | 3.3 | 5.4 | 3.4 |
| 石家庄 | 3.1 | 3.1 | 3.2 | 2.2 | 2.8 |
| 唐　山 | 2.5 | 2.5 | 2.0 | — | 2.4 |
| 秦皇岛 | 4.8 | 4.8 | 3.5 | 4.0 | 3.8 |
| 承　德 | 3.8 | 3.8 | 3.0 | 3.1 | 3.5 |
| 大　同 | 2.7 | 2.7 | — | — | — |
| 长　治 | 4.0 | 4.0 | — | — | — |
| 晋　城 | 3.2 | 3.2 | — | — | — |
| 晋　中 | 3.7 | 3.8 | 3.7 | 3.0 | 2.9 |
| 忻　州 | 2.0 | 2.0 | 2.0 | — | 2.0 |
| 呼和浩特 | 4.4 | 4.1 | 5.3 | 4.7 | 4.6 |
| 包　头 | 2.6 | 2.4 | 2.6 | 2.8 | 3.1 |
| 二连浩特 | 2.1 | 2.0 | 4.0 | — | — |
| 赤　峰 | 3.8 | 3.8 | — | — | — |
| 沈　阳 | 4.2 | 5.0 | 2.6 | — | 3.9 |
| 大　连 | 3.4 | 3.5 | 3.0 | 3.2 | 3.3 |
| 鞍　山 | 3.9 | 3.9 | — | 4.0 | — |
| 抚　顺 | 3.8 | 3.8 | 4.0 | 4.0 | 3.7 |
| 本　溪 | 1.6 | 1.6 | 1.5 | 1.3 | 2.3 |
| 丹　东 | 3.3 | 3.3 | 3.0 | 2.9 | 2.9 |
| 锦　州 | 3.0 | 3.2 | 2.6 | 4.2 | 2.2 |
| 营　口 | 2.9 | 2.9 | 3.0 | 2.0 | 2.0 |
| 盘　锦 | 2.6 | 2.6 | 3.0 | — | — |
| 葫芦岛 | 3.3 | 3.2 | 4.0 | 4.0 | 3.6 |
| 长　春 | 3.7 | 3.6 | 3.6 | 3.3 | 4.3 |
| 吉　林 | 3.6 | 3.1 | 3.0 | — | 3.6 |
| 通　化 | 2.1 | 2.1 | — | — | 2.0 |
| 白　山 | 2.9 | 3.0 | 2.6 | 2.6 | 2.8 |
| 延　吉 | 4.6 | 4.6 | 3.8 | — | — |
| 哈尔滨 | 3.8 | 3.8 | 4.0 | — | 4.3 |

2–12（续 1） 单位：天 / 人

| | 平均停留 | 外国人 | 香港同胞 | 澳门同胞 | 台湾同胞 |
|---|---|---|---|---|---|
| 齐齐哈尔 | 2.0 | 3.2 | 1.1 | — | 2.3 |
| 大　庆 | 3.4 | 3.6 | 3.3 | 3.0 | 2.6 |
| 佳 木 斯 | 2.4 | 2.4 | 4.0 | — | — |
| 牡 丹 江 | 3.4 | 3.4 | — | — | — |
| 上　海 | 3.9 | 3.9 | 3.8 | 3.9 | 4.0 |
| 南　京 | 3.3 | 3.4 | 3.3 | 3.1 | 2.7 |
| 无　锡 | 2.4 | 2.4 | 1.8 | 1.8 | 2.0 |
| 苏　州 | 3.8 | 4.0 | 3.1 | 3.6 | 3.1 |
| 南　通 | 4.1 | 4.1 | 3.2 | 4.0 | 4.0 |
| 扬　州 | 3.0 | 3.3 | 2.6 | 2.8 | 3.0 |
| 杭　州 | 3.2 | 3.2 | 2.8 | 2.9 | 2.6 |
| 宁　波 | 3.8 | 4.2 | 2.9 | 3.1 | 2.9 |
| 温　州 | 3.7 | 3.8 | 3.5 | — | 3.9 |
| 绍　兴 | 3.1 | 3.1 | 3.1 | 3.1 | 2.5 |
| 金　华 | 3.8 | 3.8 | 3.3 | 3.0 | 3.2 |
| 合　肥 | 3.0 | 2.4 | 2.1 | 2.1 | 3.0 |
| 芜　湖 | 4.2 | 4.3 | 4.2 | 5.3 | 3.5 |
| 马 鞍 山 | 3.7 | 3.6 | 3.7 | — | — |
| 铜　陵 | 2.5 | 2.5 | 2.3 | — | — |
| 安　庆 | 3.6 | 3.6 | 3.7 | 4.2 | 2.8 |
| 黄　山 | 3.4 | 3.4 | 3.5 | 3.5 | 3.3 |
| 滁　州 | 2.1 | 2.1 | — | — | — |
| 亳　州 | 2.8 | 2.8 | 3.0 | 2.5 | 2.1 |
| 池　州 | 3.7 | 3.5 | 4.8 | 3.1 | 4.0 |
| 宣　城 | 3.1 | 2.8 | 3.3 | 3.0 | 2.5 |
| 福　州 | 6.9 | 7.2 | 4.8 | 4.7 | 4.6 |
| 厦　门 | 3.2 | 3.3 | 3.2 | 2.8 | 3.1 |
| 泉　州 | 4.1 | 4.4 | 3.0 | 3.1 | 3.2 |
| 漳　州 | 2.9 | 3.4 | 3.8 | 3.0 | 2.8 |
| 武 夷 山 | 3.2 | 2.3 | 3.4 | — | 2.7 |
| 南　昌 | 3.6 | 3.6 | 2.8 | 2.6 | 3.0 |
| 景 德 镇 | 2.7 | 2.7 | 2.7 | 2.7 | 2.7 |
| 九　江 | 3.3 | 3.2 | 3.5 | 3.3 | 3.6 |
| 鹰　潭 | 3.1 | 3.1 | 3.0 | 3.0 | 3.1 |

2-12（续 2）

单位：天 / 人

| | 平均停留 | 外国人 | 香港同胞 | 澳门同胞 | 台湾同胞 |
|---|---|---|---|---|---|
| 赣　　州 | 3.6 | 3.6 | 3.1 | 3.2 | 3.9 |
| 吉　　安 | 2.7 | 2.7 | 2.7 | 2.7 | 2.9 |
| 济　　南 | 3.8 | 4.5 | 3.4 | 2.9 | 3.6 |
| 青　　岛 | 3.2 | 3.2 | 3.4 | 3.3 | 3.1 |
| 烟　　台 | 3.8 | 3.8 | 2.9 | 2.6 | 2.5 |
| 曲　　阜 | 2.7 | 2.6 | 2.6 | 2.7 | 2.6 |
| 泰　　安 | 2.6 | 2.8 | 1.9 | 2.7 | 2.1 |
| 威　　海 | 3.8 | 3.8 | 3.1 | 2.9 | 2.9 |
| 郑　　州 | 2.8 | 2.8 | 2.9 | 3.5 | 3.0 |
| 开　　封 | 2.5 | 2.4 | 2.3 | 2.1 | 2.6 |
| 洛　　阳 | 4.1 | 4.1 | 3.5 | — | 2.7 |
| 三 门 峡 | 2.3 | 2.4 | 2.1 | 2.0 | 2.0 |
| 武　　汉 | 5.3 | 4.5 | 5.4 | 5.7 | 4.8 |
| 十　　堰 | 3.6 | 3.5 | 3.6 | 3.2 | 3.5 |
| 宜　　昌 | 3.3 | 3.8 | 2.8 | 1.6 | 2.1 |
| 襄　　阳 | 3.0 | 3.1 | 3.2 | 3.0 | 3.4 |
| 荆　　州 | 2.3 | 2.5 | 2.4 | 2.1 | 2.5 |
| 恩　　施 | 3.9 | 3.9 | 4.1 | 4.6 | 3.4 |
| 湖北游船 | 4.3 | 4.4 | 3.7 | 3.5 | 4.3 |
| 长　　沙 | 3.7 | 3.7 | 3.2 | 4.7 | 3.8 |
| 湘　　潭 | 2.6 | 2.5 | 2.6 | 2.5 | 2.5 |
| 衡　　阳 | 2.4 | 2.4 | — | — | — |
| 岳　　阳 | 3.1 | 3.1 | 3.0 | 2.5 | 2.9 |
| 张 家 界 | 3.9 | 3.9 | 3.2 | 3.3 | 3.0 |
| 郴　　州 | 3.2 | 3.1 | 3.2 | 3.4 | 3.2 |
| 湘　　西 | 2.4 | 2.5 | 2.0 | — | 2.3 |
| 广　　州 | 4.5 | 4.9 | 3.3 | 3.0 | 4.0 |
| 深　　圳 | 3.7 | 4.2 | 3.1 | 3.8 | 3.5 |
| 珠　　海 | 2.4 | 2.8 | 2.1 | 2.0 | 2.7 |
| 汕　　头 | 3.9 | 4.0 | 3.5 | 3.8 | 4.0 |
| 江　　门 | 3.8 | 4.2 | 3.1 | 3.2 | 3.4 |
| 湛　　江 | 3.9 | 4.0 | 3.7 | 3.7 | 3.8 |
| 惠　　州 | 2.6 | 3.8 | 2.2 | 2.3 | 2.5 |
| 东　　莞 | 2.6 | 2.5 | 2.6 | 2.3 | 2.5 |

2–12（续 3） 单位：天 / 人

| | 平均停留 | 外国人 | 香港同胞 | 澳门同胞 | 台湾同胞 |
|---|---|---|---|---|---|
| 中　山 | 2.8 | 2.9 | 2.7 | 2.2 | 3.0 |
| 南　宁 | 2.1 | 2.4 | 1.6 | 2.4 | 1.6 |
| 桂　林 | 3.2 | 3.3 | 3.0 | 3.0 | 3.0 |
| 梧　州 | 3.7 | 4.8 | 3.5 | 3.5 | 3.9 |
| 北　海 | 3.9 | 3.9 | 3.5 | 3.4 | 3.0 |
| 防城港 | 1.7 | 1.7 | 2.0 | 1.8 | 1.8 |
| 贺　州 | 1.8 | 1.8 | 1.7 | 1.7 | 1.7 |
| 崇　左 | 2.8 | 2.8 | 2.4 | 2.6 | 2.3 |
| 海　口 | 3.9 | 3.8 | 3.9 | 3.6 | 4.3 |
| 三　亚 | 7.4 | 8.1 | 5.9 | 6.0 | 6.3 |
| 重　庆 | 4.8 | 4.8 | 4.6 | 4.8 | 4.8 |
| 重庆游船 | 6.3 | 6.4 | 5.8 | 7.0 | 5.1 |
| 成　都 | 4.0 | 3.9 | 4.3 | 3.5 | 4.7 |
| 绵　阳 | 2.3 | 2.3 | 2.1 | 2.1 | 2.3 |
| 乐山（峨眉山） | 2.6 | 2.6 | 2.5 | 2.3 | 2.5 |
| 阿坝州 | 2.9 | 2.9 | 2.8 | 2.8 | 2.4 |
| 贵　阳 | 2.7 | 2.5 | 2.6 | 2.6 | 2.9 |
| 安　顺 | 2.8 | 2.9 | 2.5 | 4.3 | 2.8 |
| 黔东南 | 2.6 | 2.7 | 2.6 | 2.6 | 2.3 |
| 昆　明 | 5.4 | 5.2 | 5.8 | 4.5 | 5.3 |
| 景　洪 | 6.0 | 6.4 | 4.8 | 7.0 | 6.1 |
| 大　理 | 5.3 | 5.0 | 5.8 | 4.5 | 4.8 |
| 拉　萨 | 5.5 | 5.6 | 5.8 | 5.2 | 4.5 |
| 西　安 | 4.1 | 4.1 | 3.6 | 4.3 | 3.3 |
| 咸　阳 | 2.2 | 2.2 | 3.0 | — | 4.3 |
| 兰　州 | 2.2 | 2.2 | 2.3 | 2.3 | 2.3 |
| 敦　煌 | 2.4 | 2.4 | 2.4 | 2.5 | 2.5 |
| 西　宁 | 3.0 | 3.2 | 3.5 | — | 3.0 |
| 海　东 | 2.6 | 2.5 | 3.1 | — | 2.2 |
| 黄南州 | 3.9 | 3.5 | 4.0 | 4.0 | — |
| 海西州 | 3.0 | 3.0 | 2.3 | 2.3 | 2.5 |
| 银　川 | 3.2 | 3.2 | 3.2 | 3.0 | 3.9 |
| 乌鲁木齐 | 4.6 | 4.6 | — | — | 4.5 |

## 2-13　2019 年入境过夜游客在各城市平均停留时间
### （按性别、年龄分组）

单位：天 / 人

| | 平均停留 | 性别 | | 年龄 | | | | |
|---|---|---|---|---|---|---|---|---|
| | | 男性 | 女性 | 14 岁及以下 | 15~24 岁 | 25~44 岁 | 45~64 岁 | 65 岁及以上 |
| 北京 | 4.5 | 4.5 | 4.7 | 6.9 | 4.9 | 4.5 | 4.6 | 4.8 |
| 天津 | 4.4 | 4.7 | 4.0 | 5.5 | 4.0 | 4.4 | 4.5 | 4.4 |
| 石家庄 | 3.1 | 3.1 | 3.3 | — | 3.2 | 3.2 | 3.1 | 3.6 |
| 唐山 | 2.5 | 2.5 | 2.6 | — | — | 2.6 | 2.5 | 2.1 |
| 秦皇岛 | 4.8 | 6.0 | 2.5 | 1.7 | 2.3 | 3.6 | 7.1 | 3.4 |
| 承德 | 3.8 | 3.6 | 4.0 | 3.0 | 3.7 | 4.2 | 3.4 | 3.3 |
| 大同 | 2.7 | 2.7 | 2.7 | — | 2.6 | 2.8 | 2.5 | 3.0 |
| 长治 | 4.0 | 4.0 | 4.0 | — | — | 4.3 | 3.9 | — |
| 晋城 | 3.2 | 3.7 | 3.1 | 2.0 | 2.3 | 2.8 | 3.4 | 2.9 |
| 晋中 | 3.7 | 3.8 | 3.5 | 4.0 | 3.8 | 3.6 | 3.7 | 3.0 |
| 忻州 | 2.0 | 2.0 | 2.0 | — | 2.0 | 2.0 | 2.0 | 2.0 |
| 呼和浩特 | 4.4 | 4.7 | 4.1 | 2.9 | 4.1 | 4.2 | 4.5 | 5.0 |
| 包头 | 2.6 | 2.5 | 2.7 | — | 2.0 | 2.6 | 2.8 | 2.6 |
| 二连浩特 | 2.1 | 2.1 | 2.1 | — | 1.8 | 2.3 | 2.2 | 1.8 |
| 赤峰 | 3.8 | 4.0 | 3.8 | 3.0 | 4.9 | 4.5 | 3.8 | 2.8 |
| 沈阳 | 4.2 | 4.5 | 3.6 | 2.0 | 5.4 | 3.3 | 3.2 | 4.8 |
| 大连 | 3.4 | 3.3 | 3.5 | 4.0 | 4.1 | 3.5 | 3.2 | 3.3 |
| 鞍山 | 3.9 | 4.0 | 3.7 | — | 3.3 | 3.9 | 3.8 | 4.7 |
| 抚顺 | 3.8 | 3.7 | 3.9 | — | 3.7 | 3.8 | 3.9 | 2.7 |
| 本溪 | 1.6 | 1.7 | 1.4 | 1.2 | 1.5 | 1.6 | 1.6 | 1.9 |
| 丹东 | 3.3 | 3.3 | 3.4 | — | — | 3.1 | 3.3 | 3.7 |
| 锦州 | 3.0 | 2.9 | 3.2 | 2.6 | 3.0 | 3.1 | 3.0 | 2.7 |
| 营口 | 2.9 | 2.9 | 2.8 | — | — | 2.8 | 3.0 | — |
| 盘锦 | 2.6 | 2.5 | 2.8 | — | 2.4 | 2.8 | 2.5 | 2.7 |
| 葫芦岛 | 3.3 | 3.2 | 3.3 | — | 3.8 | 3.3 | 3.2 | 2.9 |
| 长春 | 3.7 | 3.7 | 3.6 | 3.5 | 3.4 | 3.6 | 3.6 | 3.9 |
| 吉林 | 3.6 | 3.6 | 3.6 | — | 3.0 | 3.5 | 4.1 | — |
| 通化 | 2.1 | 2.1 | 2.1 | — | — | 2.0 | 2.1 | 2.0 |
| 白山 | 2.9 | 2.8 | 3.1 | — | 3.5 | 3.2 | 2.8 | 2.2 |
| 延吉 | 4.6 | 4.4 | 4.9 | — | 1.9 | 5.3 | 3.4 | 3.2 |
| 哈尔滨 | 3.8 | 3.8 | 4.0 | — | 4.2 | 3.8 | 3.8 | 5.3 |

单位：天 / 人

| | 平均停留 | 性别 | | 年龄 | | | | |
|---|---|---|---|---|---|---|---|---|
| | | 男性 | 女性 | 14 岁及以下 | 15~24 岁 | 25~44 岁 | 45~64 岁 | 65 岁及以上 |
| 齐齐哈尔 | 2.0 | 1.9 | 2.3 | 1.3 | 1.4 | 1.9 | 2.4 | 3.0 |
| 大庆 | 3.4 | 3.5 | 3.0 | — | 5.1 | 3.3 | 3.5 | 3.0 |
| 佳木斯 | 2.4 | 2.5 | 2.4 | 2.5 | 2.4 | 2.4 | 2.5 | 2.4 |
| 牡丹江 | 3.4 | 4.4 | 2.5 | 2.5 | 4.1 | 2.3 | 2.5 | 2.3 |
| 上海 | 3.9 | 3.8 | 4.0 | 4.0 | 4.0 | 3.7 | 3.9 | 4.6 |
| 南京 | 3.3 | 3.4 | 3.3 | 3.5 | 3.4 | 3.4 | 3.5 | 3.0 |
| 无锡 | 2.4 | 2.4 | 2.4 | 1.6 | 1.9 | 2.4 | 2.2 | 2.7 |
| 苏州 | 3.8 | 4.4 | 3.1 | 2.0 | 4.3 | 3.9 | 3.2 | 4.0 |
| 南通 | 4.1 | 4.1 | 4.1 | 3.1 | 3.9 | 4.1 | 3.9 | 4.5 |
| 扬州 | 3.0 | 3.2 | 2.7 | — | 3.2 | 3.1 | 3.0 | 2.3 |
| 杭州 | 3.2 | 3.1 | 3.3 | 3.3 | 3.1 | 3.2 | 3.3 | 2.9 |
| 宁波 | 3.8 | 4.1 | 3.5 | 2.0 | 4.0 | 3.6 | 3.7 | 4.7 |
| 温州 | 3.7 | 3.6 | 3.9 | 3.0 | 3.2 | 4.2 | 3.5 | 3.5 |
| 绍兴 | 3.1 | 3.2 | 2.9 | — | 2.6 | 3.1 | 3.0 | 3.2 |
| 金华 | 3.8 | 4.2 | 3.4 | — | 3.3 | 4.1 | 3.6 | 3.8 |
| 合肥 | 3.0 | 3.1 | 3.0 | — | 2.8 | 3.2 | 3.0 | 3.6 |
| 芜湖 | 4.2 | 4.4 | 3.8 | — | 4.9 | 4.5 | 3.4 | 3.6 |
| 马鞍山 | 3.7 | 3.5 | 4.0 | — | 3.3 | 3.6 | 3.8 | 3.7 |
| 铜陵 | 2.5 | 2.8 | 2.4 | 1.8 | 2.0 | 2.7 | 2.7 | 2.5 |
| 安庆 | 3.6 | 3.7 | 3.6 | 3.5 | 3.7 | 3.6 | 3.6 | 3.8 |
| 黄山 | 3.4 | 3.4 | 3.4 | 3.1 | 3.4 | 3.4 | 3.5 | 3.2 |
| 滁州 | 2.1 | 2.1 | 2.1 | — | 2.0 | 2.1 | 2.1 | 2.1 |
| 亳州 | 2.8 | 2.8 | 2.9 | — | 2.3 | 2.9 | 2.9 | 2.8 |
| 池州 | 3.7 | 3.8 | 3.4 | 2.7 | — | 3.5 | 3.7 | 4.4 |
| 宣城 | 3.1 | 3.0 | 3.2 | — | 2.7 | 3.1 | 3.1 | 3.2 |
| 福州 | 6.9 | 6.8 | 6.9 | — | 6.1 | 6.7 | 7.2 | 7.1 |
| 厦门 | 3.2 | 3.3 | 3.2 | — | 3.5 | 3.3 | 3.2 | 3.1 |
| 泉州 | 4.1 | 4.4 | 3.6 | — | 4.4 | 3.3 | 3.7 | 5.1 |
| 漳州 | 2.9 | 3.2 | 2.7 | — | 2.4 | 3.6 | 2.9 | 2.5 |
| 武夷山 | 3.2 | 4.1 | 2.0 | 1.9 | 1.9 | 1.7 | 2.0 | 4.8 |
| 南昌 | 3.6 | 3.5 | 3.6 | 3.3 | 3.5 | 3.6 | 3.7 | 3.4 |
| 景德镇 | 2.7 | 2.7 | 2.8 | — | 2.8 | 2.7 | 2.8 | 2.7 |
| 九江 | 3.3 | 3.3 | 3.2 | — | 3.0 | 3.2 | 3.3 | 3.3 |
| 鹰潭 | 3.1 | 3.1 | 3.2 | 1.9 | 3.8 | 3.0 | 2.9 | 2.5 |
| 赣州 | 3.6 | 3.6 | 3.6 | — | 3.8 | 3.5 | 3.6 | 3.6 |

单位：天 / 人

| | 平均停留 | 性别 | | 年龄 | | | | |
|---|---|---|---|---|---|---|---|---|
| | | 男性 | 女性 | 14岁及以下 | 15~24岁 | 25~44岁 | 45~64岁 | 65岁及以上 |
| 吉安 | 2.7 | 2.6 | 2.8 | — | 2.8 | 2.7 | 2.5 | 3.1 |
| 济南 | 3.8 | 4.1 | 3.4 | 2.3 | 3.0 | 3.6 | 4.3 | 3.7 |
| 青岛 | 3.2 | 3.1 | 3.3 | — | 3.2 | 3.2 | 3.2 | 3.1 |
| 烟台 | 3.8 | 3.9 | 3.6 | — | 3.2 | 3.8 | 3.7 | 4.4 |
| 曲阜 | 2.7 | 2.7 | 2.6 | 2.7 | 2.9 | 2.6 | 2.5 | 3.1 |
| 泰安 | 2.6 | 2.6 | 2.5 | 3.1 | 2.5 | 2.5 | 2.5 | 3.2 |
| 威海 | 3.8 | 3.7 | 3.8 | — | 3.5 | 3.9 | 3.7 | 4.1 |
| 郑州 | 2.8 | 2.8 | 2.9 | — | 2.8 | 2.8 | 2.9 | 3.0 |
| 开封 | 2.5 | 2.5 | 2.2 | 2.1 | 2.0 | 2.5 | 2.4 | 2.7 |
| 洛阳 | 4.1 | 3.1 | 5.1 | 3.0 | 2.8 | 5.1 | 3.6 | 2.8 |
| 三门峡 | 2.3 | 2.3 | 2.3 | 2.4 | 2.3 | 2.4 | 2.2 | 2.4 |
| 武汉 | 5.3 | 5.3 | 5.3 | 6.0 | 5.3 | 5.3 | 5.4 | 4.8 |
| 十堰 | 3.6 | 2.7 | 4.4 | 4.0 | 2.3 | 4.0 | 3.4 | 4.2 |
| 宜昌 | 3.3 | 3.5 | 3.1 | 2.3 | 3.7 | 3.0 | 3.2 | 4.9 |
| 襄阳 | 3.0 | 3.2 | 2.5 | — | 2.3 | 3.5 | 2.3 | 3.0 |
| 荆州 | 2.3 | 2.4 | 2.2 | — | 2.0 | 2.3 | 2.5 | — |
| 恩施 | 3.9 | 3.8 | 4.1 | — | 3.7 | 4.1 | 3.9 | 3.0 |
| 湖北游船 | 4.3 | 4.6 | 4.3 | 4.9 | 4.1 | 4.8 | 4.3 | 4.2 |
| 长沙 | 3.7 | 3.9 | 3.6 | 3.9 | 4.5 | 3.3 | 3.8 | 4.3 |
| 湘潭 | 2.6 | 2.6 | 2.4 | 2.0 | 2.5 | 2.4 | 2.6 | 2.7 |
| 衡阳 | 2.4 | 2.3 | 2.4 | — | 2.3 | 2.3 | 2.5 | 2.2 |
| 岳阳 | 3.1 | 3.1 | 3.0 | 3.0 | 3.1 | 3.0 | 3.0 | 3.0 |
| 张家界 | 3.9 | 3.9 | 3.8 | 3.5 | 3.8 | 4.0 | 3.8 | 3.6 |
| 郴州 | 3.2 | 3.3 | 3.2 | 3.0 | 3.6 | 3.3 | 3.2 | 3.1 |
| 湘西 | 2.4 | 2.3 | 2.4 | 2.0 | 2.3 | 2.4 | 2.4 | 2.2 |
| 广州 | 4.5 | 4.6 | 4.3 | 4.0 | 4.1 | 4.4 | 4.8 | 5.2 |
| 深圳 | 3.7 | 3.7 | 3.6 | 3.7 | 3.4 | 3.7 | 3.6 | 3.8 |
| 珠海 | 2.4 | 2.5 | 2.4 | 2.6 | 2.4 | 2.4 | 2.4 | 2.6 |
| 汕头 | 3.9 | 3.9 | 4.0 | 3.0 | 3.9 | 3.9 | 3.8 | 4.3 |
| 江门 | 3.8 | 3.8 | 3.9 | 2.5 | 4.5 | 3.9 | 3.3 | 3.2 |
| 湛江 | 3.9 | 3.7 | 3.9 | — | 3.4 | 3.8 | 4.1 | 3.6 |
| 惠州 | 2.6 | 2.7 | 2.5 | 2.3 | 2.4 | 2.6 | 2.6 | 3.1 |
| 东莞 | 2.6 | 2.5 | 2.8 | 2.3 | 2.4 | 2.7 | 2.3 | 3.5 |
| 中山 | 2.8 | 2.8 | 3.0 | 2.7 | 2.9 | 2.9 | 2.8 | 2.5 |

2-13（续 3）

单位：天 / 人

| | 平均停留 | 性别 | | 年龄 | | | | |
|---|---|---|---|---|---|---|---|---|
| | | 男性 | 女性 | 14 岁及以下 | 15~24 岁 | 25~44 岁 | 45~64 岁 | 65 岁及以上 |
| 南宁 | 2.1 | 2.0 | 2.2 | 2.0 | 1.9 | 2.0 | 2.1 | 2.3 |
| 桂林 | 3.2 | 3.2 | 3.4 | 2.5 | 3.0 | 3.4 | 3.2 | 3.4 |
| 梧州 | 3.7 | 3.9 | 3.6 | 3.5 | 3.5 | 3.6 | 3.9 | 3.1 |
| 北海 | 3.9 | 4.0 | 3.8 | 4.1 | 4.1 | 3.7 | 4.0 | 4.2 |
| 防城港 | 1.7 | 1.6 | 1.7 | 1.6 | 1.8 | 1.7 | 1.6 | 1.8 |
| 贺州 | 1.8 | 1.6 | 1.8 | 1.7 | 1.6 | 1.8 | 1.8 | 1.7 |
| 崇左 | 2.8 | 2.7 | 2.8 | 3.6 | 2.6 | 2.7 | 2.6 | 3.2 |
| 海口 | 3.9 | 3.9 | 3.7 | — | 3.2 | 3.7 | 4.3 | 4.1 |
| 三亚 | 7.4 | 7.3 | 7.5 | 8.0 | 7.5 | 7.4 | 7.3 | 7.6 |
| 重庆 | 4.8 | 4.9 | 4.8 | 5.3 | 4.8 | 4.7 | 4.9 | 4.8 |
| 重庆游船 | 6.3 | 6.1 | 6.5 | — | 7.0 | 6.6 | 6.2 | 5.7 |
| 成都 | 4.0 | 3.8 | 4.3 | — | 5.2 | 4.0 | 3.6 | 3.3 |
| 绵阳 | 2.3 | 2.3 | 2.2 | — | 2.0 | 2.2 | 2.4 | 2.3 |
| 乐山（峨眉山） | 2.6 | 2.5 | 2.6 | 2.9 | 2.7 | 2.6 | 2.5 | 2.6 |
| 阿坝州 | 2.9 | 2.9 | 2.8 | 2.5 | 2.9 | 2.8 | 2.9 | 3.1 |
| 贵阳 | 2.7 | 2.8 | 2.7 | 4.4 | 2.7 | 2.7 | 2.7 | 2.6 |
| 安顺 | 2.8 | 2.8 | 2.9 | — | 3.0 | 2.9 | 2.9 | 2.7 |
| 黔东南 | 2.6 | 2.5 | 2.7 | — | 2.9 | 2.8 | 2.4 | 2.7 |
| 昆明 | 5.4 | 5.1 | 5.5 | 8.0 | 4.9 | 4.5 | 5.8 | 7.5 |
| 景洪 | 6.0 | 6.0 | 6.1 | 8.2 | 7.0 | 5.3 | 5.7 | 4.1 |
| 大理 | 5.3 | 5.4 | 5.1 | 5.1 | 4.8 | 4.6 | 5.5 | 7.3 |
| 拉萨 | 5.5 | 5.6 | 5.2 | — | 4.1 | 5.4 | 5.4 | 5.7 |
| 西安 | 4.1 | 4.2 | 4.0 | 4.0 | 5.0 | 3.7 | 3.9 | 4.3 |
| 咸阳 | 2.2 | 2.3 | 2.1 | — | 2.1 | 2.0 | 2.6 | 2.0 |
| 兰州 | 2.2 | 2.3 | 2.1 | — | 2.0 | 2.2 | 2.1 | 2.0 |
| 敦煌 | 2.4 | 2.4 | 2.5 | — | 2.6 | 2.7 | 2.5 | 2.3 |
| 西宁 | 3.0 | 2.9 | 3.2 | — | 2.6 | 2.8 | 3.4 | 3.0 |
| 海东 | 2.6 | 2.8 | 2.1 | — | 3.0 | 2.8 | 2.5 | 2.1 |
| 黄南州 | 3.9 | 3.8 | 4.0 | — | — | 3.8 | 3.9 | 3.9 |
| 海西州 | 3.0 | 2.7 | 3.3 | — | 2.4 | 3.4 | 2.9 | 2.0 |
| 银川 | 3.2 | 3.2 | 3.0 | — | 4.5 | 3.1 | 3.0 | 2.0 |
| 乌鲁木齐 | 4.6 | 5.1 | 3.8 | 2.3 | 6.4 | 2.5 | 2.3 | 4.1 |

## 2-14 2019年入境过夜游客在各城市

| | 平均停留 | 职业 | | | | |
|---|---|---|---|---|---|---|
| | | 政府工作人员 | 专业技术人员 | 职员 | 技工/工人 | 商贸人员 |
| 北京 | 4.5 | 4.3 | 4.1 | 4.5 | 4.7 | 4.6 |
| 天津 | 4.4 | 4.1 | 5.0 | 3.9 | 5.8 | 3.8 |
| 石家庄 | 3.1 | 3.4 | 3.3 | 3.4 | 2.9 | 3.2 |
| 唐山 | 2.5 | 2.1 | 2.7 | 2.7 | 4.4 | 2.5 |
| 秦皇岛 | 4.8 | 2.5 | 6.4 | 2.1 | 9.8 | 2.5 |
| 承德 | 3.8 | 3.6 | 4.1 | 3.6 | 3.2 | 4.0 |
| 大同 | 2.7 | 2.6 | 2.5 | 2.8 | 2.0 | 2.7 |
| 长治 | 4.0 | 4.3 | 3.8 | — | — | 5.0 |
| 晋城 | 3.2 | 2.6 | 3.0 | 3.0 | 2.0 | 3.0 |
| 晋中 | 3.7 | 4.2 | 3.4 | 4.0 | 3.3 | 3.5 |
| 忻州 | 2.0 | 2.0 | 2.0 | 2.0 | 2.0 | 2.0 |
| 呼和浩特 | 4.4 | 3.4 | 4.1 | 4.1 | 4.1 | 4.2 |
| 包头 | 2.6 | 3.0 | 2.2 | 2.7 | 2.9 | 2.5 |
| 二连浩特 | 2.1 | 2.3 | 1.9 | 2.0 | — | 2.5 |
| 赤峰 | 3.8 | 3.0 | 2.5 | 3.4 | 3.5 | 4.2 |
| 沈阳 | 4.2 | 1.5 | 3.6 | 4.5 | 6.5 | 2.4 |
| 大连 | 3.4 | 2.8 | 3.3 | 3.2 | 5.5 | 3.2 |
| 鞍山 | 3.9 | 2.7 | 4.1 | 3.9 | — | 4.1 |
| 抚顺 | 3.8 | — | 4.0 | 3.6 | 3.0 | 4.0 |
| 本溪 | 1.6 | 1.5 | 2.3 | 1.5 | 1.7 | 1.6 |
| 丹东 | 3.3 | — | 3.2 | 3.2 | — | — |
| 锦州 | 3.0 | 3.1 | 3.0 | 3.1 | 3.2 | 2.9 |
| 营口 | 2.9 | 2.8 | 2.7 | 2.9 | 2.8 | 3.0 |
| 盘锦 | 2.6 | 2.4 | 2.5 | 2.9 | 2.0 | 2.4 |
| 葫芦岛 | 3.3 | 3.4 | 3.6 | 3.0 | 2.9 | 3.4 |
| 长春 | 3.7 | 3.8 | 3.9 | 3.8 | 3.5 | 3.9 |
| 吉林 | 3.6 | 5.0 | 3.2 | 3.3 | — | 3.4 |
| 通化 | 2.1 | 2.2 | 2.0 | 2.1 | — | 2.0 |
| 白山 | 2.9 | 2.8 | 2.3 | 2.9 | 2.1 | 2.8 |
| 延吉 | 4.6 | 1.8 | 2.2 | 2.1 | 1.9 | 2.2 |
| 哈尔滨 | 3.8 | 3.6 | 3.8 | 3.8 | — | 3.8 |
| 齐齐哈尔 | 2.0 | 1.9 | 1.8 | 1.9 | 1.9 | 1.8 |

## 平均停留时间（按职业分组）

单位：天/人

| | | | | | |
|---|---|---|---|---|---|
| 服务员/推销员 | 退休人员 | 家庭妇女 | 军人 | 学生 | 其他 |
| 4.1 | 5.1 | 5.2 | 4.0 | 5.1 | 4.7 |
| 4.6 | 2.9 | 3.9 | — | 4.0 | 4.7 |
| 2.8 | 3.1 | 3.2 | 3.0 | 3.2 | 2.7 |
| — | 2.7 | 3.2 | — | — | 2.1 |
| 4.5 | 2.0 | 2.0 | — | 2.4 | 3.3 |
| 2.0 | 3.4 | 4.0 | — | 3.9 | 3.1 |
| 2.5 | 3.9 | 2.7 | — | 2.8 | 3.1 |
| — | — | 3.8 | — | — | 3.5 |
| — | 3.7 | 3.7 | — | 3.8 | 2.5 |
| 3.1 | 3.4 | 4.4 | — | 3.7 | 3.5 |
| 2.0 | 2.0 | 2.0 | — | 2.0 | — |
| 6.0 | 5.0 | 5.8 | — | 5.2 | 3.9 |
| 3.4 | 2.5 | 2.8 | — | 2.3 | 1.7 |
| 2.3 | 1.8 | — | — | 1.8 | — |
| 2.7 | 3.4 | 3.5 | — | 2.8 | 5.0 |
| — | 2.0 | 2.4 | — | 7.1 | 3.1 |
| 3.4 | 3.3 | 3.4 | — | 4.4 | 3.8 |
| 3.0 | 4.3 | 3.4 | — | 4.0 | 3.2 |
| 3.0 | 3.8 | 3.0 | — | 3.3 | 3.8 |
| 1.9 | 1.7 | 1.4 | — | 1.5 | 1.5 |
| — | 3.9 | — | — | — | — |
| 3.8 | 2.8 | 2.9 | — | 2.9 | — |
| 3.0 | — | 2.8 | — | — | — |
| 2.4 | 2.6 | 3.0 | — | 2.5 | 3.0 |
| 3.4 | 3.1 | 4.3 | — | — | 3.5 |
| 3.4 | 4.0 | 3.8 | — | 3.4 | — |
| 4.0 | 4.0 | 3.0 | — | 3.0 | 4.5 |
| — | 2.1 | 2.1 | — | — | — |
| 2.0 | 2.6 | 3.5 | 3.0 | 3.5 | 3.6 |
| 1.9 | 5.5 | 1.8 | — | 5.6 | 8.3 |
| — | 4.3 | 3.5 | 3.0 | 4.3 | 4.2 |
| — | 2.5 | 2.4 | — | 1.8 | 1.9 |

2–14（续 1）

| | 平均停留 | 职业 | | | | |
|---|---|---|---|---|---|---|
| | | 政府工作人员 | 专业技术人员 | 职员 | 技工/工人 | 商贸人员 |
| 大庆 | 3.4 | 4.5 | 4.7 | 2.6 | 2.1 | 4.6 |
| 佳木斯 | 2.4 | 2.4 | 2.6 | 2.4 | 2.4 | 2.0 |
| 牡丹江 | 3.4 | 2.3 | 3.9 | 1.9 | 1.9 | 1.9 |
| 上海 | 3.9 | 3.7 | 4.2 | 3.7 | 3.7 | 3.7 |
| 南京 | 3.3 | 3.5 | 3.5 | 3.3 | 2.7 | 3.3 |
| 无锡 | 2.4 | 2.2 | 2.3 | 2.4 | 2.0 | 2.6 |
| 苏州 | 3.8 | 3.0 | 3.3 | 4.1 | 4.2 | 4.1 |
| 南通 | 4.1 | 3.9 | 4.0 | 4.3 | 4.0 | 3.9 |
| 扬州 | 3.0 | 2.9 | 4.0 | 2.5 | 2.5 | 2.9 |
| 杭州 | 3.2 | 2.8 | 3.5 | 3.1 | 3.1 | 3.4 |
| 宁波 | 3.8 | 2.5 | 6.1 | 3.8 | 2.5 | 3.1 |
| 温州 | 3.7 | 3.8 | 3.4 | 4.2 | 2.4 | 3.5 |
| 绍兴 | 3.1 | 2.9 | 3.3 | 2.6 | 3.5 | 3.2 |
| 金华 | 3.8 | 4.5 | 3.1 | 3.5 | 2.5 | 4.9 |
| 合肥 | 3.0 | 2.4 | 2.8 | 3.1 | 2.7 | 3.5 |
| 芜湖 | 4.2 | 3.0 | 4.3 | 3.8 | 5.1 | 4.1 |
| 马鞍山 | 3.7 | 3.4 | 3.6 | 3.4 | 2.8 | 3.7 |
| 铜陵 | 2.5 | 2.8 | 2.6 | 2.2 | 3.8 | 3.8 |
| 安庆 | 3.6 | 3.4 | 3.9 | 3.9 | 3.5 | 3.6 |
| 黄山 | 3.4 | 3.4 | 3.5 | 3.3 | 3.4 | 3.6 |
| 滁州 | 2.1 | 2.2 | 2.0 | 2.1 | 2.0 | 2.2 |
| 亳州 | 2.8 | 2.8 | 3.1 | 2.8 | 2.7 | 2.9 |
| 池州 | 3.7 | 4.5 | 3.4 | 3.7 | 2.7 | 3.6 |
| 宣城 | 3.1 | 2.2 | 2.8 | 2.8 | 2.0 | 4.3 |
| 福州 | 6.9 | 9.1 | 6.6 | 5.7 | 6.4 | 7.2 |
| 厦门 | 3.2 | 3.5 | 3.5 | 3.1 | 3.4 | 3.4 |
| 泉州 | 4.1 | 2.8 | 2.3 | 3.2 | 3.4 | 6.1 |
| 漳州 | 2.9 | — | 3.9 | 2.6 | 2.4 | 3.5 |
| 武夷山 | 3.2 | 2.3 | 1.8 | 1.9 | 1.6 | 2.3 |
| 南昌 | 3.6 | 3.6 | 3.6 | 3.6 | 3.3 | 3.5 |
| 景德镇 | 2.7 | 2.8 | 2.9 | 2.8 | 2.3 | 2.7 |
| 九江 | 3.3 | 3.0 | 3.3 | 3.3 | 3.3 | 3.1 |
| 鹰潭 | 3.1 | 3.0 | 3.1 | 2.9 | 3.9 | 3.4 |
| 赣州 | 3.6 | 4.0 | 3.7 | 3.5 | 3.7 | 3.5 |
| 吉安 | 2.7 | 3.2 | 2.8 | 2.5 | 3.2 | 2.4 |

单位：天 / 人

| 服务员 / 推销员 | 退休人员 | 家庭妇女 | 军人 | 学生 | 其他 |
|---|---|---|---|---|---|
| 4.6 | 3.0 | 3.2 | — | 2.0 | 2.3 |
| 2.1 | 2.5 | 2.1 | — | 2.3 | 2.2 |
| 2.2 | 2.2 | 2.2 | — | 4.7 | 1.9 |
| 3.6 | 4.5 | 3.9 | 5.5 | 4.1 | 4.4 |
| 3.3 | 2.9 | 3.1 | 4.5 | 3.5 | 3.3 |
| 1.9 | 2.4 | 2.3 | — | 1.7 | 3.5 |
| 4.4 | 4.5 | 3.5 | — | 3.6 | 2.0 |
| 3.9 | 4.4 | 4.0 | — | 3.6 | — |
| 3.0 | 2.8 | 2.0 | — | 2.0 | 3.2 |
| 3.3 | 2.9 | 3.9 | — | 3.1 | 3.3 |
| 2.8 | 4.0 | 2.5 | — | 4.1 | 5.0 |
| 2.1 | 3.2 | 4.0 | — | 3.6 | 4.5 |
| 2.6 | 3.7 | 3.2 | — | 2.6 | 2.5 |
| 3.4 | 3.2 | 2.5 | 2.9 | 3.5 | 3.8 |
| 2.7 | 2.8 | — | — | 2.8 | 2.7 |
| 2.0 | 4.5 | 3.5 | 5.0 | 5.2 | 4.1 |
| 2.2 | 4.3 | 4.5 | 3.5 | 3.6 | 3.1 |
| 2.7 | 2.5 | 2.1 | — | 1.9 | 1.9 |
| 3.4 | 3.7 | 3.6 | — | 3.6 | 3.3 |
| 3.6 | 3.3 | 3.3 | — | 3.3 | 3.1 |
| — | 2.1 | 2.1 | — | 2.0 | 2.0 |
| 2.7 | 2.9 | 3.2 | — | 2.3 | 2.6 |
| — | 4.0 | 3.2 | — | 2.7 | 4.0 |
| 2.0 | 3.0 | 3.9 | — | 2.7 | 3.2 |
| 6.0 | 8.3 | 6.4 | 6.1 | 6.1 | 6.0 |
| 2.6 | 3.1 | 3.0 | 2.0 | 3.8 | 3.1 |
| 2.8 | 3.4 | 3.3 | — | 3.1 | 4.0 |
| — | 2.5 | 2.7 | — | 2.4 | 3.3 |
| 1.9 | 2.6 | 2.1 | — | 1.8 | 4.4 |
| 3.0 | 3.5 | 3.9 | — | 3.6 | 3.9 |
| 2.5 | 2.7 | 2.9 | — | 2.5 | 2.8 |
| 3.2 | 3.4 | 3.4 | — | 3.0 | 3.6 |
| 2.6 | 2.5 | 2.6 | — | 3.6 | 2.8 |
| 3.2 | 3.6 | 3.7 | — | 3.7 | 2.8 |
| 2.8 | 3.0 | 3.0 | — | 3.0 | 2.5 |

2-14（续 2）

| | 平均停留 | 职业 | | | | |
|---|---|---|---|---|---|---|
| | | 政府工作人员 | 专业技术人员 | 职员 | 技工/工人 | 商贸人员 |
| 济南 | 3.8 | 2.7 | 4.8 | 3.3 | 5.3 | 3.9 |
| 青岛 | 3.2 | 2.9 | 3.0 | 3.2 | 3.2 | 3.3 |
| 烟台 | 3.8 | 3.4 | 3.9 | 3.6 | 4.2 | 3.9 |
| 曲阜 | 2.7 | 3.2 | 2.6 | 2.6 | 2.3 | 2.8 |
| 泰安 | 2.6 | 2.7 | 2.9 | 2.2 | 1.9 | 2.5 |
| 威海 | 3.8 | 3.9 | 3.7 | 3.6 | 4.5 | 3.8 |
| 郑州 | 2.8 | 2.8 | 2.7 | 2.8 | 2.7 | 2.6 |
| 开封 | 2.5 | 2.3 | 3.7 | 2.4 | 2.6 | 2.5 |
| 洛阳 | 4.1 | 4.2 | 3.9 | 2.8 | 2.8 | 2.9 |
| 三门峡 | 2.3 | 2.1 | — | — | 2.3 | 2.3 |
| 武汉 | 5.3 | 6.5 | 6.1 | 5.0 | 6.4 | 5.0 |
| 十堰 | 3.6 | — | 3.3 | 3.4 | 2.0 | 3.0 |
| 宜昌 | 3.3 | 4.3 | 4.3 | 2.9 | 3.0 | 3.1 |
| 襄阳 | 3.0 | 1.8 | 4.1 | 2.4 | 3.1 | 3.0 |
| 荆州 | 2.3 | 2.0 | 2.3 | 2.2 | 2.9 | 2.6 |
| 恩施 | 3.9 | 4.2 | 3.8 | 3.9 | 4.0 | 4.6 |
| 湖北游船 | 4.3 | 4.8 | 4.0 | 4.3 | 5.0 | 3.7 |
| 长沙 | 3.7 | 4.0 | 4.2 | 3.3 | 3.8 | 3.5 |
| 湘潭 | 2.6 | 2.0 | 2.8 | 2.3 | 2.6 | 2.9 |
| 衡阳 | 2.4 | 2.4 | 2.2 | 2.3 | 2.4 | 2.5 |
| 岳阳 | 3.1 | 2.8 | 3.1 | 3.0 | 2.9 | 3.3 |
| 张家界 | 3.9 | 3.7 | 3.9 | 3.9 | 3.6 | 4.0 |
| 郴州 | 3.2 | 2.7 | 3.4 | 3.1 | 3.3 | 3.2 |
| 湘西 | 2.4 | 2.6 | 2.5 | 2.3 | 2.3 | 2.3 |
| 广州 | 4.5 | 4.6 | 4.4 | 4.0 | 4.3 | 5.1 |
| 深圳 | 3.7 | 4.0 | 3.8 | 3.6 | 3.3 | 3.8 |
| 珠海 | 2.4 | 2.2 | 2.5 | 2.4 | 2.4 | 2.4 |
| 汕头 | 3.9 | 3.6 | 3.9 | 3.6 | 3.7 | 4.2 |
| 江门 | 3.8 | 4.1 | 4.0 | 3.4 | 4.4 | 3.8 |
| 湛江 | 3.9 | 3.5 | 3.8 | 4.0 | 3.1 | 3.8 |
| 惠州 | 2.6 | 1.9 | 2.7 | 2.6 | 2.8 | 2.8 |
| 东莞 | 2.6 | 2.5 | 2.6 | 2.8 | 2.3 | 2.4 |
| 中山 | 2.8 | 2.0 | 2.9 | 2.7 | 2.8 | 2.7 |
| 南宁 | 2.1 | 2.0 | 2.2 | 1.8 | 1.9 | 2.3 |
| 桂林 | 3.2 | — | 3.0 | 3.1 | 3.8 | 3.3 |

单位：天 / 人

| 服务员 / 推销员 | 退休人员 | 家庭妇女 | 军人 | 学生 | 其他 |
|---|---|---|---|---|---|
| 3.5 | 4.0 | 3.6 | — | 3.2 | 3.2 |
| 3.4 | 3.2 | 3.2 | 3.0 | 3.3 | 4.0 |
| 3.6 | 2.8 | 3.5 | — | 3.2 | 3.7 |
| 2.4 | 2.5 | 2.4 | — | 2.8 | 4.0 |
| 2.1 | 2.9 | 2.8 | — | 2.7 | 2.6 |
| 3.8 | 3.0 | 4.1 | 3.9 | 3.4 | 4.1 |
| 2.5 | 3.0 | 2.8 | 2.0 | 2.9 | 2.7 |
| 2.8 | 1.8 | 2.8 | — | 1.8 | 2.1 |
| 2.4 | 3.0 | 3.0 | 3.3 | 4.0 | 2.8 |
| — | 2.3 | 2.6 | 1.9 | 2.3 | 2.3 |
| 4.4 | 5.2 | 6.3 | 3.6 | 4.9 | 5.6 |
| 3.5 | 4.7 | 3.2 | — | 2.8 | 4.9 |
| 3.4 | 2.8 | 2.5 | — | 3.6 | 2.5 |
| 2.6 | 2.0 | 2.2 | — | 2.2 | 5.6 |
| 2.5 | 2.3 | 2.0 | — | 1.9 | — |
| 4.3 | 4.4 | 4.7 | 4.0 | 4.0 | 3.6 |
| 3.8 | 4.7 | 4.0 | — | 4.3 | 4.4 |
| 3.6 | 4.8 | 3.8 | — | 5.0 | 3.2 |
| 2.0 | 2.7 | 2.5 | — | 2.5 | 2.2 |
| 2.1 | 2.2 | 2.3 | — | 2.4 | — |
| 3.0 | 3.0 | 3.1 | — | 3.1 | 3.0 |
| 3.6 | 3.7 | 3.9 | 4.2 | 3.8 | 4.9 |
| 3.4 | 3.1 | 3.3 | 3.3 | 3.5 | 3.2 |
| 2.4 | 2.3 | 2.5 | — | 2.3 | 2.6 |
| 4.2 | 5.3 | 4.6 | 3.7 | 3.9 | 5.0 |
| 3.3 | 3.7 | 3.4 | 3.0 | 3.4 | 4.5 |
| 2.3 | 2.4 | 2.3 | 2.4 | 2.4 | 3.0 |
| 3.5 | 4.1 | 4.2 | — | 3.8 | 3.7 |
| 3.6 | 3.1 | 3.3 | 4.0 | 3.5 | 4.3 |
| 3.1 | 5.1 | 4.0 | — | 3.4 | 4.0 |
| 1.9 | 2.9 | 2.3 | — | 2.4 | 1.9 |
| 2.3 | 3.1 | 3.0 | 2.4 | 2.4 | 2.2 |
| 3.3 | 2.7 | 3.2 | 3.0 | 2.9 | 2.7 |
| — | 2.0 | 1.8 | — | 1.9 | 2.0 |
| 3.5 | 3.9 | 3.7 | 3.7 | 2.9 | 4.0 |

2-14（续 3）

| | 平均停留 | 职业 | | | | |
|---|---|---|---|---|---|---|
| | | 政府工作人员 | 专业技术人员 | 职员 | 技工/工人 | 商贸人员 |
| 梧州 | 3.7 | 3.1 | 3.9 | 3.0 | 3.3 | 4.1 |
| 北海 | 3.9 | 3.8 | 3.9 | 3.7 | 4.0 | 3.8 |
| 防城港 | 1.7 | 1.7 | 1.7 | 1.7 | 1.4 | 1.7 |
| 贺州 | 1.8 | 1.6 | 1.8 | 1.9 | 1.5 | 1.6 |
| 崇左 | 2.8 | 2.2 | 2.7 | 3.1 | 2.4 | 2.9 |
| 海口 | 3.9 | 3.7 | 4.2 | 3.4 | 3.3 | 3.9 |
| 三亚 | 7.4 | 8.0 | 7.1 | 7.3 | 7.5 | 6.5 |
| 重庆 | 4.8 | 5.1 | 5.0 | 4.5 | 4.9 | 4.7 |
| 重庆游船 | 6.3 | 5.0 | 6.4 | 7.2 | 7.3 | 5.2 |
| 成都 | 4.0 | 5.0 | 4.1 | 3.9 | 3.6 | 3.8 |
| 绵阳 | 2.3 | 2.5 | 2.5 | 2.0 | 2.0 | 2.2 |
| 乐山（峨眉山） | 2.6 | 2.9 | 2.6 | 2.5 | 2.5 | 2.7 |
| 阿坝州 | 2.9 | 2.7 | 2.9 | 2.9 | 2.9 | 2.8 |
| 贵阳 | 2.7 | 2.3 | 2.8 | 2.6 | 2.5 | 2.9 |
| 安顺 | 2.8 | 2.8 | 2.6 | 3.5 | 2.7 | 2.7 |
| 黔东南 | 2.6 | 2.9 | 2.7 | 1.5 | 2.9 | 2.4 |
| 昆明 | 5.4 | 4.3 | 4.8 | 4.9 | 5.3 | 5.0 |
| 景洪 | 6.0 | 6.0 | 3.4 | 5.5 | 6.0 | 4.8 |
| 大理 | 5.3 | 5.9 | 3.9 | 5.3 | 4.1 | 5.1 |
| 拉萨 | 5.5 | 5.8 | 5.1 | 5.9 | 5.1 | 4.9 |
| 西安 | 4.1 | 3.6 | 4.0 | 3.4 | 3.6 | 3.8 |
| 咸阳 | 2.2 | 1.9 | 2.0 | 3.5 | 2.6 | 2.0 |
| 兰州 | 2.2 | 2.0 | 2.6 | 2.2 | 2.4 | 2.6 |
| 敦煌 | 2.4 | 2.5 | 3.0 | 2.5 | 2.5 | 2.9 |
| 西宁 | 3.0 | 2.3 | 3.4 | 2.8 | 3.7 | 2.6 |
| 海东 | 2.6 | 2.0 | 3.1 | 2.3 | 2.2 | 2.2 |
| 黄南州 | 3.9 | 3.8 | 4.0 | 3.8 | — | 3.8 |
| 海西州 | 3.0 | 4.5 | 3.8 | 3.4 | 3.0 | 2.8 |
| 银川 | 3.2 | 4.7 | 3.1 | 3.0 | 3.2 | 3.9 |
| 乌鲁木齐 | 4.6 | 3.0 | 4.2 | 8.5 | 2.6 | 2.5 |

单位：天 / 人

| 服务员 / 推销员 | 退休人员 | 家庭妇女 | 军人 | 学生 | 其他 |
|---|---|---|---|---|---|
| 4.2 | 3.5 | 3.8 | 3.7 | 3.5 | 4.3 |
| 3.9 | 4.2 | 3.6 | 3.0 | 3.9 | 3.7 |
| 1.9 | 1.8 | 1.7 | — | 1.8 | 1.6 |
| 1.8 | 2.1 | 1.9 | — | 1.7 | 3.1 |
| 2.6 | 3.1 | 2.9 | — | 2.6 | 2.9 |
| 4.5 | 4.9 | 3.2 | — | 3.9 | 4.1 |
| 7.4 | 8.2 | 7.8 | 7.4 | 7.7 | 7.8 |
| 4.9 | 4.7 | 4.6 | 4.9 | 5.7 | 4.8 |
| 5.9 | 6.3 | 5.5 | 6.4 | 6.3 | — |
| 3.4 | 3.3 | 4.6 | — | 4.4 | 4.4 |
| 2.0 | 2.6 | 2.0 | — | 2.0 | — |
| 2.5 | 2.5 | 2.6 | 2.4 | 2.6 | 2.3 |
| 3.0 | 3.1 | 2.9 | 3.0 | 2.9 | 2.6 |
| — | 2.6 | — | — | 3.1 | 3.8 |
| — | 3.1 | — | — | 2.5 | — |
| — | 2.5 | — | — | 3.5 | — |
| 4.5 | 7.6 | 6.1 | — | 5.5 | 5.5 |
| — | 7.0 | 3.4 | — | 7.5 | 6.9 |
| 3.2 | 6.0 | 4.5 | — | 4.8 | 5.2 |
| 5.2 | 5.6 | 5.5 | 3.6 | 4.9 | 5.7 |
| 3.7 | 4.0 | 3.6 | 3.9 | 4.9 | 3.9 |
| 1.9 | 2.4 | 2.5 | — | 2.0 | 2.1 |
| 2.4 | 1.8 | 1.8 | — | 2.1 | 2.2 |
| — | 2.3 | 2.5 | — | 2.5 | 2.3 |
| 3.1 | 3.9 | 2.3 | — | 3.5 | 3.6 |
| 2.9 | 2.1 | 2.0 | 2.0 | 2.0 | 3.0 |
| — | 4.1 | 4.5 | — | — | — |
| 4.6 | 2.3 | 3.0 | — | 2.3 | 2.2 |
| 2.4 | 2.8 | 3.7 | — | 2.8 | 2.9 |
| 4.0 | 2.4 | 2.1 | — | 5.0 | 2.1 |

## 2-15　2019 年入境过夜游客在各城市平均停留时间
### （按旅游目的分组）

单位：天 / 人

| | 平均停留 | 旅游目的 | | | | | | | | | |
|---|---|---|---|---|---|---|---|---|---|---|---|
| | | 观光游览 | 休闲度假 | 探亲访友 | 商务 | 会议 | 宗教朝拜 | 文体交流 | 购物 | 医疗保健 | 其他 |
| 北　京 | 4.5 | 4.7 | 5.0 | 5.1 | 4.0 | 4.0 | 4.3 | 5.1 | 4.7 | 4.7 | — |
| 天　津 | 4.4 | 3.4 | 4.1 | 4.6 | 6.5 | 3.7 | 3.4 | 3.9 | 5.7 | 3.8 | 2.0 |
| 石家庄 | 3.1 | 3.2 | 3.1 | 2.9 | 3.2 | 3.4 | 2.5 | 3.2 | 3.6 | 3.3 | 2.7 |
| 唐　山 | 2.5 | 2.2 | 2.1 | 2.6 | 2.6 | 3.4 | — | 2.1 | — | — | — |
| 秦皇岛 | 4.8 | 2.3 | 2.7 | 2.4 | 4.1 | 2.1 | 9.4 | 2.5 | 2.0 | — | 9.3 |
| 承　德 | 3.8 | 3.1 | 4.0 | 2.6 | 5.7 | 4.1 | — | 3.3 | 2.3 | 5.7 | 4.0 |
| 大　同 | 2.7 | 2.7 | 2.9 | 2.4 | 2.3 | — | 2.1 | 2.2 | — | — | 3.0 |
| 长　治 | 4.0 | 4.1 | 4.0 | — | — | — | — | — | — | — | 3.5 |
| 晋　城 | 3.2 | 3.2 | 2.0 | — | — | — | — | — | — | — | — |
| 晋　中 | 3.7 | 3.2 | 4.4 | 4.0 | 5.1 | 3.6 | 2.9 | 3.7 | — | — | 3.7 |
| 忻　州 | 2.0 | 2.0 | 2.0 | — | — | — | 2.0 | — | — | — | — |
| 呼和浩特 | 4.4 | 4.4 | 5.2 | 3.6 | 4.4 | 4.5 | 2.1 | 3.1 | 3.2 | — | 4.1 |
| 包　头 | 2.6 | 2.6 | 2.8 | 2.9 | 2.1 | 2.8 | — | 2.7 | 2.2 | — | 1.7 |
| 二连浩特 | 2.1 | 2.0 | 1.8 | — | 2.9 | 2.4 | — | 1.8 | 1.8 | — | 2.7 |
| 赤　峰 | 3.8 | 4.0 | 3.7 | 3.7 | 4.1 | — | — | 2.5 | 3.5 | — | 4.1 |
| 沈　阳 | 4.2 | 5.1 | 4.9 | 1.9 | 2.7 | 4.7 | — | 5.0 | — | 9.2 | 6.9 |
| 大　连 | 3.4 | 3.7 | 3.8 | 3.9 | 3.0 | 3.1 | 3.0 | 3.5 | — | 3.0 | 3.3 |
| 鞍　山 | 3.9 | 4.3 | 4.0 | 4.0 | 3.8 | 3.5 | — | 3.0 | — | 4.3 | — |
| 抚　顺 | 3.8 | 3.7 | 3.8 | 3.5 | 3.9 | 3.6 | — | 3.8 | — | — | 4.0 |
| 本　溪 | 1.6 | 1.5 | 1.4 | 1.5 | 2.1 | 1.4 | — | 2.2 | — | — | 1.4 |
| 丹　东 | 3.3 | 3.3 | — | — | — | — | — | — | — | — | — |
| 锦　州 | 3.0 | 2.8 | 3.3 | 2.6 | — | — | — | — | — | — | 2.6 |
| 营　口 | 2.9 | 3.0 | 2.9 | 3.5 | 2.8 | 2.8 | — | — | — | — | — |
| 盘　锦 | 2.6 | 2.4 | 2.9 | 3.0 | 3.8 | 2.2 | — | 3.0 | — | — | 2.5 |
| 葫芦岛 | 3.3 | 3.2 | 3.7 | — | — | — | — | — | — | — | 2.6 |
| 长　春 | 3.7 | 3.4 | 3.6 | 4.9 | 4.1 | 3.6 | 3.2 | 3.8 | 3.8 | 4.0 | 3.0 |
| 吉　林 | 3.6 | 3.6 | 3.4 | — | — | — | — | — | — | — | — |
| 通　化 | 2.1 | 2.1 | 2.1 | — | — | — | — | — | — | — | — |
| 白　山 | 2.9 | 2.7 | 3.1 | 4.0 | 3.2 | 3.0 | — | — | 3.3 | — | 3.0 |
| 延　吉 | 4.6 | 3.1 | 1.1 | 5.7 | 7.7 | 1.8 | — | 3.6 | — | — | 4.4 |
| 哈尔滨 | 3.8 | 3.9 | 3.7 | 3.8 | 4.1 | — | — | — | — | — | 3.7 |

2-15（续 1）　　　　单位：天 / 人

| | 平均停留 | 旅游目的 | | | | | | | | | |
|---|---|---|---|---|---|---|---|---|---|---|---|
| | | 观光游览 | 休闲度假 | 探亲访友 | 商务 | 会议 | 宗教朝拜 | 文体交流 | 购物 | 医疗保健 | 其他 |
| 齐齐哈尔 | 2.0 | 2.3 | 2.2 | 2.0 | 2.2 | 1.9 | — | 1.9 | — | — | 1.9 |
| 大　　庆 | 3.4 | 4.0 | 2.3 | 2.8 | 3.1 | 3.7 | — | 4.0 | — | — | 2.3 |
| 佳 木 斯 | 2.4 | 2.2 | 2.4 | 2.1 | 2.6 | — | — | 2.8 | 2.4 | 2.4 | 2.6 |
| 牡 丹 江 | 3.4 | 2.1 | 3.1 | — | 1.9 | 1.3 | — | 6.0 | 2.3 | — | — |
| 上　　海 | 3.9 | 3.7 | 4.0 | 4.6 | 3.7 | 3.5 | 4.0 | 5.0 | 3.6 | 3.3 | 4.1 |
| 南　　京 | 3.3 | 3.3 | 3.4 | 4.0 | 3.1 | 3.3 | 4.2 | 3.6 | 3.0 | — | 2.5 |
| 无　　锡 | 2.4 | 2.2 | 2.2 | 3.0 | 2.6 | 2.2 | 2.4 | 2.3 | 2.1 | 2.4 | 1.6 |
| 苏　　州 | 3.8 | 3.8 | 3.1 | 3.8 | 4.5 | 4.1 | 2.5 | 4.4 | 3.4 | 2.0 | 3.5 |
| 南　　通 | 4.1 | 3.7 | 4.2 | 4.2 | 3.9 | 3.9 | 5.5 | 4.2 | 3.4 | 3.1 | — |
| 扬　　州 | 3.0 | 2.6 | 2.8 | 3.1 | 3.7 | 2.9 | 2.0 | 2.8 | 2.0 | — | — |
| 杭　　州 | 3.2 | 3.2 | 3.6 | 3.1 | 3.2 | 2.9 | 2.5 | 3.5 | — | 3.3 | 3.3 |
| 宁　　波 | 3.8 | 3.5 | 3.9 | 3.4 | 4.0 | 4.3 | 2.0 | 4.9 | 2.5 | — | 2.8 |
| 温　　州 | 3.7 | 3.8 | 3.6 | 4.9 | 3.8 | 4.3 | — | 4.2 | — | — | 2.3 |
| 绍　　兴 | 3.1 | 2.7 | 3.2 | 2.6 | 3.7 | 3.3 | 6.9 | 3.0 | 2.6 | — | 2.8 |
| 金　　华 | 3.8 | 3.4 | 4.6 | 3.2 | 6.0 | 3.8 | 2.5 | 2.5 | 2.5 | 2.5 | — |
| 合　　肥 | 3.0 | 2.9 | 3.4 | 2.9 | 3.0 | 2.8 | — | 2.7 | 5.7 | — | — |
| 芜　　湖 | 4.2 | 4.7 | 4.1 | 4.3 | 4.2 | 4.1 | — | 4.6 | — | — | 3.4 |
| 马 鞍 山 | 3.7 | 4.3 | 4.0 | 4.0 | 3.4 | 2.8 | — | 3.4 | 3.6 | — | 4.4 |
| 铜　　陵 | 2.5 | 2.2 | 2.3 | 3.1 | 4.4 | 2.7 | 3.6 | 1.8 | — | — | 2.8 |
| 安　　庆 | 3.6 | 3.5 | 3.7 | 4.1 | 3.6 | 3.6 | 3.5 | 3.9 | — | 3.1 | 3.2 |
| 黄　　山 | 3.4 | 3.4 | 3.3 | 3.4 | 3.5 | 3.7 | — | 3.4 | — | — | 3.2 |
| 滁　　州 | 2.1 | 2.1 | 2.2 | 2.0 | 2.1 | — | — | 2.0 | — | — | 2.0 |
| 亳　　州 | 2.8 | 2.8 | 3.0 | 2.7 | 2.3 | — | — | 2.0 | — | — | 2.7 |
| 池　　州 | 3.7 | 3.7 | 3.3 | — | — | — | 4.5 | — | — | — | — |
| 宣　　城 | 3.1 | 3.1 | 3.2 | 3.2 | 3.4 | 2.3 | — | 4.3 | — | — | 2.3 |
| 福　　州 | 6.9 | 5.4 | 6.3 | 7.3 | 6.7 | 5.7 | — | 4.9 | 5.6 | 9.6 | — |
| 厦　　门 | 3.2 | 3.2 | 3.4 | 3.2 | 3.2 | 3.0 | 2.6 | 3.1 | 4.0 | 3.0 | 4.7 |
| 泉　　州 | 4.1 | 4.8 | 3.9 | 3.2 | 5.4 | 2.9 | 3.0 | 3.4 | — | — | 2.6 |
| 漳　　州 | 2.9 | 2.7 | 2.4 | 2.7 | 4.3 | — | 2.4 | — | — | — | 2.4 |
| 武 夷 山 | 3.2 | 3.6 | 1.7 | 2.5 | — | — | — | 1.2 | — | — | 1.5 |
| 南　　昌 | 3.6 | 3.6 | 3.6 | 4.6 | 3.6 | 3.0 | 3.9 | 3.5 | — | — | 3.5 |
| 景 德 镇 | 2.7 | 2.7 | 2.7 | 3.1 | 2.7 | 2.5 | 2.5 | — | 2.5 | — | — |
| 九　　江 | 3.3 | 3.3 | 3.5 | 4.0 | 3.0 | 3.0 | 4.0 | 4.0 | — | — | 3.0 |
| 鹰　　潭 | 3.1 | 3.2 | 2.9 | 4.0 | 4.4 | 3.0 | 2.8 | 3.1 | 3.0 | — | 2.5 |
| 赣　　州 | 3.6 | 3.5 | 3.5 | 4.9 | 3.5 | 3.0 | — | 3.7 | — | — | 4.0 |

| | 平均停留 | 旅游目的 | | | | | | | | | |
|---|---|---|---|---|---|---|---|---|---|---|---|
| | | 观光游览 | 休闲度假 | 探亲访友 | 商务 | 会议 | 宗教朝拜 | 文体交流 | 购物 | 医疗保健 | 其他 |
| 吉　　安 | 2.7 | 2.6 | 3.0 | 3.6 | 2.5 | 2.8 | 2.4 | 3.7 | — | — | 2.5 |
| 济　　南 | 3.8 | 3.5 | 3.4 | 4.6 | 4.9 | 3.1 | — | 3.3 | 2.8 | — | 4.2 |
| 青　　岛 | 3.2 | 3.1 | 3.5 | 3.4 | 3.0 | 2.9 | 5.0 | 3.0 | — | — | — |
| 烟　　台 | 3.8 | 3.5 | 3.5 | 4.4 | 4.0 | 4.0 | — | 5.0 | — | — | 4.0 |
| 曲　　阜 | 2.7 | 2.1 | 2.0 | 3.3 | 3.1 | 2.4 | 3.1 | 4.2 | — | — | 2.2 |
| 泰　　安 | 2.6 | 2.4 | 3.0 | 2.3 | 2.7 | 2.4 | — | 2.8 | 2.3 | — | 2.6 |
| 威　　海 | 3.8 | 4.0 | 4.1 | 6.3 | 3.5 | 3.6 | — | 3.3 | — | 3.6 | 4.2 |
| 郑　　州 | 2.8 | 2.9 | 2.9 | 2.7 | 2.9 | 3.1 | 2.6 | 2.5 | 2.7 | 2.3 | 2.5 |
| 开　　封 | 2.5 | 2.3 | 2.3 | 2.4 | 2.4 | 2.5 | — | 4.4 | 2.1 | — | 2.1 |
| 洛　　阳 | 4.1 | 3.0 | 3.2 | 2.8 | 3.4 | 5.2 | 1.9 | 9.2 | — | 1.9 | 2.0 |
| 三 门 峡 | 2.3 | 2.3 | 2.2 | — | 2.3 | 1.9 | 2.5 | 2.9 | — | — | 2.3 |
| 武　　汉 | 5.3 | 4.9 | 5.4 | 6.4 | 5.1 | 5.0 | 9.3 | 4.6 | 4.0 | 5.5 | 5.5 |
| 十　　堰 | 3.6 | 3.3 | 3.5 | — | 3.0 | — | 3.9 | 6.0 | — | — | — |
| 宜　　昌 | 3.3 | 2.9 | 2.7 | 3.1 | 3.9 | 5.6 | — | 5.0 | — | — | 3.0 |
| 襄　　阳 | 3.0 | 2.5 | 2.1 | 4.0 | 3.7 | 4.5 | — | — | — | — | — |
| 荆　　州 | 2.3 | 2.2 | 2.3 | — | 2.9 | 3.1 | — | 2.1 | — | — | — |
| 恩　　施 | 3.9 | 3.7 | 4.2 | 4.7 | 4.8 | 4.0 | 4.0 | 4.0 | — | — | 3.0 |
| 湖北游船 | 4.3 | 4.4 | 4.2 | 4.0 | — | 3.0 | — | 4.0 | 3.0 | — | 5.0 |
| 长　　沙 | 3.7 | 3.7 | 3.7 | 4.2 | 3.4 | 3.5 | 2.8 | 3.4 | 6.6 | 5.3 | 2.6 |
| 湘　　潭 | 2.6 | 2.2 | 2.4 | 4.2 | 3.5 | 3.0 | — | 2.9 | — | — | 2.3 |
| 衡　　阳 | 2.4 | 2.3 | 2.7 | 2.4 | 2.1 | 2.3 | — | — | — | — | — |
| 岳　　阳 | 3.1 | 3.0 | 3.2 | 3.5 | 3.3 | 3.0 | — | 3.1 | — | — | — |
| 张 家 界 | 3.9 | 3.8 | 4.0 | 4.2 | 4.3 | 3.7 | — | 3.6 | 3.9 | 3.6 | 4.1 |
| 郴　　州 | 3.2 | 3.3 | 3.3 | 3.0 | 3.4 | 3.2 | 3.2 | 3.2 | 3.2 | 3.3 | 3.0 |
| 湘　　西 | 2.4 | 2.3 | 2.8 | 2.0 | — | — | — | 4.0 | — | — | 2.0 |
| 广　　州 | 4.5 | 4.1 | 4.4 | 4.6 | 5.0 | 3.7 | 4.4 | 3.4 | 6.3 | 3.0 | 3.7 |
| 深　　圳 | 3.7 | 3.4 | 3.8 | 3.5 | 4.1 | 4.0 | 3.1 | 4.0 | 3.0 | 4.4 | 3.6 |
| 珠　　海 | 2.4 | 2.3 | 2.5 | 2.6 | 2.6 | 2.3 | 2.3 | 2.5 | 3.0 | 2.5 | 2.4 |
| 汕　　头 | 3.9 | 3.8 | 3.9 | 3.7 | 4.3 | 3.8 | — | 3.8 | — | — | 4.5 |
| 江　　门 | 3.8 | 4.0 | 3.8 | 3.9 | 3.5 | 3.8 | 3.0 | 3.0 | 4.3 | 2.9 | 3.0 |
| 湛　　江 | 3.9 | 3.9 | 3.8 | 3.9 | 3.9 | 3.5 | — | 3.8 | 3.5 | 3.0 | 3.8 |
| 惠　　州 | 2.6 | 2.3 | 2.3 | 3.1 | 3.6 | 2.7 | 3.0 | 3.0 | 2.0 | — | 2.8 |
| 东　　莞 | 2.6 | 2.6 | 2.5 | 2.8 | 2.5 | 2.5 | 2.7 | 2.2 | 2.4 | 5.8 | 2.3 |
| 中　　山 | 2.8 | 2.8 | 2.9 | 2.6 | 2.3 | 2.5 | — | 2.0 | 3.1 | 2.4 | 3.3 |
| 南　　宁 | 2.1 | 1.8 | 2.1 | 2.4 | 2.4 | 2.0 | — | 2.8 | 1.5 | — | — |

2-15（续3）　　单位：天/人

| | 平均停留 | 旅游目的 | | | | | | | | |
|---|---|---|---|---|---|---|---|---|---|---|
| | | 观光游览 | 休闲度假 | 探亲访友 | 商务 | 会议 | 宗教朝拜 | 文体交流 | 购物 | 医疗保健 | 其他 |
| 桂　林 | 3.2 | 3.6 | 2.7 | 3.4 | 3.8 | 3.5 | — | 3.6 | 4.0 | — | 3.7 |
| 梧　州 | 3.7 | 3.7 | 3.6 | 4.3 | 3.4 | 3.7 | 4.4 | 3.5 | 2.9 | — | 3.3 |
| 北　海 | 3.9 | 3.8 | 3.9 | 4.1 | 3.6 | 3.6 | 3.7 | 3.8 | 5.4 | — | 4.2 |
| 防城港 | 1.7 | 1.7 | 1.7 | 1.4 | 1.8 | 2.1 | — | — | 1.6 | — | 1.9 |
| 贺　州 | 1.8 | 1.9 | 1.8 | 1.8 | 1.8 | 1.8 | — | — | 1.8 | — | 1.8 |
| 崇　左 | 2.8 | 2.5 | 2.8 | 3.5 | 2.9 | 3.7 | — | 2.8 | 2.6 | — | — |
| 海　口 | 3.9 | 3.7 | 3.9 | 3.9 | 3.9 | 4.4 | — | 3.5 | — | 6.0 | 4.0 |
| 三　亚 | 7.4 | 7.2 | 7.6 | 7.6 | 5.3 | 5.9 | 3.0 | 11.3 | 5.9 | 11.5 | 10.5 |
| 重　庆 | 4.8 | 4.8 | 4.8 | 5.1 | 4.9 | — | — | 4.4 | 5.7 | — | 4.4 |
| 重庆游船 | 6.3 | 6.2 | 6.3 | 7.3 | 7.3 | 6.2 | 5.7 | 6.2 | 7.3 | 4.6 | 7.3 |
| 成　都 | 4.0 | 3.8 | 4.4 | 5.7 | 3.6 | 3.5 | 3.5 | 4.8 | 4.7 | 9.0 | 3.0 |
| 绵　阳 | 2.3 | 2.4 | 2.3 | 2.7 | 2.4 | 2.3 | — | 2.1 | — | 2.0 | — |
| 乐山（峨眉山） | 2.6 | 2.5 | 2.7 | 3.5 | 2.8 | 3.0 | 2.5 | 3.6 | — | — | 2.4 |
| 阿坝州 | 2.9 | 2.8 | 3.2 | 3.0 | 2.6 | 2.0 | 3.7 | — | — | 3.0 | 2.3 |
| 贵　阳 | 2.7 | 2.4 | 2.9 | 2.2 | 2.9 | 2.4 | 2.9 | 3.0 | 2.4 | 3.1 | 3.2 |
| 安　顺 | 2.8 | 2.5 | 3.0 | 2.2 | 2.8 | 2.8 | 3.8 | 3.6 | 3.7 | 3.3 | 2.8 |
| 黔东南 | 2.6 | 2.5 | 2.9 | 2.2 | 2.3 | 2.0 | 3.1 | 3.2 | 3.2 | 3.4 | 2.4 |
| 昆　明 | 5.4 | 6.0 | 4.8 | 6.0 | 4.8 | 3.7 | 4.0 | 4.4 | 3.6 | 4.2 | 3.5 |
| 景　洪 | 6.0 | 5.8 | 5.3 | 7.1 | 5.6 | 5.5 | — | 8.0 | — | 4.4 | 5.5 |
| 大　理 | 5.3 | 5.3 | 6.9 | 6.7 | 4.9 | 3.2 | — | 4.7 | — | 2.5 | — |
| 拉　萨 | 5.5 | 5.6 | 5.2 | 6.8 | 3.7 | 7.5 | 4.7 | 4.3 | 3.4 | — | 5.6 |
| 西　安 | 4.1 | 3.6 | 3.6 | 5.6 | 5.7 | 3.9 | 5.0 | 6.8 | 3.5 | 2.9 | 5.5 |
| 咸　阳 | 2.2 | 2.1 | 2.0 | 4.4 | 1.9 | 1.9 | — | 2.2 | — | — | — |
| 兰　州 | 2.2 | 1.9 | 2.2 | 3.1 | 2.8 | 2.5 | — | 2.4 | — | 3.4 | 2.6 |
| 敦　煌 | 2.4 | 2.4 | 2.4 | — | 3.3 | 3.2 | — | 2.8 | — | — | — |
| 西　宁 | 3.0 | 3.0 | 2.5 | — | 4.5 | — | — | — | — | — | — |
| 海　东 | 2.6 | 2.2 | 2.3 | 2.2 | 2.3 | 5.0 | 2.0 | 4.3 | — | 3.0 | 4.3 |
| 黄南州 | 3.9 | 3.9 | 3.8 | — | — | — | — | — | — | — | — |
| 海西州 | 3.0 | 3.2 | 2.9 | 3.5 | 2.8 | 5.0 | 2.0 | 4.0 | — | — | 2.4 |
| 银　川 | 3.2 | 3.0 | 3.1 | 2.9 | 3.2 | 3.0 | 3.0 | 4.3 | — | 3.0 | 3.0 |
| 乌鲁木齐 | 4.6 | 2.4 | 3.2 | 5.0 | 2.9 | 1.7 | — | 3.4 | 3.4 | — | 6.1 |

## 三、入境游客来华（内地）旅游次数

# 3-1 2019年入境游客来华（内地）旅游次数
## （按团体及散客、外国人、港澳台胞分组）

| | | 调查人数 | | 次数构成（%） | | |
|---|---|---|---|---|---|---|
| | | （人） | （%） | 第1次 | 第2-3次 | ≥4次 |
| **全　　国** | **总计** | **16173** | **100.0** | **33.7** | **36.5** | **29.8** |
| | 团体 | 3314 | 100.0 | 51.4 | 34.0 | 14.5 |
| | 散客 | 12859 | 100.0 | 29.2 | 37.1 | 33.7 |
| 外 国 人 | 小计 | 10581 | 100.0 | 41.4 | 39.5 | 19.0 |
| | 团体 | 2196 | 100.0 | 57.3 | 32.1 | 10.5 |
| | 散客 | 8385 | 100.0 | 37.3 | 41.5 | 21.3 |
| 香港同胞 | 小计 | 2730 | 100.0 | 12.1 | 25.3 | 62.6 |
| | 团体 | 319 | 100.0 | 30.4 | 44.2 | 25.4 |
| | 散客 | 2411 | 100.0 | 9.7 | 22.8 | 67.5 |
| 澳门同胞 | 小计 | 1300 | 100.0 | 18.3 | 34.6 | 47.1 |
| | 团体 | 266 | 100.0 | 31.6 | 36.8 | 31.6 |
| | 散客 | 1034 | 100.0 | 14.9 | 34.0 | 51.1 |
| 台湾同胞 | 小计 | 1562 | 100.0 | 32.3 | 36.9 | 30.7 |
| | 团体 | 533 | 100.0 | 49.7 | 34.1 | 16.1 |
| | 散客 | 1029 | 100.0 | 23.3 | 38.4 | 38.3 |

# 3-2 2019年入境游客来华（内地）旅游次数

| | | 过夜游客 | | 次数构成（%） | | |
|---|---|---|---|---|---|---|
| | | （人） | （%） | 第1次 | 第2–3次 | ≥4次 |
| **全　国** | **总计** | **12583** | **100.0** | **37.6** | **37.2** | **25.2** |
| | 团体 | 2934 | 100.0 | 52.7 | 34.0 | 13.3 |
| | 散客 | 9649 | 100.0 | 33.0 | 38.2 | 28.8 |
| 外国人 | 小计 | 8790 | 100.0 | 43.8 | 39.2 | 16.9 |
| | 团体 | 1984 | 100.0 | 57.3 | 32.7 | 10.0 |
| | 散客 | 6806 | 100.0 | 39.9 | 41.2 | 18.9 |
| 香港同胞 | 小计 | 1683 | 100.0 | 15.2 | 28.7 | 56.1 |
| | 团体 | 245 | 100.0 | 31.8 | 47.3 | 20.8 |
| | 散客 | 1438 | 100.0 | 12.4 | 25.5 | 62.1 |
| 澳门同胞 | 小计 | 855 | 100.0 | 20.2 | 35.9 | 43.9 |
| | 团体 | 203 | 100.0 | 36.5 | 33.5 | 30.0 |
| | 散客 | 652 | 100.0 | 15.2 | 36.7 | 48.2 |
| 台湾同胞 | 小计 | 1255 | 100.0 | 35.9 | 35.4 | 28.8 |
| | 团体 | 502 | 100.0 | 51.4 | 32.9 | 15.7 |
| | 散客 | 753 | 100.0 | 25.5 | 37.1 | 37.5 |

（按过夜与不过夜、团体及散客、外国人、港澳台胞分组）

| 一日游游客 | | 次数构成（%） | | |
|---|---|---|---|---|
| （人） | （%） | 第 1 次 | 第 2–3 次 | ≥ 4 次 |
| **3590** | **100.0** | **20.2** | **33.9** | **45.9** |
| 380 | 100.0 | 41.6 | 34.2 | 24.2 |
| 3210 | 100.0 | 17.7 | 33.9 | 48.5 |
| | | | | |
| 1791 | 100.0 | 29.6 | 41.0 | 29.4 |
| 212 | 100.0 | 57.5 | 27.4 | 15.1 |
| 1579 | 100.0 | 25.8 | 42.8 | 31.3 |
| | | | | |
| 1047 | 100.0 | 7.2 | 19.8 | 73.1 |
| 74 | 100.0 | 25.7 | 33.8 | 40.5 |
| 973 | 100.0 | 5.8 | 18.7 | 75.5 |
| | | | | |
| 445 | 100.0 | 14.6 | 32.1 | 53.3 |
| 63 | 100.0 | 15.9 | 47.6 | 36.5 |
| 382 | 100.0 | 14.4 | 29.6 | 56.0 |
| | | | | |
| 307 | 100.0 | 17.9 | 43.3 | 38.8 |
| 31 | 100.0 | 22.6 | 54.8 | 22.6 |
| 276 | 100.0 | 17.4 | 42.0 | 40.6 |

# 3-3 2019年入境游客来华（内地）旅游次数
## （按团体及散客、性别、年龄分组）

| | | 调查人数 | | 次数构成（%） | | |
|---|---|---|---|---|---|---|
| | | （人） | （%） | 第1次 | 第2-3次 | ≥4次 |
| **全　国** | **总计** | **16173** | **100.0** | **33.7** | **36.5** | **29.8** |
| | 团体 | 3314 | 100.0 | 51.4 | 34.0 | 14.5 |
| | 散客 | 12859 | 100.0 | 29.2 | 37.1 | 33.7 |
| 男　性 | 小计 | 8795 | 100.0 | 32.1 | 36.0 | 31.9 |
| | 团体 | 1562 | 100.0 | 50.6 | 34.8 | 14.7 |
| | 散客 | 7233 | 100.0 | 28.1 | 36.3 | 35.6 |
| 女　性 | 小计 | 7378 | 100.0 | 35.8 | 37.0 | 27.2 |
| | 团体 | 1752 | 100.0 | 52.2 | 33.3 | 14.4 |
| | 散客 | 5626 | 100.0 | 30.6 | 38.2 | 31.2 |
| 65岁及以上 | 小计 | 1037 | 100.0 | 32.1 | 29.3 | 38.6 |
| | 团体 | 325 | 100.0 | 47.7 | 34.2 | 18.2 |
| | 散客 | 712 | 100.0 | 25.0 | 27.1 | 47.9 |
| 45~64岁 | 小计 | 4989 | 100.0 | 32.8 | 36.4 | 30.8 |
| | 团体 | 1186 | 100.0 | 51.9 | 31.9 | 16.2 |
| | 散客 | 3803 | 100.0 | 26.9 | 37.8 | 35.3 |
| 25~44岁 | 小计 | 7599 | 100.0 | 34.7 | 38.7 | 26.6 |
| | 团体 | 1299 | 100.0 | 53.1 | 35.2 | 11.7 |
| | 散客 | 6300 | 100.0 | 30.9 | 39.4 | 29.6 |
| 15~24岁 | 小计 | 2438 | 100.0 | 33.1 | 33.0 | 33.8 |
| | 团体 | 463 | 100.0 | 47.1 | 36.7 | 16.2 |
| | 散客 | 1975 | 100.0 | 29.9 | 32.2 | 38.0 |
| 14岁及以下 | 小计 | 110 | 100.0 | 36.4 | 30.0 | 33.6 |
| | 团体 | 41 | 100.0 | 63.4 | 26.8 | 9.8 |
| | 散客 | 69 | 100.0 | 20.3 | 31.9 | 47.8 |

# 3-4 2019年入境游客来华（内地）旅游次数
## （按团体及散客、职业分组）

| | | 调查人数 | | 次数构成（%） | | |
|---|---|---|---|---|---|---|
| | | （人） | （%） | 第1次 | 第2-3次 | ≥4次 |
| **全　国** | **总计** | **16173** | **100.0** | **33.7** | **36.5** | **29.8** |
| | 团体 | 3314 | 100.0 | 51.4 | 34.0 | 14.5 |
| | 散客 | 12859 | 100.0 | 29.2 | 37.1 | 33.7 |
| 政府工作人员 | 小计 | 712 | 100.0 | 42.7 | 35.4 | 21.9 |
| | 团体 | 202 | 100.0 | 48.0 | 32.2 | 19.8 |
| | 散客 | 510 | 100.0 | 40.6 | 36.7 | 22.7 |
| 专业技术人员 | 小计 | 2687 | 100.0 | 37.4 | 38.9 | 23.8 |
| | 团体 | 496 | 100.0 | 56.7 | 34.5 | 8.9 |
| | 散客 | 2191 | 100.0 | 33.0 | 39.8 | 27.2 |
| 职　　员 | 小计 | 3553 | 100.0 | 34.3 | 39.5 | 26.2 |
| | 团体 | 690 | 100.0 | 53.9 | 34.3 | 11.7 |
| | 散客 | 2863 | 100.0 | 29.5 | 40.7 | 29.7 |
| 技工 / 工人 | 小计 | 788 | 100.0 | 32.1 | 39.0 | 28.9 |
| | 团体 | 161 | 100.0 | 47.2 | 39.8 | 13.0 |
| | 散客 | 627 | 100.0 | 28.2 | 38.8 | 33.0 |
| 商贸人员 | 小计 | 2399 | 100.0 | 25.0 | 39.0 | 36.0 |
| | 团体 | 310 | 100.0 | 43.5 | 35.5 | 21.0 |
| | 散客 | 2089 | 100.0 | 22.2 | 39.5 | 38.2 |
| 服务员 / 推销员 | 小计 | 773 | 100.0 | 33.1 | 36.2 | 30.7 |
| | 团体 | 181 | 100.0 | 58.6 | 30.9 | 10.5 |
| | 散客 | 592 | 100.0 | 25.3 | 37.8 | 36.8 |
| 退休人员 | 小计 | 1299 | 100.0 | 36.2 | 28.0 | 35.8 |
| | 团体 | 453 | 100.0 | 48.6 | 31.6 | 19.9 |
| | 散客 | 846 | 100.0 | 29.6 | 26.1 | 44.3 |
| 家庭妇女 | 小计 | 872 | 100.0 | 29.1 | 36.5 | 34.4 |
| | 团体 | 233 | 100.0 | 44.6 | 39.5 | 15.9 |
| | 散客 | 639 | 100.0 | 23.5 | 35.4 | 41.2 |
| 军　　人 | 小计 | 38 | 100.0 | 36.8 | 47.4 | 15.8 |
| | 团体 | 14 | 100.0 | 57.1 | 35.7 | 7.1 |
| | 散客 | 24 | 100.0 | 25.0 | 54.2 | 20.8 |
| 学　　生 | 小计 | 2059 | 100.0 | 35.5 | 32.3 | 32.2 |
| | 团体 | 409 | 100.0 | 52.6 | 34.2 | 13.2 |
| | 散客 | 1650 | 100.0 | 31.3 | 31.8 | 36.9 |
| 其　　他 | 小计 | 993 | 100.0 | 35.8 | 31.5 | 32.7 |
| | 团体 | 165 | 100.0 | 55.2 | 26.7 | 18.2 |
| | 散客 | 828 | 100.0 | 31.9 | 32.5 | 35.6 |

# 3-5 2019年入境游客来华（内地）旅游次数
## （按团体及散客、旅游目的分组）

| | | 调查人数 | | 次数构成（%） | | |
|---|---|---|---|---|---|---|
| | | （人） | （%） | 第1次 | 第2-3次 | ≥4次 |
| **全　国** | **总计** | **16173** | **100.0** | **33.7** | **36.5** | **29.8** |
| | 团体 | 3314 | 100.0 | 51.4 | 34.0 | 14.5 |
| | 散客 | 12859 | 100.0 | 29.2 | 37.1 | 33.7 |
| 观光游览 | 小计 | 5113 | 100.0 | 46.7 | 34.7 | 18.6 |
| | 团体 | 1629 | 100.0 | 56.4 | 31.1 | 12.5 |
| | 散客 | 3484 | 100.0 | 42.3 | 36.3 | 21.4 |
| 休闲度假 | 小计 | 3776 | 100.0 | 39.1 | 37.9 | 23.0 |
| | 团体 | 1080 | 100.0 | 52.1 | 35.3 | 12.6 |
| | 散客 | 2696 | 100.0 | 33.9 | 39.0 | 27.2 |
| 探亲访友 | 小计 | 1703 | 100.0 | 13.7 | 28.9 | 57.3 |
| | 团体 | 97 | 100.0 | 36.1 | 41.2 | 22.7 |
| | 散客 | 1606 | 100.0 | 12.4 | 28.2 | 59.4 |
| 商　务 | 小计 | 2500 | 100.0 | 18.0 | 38.7 | 43.3 |
| | 团体 | 79 | 100.0 | 38.0 | 43.0 | 19.0 |
| | 散客 | 2421 | 100.0 | 17.3 | 38.6 | 44.1 |
| 会　议 | 小计 | 802 | 100.0 | 22.6 | 49.9 | 27.6 |
| | 团体 | 62 | 100.0 | 16.1 | 67.7 | 16.1 |
| | 散客 | 740 | 100.0 | 23.1 | 48.4 | 28.5 |
| 宗教朝拜 | 小计 | 101 | 100.0 | 39.6 | 40.6 | 19.8 |
| | 团体 | 29 | 100.0 | 69.0 | 10.3 | 20.7 |
| | 散客 | 72 | 100.0 | 27.8 | 52.8 | 19.4 |
| 文体交流 | 小计 | 737 | 100.0 | 39.2 | 43.8 | 17.0 |
| | 团体 | 130 | 100.0 | 53.8 | 35.4 | 10.8 |
| | 散客 | 607 | 100.0 | 36.1 | 45.6 | 18.3 |
| 购　物 | 小计 | 450 | 100.0 | 15.8 | 26.4 | 57.8 |
| | 团体 | 85 | 100.0 | 21.2 | 29.4 | 49.4 |
| | 散客 | 365 | 100.0 | 14.5 | 25.8 | 59.7 |
| 医疗保健 | 小计 | 150 | 100.0 | 29.3 | 38.7 | 32.0 |
| | 团体 | 33 | 100.0 | 33.3 | 30.3 | 36.4 |
| | 散客 | 117 | 100.0 | 28.2 | 41.0 | 30.8 |
| 其　他 | 小计 | 841 | 100.0 | 33.7 | 35.0 | 31.4 |
| | 团体 | 90 | 100.0 | 33.3 | 43.3 | 23.3 |
| | 散客 | 751 | 100.0 | 33.7 | 34.0 | 32.4 |

# 3-6 2019 年入境游客到各省（区、市）旅游次数

| | 调查人数 | | 次数构成（%） | | |
|---|---|---|---|---|---|
| | （人） | （%） | 第 1 次 | 第 2-3 次 | ≥4 次 |
| 北　京 | 1969 | 100.0 | 47.0 | 41.3 | 11.7 |
| 天　津 | 550 | 100.0 | 51.8 | 38.2 | 10.0 |
| 河　北 | 1084 | 100.0 | 62.1 | 27.5 | 10.4 |
| 山　西 | 514 | 100.0 | 91.1 | 7.4 | 1.6 |
| 内蒙古 | 473 | 100.0 | 27.5 | 42.5 | 30.0 |
| 辽　宁 | 908 | 100.0 | 69.1 | 26.8 | 4.2 |
| 吉　林 | 584 | 100.0 | 80.8 | 14.2 | 5.0 |
| 黑龙江 | 725 | 100.0 | 39.0 | 41.1 | 19.9 |
| 上　海 | 1682 | 100.0 | 40.9 | 39.3 | 19.8 |
| 江　苏 | 1336 | 100.0 | 60.9 | 30.0 | 9.1 |
| 浙　江 | 1360 | 100.0 | 57.7 | 30.2 | 12.1 |
| 安　徽 | 1615 | 100.0 | 77.9 | 16.8 | 5.3 |
| 福　建 | 897 | 100.0 | 47.8 | 35.1 | 17.1 |
| 江　西 | 806 | 100.0 | 90.4 | 7.7 | 1.9 |
| 山　东 | 1933 | 100.0 | 55.7 | 34.5 | 9.8 |
| 河　南 | 865 | 100.0 | 81.2 | 16.0 | 2.9 |
| 湖　北 | 1171 | 100.0 | 62.2 | 28.4 | 9.4 |
| 湖　南 | 1810 | 100.0 | 76.7 | 20.2 | 3.1 |
| 广　东 | 5823 | 100.0 | 39.7 | 34.9 | 25.4 |
| 广　西 | 743 | 100.0 | 60.8 | 33.2 | 5.9 |
| 海　南 | 1018 | 100.0 | 57.7 | 31.6 | 10.7 |
| 重　庆 | 588 | 100.0 | 81.8 | 14.5 | 3.7 |
| 四　川 | 1313 | 100.0 | 51.0 | 48.7 | 0.3 |
| 贵　州 | 650 | 100.0 | 80.3 | 15.4 | 4.3 |
| 云　南 | 943 | 100.0 | 46.3 | 31.5 | 22.2 |
| 西　藏 | 543 | 100.0 | 92.4 | 7.2 | 0.4 |
| 陕　西 | 1200 | 100.0 | 83.8 | 13.8 | 2.5 |
| 甘　肃 | 800 | 100.0 | 86.3 | 12.6 | 1.1 |
| 青　海 | 447 | 100.0 | 88.4 | 11.4 | 0.2 |
| 宁　夏 | 200 | 100.0 | 72.0 | 17.0 | 11.0 |
| 新　疆 | 645 | 100.0 | 39.2 | 57.8 | 2.9 |

# 3-7 2019年外国游客到各省（区、市）旅游次数

| | 调查人数 | | 次数构成（%） | | |
|---|---|---|---|---|---|
| | （人） | （%） | 第1次 | 第2-3次 | ≥4次 |
| 北京 | 1746 | 100.0 | 47.7 | 41.6 | 10.7 |
| 天津 | 414 | 100.0 | 52.4 | 37.4 | 10.1 |
| 河北 | 957 | 100.0 | 64.1 | 25.9 | 10.0 |
| 山西 | 453 | 100.0 | 93.4 | 5.5 | 1.1 |
| 内蒙古 | 414 | 100.0 | 28.0 | 39.1 | 32.9 |
| 辽宁 | 732 | 100.0 | 68.9 | 26.1 | 5.1 |
| 吉林 | 434 | 100.0 | 77.2 | 16.4 | 6.5 |
| 黑龙江 | 670 | 100.0 | 36.3 | 42.5 | 21.2 |
| 上海 | 1477 | 100.0 | 42.9 | 39.1 | 18.1 |
| 江苏 | 948 | 100.0 | 60.1 | 29.5 | 10.3 |
| 浙江 | 1078 | 100.0 | 60.3 | 28.5 | 11.2 |
| 安徽 | 1410 | 100.0 | 78.6 | 16.0 | 5.4 |
| 福建 | 488 | 100.0 | 54.5 | 29.1 | 16.4 |
| 江西 | 517 | 100.0 | 91.9 | 7.0 | 1.2 |
| 山东 | 1206 | 100.0 | 55.7 | 34.2 | 10.1 |
| 河南 | 646 | 100.0 | 80.5 | 16.6 | 2.9 |
| 湖北 | 551 | 100.0 | 64.8 | 25.6 | 9.6 |
| 湖南 | 1413 | 100.0 | 79.3 | 18.7 | 2.0 |
| 广东 | 3023 | 100.0 | 50.4 | 34.2 | 15.3 |
| 广西 | 340 | 100.0 | 67.9 | 30.6 | 1.5 |
| 海南 | 680 | 100.0 | 63.1 | 28.4 | 8.5 |
| 重庆 | 462 | 100.0 | 81.6 | 14.9 | 3.5 |
| 四川 | 916 | 100.0 | 49.7 | 50.1 | 0.2 |
| 贵州 | 275 | 100.0 | 81.1 | 16.0 | 2.9 |
| 云南 | 748 | 100.0 | 48.1 | 30.7 | 21.1 |
| 西藏 | 505 | 100.0 | 92.9 | 6.7 | 0.4 |
| 陕西 | 1180 | 100.0 | 83.9 | 13.6 | 2.5 |
| 甘肃 | 563 | 100.0 | 86.3 | 12.6 | 1.1 |
| 青海 | 375 | 100.0 | 88.3 | 11.5 | 0.3 |
| 宁夏 | 116 | 100.0 | 64.7 | 20.7 | 14.7 |
| 新疆 | 565 | 100.0 | 37.0 | 59.8 | 3.2 |

## 3-8 2019 年香港游客到各省（区、市）旅游次数

| | 调查人数 | | 次数构成（%） | | |
|---|---|---|---|---|---|
| | （人） | （%） | 第 1 次 | 第 2–3 次 | ≥4 次 |
| 北　京 | 118 | 100.0 | 39.8 | 37.3 | 22.9 |
| 天　津 | 55 | 100.0 | 45.5 | 41.8 | 12.7 |
| 河　北 | 44 | 100.0 | 45.5 | 40.9 | 13.6 |
| 山　西 | 27 | 100.0 | 74.1 | 22.2 | 3.7 |
| 内蒙古 | 20 | 100.0 | 20.0 | 70.0 | 10.0 |
| 辽　宁 | 72 | 100.0 | 69.4 | 30.6 | 0.0 |
| 吉　林 | 55 | 100.0 | 90.9 | 7.3 | 1.8 |
| 黑龙江 | 38 | 100.0 | 68.4 | 26.3 | 5.3 |
| 上　海 | 98 | 100.0 | 20.4 | 48.0 | 31.6 |
| 江　苏 | 128 | 100.0 | 61.7 | 28.9 | 9.4 |
| 浙　江 | 116 | 100.0 | 56.0 | 32.8 | 11.2 |
| 安　徽 | 89 | 100.0 | 61.8 | 30.3 | 7.9 |
| 福　建 | 163 | 100.0 | 47.9 | 38.7 | 13.5 |
| 江　西 | 135 | 100.0 | 88.1 | 9.6 | 2.2 |
| 山　东 | 273 | 100.0 | 53.5 | 36.6 | 9.9 |
| 河　南 | 91 | 100.0 | 80.2 | 16.5 | 3.3 |
| 湖　北 | 278 | 100.0 | 56.1 | 33.8 | 10.1 |
| 湖　南 | 214 | 100.0 | 78.5 | 19.6 | 1.9 |
| 广　东 | 1747 | 100.0 | 24.0 | 34.0 | 42.0 |
| 广　西 | 106 | 100.0 | 60.4 | 30.2 | 9.4 |
| 海　南 | 162 | 100.0 | 42.6 | 40.1 | 17.3 |
| 重　庆 | 20 | 100.0 | 80.0 | 15.0 | 5.0 |
| 四　川 | 158 | 100.0 | 55.1 | 43.7 | 1.3 |
| 贵　州 | 142 | 100.0 | 78.2 | 14.8 | 7.0 |
| 云　南 | 87 | 100.0 | 50.6 | 26.4 | 23.0 |
| 西　藏 | 10 | 100.0 | 100.0 | 0.0 | 0.0 |
| 陕　西 | 13 | 100.0 | 92.3 | 7.7 | 0.0 |
| 甘　肃 | 86 | 100.0 | 83.7 | 16.3 | 0.0 |
| 青　海 | 48 | 100.0 | 87.5 | 12.5 | 0.0 |
| 宁　夏 | 24 | 100.0 | 79.2 | 8.3 | 12.5 |
| 新　疆 | 1 | 100.0 | 0.0 | 100.0 | 0.0 |

# 3-9 2019年澳门游客到各省（区、市）旅游次数

| | 调查人数 | | 次数构成（%） | | |
|---|---|---|---|---|---|
| | （人） | （%） | 第1次 | 第2-3次 | ≥4次 |
| 北　京 | 36 | 100.0 | 36.1 | 44.4 | 19.4 |
| 天　津 | 21 | 100.0 | 52.4 | 42.9 | 4.8 |
| 河　北 | 42 | 100.0 | 57.1 | 33.3 | 9.5 |
| 山　西 | 1 | 100.0 | 100.0 | 0.0 | 0.0 |
| 内蒙古 | 13 | 100.0 | 23.1 | 69.2 | 7.7 |
| 辽　宁 | 46 | 100.0 | 78.3 | 21.7 | 0.0 |
| 吉　林 | 15 | 100.0 | 80.0 | 20.0 | 0.0 |
| 黑龙江 | 2 | 100.0 | 100.0 | 0.0 | 0.0 |
| 上　海 | 24 | 100.0 | 29.2 | 33.3 | 37.5 |
| 江　苏 | 76 | 100.0 | 65.8 | 31.6 | 2.6 |
| 浙　江 | 42 | 100.0 | 42.9 | 42.9 | 14.3 |
| 安　徽 | 43 | 100.0 | 88.4 | 11.6 | 0.0 |
| 福　建 | 61 | 100.0 | 32.8 | 52.5 | 14.8 |
| 江　西 | 64 | 100.0 | 84.4 | 9.4 | 6.3 |
| 山　东 | 162 | 100.0 | 61.1 | 33.3 | 5.6 |
| 河　南 | 41 | 100.0 | 82.9 | 12.2 | 4.9 |
| 湖　北 | 99 | 100.0 | 74.7 | 21.2 | 4.0 |
| 湖　南 | 81 | 100.0 | 61.7 | 28.4 | 9.9 |
| 广　东 | 565 | 100.0 | 26.0 | 41.6 | 32.4 |
| 广　西 | 185 | 100.0 | 52.4 | 35.7 | 11.9 |
| 海　南 | 33 | 100.0 | 39.4 | 42.4 | 18.2 |
| 重　庆 | 27 | 100.0 | 85.2 | 11.1 | 3.7 |
| 四　川 | 77 | 100.0 | 51.9 | 48.1 | 0.0 |
| 贵　州 | 61 | 100.0 | 83.6 | 13.1 | 3.3 |
| 云　南 | 38 | 100.0 | 26.3 | 52.6 | 21.1 |
| 西　藏 | 5 | 100.0 | 100.0 | 0.0 | 0.0 |
| 陕　西 | 3 | 100.0 | 66.7 | 33.3 | 0.0 |
| 甘　肃 | 71 | 100.0 | 91.5 | 8.5 | 0.0 |
| 青　海 | 14 | 100.0 | 92.9 | 7.1 | 0.0 |
| 宁　夏 | 16 | 100.0 | 68.8 | 25.0 | 6.3 |
| 新　疆 | 2 | 100.0 | 0.0 | 100.0 | 0.0 |

# 3-10　2019 年台湾游客到各省（区、市）旅游次数

| | 调查人数 | | 次数构成（%） | | |
|---|---|---|---|---|---|
| | （人） | （%） | 第 1 次 | 第 2-3 次 | ≥4 次 |
| 北　京 | 69 | 100.0 | 47.8 | 37.7 | 14.5 |
| 天　津 | 60 | 100.0 | 53.3 | 38.3 | 8.3 |
| 河　北 | 41 | 100.0 | 39.0 | 43.9 | 17.1 |
| 山　西 | 33 | 100.0 | 72.7 | 21.2 | 6.1 |
| 内蒙古 | 26 | 100.0 | 26.9 | 61.5 | 11.5 |
| 辽　宁 | 58 | 100.0 | 63.8 | 34.5 | 1.7 |
| 吉　林 | 80 | 100.0 | 93.8 | 6.3 | 0.0 |
| 黑龙江 | 15 | 100.0 | 80.0 | 20.0 | 0.0 |
| 上　海 | 83 | 100.0 | 33.7 | 34.9 | 31.3 |
| 江　苏 | 184 | 100.0 | 62.0 | 32.6 | 5.4 |
| 浙　江 | 124 | 100.0 | 41.9 | 38.7 | 19.4 |
| 安　徽 | 73 | 100.0 | 78.1 | 17.8 | 4.1 |
| 福　建 | 185 | 100.0 | 35.1 | 42.2 | 22.7 |
| 江　西 | 90 | 100.0 | 90.0 | 7.8 | 2.2 |
| 山　东 | 292 | 100.0 | 54.8 | 34.6 | 10.6 |
| 河　南 | 87 | 100.0 | 86.2 | 12.6 | 1.1 |
| 湖　北 | 243 | 100.0 | 58.0 | 31.7 | 10.3 |
| 湖　南 | 102 | 100.0 | 49.0 | 35.3 | 15.7 |
| 广　东 | 488 | 100.0 | 45.5 | 34.6 | 19.9 |
| 广　西 | 112 | 100.0 | 53.6 | 40.2 | 6.3 |
| 海　南 | 143 | 100.0 | 53.1 | 35.0 | 11.9 |
| 重　庆 | 79 | 100.0 | 82.3 | 12.7 | 5.1 |
| 四　川 | 162 | 100.0 | 53.7 | 46.3 | 0.0 |
| 贵　州 | 172 | 100.0 | 79.7 | 15.7 | 4.7 |
| 云　南 | 70 | 100.0 | 32.9 | 34.3 | 32.9 |
| 西　藏 | 23 | 100.0 | 78.3 | 21.7 | 0.0 |
| 陕　西 | 4 | 100.0 | 25.0 | 50.0 | 25.0 |
| 甘　肃 | 80 | 100.0 | 83.8 | 12.5 | 3.8 |
| 青　海 | 10 | 100.0 | 90.0 | 10.0 | 0.0 |
| 宁　夏 | 44 | 100.0 | 88.6 | 9.1 | 2.3 |
| 新　疆 | 77 | 100.0 | 57.1 | 41.6 | 1.3 |

# 四、入境游客的行程

## 4-1 2019年入境游客游览城市座数及所占比重

| | | 口岸调查人数 | | 1座 | 2座 | 3座 |
|---|---|---|---|---|---|---|
| | | （人） | （%） | （%） | （%） | （%） |
| **全　　国** | **总计** | **16173** | **100.0** | **59.6** | **24.1** | **9.9** |
| | 团体 | 3314 | 100.0 | 40.3 | 28.3 | 18.0 |
| | 散客 | 12859 | 100.0 | 64.6 | 22.9 | 7.8 |
| 外 国 人 | 小计 | 10581 | 100.0 | 58.9 | 23.5 | 10.2 |
| | 团体 | 2196 | 100.0 | 40.3 | 27.6 | 17.5 |
| | 散客 | 8385 | 100.0 | 63.8 | 22.4 | 8.2 |
| 香港同胞 | 小计 | 2730 | 100.0 | 66.7 | 24.2 | 6.7 |
| | 团体 | 319 | 100.0 | 50.5 | 27.0 | 17.6 |
| | 散客 | 2411 | 100.0 | 68.9 | 23.8 | 5.3 |
| 澳门同胞 | 小计 | 1300 | 100.0 | 62.8 | 21.5 | 10.8 |
| | 团体 | 266 | 100.0 | 51.9 | 21.4 | 19.2 |
| | 散客 | 1034 | 100.0 | 65.7 | 21.6 | 8.7 |
| 台湾同胞 | 小计 | 1562 | 100.0 | 49.0 | 29.5 | 13.3 |
| | 团体 | 533 | 100.0 | 28.7 | 35.5 | 19.9 |
| | 散客 | 1029 | 100.0 | 59.5 | 26.4 | 9.9 |

（按外国人、港澳台胞、团体及散客分组）

| 4座（%） | 5座（%） | 6座（%） | 7座（%） | 8座（%） | 9座（%） | 10座及以上（%） |
|---|---|---|---|---|---|---|
| **3.4** | **1.6** | **0.4** | **0.6** | **0.1** | **0.0** | **0.2** |
| 7.3 | 2.9 | 0.5 | 2.2 | 0.1 | 0.1 | 0.1 |
| 2.4 | 1.3 | 0.4 | 0.2 | 0.1 | 0.0 | 0.2 |
| | | | | | | |
| 3.9 | 1.7 | 0.5 | 0.8 | 0.2 | 0.1 | 0.3 |
| 8.1 | 2.9 | 0.6 | 2.6 | 0.2 | 0.1 | 0.1 |
| 2.8 | 1.5 | 0.4 | 0.3 | 0.2 | 0.1 | 0.3 |
| | | | | | | |
| 1.1 | 0.9 | 0.2 | 0.1 | 0.0 | 0.0 | 0.0 |
| 1.9 | 2.2 | 0.0 | 0.9 | 0.0 | 0.0 | 0.0 |
| 1.0 | 0.7 | 0.2 | 0.0 | 0.0 | 0.0 | 0.0 |
| | | | | | | |
| 2.8 | 1.4 | 0.5 | 0.0 | 0.0 | 0.0 | 0.1 |
| 5.6 | 1.9 | 0.0 | 0.0 | 0.0 | 0.0 | 0.0 |
| 2.0 | 1.3 | 0.7 | 0.0 | 0.0 | 0.0 | 0.1 |
| | | | | | | |
| 4.5 | 2.1 | 0.4 | 1.0 | 0.0 | 0.0 | 0.2 |
| 8.3 | 4.1 | 0.8 | 2.4 | 0.0 | 0.0 | 0.4 |
| 2.5 | 1.1 | 0.2 | 0.3 | 0.0 | 0.0 | 0.1 |

## 4-2 2019年入境游客游览城市座数及所占比重

| | | 口岸调查人数 | | 1座 | 2座 | 3座 |
|---|---|---|---|---|---|---|
| | | （人） | （%） | （%） | （%） | （%） |
| **全　国** | **总计** | **16173** | **100.0** | **59.6** | **24.1** | **9.9** |
| | 团体 | 3314 | 100.0 | 40.3 | 28.3 | 18.0 |
| | 散客 | 12859 | 100.0 | 64.6 | 22.9 | 7.8 |
| 男　性 | 小计 | 8795 | 100.0 | 59.2 | 24.4 | 9.7 |
| | 团体 | 1562 | 100.0 | 40.6 | 27.5 | 18.2 |
| | 散客 | 7233 | 100.0 | 63.2 | 23.8 | 7.9 |
| 女　性 | 小计 | 7378 | 100.0 | 60.1 | 23.6 | 10.2 |
| | 团体 | 1752 | 100.0 | 40.1 | 29.1 | 17.8 |
| | 散客 | 5626 | 100.0 | 66.3 | 21.9 | 7.8 |
| 65岁及以上 | 小计 | 1037 | 100.0 | 50.5 | 28.6 | 11.7 |
| | 团体 | 325 | 100.0 | 25.2 | 31.4 | 22.5 |
| | 散客 | 712 | 100.0 | 62.1 | 27.4 | 6.7 |
| 45~64岁 | 小计 | 4989 | 100.0 | 57.4 | 25.4 | 10.5 |
| | 团体 | 1186 | 100.0 | 40.7 | 26.0 | 18.4 |
| | 散客 | 3803 | 100.0 | 62.6 | 25.2 | 8.0 |
| 25~44岁 | 小计 | 7599 | 100.0 | 62.8 | 22.6 | 9.4 |
| | 团体 | 1299 | 100.0 | 42.8 | 28.7 | 17.6 |
| | 散客 | 6300 | 100.0 | 67.0 | 21.3 | 7.7 |
| 15~24岁 | 小计 | 2438 | 100.0 | 57.7 | 24.2 | 9.6 |
| | 团体 | 463 | 100.0 | 41.5 | 31.7 | 14.9 |
| | 散客 | 1975 | 100.0 | 61.5 | 22.4 | 8.4 |
| 14岁及以下 | 小计 | 110 | 100.0 | 61.8 | 20.0 | 14.5 |
| | 团体 | 41 | 100.0 | 56.1 | 22.0 | 22.0 |
| | 散客 | 69 | 100.0 | 65.2 | 18.8 | 10.1 |

（按性别、年龄、团体及散客分组）

| 4 座（%） | 5 座（%） | 6 座（%） | 7 座（%） | 8 座（%） | 9 座（%） | 10 座及以上（%） |
|---|---|---|---|---|---|---|
| **3.4** | **1.6** | **0.4** | **0.6** | **0.1** | **0.0** | **0.2** |
| 7.3 | 2.9 | 0.5 | 2.2 | 0.1 | 0.1 | 0.1 |
| 2.4 | 1.3 | 0.4 | 0.2 | 0.1 | 0.0 | 0.2 |
| | | | | | | |
| 3.3 | 1.8 | 0.4 | 0.7 | 0.1 | 0.1 | 0.2 |
| 6.5 | 3.5 | 0.4 | 2.9 | 0.2 | 0.1 | 0.1 |
| 2.6 | 1.4 | 0.4 | 0.3 | 0.1 | 0.1 | 0.3 |
| | | | | | | |
| 3.5 | 1.5 | 0.4 | 0.5 | 0.1 | 0.0 | 0.2 |
| 8.1 | 2.5 | 0.6 | 1.6 | 0.1 | 0.0 | 0.2 |
| 2.1 | 1.1 | 0.4 | 0.1 | 0.1 | 0.0 | 0.2 |
| | | | | | | |
| 4.5 | 1.7 | 0.3 | 2.3 | 0.2 | 0.0 | 0.1 |
| 9.2 | 4.0 | 0.6 | 6.5 | 0.6 | 0.0 | 0.0 |
| 2.4 | 0.7 | 0.1 | 0.4 | 0.0 | 0.0 | 0.1 |
| | | | | | | |
| 3.7 | 1.5 | 0.4 | 1.0 | 0.0 | 0.0 | 0.2 |
| 7.6 | 3.0 | 0.7 | 3.5 | 0.0 | 0.0 | 0.1 |
| 2.5 | 1.1 | 0.3 | 0.2 | 0.0 | 0.0 | 0.2 |
| | | | | | | |
| 2.9 | 1.3 | 0.3 | 0.3 | 0.1 | 0.1 | 0.3 |
| 7.2 | 2.3 | 0.5 | 0.7 | 0.1 | 0.1 | 0.2 |
| 2.1 | 1.0 | 0.3 | 0.2 | 0.1 | 0.1 | 0.3 |
| | | | | | | |
| 3.8 | 2.9 | 0.8 | 0.4 | 0.3 | 0.1 | 0.2 |
| 6.5 | 3.9 | 0.4 | 0.4 | 0.2 | 0.2 | 0.2 |
| 3.1 | 2.7 | 0.9 | 0.4 | 0.3 | 0.1 | 0.3 |
| | | | | | | |
| 2.7 | 0.9 | 0.0 | 0.0 | 0.0 | 0.0 | 0.0 |
| 0.0 | 0.0 | 0.0 | 0.0 | 0.0 | 0.0 | 0.0 |
| 4.3 | 1.4 | 0.0 | 0.0 | 0.0 | 0.0 | 0.0 |

# 4-3　2019年入境游客游览城市座数及所占比重

| | | 口岸调查人数 | | 1座 | 2座 | 3座 |
|---|---|---|---|---|---|---|
| | | （人） | （%） | （%） | （%） | （%） |
| **全　　国** | 总计 | **16173** | **100.0** | **59.6** | **24.1** | **9.9** |
| | 团体 | 3314 | 100.0 | 40.3 | 28.3 | 18.0 |
| | 散客 | 12859 | 100.0 | 64.6 | 22.9 | 7.8 |
| 政府工作人员 | 小计 | 712 | 100.0 | 61.9 | 23.0 | 9.6 |
| | 团体 | 202 | 100.0 | 41.6 | 27.7 | 19.3 |
| | 散客 | 510 | 100.0 | 70.0 | 21.2 | 5.7 |
| 专业技术人员 | 小计 | 2687 | 100.0 | 60.3 | 26.1 | 9.1 |
| | 团体 | 496 | 100.0 | 41.9 | 29.8 | 18.3 |
| | 散客 | 2191 | 100.0 | 64.5 | 25.2 | 7.0 |
| 职　　员 | 小计 | 3553 | 100.0 | 64.1 | 21.1 | 9.2 |
| | 团体 | 690 | 100.0 | 43.8 | 25.1 | 17.1 |
| | 散客 | 2863 | 100.0 | 69.0 | 20.2 | 7.3 |
| 技工 / 工人 | 小计 | 788 | 100.0 | 59.5 | 25.1 | 11.5 |
| | 团体 | 161 | 100.0 | 46.6 | 28.6 | 19.3 |
| | 散客 | 627 | 100.0 | 62.8 | 24.2 | 9.6 |
| 商贸人员 | 小计 | 2399 | 100.0 | 62.3 | 22.2 | 9.4 |
| | 团体 | 310 | 100.0 | 46.8 | 25.8 | 16.8 |
| | 散客 | 2089 | 100.0 | 64.6 | 21.6 | 8.3 |
| 服务员 / 推销员 | 小计 | 773 | 100.0 | 60.3 | 23.7 | 10.7 |
| | 团体 | 181 | 100.0 | 32.0 | 33.7 | 19.3 |
| | 散客 | 592 | 100.0 | 68.9 | 20.6 | 8.1 |
| 退休人员 | 小计 | 1299 | 100.0 | 50.0 | 28.3 | 12.0 |
| | 团体 | 453 | 100.0 | 29.1 | 29.4 | 19.9 |
| | 散客 | 846 | 100.0 | 61.2 | 27.8 | 7.8 |
| 家庭妇女 | 小计 | 872 | 100.0 | 57.8 | 26.5 | 9.7 |
| | 团体 | 233 | 100.0 | 40.8 | 29.2 | 16.7 |
| | 散客 | 639 | 100.0 | 64.0 | 25.5 | 7.2 |
| 军　　人 | 小计 | 38 | 100.0 | 50.0 | 21.1 | 15.8 |
| | 团体 | 14 | 100.0 | 57.1 | 21.4 | 14.3 |
| | 散客 | 24 | 100.0 | 45.8 | 20.8 | 16.7 |
| 学　　生 | 小计 | 2059 | 100.0 | 52.7 | 26.0 | 11.2 |
| | 团体 | 409 | 100.0 | 37.9 | 33.5 | 16.6 |
| | 散客 | 1650 | 100.0 | 56.4 | 24.2 | 9.8 |
| 其　　他 | 小计 | 993 | 100.0 | 61.5 | 22.0 | 9.1 |
| | 团体 | 165 | 100.0 | 44.8 | 20.6 | 19.4 |
| | 散客 | 828 | 100.0 | 64.9 | 22.2 | 7.0 |

（按职业、团体及散客分组）

| 4座（%） | 5座（%） | 6座（%） | 7座（%） | 8座（%） | 9座（%） | 10座及以上（%） |
|---|---|---|---|---|---|---|
| **3.4** | **1.6** | **0.4** | **0.6** | **0.1** | **0.0** | **0.2** |
| 7.3 | 2.9 | 0.5 | 2.2 | 0.1 | 0.1 | 0.1 |
| 2.4 | 1.3 | 0.4 | 0.2 | 0.1 | 0.0 | 0.2 |
| 3.2 | 1.1 | 0.0 | 0.8 | 0.0 | 0.1 | 0.1 |
| 5.4 | 2.0 | 0.0 | 3.0 | 0.0 | 0.5 | 0.5 |
| 2.4 | 0.8 | 0.0 | 0.0 | 0.0 | 0.0 | 0.0 |
| 2.2 | 1.0 | 0.4 | 0.5 | 0.1 | 0.0 | 0.3 |
| 4.8 | 2.2 | 0.2 | 2.2 | 0.0 | 0.2 | 0.2 |
| 1.6 | 0.8 | 0.4 | 0.1 | 0.1 | 0.0 | 0.3 |
| 3.3 | 1.7 | 0.4 | 0.1 | 0.1 | 0.0 | 0.1 |
| 9.1 | 3.6 | 1.0 | 0.0 | 0.1 | 0.0 | 0.1 |
| 1.9 | 1.2 | 0.2 | 0.1 | 0.0 | 0.0 | 0.1 |
| 2.3 | 0.9 | 0.1 | 0.5 | 0.0 | 0.0 | 0.0 |
| 3.7 | 0.6 | 0.0 | 1.2 | 0.0 | 0.0 | 0.0 |
| 1.9 | 1.0 | 0.2 | 0.3 | 0.0 | 0.0 | 0.0 |
| 3.4 | 1.3 | 0.3 | 0.6 | 0.1 | 0.0 | 0.3 |
| 5.5 | 1.3 | 0.3 | 3.2 | 0.3 | 0.0 | 0.0 |
| 3.1 | 1.3 | 0.3 | 0.2 | 0.1 | 0.0 | 0.3 |
| 3.9 | 0.9 | 0.3 | 0.3 | 0.0 | 0.0 | 0.0 |
| 11.0 | 1.7 | 1.1 | 1.1 | 0.0 | 0.0 | 0.0 |
| 1.7 | 0.7 | 0.0 | 0.0 | 0.0 | 0.0 | 0.0 |
| 4.1 | 2.1 | 0.2 | 3.1 | 0.2 | 0.0 | 0.0 |
| 7.9 | 4.4 | 0.7 | 8.2 | 0.4 | 0.0 | 0.0 |
| 2.0 | 0.8 | 0.0 | 0.4 | 0.0 | 0.0 | 0.0 |
| 3.9 | 1.3 | 0.2 | 0.3 | 0.1 | 0.0 | 0.1 |
| 9.4 | 2.6 | 0.4 | 0.9 | 0.0 | 0.0 | 0.0 |
| 1.9 | 0.8 | 0.2 | 0.2 | 0.2 | 0.0 | 0.2 |
| 7.9 | 0.0 | 2.6 | 2.6 | 0.0 | 0.0 | 0.0 |
| 0.0 | 0.0 | 0.0 | 7.1 | 0.0 | 0.0 | 0.0 |
| 12.5 | 0.0 | 4.2 | 0.0 | 0.0 | 0.0 | 0.0 |
| 4.6 | 3.2 | 0.7 | 0.4 | 0.4 | 0.2 | 0.5 |
| 6.8 | 4.2 | 0.5 | 0.2 | 0.0 | 0.0 | 0.2 |
| 4.0 | 3.0 | 0.8 | 0.5 | 0.5 | 0.2 | 0.6 |
| 3.8 | 1.6 | 1.1 | 0.4 | 0.0 | 0.1 | 0.4 |
| 9.7 | 3.6 | 0.6 | 1.2 | 0.0 | 0.0 | 0.0 |
| 2.7 | 1.2 | 1.2 | 0.2 | 0.0 | 0.1 | 0.5 |

# 4-4　2019年入境游客游览城市座数及所占比重

| | | 口岸调查人数 | | 1座 | 2座 | 3座 |
|---|---|---|---|---|---|---|
| | | （人） | （%） | （%） | （%） | （%） |
| **全　国** | **总计** | **3314** | **100.0** | **40.3** | **28.3** | **18.0** |
| | 团体 | 12859 | 100.0 | 64.6 | 22.9 | 7.8 |
| | 散客 | 10581 | 100.0 | 58.9 | 23.5 | 10.2 |
| 观光游览 | 小计 | 5113 | 100.0 | 56.6 | 24.3 | 11.5 |
| | 团体 | 1629 | 100.0 | 38.3 | 26.2 | 20.9 |
| | 散客 | 3484 | 100.0 | 65.1 | 23.4 | 7.1 |
| 休闲度假 | 小计 | 3776 | 100.0 | 56.8 | 26.9 | 10.5 |
| | 团体 | 1080 | 100.0 | 39.4 | 31.0 | 16.9 |
| | 散客 | 2696 | 100.0 | 63.8 | 25.2 | 7.9 |
| 探亲访友 | 小计 | 1703 | 100.0 | 58.1 | 29.1 | 9.3 |
| | 团体 | 97 | 100.0 | 40.2 | 27.8 | 20.6 |
| | 散客 | 1606 | 100.0 | 59.2 | 29.1 | 8.7 |
| 商　务 | 小计 | 2500 | 100.0 | 66.8 | 20.4 | 7.3 |
| | 团体 | 79 | 100.0 | 55.7 | 31.6 | 6.3 |
| | 散客 | 2421 | 100.0 | 67.1 | 20.0 | 7.4 |
| 会　议 | 小计 | 802 | 100.0 | 71.9 | 19.1 | 6.6 |
| | 团体 | 62 | 100.0 | 61.3 | 24.2 | 9.7 |
| | 散客 | 740 | 100.0 | 72.8 | 18.6 | 6.4 |
| 宗教朝拜 | 小计 | 101 | 100.0 | 56.4 | 15.8 | 15.8 |
| | 团体 | 29 | 100.0 | 20.7 | 17.2 | 20.7 |
| | 散客 | 72 | 100.0 | 70.8 | 15.3 | 13.9 |
| 文体交流 | 小计 | 737 | 100.0 | 54.4 | 28.1 | 10.2 |
| | 团体 | 130 | 100.0 | 37.7 | 38.5 | 15.4 |
| | 散客 | 607 | 100.0 | 58.0 | 25.9 | 9.1 |
| 购　物 | 小计 | 450 | 100.0 | 82.4 | 8.7 | 6.0 |
| | 团体 | 85 | 100.0 | 76.5 | 17.6 | 2.4 |
| | 散客 | 365 | 100.0 | 83.8 | 6.6 | 6.8 |
| 医疗保健 | 小计 | 150 | 100.0 | 57.3 | 30.0 | 6.0 |
| | 团体 | 33 | 100.0 | 21.2 | 63.6 | 9.1 |
| | 散客 | 117 | 100.0 | 67.5 | 20.5 | 5.1 |
| 其　他 | 小计 | 841 | 100.0 | 53.6 | 20.3 | 12.1 |
| | 团体 | 90 | 100.0 | 42.2 | 21.1 | 13.3 |
| | 散客 | 751 | 100.0 | 55.0 | 20.2 | 12.0 |

（按旅游目的、团体及散客分组）

| 4 座（%） | 5 座（%） | 6 座（%） | 7 座（%） | 8 座（%） | 9 座（%） | 10 座及以上（%） |
|---|---|---|---|---|---|---|
| **7.3** | **2.9** | **0.5** | **2.2** | **0.1** | **0.1** | **0.1** |
| 2.4 | 1.3 | 0.4 | 0.2 | 0.1 | 0.0 | 0.2 |
| 3.9 | 1.7 | 0.5 | 0.8 | 0.2 | 0.1 | 0.3 |
| 4.0 | 2.1 | 0.5 | 0.9 | 0.1 | 0.0 | 0.1 |
| 7.7 | 3.4 | 0.7 | 2.5 | 0.1 | 0.0 | 0.1 |
| 2.3 | 1.5 | 0.4 | 0.2 | 0.0 | 0.0 | 0.1 |
| 3.5 | 1.1 | 0.4 | 0.8 | 0.0 | 0.0 | 0.1 |
| 7.7 | 1.9 | 0.5 | 2.6 | 0.0 | 0.0 | 0.1 |
| 1.9 | 0.8 | 0.3 | 0.0 | 0.0 | 0.0 | 0.1 |
| 1.6 | 1.4 | 0.2 | 0.2 | 0.1 | 0.0 | 0.1 |
| 4.1 | 5.2 | 0.0 | 2.1 | 0.0 | 0.0 | 0.0 |
| 1.4 | 1.1 | 0.2 | 0.1 | 0.1 | 0.0 | 0.1 |
| 3.4 | 1.1 | 0.1 | 0.4 | 0.2 | 0.0 | 0.4 |
| 1.3 | 0.0 | 0.0 | 1.3 | 2.5 | 0.0 | 1.3 |
| 3.4 | 1.1 | 0.1 | 0.3 | 0.1 | 0.0 | 0.4 |
| 1.6 | 0.4 | 0.0 | 0.1 | 0.1 | 0.0 | 0.1 |
| 3.2 | 1.6 | 0.0 | 0.0 | 0.0 | 0.0 | 0.0 |
| 1.5 | 0.3 | 0.0 | 0.1 | 0.1 | 0.0 | 0.1 |
| 11.9 | 0.0 | 0.0 | 0.0 | 0.0 | 0.0 | 0.0 |
| 41.4 | 0.0 | 0.0 | 0.0 | 0.0 | 0.0 | 0.0 |
| 0.0 | 0.0 | 0.0 | 0.0 | 0.0 | 0.0 | 0.0 |
| 3.7 | 2.6 | 0.5 | 0.3 | 0.0 | 0.1 | 0.1 |
| 3.1 | 4.6 | 0.8 | 0.0 | 0.0 | 0.0 | 0.0 |
| 3.8 | 2.1 | 0.5 | 0.3 | 0.0 | 0.2 | 0.2 |
| 1.8 | 0.7 | 0.2 | 0.2 | 0.0 | 0.0 | 0.0 |
| 2.4 | 0.0 | 0.0 | 1.2 | 0.0 | 0.0 | 0.0 |
| 1.6 | 0.8 | 0.3 | 0.0 | 0.0 | 0.0 | 0.0 |
| 4.7 | 0.0 | 0.7 | 0.0 | 0.7 | 0.0 | 0.7 |
| 6.1 | 0.0 | 0.0 | 0.0 | 0.0 | 0.0 | 0.0 |
| 4.3 | 0.0 | 0.9 | 0.0 | 0.9 | 0.0 | 0.9 |
| 4.0 | 4.5 | 1.8 | 0.8 | 0.7 | 0.7 | 1.3 |
| 8.9 | 10.0 | 1.1 | 1.1 | 0.0 | 2.2 | 0.0 |
| 3.5 | 3.9 | 1.9 | 0.8 | 0.8 | 0.5 | 1.5 |

# 五、入境游客的流向

# 5-1 2019年入境游客的流向

| 国别（或地区） | 调查人数 | 出境后将前往的 | | |
| --- | --- | --- | --- | --- |
| | | 中国香港 | 中国澳门 | 中国台湾 |
| **总　计** | **40636** | **7677** | **3109** | **3588** |
| 中国香港 | 6078 | 5374 | 186 | 125 |
| 中国澳门 | 2775 | 215 | 2265 | 74 |
| 中国台湾 | 3815 | 378 | 137 | 3008 |
| 日　本 | 3537 | 220 | 66 | 63 |
| 菲律宾 | 635 | 103 | 35 | 16 |
| 泰　国 | 1094 | 100 | 38 | 13 |
| 新加坡 | 1528 | 170 | 42 | 25 |
| 印度尼西亚 | 386 | 47 | 12 | 3 |
| 马来西亚 | 945 | 102 | 28 | 15 |
| 韩　国 | 3926 | 183 | 59 | 47 |
| 朝　鲜 | 225 | 16 | 10 | 6 |
| 蒙　古 | 356 | 5 | 1 | 7 |
| 印　度 | 691 | 59 | 16 | 5 |
| 越　南 | 545 | 43 | 26 | 10 |
| 缅　甸 | 205 | 15 | 6 | 5 |
| 哈萨克斯坦 | 565 | 5 | 0 | 0 |
| 英　国 | 1424 | 98 | 40 | 22 |
| 法　国 | 1208 | 57 | 19 | 20 |
| 德　国 | 876 | 45 | 9 | 10 |
| 西班牙 | 352 | 22 | 2 | 5 |
| 意大利 | 551 | 23 | 7 | 5 |
| 荷　兰 | 454 | 26 | 6 | 3 |
| 瑞　典 | 294 | 16 | 2 | 4 |
| 俄罗斯 | 2227 | 31 | 13 | 12 |
| 瑞　士 | 305 | 19 | 2 | 2 |
| 乌克兰 | 214 | 7 | 1 | 3 |
| 美　国 | 1978 | 107 | 26 | 32 |
| 加拿大 | 922 | 50 | 8 | 8 |
| 澳大利亚 | 719 | 45 | 18 | 10 |
| 新西兰 | 361 | 18 | 5 | 6 |
| 非洲国家 | 286 | 24 | 3 | 3 |
| 中南美洲国家 | 161 | 13 | 2 | 2 |
| 其他国家 | 998 | 41 | 19 | 19 |

## （按国别或地区分组）

单位：人

| 国家（或地区） | | | | | | | |
|---|---|---|---|---|---|---|---|
| 日本 | 菲律宾 | 泰国 | 新加坡 | 印度尼西亚 | 马来西亚 | 韩国 | 朝鲜 |
| **3534** | **486** | **1155** | **1451** | **332** | **859** | **3944** | **250** |
| 74 | 5 | 39 | 21 | 4 | 11 | 72 | 2 |
| 40 | 9 | 16 | 11 | 0 | 16 | 28 | 3 |
| 79 | 2 | 30 | 22 | 2 | 7 | 37 | 18 |
| 2973 | 1 | 17 | 19 | 3 | 1 | 76 | 9 |
| 12 | 421 | 5 | 5 | 1 | 5 | 9 | 0 |
| 19 | 3 | 865 | 7 | 2 | 7 | 10 | 0 |
| 20 | 3 | 6 | 1164 | 7 | 10 | 32 | 2 |
| 9 | 2 | 4 | 0 | 281 | 2 | 6 | 0 |
| 11 | 2 | 7 | 10 | 1 | 719 | 8 | 2 |
| 68 | 5 | 43 | 21 | 1 | 6 | 3368 | 8 |
| 3 | 0 | 4 | 1 | 0 | 3 | 24 | 144 |
| 2 | 1 | 1 | 1 | 0 | 1 | 3 | 1 |
| 8 | 0 | 6 | 5 | 2 | 9 | 10 | 0 |
| 7 | 3 | 10 | 5 | 2 | 4 | 13 | 2 |
| 4 | 1 | 1 | 3 | 0 | 3 | 5 | 1 |
| 1 | 0 | 1 | 2 | 0 | 0 | 0 | 0 |
| 24 | 5 | 12 | 12 | 7 | 9 | 32 | 9 |
| 25 | 3 | 11 | 15 | 4 | 11 | 24 | 1 |
| 11 | 6 | 7 | 5 | 0 | 1 | 23 | 7 |
| 5 | 1 | 2 | 2 | 3 | 1 | 12 | 2 |
| 9 | 0 | 1 | 0 | 2 | 2 | 10 | 0 |
| 7 | 0 | 7 | 9 | 1 | 0 | 12 | 0 |
| 1 | 0 | 3 | 6 | 0 | 1 | 9 | 1 |
| 16 | 2 | 3 | 4 | 1 | 0 | 13 | 5 |
| 3 | 0 | 5 | 1 | 0 | 0 | 9 | 3 |
| 8 | 1 | 5 | 0 | 0 | 1 | 2 | 0 |
| 35 | 4 | 19 | 25 | 0 | 12 | 46 | 2 |
| 25 | 4 | 7 | 8 | 1 | 1 | 22 | 14 |
| 7 | 0 | 3 | 6 | 0 | 4 | 7 | 4 |
| 5 | 0 | 5 | 44 | 0 | 4 | 4 | 10 |
| 4 | 0 | 2 | 6 | 0 | 3 | 3 | 0 |
| 4 | 0 | 2 | 3 | 0 | 0 | 8 | 0 |
| 15 | 2 | 6 | 8 | 7 | 5 | 7 | 0 |

5-1（续1）

| 国别（或地区） | 调查人数 | 出境后将前往的 | | | | |
|---|---|---|---|---|---|---|
| | | 蒙古 | 印度 | 越南 | 缅甸 | 哈萨克斯坦 |
| **总计** | **40636** | **360** | **644** | **446** | **165** | **601** |
| 中国香港 | 6078 | 1 | 7 | 8 | 1 | 7 |
| 中国澳门 | 2775 | 4 | 4 | 3 | 1 | 10 |
| 中国台湾 | 3815 | 0 | 10 | 7 | 1 | 2 |
| 日本 | 3537 | 1 | 1 | 5 | 0 | 3 |
| 菲律宾 | 635 | 0 | 3 | 2 | 0 | 0 |
| 泰国 | 1094 | 0 | 7 | 2 | 1 | 1 |
| 新加坡 | 1528 | 1 | 2 | 4 | 1 | 0 |
| 印度尼西亚 | 386 | 0 | 6 | 1 | 0 | 3 |
| 马来西亚 | 945 | 1 | 2 | 5 | 1 | 3 |
| 韩国 | 3926 | 3 | 5 | 6 | 0 | 0 |
| 朝鲜 | 225 | 0 | 1 | 1 | 3 | 0 |
| 蒙古 | 356 | 327 | 1 | 0 | 0 | 0 |
| 印度 | 691 | 1 | 538 | 2 | 2 | 0 |
| 越南 | 545 | 1 | 2 | 367 | 7 | 5 |
| 缅甸 | 205 | 0 | 4 | 2 | 134 | 0 |
| 哈萨克斯坦 | 565 | 0 | 1 | 1 | 0 | 535 |
| 英国 | 1424 | 0 | 5 | 4 | 1 | 0 |
| 法国 | 1208 | 7 | 7 | 7 | 3 | 0 |
| 德国 | 876 | 1 | 2 | 2 | 0 | 0 |
| 西班牙 | 352 | 0 | 2 | 2 | 0 | 1 |
| 意大利 | 551 | 4 | 3 | 0 | 0 | 0 |
| 荷兰 | 454 | 0 | 1 | 1 | 2 | 0 |
| 瑞典 | 294 | 0 | 1 | 2 | 3 | 0 |
| 俄罗斯 | 2227 | 6 | 1 | 2 | 0 | 0 |
| 瑞士 | 305 | 0 | 2 | 2 | 1 | 1 |
| 乌克兰 | 214 | 0 | 0 | 0 | 0 | 0 |
| 美国 | 1978 | 0 | 7 | 5 | 0 | 3 |
| 加拿大 | 922 | 0 | 5 | 0 | 0 | 0 |
| 澳大利亚 | 719 | 1 | 2 | 1 | 1 | 5 |
| 新西兰 | 361 | 0 | 3 | 1 | 0 | 2 |
| 非洲国家 | 286 | 1 | 4 | 0 | 0 | 2 |
| 中南美洲国家 | 161 | 0 | 0 | 0 | 0 | 0 |
| 其他国家 | 998 | 0 | 5 | 1 | 2 | 18 |

单位：人

| 国　家（或地区） | | | | | |
|---|---|---|---|---|---|
| 英　国 | 法　国 | 德　国 | 西班牙 | 意大利 | 荷　兰 |
| **1204** | **1032** | **756** | **327** | **612** | **392** |
| 16 | 6 | 8 | 4 | 11 | 0 |
| 11 | 4 | 2 | 1 | 8 | 2 |
| 2 | 4 | 2 | 2 | 12 | 1 |
| 12 | 8 | 8 | 3 | 7 | 1 |
| 1 | 1 | 0 | 0 | 3 | 1 |
| 1 | 3 | 2 | 0 | 2 | 0 |
| 4 | 3 | 1 | 0 | 5 | 1 |
| 0 | 3 | 0 | 0 | 3 | 0 |
| 3 | 3 | 1 | 0 | 4 | 1 |
| 8 | 14 | 6 | 1 | 11 | 6 |
| 0 | 0 | 3 | 0 | 2 | 0 |
| 0 | 1 | 0 | 0 | 1 | 0 |
| 2 | 0 | 2 | 1 | 4 | 0 |
| 2 | 2 | 0 | 6 | 4 | 2 |
| 3 | 2 | 1 | 2 | 2 | 0 |
| 8 | 0 | 0 | 2 | 0 | 0 |
| 1006 | 21 | 15 | 6 | 33 | 6 |
| 25 | 879 | 9 | 10 | 7 | 4 |
| 9 | 9 | 662 | 1 | 5 | 8 |
| 2 | 2 | 3 | 263 | 1 | 1 |
| 19 | 6 | 4 | 1 | 438 | 4 |
| 6 | 6 | 1 | 2 | 4 | 336 |
| 9 | 5 | 1 | 2 | 1 | 0 |
| 2 | 6 | 0 | 0 | 1 | 2 |
| 9 | 1 | 0 | 0 | 5 | 1 |
| 1 | 1 | 0 | 1 | 1 | 2 |
| 12 | 14 | 10 | 4 | 14 | 4 |
| 6 | 15 | 5 | 4 | 16 | 0 |
| 4 | 3 | 3 | 3 | 3 | 0 |
| 3 | 2 | 1 | 0 | 3 | 7 |
| 3 | 1 | 0 | 0 | 0 | 0 |
| 3 | 2 | 2 | 1 | 0 | 0 |
| 12 | 5 | 4 | 7 | 1 | 2 |

5-1（续 2）

| 国别（或地区） | 调查人数 | 出境后将前往的 | | | | |
|---|---|---|---|---|---|---|
| | | 瑞典 | 俄罗斯 | 瑞士 | 乌克兰 | 美国 |
| **总计** | **40636** | **280** | **2179** | **286** | **191** | **1792** |
| 中国香港 | 6078 | 4 | 11 | 3 | 2 | 21 |
| 中国澳门 | 2775 | 7 | 3 | 1 | 3 | 13 |
| 中国台湾 | 3815 | 1 | 4 | 1 | 1 | 18 |
| 日本 | 3537 | 2 | 8 | 4 | 1 | 12 |
| 菲律宾 | 635 | 3 | 2 | 2 | 1 | 1 |
| 泰国 | 1094 | 2 | 2 | 0 | 0 | 4 |
| 新加坡 | 1528 | 1 | 4 | 3 | 0 | 2 |
| 印度尼西亚 | 386 | 1 | 0 | 0 | 0 | 0 |
| 马来西亚 | 945 | 1 | 0 | 2 | 0 | 2 |
| 韩国 | 3926 | 8 | 9 | 3 | 2 | 9 |
| 朝鲜 | 225 | 0 | 1 | 0 | 1 | 0 |
| 蒙古 | 356 | 1 | 2 | 0 | 0 | 0 |
| 印度 | 691 | 3 | 2 | 0 | 0 | 3 |
| 越南 | 545 | 6 | 2 | 0 | 1 | 4 |
| 缅甸 | 205 | 1 | 2 | 0 | 0 | 4 |
| 哈萨克斯坦 | 565 | 1 | 0 | 0 | 0 | 0 |
| 英国 | 1424 | 2 | 6 | 10 | 1 | 20 |
| 法国 | 1208 | 1 | 11 | 4 | 2 | 24 |
| 德国 | 876 | 3 | 2 | 5 | 0 | 16 |
| 西班牙 | 352 | 1 | 2 | 1 | 1 | 5 |
| 意大利 | 551 | 0 | 2 | 1 | 0 | 5 |
| 荷兰 | 454 | 3 | 1 | 1 | 2 | 6 |
| 瑞典 | 294 | 215 | 2 | 6 | 0 | 1 |
| 俄罗斯 | 2227 | 0 | 2067 | 4 | 1 | 8 |
| 瑞士 | 305 | 4 | 1 | 221 | 0 | 7 |
| 乌克兰 | 214 | 1 | 2 | 2 | 166 | 3 |
| 美国 | 1978 | 5 | 6 | 7 | 0 | 1514 |
| 加拿大 | 922 | 0 | 9 | 1 | 4 | 30 |
| 澳大利亚 | 719 | 1 | 1 | 2 | 0 | 21 |
| 新西兰 | 361 | 1 | 0 | 2 | 0 | 6 |
| 非洲国家 | 286 | 0 | 2 | 0 | 0 | 8 |
| 中南美洲国家 | 161 | 0 | 0 | 0 | 0 | 5 |
| 其他国家 | 998 | 1 | 13 | 0 | 2 | 20 |

单位：人

| 国　家（或地区） | | | | | |
|---|---|---|---|---|---|
| 加拿大 | 澳大利亚 | 新西兰 | 非洲国家 | 中南美洲国家 | 其他国家 |
| **763** | **629** | **245** | **184** | **145** | **1018** |
| 11 | 4 | 0 | 4 | 3 | 33 |
| 1 | 1 | 0 | 0 | 0 | 19 |
| 7 | 5 | 1 | 1 | 0 | 13 |
| 3 | 3 | 0 | 0 | 0 | 7 |
| 0 | 1 | 0 | 1 | 0 | 1 |
| 1 | 0 | 0 | 0 | 0 | 2 |
| 5 | 0 | 1 | 0 | 0 | 9 |
| 0 | 0 | 0 | 0 | 0 | 3 |
| 1 | 3 | 0 | 0 | 0 | 7 |
| 2 | 3 | 0 | 0 | 1 | 20 |
| 0 | 0 | 1 | 0 | 0 | 1 |
| 0 | 0 | 0 | 0 | 0 | 0 |
| 0 | 2 | 0 | 0 | 1 | 8 |
| 0 | 2 | 1 | 0 | 2 | 4 |
| 1 | 1 | 0 | 0 | 0 | 2 |
| 0 | 0 | 0 | 0 | 0 | 8 |
| 4 | 2 | 0 | 0 | 2 | 10 |
| 3 | 4 | 0 | 2 | 2 | 7 |
| 6 | 8 | 4 | 0 | 0 | 9 |
| 1 | 0 | 0 | 0 | 0 | 7 |
| 1 | 1 | 0 | 0 | 0 | 3 |
| 2 | 4 | 0 | 1 | 0 | 4 |
| 1 | 0 | 1 | 0 | 0 | 1 |
| 5 | 3 | 5 | 1 | 2 | 11 |
| 0 | 1 | 2 | 0 | 1 | 2 |
| 1 | 1 | 0 | 0 | 0 | 4 |
| 30 | 10 | 3 | 4 | 0 | 18 |
| 658 | 8 | 5 | 0 | 4 | 4 |
| 4 | 553 | 3 | 0 | 0 | 4 |
| 4 | 5 | 217 | 0 | 0 | 3 |
| 2 | 1 | 1 | 157 | 1 | 55 |
| 2 | 0 | 0 | 0 | 111 | 1 |
| 7 | 3 | 0 | 13 | 15 | 738 |

# 5-2 2019 年入境游客的流向

| | 调查人数 | 将前往的 | | | | | |
|---|---|---|---|---|---|---|---|
| | | 北京 | 天津 | 河北 | 山西 | 内蒙古 | 辽宁 |
| **总计** | **13227** | **2256** | **109** | **43** | **204** | **21** | **496** |
| 北京 | 301 | — | 4 | 4 | 2 | 0 | 6 |
| 天津 | 2 | 0 | — | 0 | 0 | 0 | 0 |
| 河北 | 444 | 206 | 22 | 28 | 24 | 5 | 13 |
| 山西 | 489 | 84 | 0 | 0 | 137 | 6 | 1 |
| 内蒙古 | 6 | 1 | 0 | 0 | 0 | 4 | 0 |
| 辽宁 | 439 | 114 | 11 | 0 | 0 | 0 | 248 |
| 吉林 | 473 | 123 | 1 | 0 | 0 | 0 | 172 |
| 黑龙江 | 389 | 195 | 2 | 8 | 0 | 2 | 15 |
| 上海 | 186 | 83 | 1 | 1 | 1 | 0 | 8 |
| 江苏 | 509 | 42 | 3 | 0 | 0 | 0 | 1 |
| 浙江 | 412 | 32 | 2 | 0 | 0 | 0 | 0 |
| 安徽 | 721 | 110 | 5 | 0 | 0 | 1 | 6 |
| 福建 | 244 | 8 | 0 | 0 | 0 | 0 | 0 |
| 江西 | 655 | 144 | 0 | 0 | 0 | 0 | 0 |
| 山东 | 332 | 54 | 3 | 0 | 2 | 0 | 8 |
| 河南 | 517 | 112 | 5 | 0 | 21 | 0 | 1 |
| 湖北 | 576 | 114 | 0 | 0 | 0 | 1 | 2 |
| 湖南 | 760 | 81 | 0 | 0 | 1 | 0 | 0 |
| 广东 | 885 | 73 | 2 | 1 | 1 | 0 | 4 |
| 广西 | 0 | 0 | 0 | 0 | 0 | 0 | 0 |
| 海南 | 141 | 11 | 1 | 0 | 0 | 0 | 1 |
| 重庆 | 0 | 0 | 0 | 0 | 0 | 0 | 0 |
| 四川 | 1904 | 68 | 0 | 0 | 0 | 0 | 1 |
| 贵州 | 184 | 69 | 24 | 0 | 0 | 0 | 0 |
| 云南 | 0 | 0 | 0 | 0 | 0 | 0 | 0 |
| 西藏 | 257 | 49 | 0 | 0 | 0 | 0 | 0 |
| 陕西 | 1075 | 314 | 18 | 0 | 14 | 1 | 3 |
| 甘肃 | 789 | 83 | 0 | 0 | 0 | 1 | 0 |
| 青海 | 336 | 35 | 4 | 0 | 0 | 0 | 5 |
| 宁夏 | 112 | 38 | 1 | 1 | 1 | 0 | 0 |
| 新疆 | 89 | 13 | 0 | 0 | 0 | 0 | 1 |

（按省〈区、市〉分组）

单位：人

| 省（区、市） | | | | | | | | |
|---|---|---|---|---|---|---|---|---|
| 吉 林 | 黑龙江 | 上 海 | 江 苏 | 浙 江 | 安 徽 | 福 建 | 江 西 | 山 东 |
| **117** | **149** | **2053** | **428** | **394** | **130** | **255** | **65** | **190** |
| 5 | 5 | 83 | 8 | 33 | 17 | 2 | 0 | 7 |
| 0 | 0 | 2 | 0 | 0 | 0 | 0 | 0 | 0 |
| 0 | 2 | 61 | 1 | 2 | 0 | 0 | 1 | 6 |
| 0 | 0 | 29 | 4 | 0 | 0 | 0 | 0 | 0 |
| 0 | 0 | 1 | 0 | 0 | 0 | 0 | 0 | 0 |
| 4 | 5 | 31 | 0 | 2 | 0 | 2 | 0 | 5 |
| 102 | 31 | 26 | 1 | 0 | 0 | 2 | 0 | 1 |
| 1 | 90 | 29 | 1 | 6 | 0 | 1 | 0 | 7 |
| 0 | 0 | — | 42 | 24 | 2 | 5 | 0 | 2 |
| 0 | 1 | 318 | 71 | 39 | 2 | 2 | 1 | 2 |
| 0 | 1 | 240 | 36 | 28 | 2 | 13 | 2 | 0 |
| 0 | 2 | 166 | 137 | 126 | 96 | 6 | 9 | 5 |
| 0 | 0 | 24 | 2 | 2 | 3 | 169 | 0 | 0 |
| 0 | 0 | 170 | 0 | 6 | 0 | 7 | 45 | 0 |
| 0 | 2 | 46 | 24 | 10 | 0 | 7 | 0 | 139 |
| 0 | 0 | 72 | 18 | 9 | 0 | 1 | 2 | 2 |
| 0 | 0 | 105 | 4 | 8 | 0 | 8 | 0 | 1 |
| 0 | 1 | 58 | 23 | 24 | 0 | 1 | 2 | 0 |
| 1 | 2 | 61 | 7 | 29 | 3 | 13 | 3 | 4 |
| 0 | 0 | 0 | 0 | 0 | 0 | 0 | 0 | 0 |
| 1 | 0 | 7 | 1 | 1 | 0 | 1 | 0 | 0 |
| 0 | 0 | 0 | 0 | 0 | 0 | 0 | 0 | 0 |
| 0 | 0 | 99 | 11 | 8 | 1 | 2 | 0 | 0 |
| 0 | 0 | 91 | 0 | 0 | 0 | 0 | 0 | 0 |
| 0 | 0 | 0 | 0 | 0 | 0 | 0 | 0 | 0 |
| 0 | 0 | 40 | 0 | 0 | 0 | 0 | 0 | 0 |
| 3 | 1 | 225 | 29 | 16 | 2 | 11 | 0 | 4 |
| 0 | 0 | 28 | 0 | 0 | 0 | 0 | 0 | 3 |
| 0 | 0 | 10 | 2 | 0 | 0 | 1 | 0 | 1 |
| 0 | 6 | 27 | 6 | 2 | 0 | 0 | 0 | 0 |
| 0 | 0 | 4 | 0 | 19 | 2 | 1 | 0 | 1 |

5-2（续）

| | 调查人数 | 将前往的 | | | | | | |
|---|---|---|---|---|---|---|---|---|
| | | 河　南 | 湖　北 | 湖　南 | 广　东 | 广　西 | 海　南 | 重　庆 |
| **总　计** | **13227** | **223** | **243** | **396** | **1297** | **85** | **148** | **260** |
| 北　京 | 301 | 14 | 1 | 0 | 8 | 1 | 6 | 9 |
| 天　津 | 2 | 0 | 0 | 0 | 0 | 0 | 0 | 0 |
| 河　北 | 444 | 2 | 0 | 2 | 8 | 1 | 0 | 6 |
| 山　西 | 489 | 46 | 0 | 0 | 7 | 0 | 0 | 1 |
| 内蒙古 | 6 | 0 | 0 | 0 | 0 | 0 | 0 | 0 |
| 辽　宁 | 439 | 0 | 1 | 0 | 5 | 3 | 1 | 1 |
| 吉　林 | 473 | 0 | 0 | 7 | 6 | 0 | 0 | 0 |
| 黑龙江 | 389 | 1 | 2 | 1 | 14 | 0 | 2 | 1 |
| 上　海 | 186 | 0 | 0 | 1 | 9 | 0 | 1 | 1 |
| 江　苏 | 509 | 1 | 5 | 0 | 9 | 0 | 1 | 0 |
| 浙　江 | 412 | 1 | 2 | 2 | 14 | 1 | 0 | 15 |
| 安　徽 | 721 | 2 | 8 | 3 | 14 | 0 | 6 | 5 |
| 福　建 | 244 | 2 | 0 | 1 | 25 | 0 | 0 | 2 |
| 江　西 | 655 | 0 | 14 | 5 | 261 | 0 | 0 | 1 |
| 山　东 | 332 | 12 | 1 | 2 | 17 | 0 | 0 | 0 |
| 河　南 | 517 | 113 | 2 | 0 | 25 | 0 | 2 | 2 |
| 湖　北 | 576 | 2 | 157 | 6 | 74 | 1 | 1 | 57 |
| 湖　南 | 760 | 9 | 29 | 326 | 56 | 17 | 0 | 36 |
| 广　东 | 885 | 1 | 5 | 14 | 582 | 18 | 27 | 4 |
| 广　西 | 0 | 0 | 0 | 0 | 0 | 0 | 0 | 0 |
| 海　南 | 141 | 0 | 0 | 0 | 22 | 0 | 90 | 2 |
| 重　庆 | 0 | 0 | 0 | 0 | 0 | 0 | 0 | — |
| 四　川 | 1904 | 2 | 1 | 2 | 36 | 1 | 6 | 46 |
| 贵　州 | 184 | 0 | 0 | 0 | 0 | 0 | 0 | 0 |
| 云　南 | 0 | 0 | 0 | 0 | 0 | 0 | 0 | 0 |
| 西　藏 | 257 | 0 | 0 | 0 | 13 | 0 | 0 | 3 |
| 陕　西 | 1075 | 12 | 13 | 21 | 22 | 38 | 1 | 62 |
| 甘　肃 | 789 | 0 | 0 | 0 | 40 | 0 | 0 | 4 |
| 青　海 | 336 | 1 | 1 | 0 | 6 | 2 | 0 | 2 |
| 宁　夏 | 112 | 0 | 0 | 2 | 16 | 2 | 2 | 0 |
| 新　疆 | 89 | 2 | 1 | 1 | 8 | 0 | 2 | 0 |

| 省（区、市） | | | | | | | | |
|---|---|---|---|---|---|---|---|---|
| 四川 | 贵州 | 云南 | 西藏 | 陕西 | 甘肃 | 青海 | 宁夏 | 新疆 |
| **1958** | **56** | **54** | **92** | **704** | **441** | **253** | **13** | **94** |
| 18 | 0 | 8 | 1 | 57 | 2 | 0 | 0 | 0 |
| 0 | 0 | 0 | 0 | 0 | 0 | 0 | 0 | 0 |
| 9 | 0 | 3 | 2 | 38 | 1 | 1 | 0 | 0 |
| 6 | 0 | 0 | 0 | 168 | 0 | 0 | 0 | 0 |
| 0 | 0 | 0 | 0 | 0 | 0 | 0 | 0 | 0 |
| 4 | 0 | 0 | 0 | 2 | 0 | 0 | 0 | 0 |
| 0 | 0 | 0 | 0 | 1 | 0 | 0 | 0 | 0 |
| 7 | 0 | 0 | 0 | 4 | 0 | 0 | 0 | 0 |
| 3 | 0 | 1 | 0 | 1 | 0 | 0 | 0 | 0 |
| 3 | 0 | 1 | 0 | 7 | 0 | 0 | 0 | 0 |
| 9 | 0 | 1 | 0 | 11 | 0 | 0 | 0 | 0 |
| 6 | 0 | 2 | 3 | 2 | 1 | 0 | 0 | 0 |
| 4 | 0 | 2 | 0 | 0 | 0 | 0 | 0 | 0 |
| 1 | 0 | 0 | 1 | 0 | 0 | 0 | 0 | 0 |
| 1 | 0 | 0 | 0 | 1 | 0 | 0 | 3 | 0 |
| 18 | 0 | 0 | 0 | 112 | 0 | 0 | 0 | 0 |
| 22 | 2 | 3 | 1 | 7 | 0 | 0 | 0 | 0 |
| 28 | 46 | 0 | 3 | 19 | 0 | 0 | 0 | 0 |
| 8 | 3 | 12 | 1 | 6 | 0 | 0 | 0 | 0 |
| 0 | 0 | 0 | 0 | 0 | 0 | 0 | 0 | 0 |
| 1 | 0 | 1 | 0 | 0 | 1 | 0 | 0 | 0 |
| 0 | 0 | 0 | 0 | 0 | 0 | 0 | 0 | 0 |
| 1455 | 1 | 8 | 12 | 86 | 56 | 2 | 0 | 0 |
| 0 | 0 | 0 | 0 | 0 | 0 | 0 | 0 | 0 |
| 0 | 0 | 0 | 0 | 0 | 0 | 0 | 0 | 0 |
| 100 | 0 | 3 | 1 | 21 | 1 | 26 | 0 | 0 |
| 211 | 4 | 2 | 7 | 14 | 20 | 4 | 1 | 2 |
| 29 | 0 | 0 | 4 | 108 | 297 | 113 | 4 | 75 |
| 12 | 0 | 4 | 56 | 31 | 50 | 107 | 5 | 1 |
| 2 | 0 | 1 | 0 | 5 | 0 | 0 | 0 | 0 |
| 1 | 0 | 2 | 0 | 3 | 12 | 0 | 0 | 16 |

## 六、入境过夜游客对住宿单位的选择

## 6-1 2019 年入境过夜游客对住宿单位的选择

### （按外国人、港澳台胞、团体及散客分组）

单位：%

| | | 合计 | 宾馆饭店 | 公寓 | 私人住所 | 车船 | 其他 |
|---|---|---|---|---|---|---|---|
| **全　国** | **总计** | **100** | **73.3** | **7.6** | **10.7** | **0.7** | **7.7** |
| | 团体 | 100 | 87.2 | 5.3 | 0.9 | 1.7 | 4.9 |
| | 散客 | 100 | 69.2 | 8.3 | 13.6 | 0.3 | 8.5 |
| 外 国 人 | 小计 | 100 | 74.8 | 8.4 | 7.3 | 0.5 | 9.0 |
| | 团体 | 100 | 85.1 | 7.0 | 0.8 | 1.0 | 6.1 |
| | 散客 | 100 | 71.8 | 8.8 | 9.1 | 0.4 | 9.9 |
| 香港同胞 | 小计 | 100 | 64.6 | 4.7 | 27.7 | 0.2 | 2.9 |
| | 团体 | 100 | 92.4 | 1.6 | 2.0 | 0.1 | 4.0 |
| | 散客 | 100 | 59.7 | 5.2 | 32.3 | 0.2 | 2.7 |
| 澳门同胞 | 小计 | 100 | 74.6 | 3.7 | 19.3 | 0.1 | 2.2 |
| | 团体 | 100 | 97.7 | 0.7 | 0.5 | 0.2 | 0.9 |
| | 散客 | 100 | 68.2 | 4.5 | 24.5 | 0.1 | 2.6 |
| 台湾同胞 | 小计 | 100 | 71.2 | 6.8 | 13.6 | 2.5 | 5.9 |
| | 团体 | 100 | 91.0 | 0.7 | 1.0 | 6.5 | 0.8 |
| | 散客 | 100 | 60.3 | 10.2 | 20.5 | 0.3 | 8.7 |

# 6-2 2019年入境过夜游客对住宿单位的选择
## （按性别、年龄、团体及散客分组）

单位：%

| | | 合计 | 宾馆饭店 | 公寓 | 私人住所 | 车船 | 其他 |
|---|---|---|---|---|---|---|---|
| **全　　国** | **总计** | **100** | **73.3** | **7.6** | **10.7** | **0.7** | **7.7** |
| | 团体 | 100 | 87.2 | 5.3 | 0.9 | 1.7 | 4.9 |
| | 散客 | 100 | 69.2 | 8.3 | 13.6 | 0.3 | 8.5 |
| 男　　性 | 小计 | 100 | 72.7 | 8.8 | 9.3 | 0.5 | 8.7 |
| | 团体 | 100 | 91.8 | 2.7 | 1.0 | 1.9 | 2.6 |
| | 散客 | 100 | 68.2 | 10.2 | 11.3 | 0.2 | 10.1 |
| 女　　性 | 小计 | 100 | 74.2 | 6.0 | 12.5 | 0.9 | 6.3 |
| | 团体 | 100 | 83.1 | 7.6 | 0.8 | 1.6 | 6.9 |
| | 散客 | 100 | 70.7 | 5.4 | 17.2 | 0.6 | 6.1 |
| 65岁及以上 | 小计 | 100 | 64.7 | 9.2 | 21.3 | 1.0 | 3.8 |
| | 团体 | 100 | 81.7 | 12.3 | 1.1 | 2.3 | 2.5 |
| | 散客 | 100 | 55.4 | 7.5 | 32.3 | 0.2 | 4.5 |
| 45~64岁 | 小计 | 100 | 77.7 | 10.7 | 8.6 | 0.4 | 2.6 |
| | 团体 | 100 | 92.1 | 4.6 | 0.4 | 1.2 | 1.7 |
| | 散客 | 100 | 72.8 | 12.8 | 11.4 | 0.2 | 2.8 |
| 25~44岁 | 小计 | 100 | 81.6 | 4.4 | 8.9 | 0.9 | 4.3 |
| | 团体 | 100 | 91.4 | 2.7 | 0.8 | 2.2 | 2.8 |
| | 散客 | 100 | 79.0 | 4.8 | 10.9 | 0.5 | 4.7 |
| 15~24岁 | 小计 | 100 | 49.6 | 9.7 | 14.1 | 0.5 | 26.1 |
| | 团体 | 100 | 69.4 | 9.2 | 2.2 | 1.5 | 17.8 |
| | 散客 | 100 | 44.8 | 9.8 | 17.0 | 0.2 | 28.1 |
| 14岁及以下 | 小计 | 100 | 59.3 | 4.9 | 30.5 | 0.0 | 5.3 |
| | 团体 | 100 | 85.5 | 0.7 | 0.0 | 0.0 | 13.8 |
| | 散客 | 100 | 42.9 | 7.5 | 49.7 | 0.0 | 0.0 |

## 6-3 2019年入境过夜游客对住宿单位的选择
### （按职业、团体及散客分组）

单位：%

| | | 合计 | 宾馆饭店 | 公寓 | 私人住所 | 车船 | 其他 |
|---|---|---|---|---|---|---|---|
| **全　国** | **总计** | **100** | **73.3** | **7.6** | **10.7** | **0.7** | **7.7** |
| | 团体 | 100 | 87.2 | 5.3 | 0.9 | 1.7 | 4.9 |
| | 散客 | 100 | 69.2 | 8.3 | 13.6 | 0.3 | 8.5 |
| 政府工作人员 | 小计 | 100 | 90.0 | 3.9 | 2.4 | 0.2 | 3.5 |
| | 团体 | 100 | 92.0 | 4.7 | 2.0 | 0.4 | 0.9 |
| | 散客 | 100 | 89.3 | 3.7 | 2.5 | 0.1 | 4.4 |
| 专业技术人员 | 小计 | 100 | 86.4 | 2.8 | 4.5 | 0.8 | 5.6 |
| | 团体 | 100 | 93.1 | 0.9 | 1.3 | 3.4 | 1.3 |
| | 散客 | 100 | 84.3 | 3.3 | 5.4 | 0.0 | 6.9 |
| 职　员 | 小计 | 100 | 82.9 | 7.1 | 8.1 | 0.6 | 1.3 |
| | 团体 | 100 | 92.9 | 2.3 | 0.5 | 1.7 | 2.6 |
| | 散客 | 100 | 80.2 | 8.4 | 10.1 | 0.3 | 1.0 |
| 技工/工人 | 小计 | 100 | 83.2 | 4.1 | 7.1 | 1.2 | 4.4 |
| | 团体 | 100 | 89.0 | 3.0 | 0.0 | 3.1 | 4.8 |
| | 散客 | 100 | 80.9 | 4.5 | 9.8 | 0.5 | 4.3 |
| 商贸人员 | 小计 | 100 | 81.7 | 6.4 | 8.9 | 1.3 | 1.8 |
| | 团体 | 100 | 95.9 | 1.2 | 0.2 | 0.6 | 2.1 |
| | 散客 | 100 | 79.1 | 7.3 | 10.5 | 1.4 | 1.7 |
| 服务员/推销员 | 小计 | 100 | 80.2 | 6.1 | 10.7 | 0.2 | 2.7 |
| | 团体 | 100 | 93.7 | 4.4 | 0.0 | 0.2 | 1.7 |
| | 散客 | 100 | 73.1 | 7.0 | 16.4 | 0.2 | 3.3 |
| 退休人员 | 小计 | 100 | 68.4 | 8.4 | 20.1 | 0.6 | 2.5 |
| | 团体 | 100 | 84.5 | 11.5 | 0.4 | 1.4 | 2.1 |
| | 散客 | 100 | 59.3 | 6.6 | 31.2 | 0.2 | 2.7 |
| 家庭妇女 | 小计 | 100 | 66.2 | 3.4 | 24.1 | 0.8 | 5.5 |
| | 团体 | 100 | 88.6 | 7.2 | 0.8 | 1.8 | 1.4 |
| | 散客 | 100 | 57.3 | 1.9 | 33.4 | 0.3 | 7.1 |
| 军　人 | 小计 | 100 | 89.7 | 0.3 | 1.7 | 0.0 | 8.3 |
| | 团体 | 100 | 89.1 | 1.0 | 0.0 | 0.0 | 9.9 |
| | 散客 | 100 | 89.9 | 0.0 | 2.6 | 0.0 | 7.4 |
| 学　生 | 小计 | 100 | 46.5 | 10.9 | 14.9 | 0.4 | 27.2 |
| | 团体 | 100 | 65.7 | 9.6 | 2.2 | 1.4 | 21.0 |
| | 散客 | 100 | 41.7 | 11.2 | 18.1 | 0.1 | 28.8 |
| 其　他 | 小计 | 100 | 57.8 | 21.9 | 11.8 | 0.5 | 8.0 |
| | 团体 | 100 | 87.9 | 9.5 | 0.3 | 1.6 | 0.7 |
| | 散客 | 100 | 52.3 | 24.2 | 13.9 | 0.3 | 9.3 |

# 6-4 2019 年入境过夜游客对住宿单位的选择
## （按旅游目的、团体及散客分组）

单位：%

| | | 合计 | 宾馆饭店 | 公寓 | 私人住所 | 车船 | 其他 |
|---|---|---|---|---|---|---|---|
| **全　国** | **总计** | **100** | **73.3** | **7.6** | **10.7** | **0.7** | **7.7** |
| | 团体 | 100 | 87.2 | 5.3 | 0.9 | 1.7 | 4.9 |
| | 散客 | 100 | 69.2 | 8.3 | 13.6 | 0.3 | 8.5 |
| 观光游览 | 小计 | 100 | 89.6 | 3.5 | 3.1 | 0.6 | 3.2 |
| | 团体 | 100 | 91.3 | 2.9 | 0.5 | 1.2 | 4.2 |
| | 散客 | 100 | 88.6 | 3.9 | 4.6 | 0.2 | 2.6 |
| 休闲度假 | 小计 | 100 | 86.3 | 5.2 | 4.7 | 1.2 | 2.7 |
| | 团体 | 100 | 88.5 | 4.9 | 0.4 | 3.1 | 3.1 |
| | 散客 | 100 | 85.2 | 5.3 | 6.8 | 0.2 | 2.5 |
| 探亲访友 | 小计 | 100 | 37.4 | 3.4 | 54.3 | 1.5 | 3.5 |
| | 团体 | 100 | 88.9 | 4.8 | 5.2 | 0.2 | 0.9 |
| | 散客 | 100 | 34.8 | 3.3 | 56.7 | 1.5 | 3.6 |
| 商　务 | 小计 | 100 | 72.8 | 14.4 | 8.3 | 0.1 | 4.4 |
| | 团体 | 100 | 94.6 | 1.6 | 0.3 | 0.8 | 2.7 |
| | 散客 | 100 | 71.4 | 15.2 | 8.8 | 0.1 | 4.5 |
| 会　议 | 小计 | 100 | 93.1 | 2.3 | 2.1 | 0.0 | 2.5 |
| | 团体 | 100 | 82.7 | 0.9 | 13.4 | 0.0 | 3.0 |
| | 散客 | 100 | 94.2 | 2.4 | 0.9 | 0.0 | 2.4 |
| 宗教朝拜 | 小计 | 100 | 89.4 | 1.2 | 4.1 | 0.0 | 5.3 |
| | 团体 | 100 | 100.0 | 0.0 | 0.0 | 0.0 | 0.0 |
| | 散客 | 100 | 80.4 | 2.2 | 7.6 | 0.0 | 9.8 |
| 文体交流 | 小计 | 100 | 54.0 | 15.4 | 3.4 | 0.5 | 26.7 |
| | 团体 | 100 | 53.1 | 19.2 | 2.1 | 2.0 | 23.6 |
| | 散客 | 100 | 54.3 | 14.3 | 3.8 | 0.1 | 27.5 |
| 购　物 | 小计 | 100 | 88.5 | 0.6 | 10.0 | 0.0 | 0.8 |
| | 团体 | 100 | 94.2 | 1.5 | 2.5 | 0.0 | 1.8 |
| | 散客 | 100 | 85.7 | 0.2 | 13.7 | 0.0 | 0.4 |
| 医疗保健 | 小计 | 100 | 65.3 | 20.9 | 7.0 | 0.4 | 6.5 |
| | 团体 | 100 | 49.1 | 47.6 | 0.0 | 1.2 | 2.1 |
| | 散客 | 100 | 74.3 | 5.9 | 10.9 | 0.0 | 8.9 |
| 其　他 | 小计 | 100 | 42.8 | 15.8 | 9.8 | 0.1 | 31.6 |
| | 团体 | 100 | 72.4 | 10.0 | 3.9 | 0.0 | 13.7 |
| | 散客 | 100 | 40.9 | 16.1 | 10.2 | 0.1 | 32.7 |

# 七、入境游客抽样调查总人数及所占比重

## 7-1 2019年入境游客抽样调查总人数及所占比重

| | | 调查总人数 | | 口岸调查人数 | | 其中过夜游客 | |
|---|---|---|---|---|---|---|---|
| | | （人） | （%） | （人） | （%） | （人） | （%） |
| **全　国** | **总计** | **53863** | **100.0** | **16173** | **30.0** | **12583** | **77.8** |
| | 团体 | 17282 | 100.0 | 3314 | 19.2 | 2934 | 88.5 |
| | 散客 | 36581 | 100.0 | 12859 | 35.2 | 9649 | 75.0 |
| 外国人 | 小计 | 38030 | 100.0 | 10581 | 27.8 | 8790 | 83.1 |
| | 团体 | 12442 | 100.0 | 2196 | 17.6 | 1984 | 90.3 |
| | 散客 | 25588 | 100.0 | 8385 | 32.8 | 6806 | 81.2 |
| 香港同胞 | 小计 | 7475 | 100.0 | 2730 | 36.5 | 1683 | 61.6 |
| | 团体 | 1870 | 100.0 | 319 | 17.1 | 245 | 76.8 |
| | 散客 | 5605 | 100.0 | 2411 | 43.0 | 1438 | 59.6 |
| 澳门同胞 | 小计 | 3390 | 100.0 | 1300 | 38.3 | 855 | 65.8 |
| | 团体 | 955 | 100.0 | 266 | 27.9 | 203 | 76.3 |
| | 散客 | 2435 | 100.0 | 1034 | 42.5 | 652 | 63.1 |
| 台湾同胞 | 小计 | 4968 | 100.0 | 1562 | 31.4 | 1255 | 80.3 |
| | 团体 | 2015 | 100.0 | 533 | 26.5 | 502 | 94.2 |
| | 散客 | 2953 | 100.0 | 1029 | 34.8 | 753 | 73.2 |

（按外国人、港澳台胞、团体及散客分组）

| 一日游游客 | | 饭店调查人数 | | 游船调查人数 | |
|---|---|---|---|---|---|
| （人） | （%） | （人） | （%） | （人） | （%） |
| **3590** | **22.2** | **37511** | **69.6** | **179** | **0.3** |
| 380 | 11.5 | 13841 | 80.1 | 127 | 0.7 |
| 3210 | 25.0 | 23670 | 64.7 | 52 | 0.1 |
| | | | | | |
| 1791 | 16.9 | 27326 | 71.9 | 123 | 0.3 |
| 212 | 9.7 | 10166 | 81.7 | 80 | 0.6 |
| 1579 | 18.8 | 17160 | 67.1 | 43 | 0.2 |
| | | | | | |
| 1047 | 38.4 | 4722 | 63.2 | 23 | 0.3 |
| 74 | 23.2 | 1531 | 81.9 | 20 | 1.1 |
| 973 | 40.4 | 3191 | 56.9 | 3 | 0.1 |
| | | | | | |
| 445 | 34.2 | 2081 | 61.4 | 9 | 0.3 |
| 63 | 23.7 | 681 | 71.3 | 8 | 0.8 |
| 382 | 36.9 | 1400 | 57.5 | 1 | 0.0 |
| | | | | | |
| 307 | 19.7 | 3382 | 68.1 | 24 | 0.5 |
| 31 | 5.8 | 1463 | 72.6 | 19 | 0.9 |
| 276 | 26.8 | 1919 | 65.0 | 5 | 0.2 |

# 7-2　2019 年入境游客抽样调查总人数及所占比重

| | | 调查总人数 | | 口岸调查人数 | | 其中过夜游客 | |
|---|---|---|---|---|---|---|---|
| | | （人） | （%） | （人） | （%） | （人） | （%） |
| 北　京 | 小计 | 5731 | 100.0 | 1863 | 32.5 | 1863 | 100.0 |
| | 团体 | 1306 | 100.0 | 195 | 14.9 | 195 | 100.0 |
| | 散客 | 4425 | 100.0 | 1668 | 37.7 | 1668 | 100.0 |
| 天　津 | 小计 | 1122 | 100.0 | 572 | 51.0 | 417 | 72.9 |
| | 团体 | 196 | 100.0 | 78 | 39.8 | 45 | 57.7 |
| | 散客 | 926 | 100.0 | 494 | 53.3 | 372 | 75.3 |
| 河　北 | 小计 | 1084 | 100.0 | 0 | 0.0 | 0 | 0.0 |
| | 团体 | 367 | 100.0 | 0 | 0.0 | 0 | 0.0 |
| | 散客 | 717 | 100.0 | 0 | 0.0 | 0 | 0.0 |
| 山　西 | 小计 | 509 | 100.0 | 0 | 0.0 | 0 | 0.0 |
| | 团体 | 228 | 100.0 | 0 | 0.0 | 0 | 0.0 |
| | 散客 | 281 | 100.0 | 0 | 0.0 | 0 | 0.0 |
| 内蒙古 | 小计 | 1203 | 100.0 | 730 | 60.7 | 665 | 91.1 |
| | 团体 | 586 | 100.0 | 334 | 57.0 | 331 | 99.1 |
| | 散客 | 617 | 100.0 | 396 | 64.2 | 334 | 84.3 |
| 辽　宁 | 小计 | 1840 | 100.0 | 932 | 50.7 | 868 | 93.1 |
| | 团体 | 712 | 100.0 | 364 | 51.1 | 309 | 84.9 |
| | 散客 | 1128 | 100.0 | 568 | 50.4 | 559 | 98.4 |
| 吉　林 | 小计 | 838 | 100.0 | 254 | 30.3 | 251 | 98.8 |
| | 团体 | 603 | 100.0 | 161 | 26.7 | 158 | 98.1 |
| | 散客 | 235 | 100.0 | 93 | 39.6 | 93 | 100.0 |
| 黑龙江 | 小计 | 1240 | 100.0 | 515 | 41.5 | 327 | 63.5 |
| | 团体 | 525 | 100.0 | 246 | 46.9 | 202 | 82.1 |
| | 散客 | 715 | 100.0 | 269 | 37.6 | 125 | 46.5 |
| 上　海 | 小计 | 3324 | 100.0 | 1642 | 49.4 | 1639 | 99.8 |
| | 团体 | 278 | 100.0 | 171 | 61.5 | 171 | 100.0 |
| | 散客 | 3046 | 100.0 | 1471 | 48.3 | 1468 | 99.8 |

（按省〈区、市〉、团体及散客分组）

| 一日游游客 | | 饭店调查人数 | | 游船调查人数 | |
|---|---|---|---|---|---|
| （人） | （%） | （人） | （%） | （人） | （%） |
| 0 | 0.0 | 3868 | 67.5 | 0 | 0.0 |
| 0 | 0.0 | 1111 | 85.1 | 0 | 0.0 |
| 0 | 0.0 | 2757 | 62.3 | 0 | 0.0 |
| 155 | 27.1 | 550 | 49.0 | 0 | 0.0 |
| 33 | 42.3 | 118 | 60.2 | 0 | 0.0 |
| 122 | 24.7 | 432 | 46.7 | 0 | 0.0 |
| 0 | 0.0 | 1084 | 100.0 | 0 | 0.0 |
| 0 | 0.0 | 367 | 100.0 | 0 | 0.0 |
| 0 | 0.0 | 717 | 100.0 | 0 | 0.0 |
| 0 | 0.0 | 509 | 100.0 | 0 | 0.0 |
| 0 | 0.0 | 228 | 100.0 | 0 | 0.0 |
| 0 | 0.0 | 281 | 100.0 | 0 | 0.0 |
| 65 | 8.9 | 473 | 39.3 | 0 | 0.0 |
| 3 | 0.9 | 252 | 43.0 | 0 | 0.0 |
| 62 | 15.7 | 221 | 35.8 | 0 | 0.0 |
| 64 | 6.9 | 908 | 49.3 | 0 | 0.0 |
| 55 | 15.1 | 348 | 48.9 | 0 | 0.0 |
| 9 | 1.6 | 560 | 49.6 | 0 | 0.0 |
| 3 | 1.2 | 584 | 69.7 | 0 | 0.0 |
| 3 | 1.9 | 442 | 73.3 | 0 | 0.0 |
| 0 | 0.0 | 142 | 60.4 | 0 | 0.0 |
| 188 | 36.5 | 725 | 58.5 | 0 | 0.0 |
| 44 | 17.9 | 279 | 53.1 | 0 | 0.0 |
| 144 | 53.5 | 446 | 62.4 | 0 | 0.0 |
| 3 | 0.2 | 1682 | 50.6 | 0 | 0.0 |
| 0 | 0.0 | 107 | 38.5 | 0 | 0.0 |
| 3 | 0.2 | 1575 | 51.7 | 0 | 0.0 |

7-2（续 1）

| | | 调查总人数 | | 口岸调查人数 | | 其中过夜游客 | |
|---|---|---|---|---|---|---|---|
| | | （人） | （%） | （人） | （%） | （人） | （%） |
| 江　苏 | 小计 | 1815 | 100.0 | 479 | 26.4 | 479 | 100.0 |
| | 团体 | 392 | 100.0 | 60 | 15.3 | 60 | 100.0 |
| | 散客 | 1423 | 100.0 | 419 | 29.4 | 419 | 100.0 |
| 浙　江 | 小计 | 1751 | 100.0 | 784 | 44.8 | 722 | 92.1 |
| | 团体 | 608 | 100.0 | 234 | 38.5 | 225 | 96.2 |
| | 散客 | 1143 | 100.0 | 550 | 48.1 | 497 | 90.4 |
| 安　徽 | 小计 | 1615 | 100.0 | 0 | 0.0 | 0 | 0.0 |
| | 团体 | 477 | 100.0 | 0 | 0.0 | 0 | 0.0 |
| | 散客 | 1138 | 100.0 | 0 | 0.0 | 0 | 0.0 |
| 福　建 | 小计 | 1582 | 100.0 | 685 | 43.3 | 598 | 87.3 |
| | 团体 | 468 | 100.0 | 176 | 37.6 | 144 | 81.8 |
| | 散客 | 1114 | 100.0 | 509 | 45.7 | 454 | 89.2 |
| 江　西 | 小计 | 806 | 100.0 | 0 | 0.0 | 0 | 0.0 |
| | 团体 | 543 | 100.0 | 0 | 0.0 | 0 | 0.0 |
| | 散客 | 263 | 100.0 | 0 | 0.0 | 0 | 0.0 |
| 山　东 | 小计 | 3103 | 100.0 | 1170 | 37.7 | 836 | 71.5 |
| | 团体 | 614 | 100.0 | 185 | 30.1 | 174 | 94.1 |
| | 散客 | 2489 | 100.0 | 985 | 39.6 | 662 | 67.2 |
| 河　南 | 小计 | 863 | 100.0 | 0 | 0.0 | 0 | 0.0 |
| | 团体 | 512 | 100.0 | 0 | 0.0 | 0 | 0.0 |
| | 散客 | 351 | 100.0 | 0 | 0.0 | 0 | 0.0 |
| 湖　北 | 小计 | 1171 | 100.0 | 0 | 0.0 | 0 | 0.0 |
| | 团体 | 410 | 100.0 | 0 | 0.0 | 0 | 0.0 |
| | 散客 | 761 | 100.0 | 0 | 0.0 | 0 | 0.0 |
| 湖　南 | 小计 | 1810 | 100.0 | 0 | 0.0 | 0 | 0.0 |
| | 团体 | 1428 | 100.0 | 0 | 0.0 | 0 | 0.0 |
| | 散客 | 382 | 100.0 | 0 | 0.0 | 0 | 0.0 |
| 广　东 | 小计 | 10426 | 100.0 | 4603 | 44.1 | 2527 | 54.9 |
| | 团体 | 1725 | 100.0 | 558 | 32.3 | 420 | 75.3 |
| | 散客 | 8701 | 100.0 | 4045 | 46.5 | 2107 | 52.1 |
| 广　西 | 小计 | 1446 | 100.0 | 703 | 48.6 | 602 | 85.6 |
| | 团体 | 752 | 100.0 | 368 | 48.9 | 329 | 89.4 |
| | 散客 | 694 | 100.0 | 335 | 48.3 | 273 | 81.5 |

| 一日游游客 | | 饭店调查人数 | | 游船调查人数 | |
|---|---|---|---|---|---|
| （人） | （%） | （人） | （%） | （人） | （%） |
| 0 | 0.0 | 1336 | 73.6 | 0 | 0.0 |
| 0 | 0.0 | 332 | 84.7 | 0 | 0.0 |
| 0 | 0.0 | 1004 | 70.6 | 0 | 0.0 |
| | | | | | |
| 62 | 7.9 | 967 | 55.2 | 0 | 0.0 |
| 9 | 3.8 | 374 | 61.5 | 0 | 0.0 |
| 53 | 9.6 | 593 | 51.9 | 0 | 0.0 |
| | | | | | |
| 0 | 0.0 | 1615 | 100.0 | 0 | 0.0 |
| 0 | 0.0 | 477 | 100.0 | 0 | 0.0 |
| 0 | 0.0 | 1138 | 100.0 | 0 | 0.0 |
| | | | | | |
| 87 | 12.7 | 897 | 56.7 | 0 | 0.0 |
| 32 | 18.2 | 292 | 62.4 | 0 | 0.0 |
| 55 | 10.8 | 605 | 54.3 | 0 | 0.0 |
| | | | | | |
| 0 | 0.0 | 806 | 100.0 | 0 | 0.0 |
| 0 | 0.0 | 543 | 100.0 | 0 | 0.0 |
| 0 | 0.0 | 263 | 100.0 | 0 | 0.0 |
| | | | | | |
| 334 | 28.5 | 1933 | 62.3 | 0 | 0.0 |
| 11 | 5.9 | 429 | 69.9 | 0 | 0.0 |
| 323 | 32.8 | 1504 | 60.4 | 0 | 0.0 |
| | | | | | |
| 0 | 0.0 | 863 | 100.0 | 0 | 0.0 |
| 0 | 0.0 | 512 | 100.0 | 0 | 0.0 |
| 0 | 0.0 | 351 | 100.0 | 0 | 0.0 |
| | | | | | |
| 0 | 0.0 | 1068 | 91.2 | 103 | 8.8 |
| 0 | 0.0 | 325 | 79.3 | 85 | 20.7 |
| 0 | 0.0 | 743 | 97.6 | 18 | 2.4 |
| | | | | | |
| 0 | 0.0 | 1810 | 100.0 | 0 | 0.0 |
| 0 | 0.0 | 1428 | 100.0 | 0 | 0.0 |
| 0 | 0.0 | 382 | 100.0 | 0 | 0.0 |
| | | | | | |
| 2076 | 45.1 | 5823 | 55.9 | 0 | 0.0 |
| 138 | 24.7 | 1167 | 67.7 | 0 | 0.0 |
| 1938 | 47.9 | 4656 | 53.5 | 0 | 0.0 |
| | | | | | |
| 101 | 14.4 | 743 | 51.4 | 0 | 0.0 |
| 39 | 10.6 | 384 | 51.1 | 0 | 0.0 |
| 62 | 18.5 | 359 | 51.7 | 0 | 0.0 |

7-2（续 2）

| | | 调查总人数 | | 口岸调查人数 | | 其中过夜游客 | |
|---|---|---|---|---|---|---|---|
| | | （人） | （%） | （人） | （%） | （人） | （%） |
| 海　南 | 小计 | 886 | 100.0 | 0 | 0.0 | 0 | 0.0 |
| | 团体 | 219 | 100.0 | 0 | 0.0 | 0 | 0.0 |
| | 散客 | 667 | 100.0 | 0 | 0.0 | 0 | 0.0 |
| 重　庆 | 小计 | 588 | 100.0 | 0 | 0.0 | 0 | 0.0 |
| | 团体 | 337 | 100.0 | 0 | 0.0 | 0 | 0.0 |
| | 散客 | 251 | 100.0 | 0 | 0.0 | 0 | 0.0 |
| 四　川 | 小计 | 2447 | 100.0 | 0 | 0.0 | 0 | 0.0 |
| | 团体 | 1068 | 100.0 | 0 | 0.0 | 0 | 0.0 |
| | 散客 | 1379 | 100.0 | 0 | 0.0 | 0 | 0.0 |
| 贵　州 | 小计 | 650 | 100.0 | 0 | 0.0 | 0 | 0.0 |
| | 团体 | 323 | 100.0 | 0 | 0.0 | 0 | 0.0 |
| | 散客 | 327 | 100.0 | 0 | 0.0 | 0 | 0.0 |
| 云　南 | 小计 | 1558 | 100.0 | 615 | 39.5 | 495 | 80.5 |
| | 团体 | 476 | 100.0 | 106 | 22.3 | 93 | 87.7 |
| | 散客 | 1082 | 100.0 | 509 | 47.0 | 402 | 79.0 |
| 西　藏 | 小计 | 543 | 100.0 | 0 | 0.0 | 0 | 0.0 |
| | 团体 | 543 | 100.0 | 0 | 0.0 | 0 | 0.0 |
| | 散客 | 0 | 100.0 | 0 | 0.0 | 0 | 0.0 |
| 陕　西 | 小计 | 1200 | 100.0 | 0 | 0.0 | 0 | 0.0 |
| | 团体 | 410 | 100.0 | 0 | 0.0 | 0 | 0.0 |
| | 散客 | 790 | 100.0 | 0 | 0.0 | 0 | 0.0 |
| 甘　肃 | 小计 | 800 | 100.0 | 0 | 0.0 | 0 | 0.0 |
| | 团体 | 559 | 100.0 | 0 | 0.0 | 0 | 0.0 |
| | 散客 | 241 | 100.0 | 0 | 0.0 | 0 | 0.0 |
| 青　海 | 小计 | 444 | 100.0 | 0 | 0.0 | 0 | 0.0 |
| | 团体 | 298 | 100.0 | 0 | 0.0 | 0 | 0.0 |
| | 散客 | 146 | 100.0 | 0 | 0.0 | 0 | 0.0 |
| 宁　夏 | 小计 | 200 | 100.0 | 0 | 0.0 | 0 | 0.0 |
| | 团体 | 110 | 100.0 | 0 | 0.0 | 0 | 0.0 |
| | 散客 | 90 | 100.0 | 0 | 0.0 | 0 | 0.0 |
| 新　疆 | 小计 | 1268 | 100.0 | 626 | 49.4 | 294 | 47.0 |
| | 团体 | 209 | 100.0 | 78 | 37.3 | 78 | 100.0 |
| | 散客 | 1059 | 100.0 | 548 | 51.7 | 216 | 39.4 |

| 一日游游客 | | 饭店调查人数 | | 游船调查人数 | |
|---|---|---|---|---|---|
| （人） | （%） | （人） | （%） | （人） | （%） |
| 0 | 0.0 | 886 | 100.0 | 0 | 0.0 |
| 0 | 0.0 | 219 | 100.0 | 0 | 0.0 |
| 0 | 0.0 | 667 | 100.0 | 0 | 0.0 |
| | | | | | |
| 0 | 0.0 | 512 | 87.1 | 76 | 12.9 |
| 0 | 0.0 | 295 | 87.5 | 42 | 12.5 |
| 0 | 0.0 | 217 | 86.5 | 34 | 13.5 |
| | | | | | |
| 0 | 0.0 | 2447 | 100.0 | 0 | 0.0 |
| 0 | 0.0 | 1068 | 100.0 | 0 | 0.0 |
| 0 | 0.0 | 1379 | 100.0 | 0 | 0.0 |
| | | | | | |
| 0 | 0.0 | 650 | 100.0 | 0 | 0.0 |
| 0 | 0.0 | 323 | 100.0 | 0 | 0.0 |
| 0 | 0.0 | 327 | 100.0 | 0 | 0.0 |
| | | | | | |
| 120 | 19.5 | 943 | 60.5 | 0 | 0.0 |
| 13 | 12.3 | 370 | 77.7 | 0 | 0.0 |
| 107 | 21.0 | 573 | 53.0 | 0 | 0.0 |
| | | | | | |
| 0 | 0.0 | 543 | 100.0 | 0 | 0.0 |
| 0 | 0.0 | 543 | 100.0 | 0 | 0.0 |
| 0 | 0.0 | 0 | 0.0 | 0 | 0.0 |
| | | | | | |
| 0 | 0.0 | 1200 | 100.0 | 0 | 0.0 |
| 0 | 0.0 | 410 | 100.0 | 0 | 0.0 |
| 0 | 0.0 | 790 | 100.0 | 0 | 0.0 |
| | | | | | |
| 0 | 0.0 | 800 | 100.0 | 0 | 0.0 |
| 0 | 0.0 | 559 | 100.0 | 0 | 0.0 |
| 0 | 0.0 | 241 | 100.0 | 0 | 0.0 |
| | | | | | |
| 0 | 0.0 | 444 | 100.0 | 0 | 0.0 |
| 0 | 0.0 | 298 | 100.0 | 0 | 0.0 |
| 0 | 0.0 | 146 | 100.0 | 0 | 0.0 |
| | | | | | |
| 0 | 0.0 | 200 | 100.0 | 0 | 0.0 |
| 0 | 0.0 | 110 | 100.0 | 0 | 0.0 |
| 0 | 0.0 | 90 | 100.0 | 0 | 0.0 |
| | | | | | |
| 332 | 53.0 | 642 | 50.6 | 0 | 0.0 |
| 0 | 0.0 | 131 | 62.7 | 0 | 0.0 |
| 332 | 60.6 | 511 | 48.3 | 0 | 0.0 |

# 7-3 2019年口岸调查入境游客人数及所占比重

| | | 调查人数 | | 男 性 | | 女 性 | |
|---|---|---|---|---|---|---|---|
| | | （人） | （%） | （人） | （%） | （人） | （%） |
| **全　国** | **合计** | **16173** | **100.0** | **8795** | **54.4** | **7378** | **45.6** |
| | 团体 | 3314 | 100.0 | 1562 | 47.1 | 1752 | 52.9 |
| | 散客 | 12859 | 100.0 | 7233 | 56.2 | 5626 | 43.8 |
| 外 国 人 | 小计 | 10581 | 100.0 | 5850 | 55.3 | 4731 | 44.7 |
| | 团体 | 2196 | 100.0 | 1035 | 47.1 | 1161 | 52.9 |
| | 散客 | 8385 | 100.0 | 4815 | 57.4 | 3570 | 42.6 |
| 香港同胞 | 小计 | 2730 | 100.0 | 1527 | 55.9 | 1203 | 44.1 |
| | 团体 | 319 | 100.0 | 167 | 52.4 | 152 | 47.6 |
| | 散客 | 2411 | 100.0 | 1360 | 56.4 | 1051 | 43.6 |
| 澳门同胞 | 小计 | 1300 | 100.0 | 609 | 46.8 | 691 | 53.2 |
| | 团体 | 266 | 100.0 | 124 | 46.6 | 142 | 53.4 |
| | 散客 | 1034 | 100.0 | 485 | 46.9 | 549 | 53.1 |
| 台湾同胞 | 小计 | 1562 | 100.0 | 809 | 51.8 | 753 | 48.2 |
| | 团体 | 533 | 100.0 | 236 | 44.3 | 297 | 55.7 |
| | 散客 | 1029 | 100.0 | 573 | 55.7 | 456 | 44.3 |

（按外国人、港澳台胞、团体及散客、性别、年龄分组）

| 14岁及以下 | | 15~24岁 | | 25~44岁 | | 45~64岁 | | 65岁及以上 | |
|---|---|---|---|---|---|---|---|---|---|
| （人） | （%） | （人） | （%） | （人） | （%） | （人） | （%） | （人） | （%） |
| **110** | **0.7** | **2438** | **15.1** | **7599** | **47.0** | **4989** | **30.8** | **1037** | **6.4** |
| 41 | 1.2 | 463 | 14.0 | 1299 | 39.2 | 1186 | 35.8 | 325 | 9.8 |
| 69 | 0.5 | 1975 | 15.4 | 6300 | 49.0 | 3803 | 29.6 | 712 | 5.5 |
| | | | | | | | | | |
| 47 | 0.4 | 1326 | 12.5 | 5180 | 49.0 | 3419 | 32.3 | 609 | 5.8 |
| 23 | 1.0 | 304 | 13.8 | 831 | 37.8 | 820 | 37.3 | 218 | 9.9 |
| 24 | 0.3 | 1022 | 12.2 | 4349 | 51.9 | 2599 | 31.0 | 391 | 4.7 |
| | | | | | | | | | |
| 37 | 1.4 | 508 | 18.6 | 1130 | 41.4 | 790 | 28.9 | 265 | 9.7 |
| 10 | 3.1 | 53 | 16.6 | 128 | 40.1 | 91 | 28.5 | 37 | 11.6 |
| 27 | 1.1 | 455 | 18.9 | 1002 | 41.6 | 699 | 29.0 | 228 | 9.5 |
| | | | | | | | | | |
| 19 | 1.5 | 423 | 32.5 | 576 | 44.3 | 237 | 18.2 | 45 | 3.5 |
| 5 | 1.9 | 64 | 24.1 | 121 | 45.5 | 60 | 22.6 | 16 | 6.0 |
| 14 | 1.4 | 359 | 34.7 | 455 | 44.0 | 177 | 17.1 | 29 | 2.8 |
| | | | | | | | | | |
| 7 | 0.4 | 181 | 11.6 | 713 | 45.6 | 543 | 34.8 | 118 | 7.6 |
| 3 | 0.6 | 42 | 7.9 | 219 | 41.1 | 215 | 40.3 | 54 | 10.1 |
| 4 | 0.4 | 139 | 13.5 | 494 | 48.0 | 328 | 31.9 | 64 | 6.2 |

# 7-4 2019年口岸调查入境游客人数及所占比重

| | | 调查人数 | | 政府工作人员 | | 专业技术人员 | | 职员 | | 技工/工人 | |
|---|---|---|---|---|---|---|---|---|---|---|---|
| | | （人） | （%） | （人） | （%） | （人） | （%） | （人） | （%） | （人） | （%） |
| **全国** | **合计** | **16173** | **100.0** | **712** | **4.4** | **2687** | **16.6** | **3553** | **22.0** | **788** | **4.9** |
| | 团体 | 3314 | 100.0 | 202 | 6.1 | 496 | 15.0 | 690 | 20.8 | 161 | 4.9 |
| | 散客 | 12859 | 100.0 | 510 | 4.0 | 2191 | 17.0 | 2863 | 22.3 | 627 | 4.9 |
| 外国人 | 小计 | 10581 | 100.0 | 532 | 5.0 | 1879 | 17.8 | 2366 | 22.4 | 474 | 4.5 |
| | 团体 | 2196 | 100.0 | 141 | 6.4 | 306 | 13.9 | 467 | 21.3 | 89 | 4.1 |
| | 散客 | 8385 | 100.0 | 391 | 4.7 | 1573 | 18.8 | 1899 | 22.6 | 385 | 4.6 |
| 香港同胞 | 小计 | 2730 | 100.0 | 85 | 3.1 | 341 | 12.5 | 564 | 20.7 | 190 | 7.0 |
| | 团体 | 319 | 100.0 | 22 | 6.9 | 39 | 12.2 | 62 | 19.4 | 29 | 9.1 |
| | 散客 | 2411 | 100.0 | 63 | 2.6 | 302 | 12.5 | 502 | 20.8 | 161 | 6.7 |
| 澳门同胞 | 小计 | 1300 | 100.0 | 41 | 3.2 | 168 | 12.9 | 284 | 21.8 | 59 | 4.5 |
| | 团体 | 266 | 100.0 | 14 | 5.3 | 35 | 13.2 | 60 | 22.6 | 16 | 6.0 |
| | 散客 | 1034 | 100.0 | 27 | 2.6 | 133 | 12.9 | 224 | 21.7 | 43 | 4.2 |
| 台湾同胞 | 小计 | 1562 | 100.0 | 54 | 3.5 | 299 | 19.1 | 339 | 21.7 | 65 | 4.2 |
| | 团体 | 533 | 100.0 | 25 | 4.7 | 116 | 21.8 | 101 | 18.9 | 27 | 5.1 |
| | 散客 | 1029 | 100.0 | 29 | 2.8 | 183 | 17.8 | 238 | 23.1 | 38 | 3.7 |

（按外国人、港澳台胞、团体及散客、职业分组）

| 商贸人员 | | 服务员/推销员 | | 退休人员 | | 家庭妇女 | | 军人 | | 学生 | | 其他 | |
|---|---|---|---|---|---|---|---|---|---|---|---|---|---|
| （人） | （%） | （人） | （%） | （人） | （%） | （人） | （%） | （人） | （%） | （人） | （%） | （人） | （%） |
| **2399** | **14.8** | **773** | **4.8** | **1299** | **8.0** | **872** | **5.4** | **38** | **0.2** | **2059** | **12.7** | **993** | **6.1** |
| 310 | 9.4 | 181 | 5.5 | 453 | 13.7 | 233 | 7.0 | 14 | 0.4 | 409 | 12.3 | 165 | 5.0 |
| 2089 | 16.2 | 592 | 4.6 | 846 | 6.6 | 639 | 5.0 | 24 | 0.2 | 1650 | 12.8 | 828 | 6.4 |
| 1657 | 15.7 | 491 | 4.6 | 717 | 6.8 | 513 | 4.8 | 30 | 0.3 | 1166 | 11.0 | 756 | 7.1 |
| 222 | 10.1 | 116 | 5.3 | 284 | 12.9 | 159 | 7.2 | 10 | 0.5 | 273 | 12.4 | 129 | 5.9 |
| 1435 | 17.1 | 375 | 4.5 | 433 | 5.2 | 354 | 4.2 | 20 | 0.2 | 893 | 10.6 | 627 | 7.5 |
| 335 | 12.3 | 154 | 5.6 | 350 | 12.8 | 197 | 7.2 | 5 | 0.2 | 404 | 14.8 | 105 | 3.8 |
| 22 | 6.9 | 20 | 6.3 | 49 | 15.4 | 17 | 5.3 | 3 | 0.9 | 49 | 15.4 | 7 | 2.2 |
| 313 | 13.0 | 134 | 5.6 | 301 | 12.5 | 180 | 7.5 | 2 | 0.1 | 355 | 14.7 | 98 | 4.1 |
| 156 | 12.0 | 66 | 5.1 | 52 | 4.0 | 55 | 4.2 | 3 | 0.2 | 357 | 27.5 | 59 | 4.5 |
| 23 | 8.6 | 23 | 8.6 | 20 | 7.5 | 12 | 4.5 | 1 | 0.4 | 54 | 20.3 | 8 | 3.0 |
| 133 | 12.9 | 43 | 4.2 | 32 | 3.1 | 43 | 4.2 | 2 | 0.2 | 303 | 29.3 | 51 | 4.9 |
| 251 | 16.1 | 62 | 4.0 | 180 | 11.5 | 107 | 6.9 | 0 | 0.0 | 132 | 8.5 | 73 | 4.7 |
| 43 | 8.1 | 22 | 4.1 | 100 | 18.8 | 45 | 8.4 | 0 | 0.0 | 33 | 6.2 | 21 | 3.9 |
| 208 | 20.2 | 40 | 3.9 | 80 | 7.8 | 62 | 6.0 | 0 | 0.0 | 99 | 9.6 | 52 | 5.1 |

# 7-5 2019年口岸调查入境游客人数及所占比重

| | | 调查人数 | | 观光游览 | | 休闲度假 | | 探亲访友 | |
|---|---|---|---|---|---|---|---|---|---|
| | | (人) | (%) | (人) | (%) | (人) | (%) | (人) | (%) |
| **全　国** | **合计** | **16173** | **100.0** | **5113** | **31.6** | **3776** | **23.3** | **1703** | **10.5** |
| | 团体 | 3314 | 100.0 | 1629 | 49.2 | 1080 | 32.6 | 97 | 2.9 |
| | 散客 | 12859 | 100.0 | 3484 | 27.1 | 2696 | 21.0 | 1606 | 12.5 |
| 外 国 人 | 小计 | 10581 | 100.0 | 3424 | 32.4 | 2331 | 22.0 | 674 | 6.4 |
| | 团体 | 2196 | 100.0 | 1071 | 48.8 | 671 | 30.6 | 49 | 2.2 |
| | 散客 | 8385 | 100.0 | 2353 | 28.1 | 1660 | 19.8 | 625 | 7.5 |
| 香港同胞 | 小计 | 2730 | 100.0 | 720 | 26.4 | 688 | 25.2 | 634 | 23.2 |
| | 团体 | 319 | 100.0 | 179 | 56.1 | 96 | 30.1 | 12 | 3.8 |
| | 散客 | 2411 | 100.0 | 541 | 22.4 | 592 | 24.6 | 622 | 25.8 |
| 澳门同胞 | 小计 | 1300 | 100.0 | 400 | 30.8 | 373 | 28.7 | 190 | 14.6 |
| | 团体 | 266 | 100.0 | 98 | 36.8 | 121 | 45.5 | 13 | 4.9 |
| | 散客 | 1034 | 100.0 | 302 | 29.2 | 252 | 24.4 | 177 | 17.1 |
| 台湾同胞 | 小计 | 1562 | 100.0 | 569 | 36.4 | 384 | 24.6 | 205 | 13.1 |
| | 团体 | 533 | 100.0 | 281 | 52.7 | 192 | 36.0 | 23 | 4.3 |
| | 散客 | 1029 | 100.0 | 288 | 28.0 | 192 | 18.7 | 182 | 17.7 |

（按外国人、港澳台胞、团体及散客、旅游目的分组）

| 商务 | | 会议 | | 宗教朝拜 | | 文化/体育/科技交流 | | 购物 | | 医疗保健 | | 其他 | |
|---|---|---|---|---|---|---|---|---|---|---|---|---|---|
| （人） | （%） | （人） | （%） | （人） | （%） | （人） | （%） | （人） | （%） | （人） | （%） | （人） | （%） |
| **2500** | **15.5** | **802** | **5.0** | **101** | **0.6** | **737** | **4.6** | **450** | **2.8** | **150** | **0.9** | **841** | **5.2** |
| 79 | 2.4 | 62 | 1.9 | 29 | 0.9 | 130 | 3.9 | 85 | 2.6 | 33 | 1.0 | 90 | 2.7 |
| 2421 | 18.8 | 740 | 5.8 | 72 | 0.6 | 607 | 4.7 | 365 | 2.8 | 117 | 0.9 | 751 | 5.8 |
| 1822 | 17.2 | 567 | 5.4 | 72 | 0.7 | 584 | 5.5 | 294 | 2.8 | 109 | 1.0 | 704 | 6.7 |
| 55 | 2.5 | 50 | 2.3 | 18 | 0.8 | 113 | 5.1 | 71 | 3.2 | 30 | 1.4 | 68 | 3.1 |
| 1767 | 21.1 | 517 | 6.2 | 54 | 0.6 | 471 | 5.6 | 223 | 2.7 | 79 | 0.9 | 636 | 7.6 |
| 327 | 12.0 | 119 | 4.4 | 6 | 0.2 | 67 | 2.5 | 70 | 2.6 | 26 | 1.0 | 73 | 2.7 |
| 7 | 2.2 | 3 | 0.9 | 0 | 0.0 | 5 | 1.6 | 7 | 2.2 | 1 | 0.3 | 9 | 2.8 |
| 320 | 13.3 | 116 | 4.8 | 6 | 0.2 | 62 | 2.6 | 63 | 2.6 | 25 | 1.0 | 64 | 2.7 |
| 113 | 8.7 | 57 | 4.4 | 8 | 0.6 | 42 | 3.2 | 79 | 6.1 | 9 | 0.7 | 29 | 2.2 |
| 7 | 2.6 | 7 | 2.6 | 1 | 0.4 | 6 | 2.3 | 4 | 1.5 | 2 | 0.8 | 7 | 2.6 |
| 106 | 10.3 | 50 | 4.8 | 7 | 0.7 | 36 | 3.5 | 75 | 7.3 | 7 | 0.7 | 22 | 2.1 |
| 238 | 15.2 | 59 | 3.8 | 15 | 1.0 | 44 | 2.8 | 7 | 0.4 | 6 | 0.4 | 35 | 2.2 |
| 10 | 1.9 | 2 | 0.4 | 10 | 1.9 | 6 | 1.1 | 3 | 0.6 | 0 | 0.0 | 6 | 1.1 |
| 228 | 22.2 | 57 | 5.5 | 5 | 0.5 | 38 | 3.7 | 4 | 0.4 | 6 | 0.6 | 29 | 2.8 |

# 7-6 2019年口岸调查外国游客人数及所占比重

| | 调查人数 | | 男 性 | | 女 性 | |
|---|---|---|---|---|---|---|
| | （人） | （%） | （人） | （%） | （人） | （%） |
| 外国人 | 10581 | 100.0 | 5850 | 55.3 | 4731 | 44.7 |
| 日 本 | 1360 | 100.0 | 764 | 56.2 | 596 | 43.8 |
| 菲律宾 | 261 | 100.0 | 133 | 51.0 | 128 | 49.0 |
| 泰 国 | 375 | 100.0 | 195 | 52.0 | 180 | 48.0 |
| 新加坡 | 528 | 100.0 | 279 | 52.8 | 249 | 47.2 |
| 印度尼西亚 | 173 | 100.0 | 99 | 57.2 | 74 | 42.8 |
| 马来西亚 | 355 | 100.0 | 197 | 55.5 | 158 | 44.5 |
| 韩 国 | 1408 | 100.0 | 786 | 55.8 | 622 | 44.2 |
| 朝 鲜 | 91 | 100.0 | 32 | 35.2 | 59 | 64.8 |
| 蒙 古 | 143 | 100.0 | 90 | 62.9 | 53 | 37.1 |
| 印 度 | 246 | 100.0 | 178 | 72.4 | 68 | 27.6 |
| 越 南 | 232 | 100.0 | 105 | 45.3 | 127 | 54.7 |
| 缅 甸 | 81 | 100.0 | 47 | 58.0 | 34 | 42.0 |
| 哈萨克斯坦 | 382 | 100.0 | 167 | 43.7 | 215 | 56.3 |
| 英 国 | 377 | 100.0 | 217 | 57.6 | 160 | 42.4 |
| 法 国 | 413 | 100.0 | 229 | 55.4 | 184 | 44.6 |
| 德 国 | 307 | 100.0 | 212 | 69.1 | 95 | 30.9 |
| 西班牙 | 118 | 100.0 | 71 | 60.2 | 47 | 39.8 |
| 意大利 | 207 | 100.0 | 110 | 53.1 | 97 | 46.9 |
| 荷 兰 | 152 | 100.0 | 85 | 55.9 | 67 | 44.1 |
| 瑞 典 | 96 | 100.0 | 56 | 58.3 | 40 | 41.7 |
| 俄罗斯 | 1001 | 100.0 | 431 | 43.1 | 570 | 56.9 |
| 瑞 士 | 101 | 100.0 | 66 | 65.3 | 35 | 34.7 |
| 乌克兰 | 61 | 100.0 | 35 | 57.4 | 26 | 42.6 |
| 美 国 | 798 | 100.0 | 468 | 58.6 | 330 | 41.4 |
| 加拿大 | 371 | 100.0 | 181 | 48.8 | 190 | 51.2 |
| 澳大利亚 | 198 | 100.0 | 123 | 62.1 | 75 | 37.9 |
| 新西兰 | 116 | 100.0 | 51 | 44.0 | 65 | 56.0 |
| 非洲国家 | 133 | 100.0 | 96 | 72.2 | 37 | 27.8 |
| 中南美洲国家 | 77 | 100.0 | 48 | 62.3 | 29 | 37.7 |
| 其他国家 | 420 | 100.0 | 299 | 71.2 | 121 | 28.8 |

（按国别、性别、年龄分组）

| 14岁及以下 | | 15~24岁 | | 25~44岁 | | 45~64岁 | | 65岁及以上 | |
|---|---|---|---|---|---|---|---|---|---|
| （人） | （%） | （人） | （%） | （人） | （%） | （人） | （%） | （人） | （%） |
| 47 | 0.4 | 1326 | 12.5 | 5180 | 49.0 | 3419 | 32.3 | 609 | 5.8 |
| 8 | 0.6 | 121 | 8.9 | 640 | 47.1 | 497 | 36.5 | 94 | 6.9 |
| 0 | 0.0 | 31 | 11.9 | 128 | 49.0 | 92 | 35.2 | 10 | 3.8 |
| 0 | 0.0 | 43 | 11.5 | 216 | 57.6 | 106 | 28.3 | 10 | 2.7 |
| 2 | 0.4 | 46 | 8.7 | 279 | 52.8 | 173 | 32.8 | 28 | 5.3 |
| 1 | 0.6 | 41 | 23.7 | 86 | 49.7 | 40 | 23.1 | 5 | 2.9 |
| 1 | 0.3 | 26 | 7.3 | 171 | 48.2 | 133 | 37.5 | 24 | 6.8 |
| 6 | 0.4 | 195 | 13.8 | 661 | 46.9 | 445 | 31.6 | 101 | 7.2 |
| 2 | 2.2 | 10 | 11.0 | 41 | 45.1 | 30 | 33.0 | 8 | 8.8 |
| 0 | 0.0 | 11 | 7.7 | 67 | 46.9 | 55 | 38.5 | 10 | 7.0 |
| 0 | 0.0 | 24 | 9.8 | 144 | 58.5 | 70 | 28.5 | 8 | 3.3 |
| 3 | 1.3 | 44 | 19.0 | 83 | 35.8 | 86 | 37.1 | 16 | 6.9 |
| 2 | 2.5 | 9 | 11.1 | 46 | 56.8 | 20 | 24.7 | 4 | 4.9 |
| 1 | 0.3 | 130 | 34.0 | 180 | 47.1 | 64 | 16.8 | 7 | 1.8 |
| 4 | 1.1 | 31 | 8.2 | 199 | 52.8 | 127 | 33.7 | 16 | 4.2 |
| 4 | 1.0 | 39 | 9.4 | 213 | 51.6 | 130 | 31.5 | 27 | 6.5 |
| 0 | 0.0 | 25 | 8.1 | 159 | 51.8 | 106 | 34.5 | 17 | 5.5 |
| 2 | 1.7 | 9 | 7.6 | 64 | 54.2 | 34 | 28.8 | 9 | 7.6 |
| 0 | 0.0 | 23 | 11.1 | 104 | 50.2 | 69 | 33.3 | 11 | 5.3 |
| 0 | 0.0 | 20 | 13.2 | 70 | 46.1 | 49 | 32.2 | 13 | 8.6 |
| 1 | 1.0 | 9 | 9.4 | 40 | 41.7 | 42 | 43.8 | 4 | 4.2 |
| 5 | 0.5 | 129 | 12.9 | 400 | 40.0 | 381 | 38.1 | 86 | 8.6 |
| 0 | 0.0 | 9 | 8.9 | 56 | 55.4 | 32 | 31.7 | 4 | 4.0 |
| 0 | 0.0 | 11 | 18.0 | 33 | 54.1 | 16 | 26.2 | 1 | 1.6 |
| 2 | 0.3 | 81 | 10.2 | 428 | 53.6 | 246 | 30.8 | 41 | 5.1 |
| 0 | 0.0 | 33 | 8.9 | 180 | 48.5 | 140 | 37.7 | 18 | 4.9 |
| 1 | 0.5 | 15 | 7.6 | 92 | 46.5 | 82 | 41.4 | 8 | 4.0 |
| 0 | 0.0 | 10 | 8.6 | 67 | 57.8 | 32 | 27.6 | 7 | 6.0 |
| 0 | 0.0 | 45 | 33.8 | 68 | 51.1 | 15 | 11.3 | 5 | 3.8 |
| 0 | 0.0 | 5 | 6.5 | 48 | 62.3 | 22 | 28.6 | 2 | 2.6 |
| 2 | 0.5 | 101 | 24.0 | 217 | 51.7 | 85 | 20.2 | 15 | 3.6 |

# 7-7　2019年口岸调查外国游客人数及所占比重

| | 调查人数 | | 政府工作人员 | | 专业技术人员 | | 职员 | | 技工/工人 | |
|---|---|---|---|---|---|---|---|---|---|---|
| | (人) | (%) | (人) | (%) | (人) | (%) | (人) | (%) | (人) | (%) |
| 外国人 | 10581 | 100.0 | 532 | 5.0 | 1879 | 17.8 | 2366 | 22.4 | 474 | 4.5 |
| 日本 | 1360 | 100.0 | 46 | 3.4 | 254 | 18.7 | 388 | 28.5 | 71 | 5.2 |
| 菲律宾 | 261 | 100.0 | 10 | 3.8 | 33 | 12.6 | 66 | 25.3 | 15 | 5.7 |
| 泰国 | 375 | 100.0 | 15 | 4.0 | 69 | 18.4 | 91 | 24.3 | 23 | 6.1 |
| 新加坡 | 528 | 100.0 | 31 | 5.9 | 110 | 20.8 | 112 | 21.2 | 23 | 4.4 |
| 印度尼西亚 | 173 | 100.0 | 16 | 9.2 | 30 | 17.3 | 30 | 17.3 | 15 | 8.7 |
| 马来西亚 | 355 | 100.0 | 26 | 7.3 | 71 | 20.0 | 67 | 18.9 | 18 | 5.1 |
| 韩国 | 1408 | 100.0 | 58 | 4.1 | 225 | 16.0 | 398 | 28.3 | 84 | 6.0 |
| 朝鲜 | 91 | 100.0 | 5 | 5.5 | 26 | 28.6 | 12 | 13.2 | 4 | 4.4 |
| 蒙古 | 143 | 100.0 | 9 | 6.3 | 18 | 12.6 | 35 | 24.5 | 10 | 7.0 |
| 印度 | 246 | 100.0 | 8 | 3.3 | 39 | 15.9 | 48 | 19.5 | 17 | 6.9 |
| 越南 | 232 | 100.0 | 19 | 8.2 | 40 | 17.2 | 36 | 15.5 | 19 | 8.2 |
| 缅甸 | 81 | 100.0 | 3 | 3.7 | 14 | 17.3 | 13 | 16.0 | 3 | 3.7 |
| 哈萨克斯坦 | 382 | 100.0 | 11 | 2.9 | 15 | 3.9 | 30 | 7.9 | 13 | 3.4 |
| 英国 | 377 | 100.0 | 24 | 6.4 | 96 | 25.5 | 93 | 24.7 | 9 | 2.4 |
| 法国 | 413 | 100.0 | 19 | 4.6 | 71 | 17.2 | 89 | 21.5 | 26 | 6.3 |
| 德国 | 307 | 100.0 | 17 | 5.5 | 70 | 22.8 | 71 | 23.1 | 10 | 3.3 |
| 西班牙 | 118 | 100.0 | 6 | 5.1 | 27 | 22.9 | 32 | 27.1 | 2 | 1.7 |
| 意大利 | 207 | 100.0 | 13 | 6.3 | 60 | 29.0 | 46 | 22.2 | 3 | 1.4 |
| 荷兰 | 152 | 100.0 | 5 | 3.3 | 34 | 22.4 | 31 | 20.4 | 5 | 3.3 |
| 瑞典 | 96 | 100.0 | 4 | 4.2 | 23 | 24.0 | 26 | 27.1 | 2 | 2.1 |
| 俄罗斯 | 1001 | 100.0 | 71 | 7.1 | 97 | 9.7 | 186 | 18.6 | 35 | 3.5 |
| 瑞士 | 101 | 100.0 | 10 | 9.9 | 34 | 33.7 | 27 | 26.7 | 4 | 4.0 |
| 乌克兰 | 61 | 100.0 | 2 | 3.3 | 16 | 26.2 | 8 | 13.1 | 4 | 6.6 |
| 美国 | 798 | 100.0 | 42 | 5.3 | 166 | 20.8 | 191 | 23.9 | 22 | 2.8 |
| 加拿大 | 371 | 100.0 | 25 | 6.7 | 86 | 23.2 | 85 | 22.9 | 11 | 3.0 |
| 澳大利亚 | 198 | 100.0 | 6 | 3.0 | 50 | 25.3 | 46 | 23.2 | 8 | 4.0 |
| 新西兰 | 116 | 100.0 | 3 | 2.6 | 21 | 18.1 | 36 | 31.0 | 3 | 2.6 |
| 非洲国家 | 133 | 100.0 | 3 | 2.3 | 15 | 11.3 | 15 | 11.3 | 3 | 2.3 |
| 中南美洲国家 | 77 | 100.0 | 3 | 3.9 | 21 | 27.3 | 15 | 19.5 | 4 | 5.2 |
| 其他国家 | 420 | 100.0 | 22 | 5.2 | 48 | 11.4 | 43 | 10.2 | 8 | 1.9 |

（按国别、职业分组）

| 商贸人员 | | 服务员/推销员 | | 退休人员 | | 家庭妇女 | | 军人 | | 学生 | | 其他 | |
|---|---|---|---|---|---|---|---|---|---|---|---|---|---|
| （人） | （%） | （人） | （%） | （人） | （%） | （人） | （%） | （人） | （%） | （人） | （%） | （人） | （%） |
| 1657 | 15.7 | 491 | 4.6 | 717 | 6.8 | 513 | 4.8 | 30 | 0.3 | 1166 | 11.0 | 756 | 7.1 |
| 201 | 14.8 | 79 | 5.8 | 81 | 6.0 | 93 | 6.8 | 1 | 0.1 | 105 | 7.7 | 41 | 3.0 |
| 38 | 14.6 | 45 | 17.2 | 16 | 6.1 | 11 | 4.2 | 1 | 0.4 | 10 | 3.8 | 16 | 6.1 |
| 56 | 14.9 | 31 | 8.3 | 19 | 5.1 | 7 | 1.9 | 1 | 0.3 | 31 | 8.3 | 32 | 8.5 |
| 86 | 16.3 | 25 | 4.7 | 43 | 8.1 | 30 | 5.7 | 3 | 0.6 | 43 | 8.1 | 22 | 4.2 |
| 19 | 11.0 | 16 | 9.2 | 6 | 3.5 | 6 | 3.5 | 0 | 0.0 | 28 | 16.2 | 7 | 4.0 |
| 69 | 19.4 | 18 | 5.1 | 28 | 7.9 | 19 | 5.4 | 3 | 0.8 | 25 | 7.0 | 11 | 3.1 |
| 193 | 13.7 | 58 | 4.1 | 97 | 6.9 | 95 | 6.7 | 1 | 0.1 | 158 | 11.2 | 41 | 2.9 |
| 11 | 12.1 | 7 | 7.7 | 9 | 9.9 | 7 | 7.7 | 0 | 0.0 | 9 | 9.9 | 1 | 1.1 |
| 33 | 23.1 | 5 | 3.5 | 8 | 5.6 | 8 | 5.6 | 0 | 0.0 | 8 | 5.6 | 9 | 6.3 |
| 71 | 28.9 | 14 | 5.7 | 9 | 3.7 | 7 | 2.8 | 1 | 0.4 | 20 | 8.1 | 12 | 4.9 |
| 30 | 12.9 | 14 | 6.0 | 12 | 5.2 | 18 | 7.8 | 5 | 2.2 | 23 | 9.9 | 16 | 6.9 |
| 17 | 21.0 | 7 | 8.6 | 4 | 4.9 | 2 | 2.5 | 1 | 1.2 | 11 | 13.6 | 6 | 7.4 |
| 111 | 29.1 | 1 | 0.3 | 5 | 1.3 | 35 | 9.2 | 0 | 0.0 | 96 | 25.1 | 65 | 17.0 |
| 59 | 15.6 | 12 | 3.2 | 22 | 5.8 | 11 | 2.9 | 1 | 0.3 | 30 | 8.0 | 20 | 5.3 |
| 65 | 15.7 | 22 | 5.3 | 34 | 8.2 | 19 | 4.6 | 0 | 0.0 | 33 | 8.0 | 35 | 8.5 |
| 50 | 16.3 | 9 | 2.9 | 22 | 7.2 | 8 | 2.6 | 1 | 0.3 | 25 | 8.1 | 24 | 7.8 |
| 11 | 9.3 | 5 | 4.2 | 11 | 9.3 | 1 | 0.8 | 0 | 0.0 | 11 | 9.3 | 12 | 10.2 |
| 23 | 11.1 | 6 | 2.9 | 14 | 6.8 | 7 | 3.4 | 0 | 0.0 | 25 | 12.1 | 10 | 4.8 |
| 18 | 11.8 | 3 | 2.0 | 16 | 10.5 | 6 | 3.9 | 0 | 0.0 | 21 | 13.8 | 13 | 8.6 |
| 12 | 12.5 | 3 | 3.1 | 4 | 4.2 | 4 | 4.2 | 0 | 0.0 | 10 | 10.4 | 8 | 8.3 |
| 125 | 12.5 | 51 | 5.1 | 130 | 13.0 | 55 | 5.5 | 2 | 0.2 | 109 | 10.9 | 140 | 14.0 |
| 6 | 5.9 | 0 | 0.0 | 3 | 3.0 | 2 | 2.0 | 1 | 1.0 | 9 | 8.9 | 5 | 5.0 |
| 15 | 24.6 | 3 | 4.9 | 0 | 0.0 | 0 | 0.0 | 0 | 0.0 | 12 | 19.7 | 1 | 1.6 |
| 114 | 14.3 | 18 | 2.3 | 57 | 7.1 | 24 | 3.0 | 1 | 0.1 | 73 | 9.1 | 90 | 11.3 |
| 51 | 13.7 | 7 | 1.9 | 31 | 8.4 | 16 | 4.3 | 0 | 0.0 | 31 | 8.4 | 28 | 7.5 |
| 34 | 17.2 | 7 | 3.5 | 13 | 6.6 | 5 | 2.5 | 3 | 1.5 | 14 | 7.1 | 12 | 6.1 |
| 16 | 13.8 | 5 | 4.3 | 10 | 8.6 | 6 | 5.2 | 0 | 0.0 | 10 | 8.6 | 6 | 5.2 |
| 20 | 15.0 | 2 | 1.5 | 3 | 2.3 | 3 | 2.3 | 1 | 0.8 | 58 | 43.6 | 10 | 7.5 |
| 12 | 15.6 | 7 | 9.1 | 4 | 5.2 | 3 | 3.9 | 0 | 0.0 | 6 | 7.8 | 2 | 2.6 |
| 91 | 21.7 | 11 | 2.6 | 6 | 1.4 | 5 | 1.2 | 3 | 0.7 | 122 | 29.0 | 61 | 14.5 |

# 7-8 2019年口岸调查外国游客人数及所占比重

| | 调查人数 | | 观光游览 | | 休闲度假 | | 探亲访友 | |
|---|---|---|---|---|---|---|---|---|
| | （人） | （%） | （人） | （%） | （人） | （%） | （人） | （%） |
| 外国人 | 10581 | 100.0 | 3424 | 32.4 | 2331 | 22.0 | 674 | 6.4 |
| 日本 | 1360 | 100.0 | 443 | 32.6 | 269 | 19.8 | 101 | 7.4 |
| 菲律宾 | 261 | 100.0 | 86 | 33.0 | 79 | 30.3 | 18 | 6.9 |
| 泰国 | 375 | 100.0 | 133 | 35.5 | 97 | 25.9 | 24 | 6.4 |
| 新加坡 | 528 | 100.0 | 172 | 32.6 | 99 | 18.8 | 68 | 12.9 |
| 印度尼西亚 | 173 | 100.0 | 54 | 31.2 | 43 | 24.9 | 13 | 7.5 |
| 马来西亚 | 355 | 100.0 | 114 | 32.1 | 81 | 22.8 | 30 | 8.5 |
| 韩国 | 1408 | 100.0 | 542 | 38.5 | 272 | 19.3 | 121 | 8.6 |
| 朝鲜 | 91 | 100.0 | 25 | 27.5 | 27 | 29.7 | 10 | 11.0 |
| 蒙古 | 143 | 100.0 | 51 | 35.7 | 18 | 12.6 | 17 | 11.9 |
| 印度 | 246 | 100.0 | 64 | 26.0 | 51 | 20.7 | 6 | 2.4 |
| 越南 | 232 | 100.0 | 60 | 25.9 | 79 | 34.1 | 16 | 6.9 |
| 缅甸 | 81 | 100.0 | 28 | 34.6 | 21 | 25.9 | 3 | 3.7 |
| 哈萨克斯坦 | 382 | 100.0 | 31 | 8.1 | 47 | 12.3 | 2 | 0.5 |
| 英国 | 377 | 100.0 | 138 | 36.6 | 114 | 30.2 | 7 | 1.9 |
| 法国 | 413 | 100.0 | 151 | 36.6 | 92 | 22.3 | 22 | 5.3 |
| 德国 | 307 | 100.0 | 86 | 28.0 | 55 | 17.9 | 15 | 4.9 |
| 西班牙 | 118 | 100.0 | 48 | 40.7 | 26 | 22.0 | 4 | 3.4 |
| 意大利 | 207 | 100.0 | 64 | 30.9 | 57 | 27.5 | 12 | 5.8 |
| 荷兰 | 152 | 100.0 | 50 | 32.9 | 48 | 31.6 | 5 | 3.3 |
| 瑞典 | 96 | 100.0 | 29 | 30.2 | 29 | 30.2 | 3 | 3.1 |
| 俄罗斯 | 1001 | 100.0 | 346 | 34.6 | 255 | 25.5 | 40 | 4.0 |
| 瑞士 | 101 | 100.0 | 42 | 41.6 | 26 | 25.7 | 6 | 5.9 |
| 乌克兰 | 61 | 100.0 | 19 | 31.1 | 11 | 18.0 | 0 | 0.0 |
| 美国 | 798 | 100.0 | 289 | 36.2 | 168 | 21.1 | 40 | 5.0 |
| 加拿大 | 371 | 100.0 | 150 | 40.4 | 94 | 25.3 | 31 | 8.4 |
| 澳大利亚 | 198 | 100.0 | 69 | 34.8 | 42 | 21.2 | 18 | 9.1 |
| 新西兰 | 116 | 100.0 | 42 | 36.2 | 39 | 33.6 | 5 | 4.3 |
| 非洲国家 | 133 | 100.0 | 19 | 14.3 | 16 | 12.0 | 6 | 4.5 |
| 中南美洲国家 | 77 | 100.0 | 25 | 32.5 | 22 | 28.6 | 1 | 1.3 |
| 其他国家 | 420 | 100.0 | 54 | 12.9 | 54 | 12.9 | 30 | 7.1 |

（按国别、旅游目的分组）

| 商务 | | 会议 | | 宗教朝拜 | | 文化/体育/科技交流 | | 购物 | | 医疗保健 | | 其他 | |
|---|---|---|---|---|---|---|---|---|---|---|---|---|---|
| （人） | （%） | （人） | （%） | （人） | （%） | （人） | （%） | （人） | （%） | （人） | （%） | （人） | （%） |
| 1822 | 17.2 | 567 | 5.4 | 72 | 0.7 | 584 | 5.5 | 294 | 2.8 | 109 | 1.0 | 704 | 6.7 |
| 313 | 23.0 | 86 | 6.3 | 13 | 1.0 | 68 | 5.0 | 12 | 0.9 | 22 | 1.6 | 33 | 2.4 |
| 26 | 10.0 | 9 | 3.4 | 4 | 1.5 | 6 | 2.3 | 16 | 6.1 | 3 | 1.1 | 14 | 5.4 |
| 47 | 12.5 | 23 | 6.1 | 8 | 2.1 | 19 | 5.1 | 3 | 0.8 | 4 | 1.1 | 17 | 4.5 |
| 92 | 17.4 | 37 | 7.0 | 1 | 0.2 | 32 | 6.1 | 8 | 1.5 | 1 | 0.2 | 18 | 3.4 |
| 24 | 13.9 | 10 | 5.8 | 2 | 1.2 | 10 | 5.8 | 2 | 1.2 | 1 | 0.6 | 14 | 8.1 |
| 66 | 18.6 | 21 | 5.9 | 1 | 0.3 | 17 | 4.8 | 5 | 1.4 | 4 | 1.1 | 16 | 4.5 |
| 240 | 17.0 | 68 | 4.8 | 19 | 1.3 | 77 | 5.5 | 11 | .8 | 15 | 1.1 | 43 | 3.1 |
| 3 | 3.3 | 6 | 6.6 | 5 | 5.5 | 8 | 8.8 | 4 | 4.4 | 1 | 1.1 | 2 | 2.2 |
| 25 | 17.5 | 6 | 4.2 | 2 | 1.4 | 4 | 2.8 | 15 | 10.5 | 1 | 0.7 | 4 | 2.8 |
| 81 | 32.9 | 12 | 4.9 | 0 | .0 | 9 | 3.7 | 6 | 2.4 | 1 | 0.4 | 16 | 6.5 |
| 23 | 9.9 | 13 | 5.6 | 1 | .4 | 11 | 4.7 | 2 | 0.9 | 5 | 2.2 | 22 | 9.5 |
| 16 | 19.8 | 3 | 3.7 | 0 | 0.0 | 4 | 4.9 | 0 | 0.0 | 0 | 0.0 | 6 | 7.4 |
| 117 | 30.6 | 5 | 1.3 | 0 | 0.0 | 15 | 3.9 | 50 | 13.1 | 1 | 0.3 | 114 | 29.8 |
| 59 | 15.6 | 20 | 5.3 | 5 | 1.3 | 14 | 3.7 | 8 | 2.1 | 3 | 0.8 | 9 | 2.4 |
| 73 | 17.7 | 28 | 6.8 | 3 | 0.7 | 25 | 6.1 | 6 | 1.5 | 6 | 1.5 | 7 | 1.7 |
| 72 | 23.5 | 25 | 8.1 | 1 | 0.3 | 32 | 10.4 | 4 | 1.3 | 1 | 0.3 | 16 | 5.2 |
| 20 | 16.9 | 5 | 4.2 | 0 | 0.0 | 7 | 5.9 | 0 | 0.0 | 1 | 0.8 | 7 | 5.9 |
| 34 | 16.4 | 9 | 4.3 | 0 | 0.0 | 22 | 10.6 | 2 | 1.0 | 0 | 0.0 | 7 | 3.4 |
| 18 | 11.8 | 5 | 3.3 | 0 | 0.0 | 7 | 4.6 | 0 | .0 | 0 | 0.0 | 19 | 12.5 |
| 16 | 16.7 | 3 | 3.1 | 1 | 1.0 | 11 | 11.5 | 3 | 3.1 | 0 | 0.0 | 1 | 1.0 |
| 69 | 6.9 | 36 | 3.6 | 2 | .2 | 49 | 4.9 | 116 | 11.6 | 22 | 2.2 | 66 | 6.6 |
| 8 | 7.9 | 7 | 6.9 | 2 | 2.0 | 5 | 5.0 | 0 | 0.0 | 1 | 1.0 | 4 | 4.0 |
| 14 | 23.0 | 3 | 4.9 | 0 | 0.0 | 5 | 8.2 | 1 | 1.6 | 2 | 3.3 | 6 | 9.8 |
| 129 | 16.2 | 53 | 6.6 | 0 | .0 | 51 | 6.4 | 10 | 1.3 | 6 | 0.8 | 52 | 6.5 |
| 41 | 11.1 | 17 | 4.6 | 0 | .0 | 11 | 3.0 | 0 | 0.0 | 1 | 0.3 | 26 | 7.0 |
| 42 | 21.2 | 14 | 7.1 | 0 | .0 | 5 | 2.5 | 2 | 1.0 | 1 | 0.5 | 5 | 2.5 |
| 17 | 14.7 | 4 | 3.4 | 1 | 0.9 | 4 | 3.4 | 0 | .0 | 1 | 0.9 | 3 | 2.6 |
| 23 | 17.3 | 6 | 4.5 | 0 | 0.0 | 18 | 13.5 | 2 | 1.5 | 1 | 0.8 | 42 | 31.6 |
| 14 | 18.2 | 7 | 9.1 | 1 | 1.3 | 7 | 9.1 | 0 | 0.0 | 0 | 0.0 | 0 | 0.0 |
| 100 | 23.8 | 26 | 6.2 | 0 | 0.0 | 31 | 7.4 | 6 | 1.4 | 4 | 1.0 | 115 | 27.4 |

# 7-9 2019年饭店及游船调查入境游客人数及所占比重

| | | 调查人数 | | 外国人 | |
|---|---|---|---|---|---|
| | | （人） | （%） | （人） | （%） |
| 北京 | 小计 | 3868 | 100 | 3365 | 87.0 |
| | 团体 | 1111 | 100 | 998 | 89.8 |
| | 散客 | 2757 | 100 | 2367 | 85.9 |
| 天津 | 小计 | 550 | 100 | 414 | 75.3 |
| | 团体 | 118 | 100 | 86 | 72.9 |
| | 散客 | 432 | 100 | 328 | 75.9 |
| 河北 | 小计 | 1084 | 100 | 957 | 88.3 |
| | 团体 | 367 | 100 | 335 | 91.3 |
| | 散客 | 717 | 100 | 622 | 86.8 |
| 山西 | 小计 | 509 | 100 | 448 | 88.0 |
| | 团体 | 228 | 100 | 174 | 76.3 |
| | 散客 | 281 | 100 | 274 | 97.5 |
| 内蒙古 | 小计 | 473 | 100 | 414 | 87.5 |
| | 团体 | 252 | 100 | 224 | 88.9 |
| | 散客 | 221 | 100 | 190 | 86.0 |
| 辽宁 | 小计 | 908 | 100 | 732 | 80.6 |
| | 团体 | 348 | 100 | 263 | 75.6 |
| | 散客 | 560 | 100 | 469 | 83.8 |
| 吉林 | 小计 | 584 | 100 | 434 | 74.3 |
| | 团体 | 442 | 100 | 311 | 70.4 |
| | 散客 | 142 | 100 | 123 | 86.6 |
| 黑龙江 | 小计 | 725 | 100 | 670 | 92.4 |
| | 团体 | 279 | 100 | 270 | 96.8 |
| | 散客 | 446 | 100 | 400 | 89.7 |
| 上海 | 小计 | 1682 | 100 | 1477 | 87.8 |
| | 团体 | 107 | 100 | 102 | 95.3 |
| | 散客 | 1575 | 100 | 1375 | 87.3 |
| 江苏 | 小计 | 1336 | 100 | 948 | 71.0 |
| | 团体 | 332 | 100 | 237 | 71.4 |
| | 散客 | 1004 | 100 | 711 | 70.8 |

（按省〈区、市〉、团体及散客、外国人、港澳台胞分组）

| 香港同胞 |  | 澳门同胞 |  | 台湾同胞 |  |
|---|---|---|---|---|---|
| （人） | （%） | （人） | （%） | （人） | （%） |
| 236 | 6.1 | 118 | 3.1 | 149 | 3.9 |
| 57 | 5.1 | 22 | 2.0 | 34 | 3.1 |
| 179 | 6.5 | 96 | 3.5 | 115 | 4.2 |
| 55 | 10.0 | 21 | 3.8 | 60 | 10.9 |
| 14 | 11.9 | 1 | 0.8 | 17 | 14.4 |
| 41 | 9.5 | 20 | 4.6 | 43 | 10.0 |
| 44 | 4.1 | 42 | 3.9 | 41 | 3.8 |
| 9 | 2.5 | 13 | 3.5 | 10 | 2.7 |
| 35 | 4.9 | 29 | 4.0 | 31 | 4.3 |
| 27 | 5.3 | 1 | 0.2 | 33 | 6.5 |
| 21 | 9.2 | 1 | 0.4 | 32 | 14.0 |
| 6 | 2.1 | 0 | 0.0 | 1 | 0.4 |
| 20 | 4.2 | 13 | 2.7 | 26 | 5.5 |
| 8 | 3.2 | 4 | 1.6 | 16 | 6.3 |
| 12 | 5.4 | 9 | 4.1 | 10 | 4.5 |
| 72 | 7.9 | 46 | 5.1 | 58 | 6.4 |
| 27 | 7.8 | 24 | 6.9 | 34 | 9.8 |
| 45 | 8.0 | 22 | 3.9 | 24 | 4.3 |
| 55 | 9.4 | 15 | 2.6 | 80 | 13.7 |
| 50 | 11.3 | 9 | 2.0 | 72 | 16.3 |
| 5 | 3.5 | 6 | 4.2 | 8 | 5.6 |
| 38 | 5.2 | 2 | .3 | 15 | 2.1 |
| 7 | 2.5 | 0 | .0 | 2 | 0.7 |
| 31 | 7.0 | 2 | .4 | 13 | 2.9 |
| 98 | 5.8 | 24 | 1.4 | 83 | 4.9 |
| 1 | 0.9 | 3 | 2.8 | 1 | 0.9 |
| 97 | 6.2 | 21 | 1.3 | 82 | 5.2 |
| 128 | 9.6 | 76 | 5.7 | 184 | 13.8 |
| 26 | 7.8 | 18 | 5.4 | 51 | 15.4 |
| 102 | 10.2 | 58 | 5.8 | 133 | 13.2 |

7-9（续1）

| | | 调查人数 | | 外国人 | |
|---|---|---|---|---|---|
| | | （人） | （%） | （人） | （%） |
| 浙　江 | 小计 | 967 | 100 | 792 | 81.9 |
| | 团体 | 374 | 100 | 312 | 83.4 |
| | 散客 | 593 | 100 | 480 | 80.9 |
| 安　徽 | 小计 | 1615 | 100 | 1410 | 87.3 |
| | 团体 | 477 | 100 | 372 | 78.0 |
| | 散客 | 1138 | 100 | 1038 | 91.2 |
| 福　建 | 小计 | 897 | 100 | 488 | 54.4 |
| | 团体 | 292 | 100 | 123 | 42.1 |
| | 散客 | 605 | 100 | 365 | 60.3 |
| 江　西 | 小计 | 806 | 100 | 517 | 64.1 |
| | 团体 | 543 | 100 | 356 | 65.6 |
| | 散客 | 263 | 100 | 161 | 61.2 |
| 山　东 | 小计 | 1933 | 100 | 1206 | 62.4 |
| | 团体 | 429 | 100 | 232 | 54.1 |
| | 散客 | 1504 | 100 | 974 | 64.8 |
| 河　南 | 小计 | 863 | 100 | 646 | 74.9 |
| | 团体 | 512 | 100 | 408 | 79.7 |
| | 散客 | 351 | 100 | 238 | 67.8 |
| 湖　北 | 小计 | 1171 | 100 | 551 | 47.1 |
| | 团体 | 410 | 100 | 166 | 40.5 |
| | 散客 | 761 | 100 | 385 | 50.6 |
| 湖　南 | 小计 | 1810 | 100 | 1413 | 78.1 |
| | 团体 | 1428 | 100 | 1168 | 81.8 |
| | 散客 | 382 | 100 | 245 | 64.1 |
| 广　东 | 小计 | 5823 | 100 | 3023 | 51.9 |
| | 团体 | 1167 | 100 | 680 | 58.3 |
| | 散客 | 4656 | 100 | 2343 | 50.3 |
| 广　西 | 小计 | 743 | 100 | 340 | 45.8 |
| | 团体 | 384 | 100 | 183 | 47.7 |
| | 散客 | 359 | 100 | 157 | 43.7 |
| 海　南 | 小计 | 886 | 100 | 592 | 66.8 |
| | 团体 | 219 | 100 | 185 | 84.5 |
| | 散客 | 667 | 100 | 407 | 61.0 |

| 香港同胞 | | 澳门同胞 | | 台湾同胞 | |
|---|---|---|---|---|---|
| （人） | （%） | （人） | （%） | （人） | （%） |
| 71 | 7.3 | 34 | 3.5 | 70 | 7.2 |
| 13 | 3.5 | 18 | 4.8 | 31 | 8.3 |
| 58 | 9.8 | 16 | 2.7 | 39 | 6.6 |
| | | | | | |
| 89 | 5.5 | 43 | 2.7 | 73 | 4.5 |
| 45 | 9.4 | 23 | 4.8 | 37 | 7.8 |
| 44 | 3.9 | 20 | 1.8 | 36 | 3.2 |
| | | | | | |
| 163 | 18.2 | 61 | 6.8 | 185 | 20.6 |
| 63 | 21.6 | 13 | 4.5 | 93 | 31.8 |
| 100 | 16.5 | 48 | 7.9 | 92 | 15.2 |
| | | | | | |
| 135 | 16.7 | 64 | 7.9 | 90 | 11.2 |
| 87 | 16.0 | 42 | 7.7 | 58 | 10.7 |
| 48 | 18.3 | 22 | 8.4 | 32 | 12.2 |
| | | | | | |
| 273 | 14.1 | 162 | 8.4 | 292 | 15.1 |
| 64 | 14.9 | 35 | 8.2 | 98 | 22.8 |
| 209 | 13.9 | 127 | 8.4 | 194 | 12.9 |
| | | | | | |
| 91 | 10.5 | 39 | 4.5 | 87 | 10.1 |
| 50 | 9.8 | 14 | 2.7 | 40 | 7.8 |
| 41 | 11.7 | 25 | 7.1 | 47 | 13.4 |
| | | | | | |
| 278 | 23.7 | 99 | 8.5 | 243 | 20.8 |
| 95 | 23.2 | 40 | 9.8 | 109 | 26.6 |
| 183 | 24.0 | 59 | 7.8 | 134 | 17.6 |
| | | | | | |
| 214 | 11.8 | 81 | 4.5 | 102 | 5.6 |
| 167 | 11.7 | 39 | 2.7 | 54 | 3.8 |
| 47 | 12.3 | 42 | 11.0 | 48 | 12.6 |
| | | | | | |
| 1747 | 30.0 | 565 | 9.7 | 488 | 8.4 |
| 289 | 24.8 | 87 | 7.5 | 111 | 9.5 |
| 1458 | 31.3 | 478 | 10.3 | 377 | 8.1 |
| | | | | | |
| 106 | 14.3 | 185 | 24.9 | 112 | 15.1 |
| 45 | 11.7 | 96 | 25.0 | 60 | 15.6 |
| 61 | 17.0 | 89 | 24.8 | 52 | 14.5 |
| | | | | | |
| 146 | 16.5 | 31 | 3.5 | 117 | 13.2 |
| 8 | 3.7 | 5 | 2.3 | 21 | 9.6 |
| 138 | 20.7 | 26 | 3.9 | 96 | 14.4 |

7–9（续 2）

| | | 调查人数 | | 外国人 | |
|---|---|---|---|---|---|
| | | （人） | （%） | （人） | （%） |
| 重　庆 | 小计 | 588 | 100 | 462 | 78.6 |
| | 团体 | 337 | 100 | 253 | 75.1 |
| | 散客 | 251 | 100 | 209 | 83.3 |
| 四　川 | 小计 | 2447 | 100 | 1823 | 74.5 |
| | 团体 | 1068 | 100 | 726 | 68.0 |
| | 散客 | 1379 | 100 | 1097 | 79.6 |
| 贵　州 | 小计 | 650 | 100 | 275 | 42.3 |
| | 团体 | 323 | 100 | 131 | 40.6 |
| | 散客 | 327 | 100 | 144 | 44.0 |
| 云　南 | 小计 | 943 | 100 | 748 | 79.3 |
| | 团体 | 370 | 100 | 268 | 72.4 |
| | 散客 | 573 | 100 | 480 | 83.8 |
| 西　藏 | 小计 | 543 | 100 | 505 | 93.0 |
| | 团体 | 543 | 100 | 505 | 93.0 |
| | 散客 | 0 | — | 0 | — |
| 陕　西 | 小计 | 1200 | 100 | 1180 | 98.3 |
| | 团体 | 410 | 100 | 405 | 98.8 |
| | 散客 | 790 | 100 | 775 | 98.1 |
| 甘　肃 | 小计 | 800 | 100 | 563 | 70.4 |
| | 团体 | 559 | 100 | 399 | 71.4 |
| | 散客 | 241 | 100 | 164 | 68.0 |
| 青　海 | 小计 | 444 | 100 | 375 | 84.5 |
| | 团体 | 298 | 100 | 263 | 88.3 |
| | 散客 | 146 | 100 | 112 | 76.7 |
| 宁　夏 | 小计 | 200 | 100 | 116 | 58.0 |
| | 团体 | 110 | 100 | 42 | 38.2 |
| | 散客 | 90 | 100 | 74 | 82.2 |
| 新　疆 | 小计 | 642 | 100 | 565 | 88.0 |
| | 团体 | 131 | 100 | 69 | 52.7 |
| | 散客 | 511 | 100 | 496 | 97.1 |

| 香港同胞 | | 澳门同胞 | | 台湾同胞 | |
|---|---|---|---|---|---|
| （人） | （%） | （人） | （%） | （人） | （%） |
| 20 | 3.4 | 27 | 4.6 | 79 | 13.4 |
| 9 | 2.7 | 9 | 2.7 | 66 | 19.6 |
| 11 | 4.4 | 18 | 7.2 | 13 | 5.2 |
| | | | | | |
| 229 | 9.4 | 136 | 5.6 | 259 | 10.6 |
| 146 | 13.7 | 55 | 5.1 | 141 | 13.2 |
| 83 | 6.0 | 81 | 5.9 | 118 | 8.6 |
| | | | | | |
| 142 | 21.8 | 61 | 9.4 | 172 | 26.5 |
| 84 | 26.0 | 28 | 8.7 | 80 | 24.8 |
| 58 | 17.7 | 33 | 10.1 | 92 | 28.1 |
| | | | | | |
| 87 | 9.2 | 38 | 4.0 | 70 | 7.4 |
| 54 | 14.6 | 13 | 3.5 | 35 | 9.5 |
| 33 | 5.8 | 25 | 4.4 | 35 | 6.1 |
| | | | | | |
| 10 | 1.8 | 5 | 0.9 | 23 | 4.2 |
| 10 | 1.8 | 5 | 0.9 | 23 | 4.2 |
| 0 | — | 0 | — | 0 | — |
| | | | | | |
| 13 | 1.1 | 3 | 0.3 | 4 | 0.3 |
| 3 | 0.7 | 1 | 0.2 | 1 | 0.2 |
| 10 | 1.3 | 2 | 0.3 | 3 | 0.4 |
| | | | | | |
| 86 | 10.8 | 71 | 8.9 | 80 | 10.0 |
| 57 | 10.2 | 52 | 9.3 | 51 | 9.1 |
| 29 | 12.0 | 19 | 7.9 | 29 | 12.0 |
| | | | | | |
| 48 | 10.8 | 11 | 2.5 | 10 | 2.3 |
| 24 | 8.1 | 6 | 2.0 | 5 | 1.7 |
| 24 | 16.4 | 5 | 3.4 | 5 | 3.4 |
| | | | | | |
| 24 | 12.0 | 16 | 8.0 | 44 | 22.0 |
| 18 | 16.4 | 13 | 11.8 | 37 | 33.6 |
| 6 | 6.7 | 3 | 3.3 | 7 | 7.8 |
| | | | | | |
| 0 | 0.0 | 0 | 0.0 | 77 | 12.0 |
| 0 | 0.0 | 0 | 0.0 | 62 | 47.3 |
| 0 | 0.0 | 0 | 0.0 | 15 | 2.9 |

# 7-10 2019年饭店及游船调查入境游客人数及所占比重

| | | 调查人数 | | 男性 | | 女性 | |
|---|---|---|---|---|---|---|---|
| | | （人） | （%） | （人） | （%） | （人） | （%） |
| 北京 | 小计 | 3868 | 100 | 2058 | 53.2 | 1810 | 46.8 |
| | 团体 | 1111 | 100 | 535 | 48.2 | 576 | 51.8 |
| | 散客 | 2757 | 100 | 1523 | 55.2 | 1234 | 44.8 |
| 天津 | 小计 | 550 | 100 | 270 | 49.1 | 280 | 50.9 |
| | 团体 | 118 | 100 | 51 | 43.2 | 67 | 56.8 |
| | 散客 | 432 | 100 | 219 | 50.7 | 213 | 49.3 |
| 河北 | 小计 | 1084 | 100 | 690 | 63.7 | 394 | 36.3 |
| | 团体 | 367 | 100 | 205 | 55.9 | 162 | 44.1 |
| | 散客 | 717 | 100 | 485 | 67.6 | 232 | 32.4 |
| 山西 | 小计 | 509 | 100 | 258 | 50.7 | 251 | 49.3 |
| | 团体 | 228 | 100 | 101 | 44.3 | 127 | 55.7 |
| | 散客 | 281 | 100 | 157 | 55.9 | 124 | 44.1 |
| 内蒙古 | 小计 | 473 | 100 | 251 | 53.1 | 222 | 46.9 |
| | 团体 | 252 | 100 | 132 | 52.4 | 120 | 47.6 |
| | 散客 | 221 | 100 | 119 | 53.8 | 102 | 46.2 |
| 辽宁 | 小计 | 908 | 100 | 513 | 56.5 | 395 | 43.5 |
| | 团体 | 348 | 100 | 158 | 45.4 | 190 | 54.6 |
| | 散客 | 560 | 100 | 355 | 63.4 | 205 | 36.6 |
| 吉林 | 小计 | 584 | 100 | 340 | 58.2 | 244 | 41.8 |
| | 团体 | 442 | 100 | 247 | 55.9 | 195 | 44.1 |
| | 散客 | 142 | 100 | 93 | 65.5 | 49 | 34.5 |
| 黑龙江 | 小计 | 725 | 100 | 403 | 55.6 | 322 | 44.4 |
| | 团体 | 279 | 100 | 113 | 40.5 | 166 | 59.5 |
| | 散客 | 446 | 100 | 290 | 65.0 | 156 | 35.0 |
| 上海 | 小计 | 1682 | 100 | 1070 | 63.6 | 612 | 36.4 |
| | 团体 | 107 | 100 | 63 | 58.9 | 44 | 41.1 |
| | 散客 | 1575 | 100 | 1007 | 63.9 | 568 | 36.1 |
| 江苏 | 小计 | 1336 | 100 | 714 | 53.4 | 622 | 46.6 |
| | 团体 | 332 | 100 | 160 | 48.2 | 172 | 51.8 |
| | 散客 | 1004 | 100 | 554 | 55.2 | 450 | 44.8 |

（按省（区、市）、性别、年龄、团体及散客分组）

| 14岁及以下 | | 15~24岁 | | 25~44岁 | | 45~64岁 | | 65岁及以上 | |
|---|---|---|---|---|---|---|---|---|---|
| （人） | （%） | （人） | （%） | （人） | （%） | （人） | （%） | （人） | （%） |
| 10 | 0.3 | 362 | 9.4 | 2103 | 54.4 | 1238 | 32.0 | 155 | 4.0 |
| 9 | 0.8 | 154 | 13.9 | 506 | 45.5 | 336 | 30.2 | 106 | 9.5 |
| 1 | 0.0 | 208 | 7.5 | 1597 | 57.9 | 902 | 32.7 | 49 | 1.8 |
| 2 | 0.4 | 75 | 13.6 | 288 | 52.4 | 149 | 27.1 | 36 | 6.5 |
| 0 | 0.0 | 16 | 13.6 | 44 | 37.3 | 38 | 32.2 | 20 | 16.9 |
| 2 | 0.5 | 59 | 13.7 | 244 | 56.5 | 111 | 25.7 | 16 | 3.7 |
| 5 | 0.5 | 205 | 18.9 | 492 | 45.4 | 346 | 31.9 | 36 | 3.3 |
| 1 | 0.3 | 65 | 17.7 | 171 | 46.6 | 109 | 29.7 | 21 | 5.7 |
| 4 | 0.6 | 140 | 19.5 | 321 | 44.8 | 237 | 33.1 | 15 | 2.1 |
| 6 | 1.2 | 85 | 16.7 | 171 | 33.6 | 203 | 39.9 | 44 | 8.6 |
| 4 | 1.8 | 21 | 9.2 | 56 | 24.6 | 117 | 51.3 | 30 | 13.2 |
| 2 | 0.7 | 64 | 22.8 | 115 | 40.9 | 86 | 30.6 | 14 | 5.0 |
| 2 | 0.4 | 33 | 7.0 | 194 | 41.0 | 185 | 39.1 | 59 | 12.5 |
| 2 | 0.8 | 12 | 4.8 | 87 | 34.5 | 114 | 45.2 | 37 | 14.7 |
| 0 | 0.0 | 21 | 9.5 | 107 | 48.4 | 71 | 32.1 | 22 | 10.0 |
| 4 | 0.4 | 52 | 5.7 | 395 | 43.5 | 371 | 40.9 | 86 | 9.5 |
| 2 | 0.6 | 23 | 6.6 | 101 | 29.0 | 171 | 49.1 | 51 | 14.7 |
| 2 | 0.4 | 29 | 5.2 | 294 | 52.5 | 200 | 35.7 | 35 | 6.3 |
| 4 | 0.7 | 26 | 4.5 | 301 | 51.5 | 224 | 38.4 | 29 | 5.0 |
| 4 | 0.9 | 17 | 3.8 | 226 | 51.1 | 172 | 38.9 | 23 | 5.2 |
| 0 | 0.0 | 9 | 6.3 | 75 | 52.8 | 52 | 36.6 | 6 | 4.2 |
| 23 | 3.2 | 102 | 14.1 | 351 | 48.4 | 211 | 29.1 | 38 | 5.2 |
| 4 | 1.4 | 51 | 18.3 | 126 | 45.2 | 79 | 28.3 | 19 | 6.8 |
| 19 | 4.3 | 51 | 11.4 | 225 | 50.4 | 132 | 29.6 | 19 | 4.3 |
| 3 | 0.2 | 166 | 9.9 | 850 | 50.5 | 556 | 33.1 | 107 | 6.4 |
| 1 | 0.9 | 10 | 9.3 | 36 | 33.6 | 36 | 33.6 | 24 | 22.4 |
| 2 | 0.1 | 156 | 9.9 | 814 | 51.7 | 520 | 33.0 | 83 | 5.3 |
| 5 | 0.4 | 159 | 11.9 | 666 | 49.9 | 377 | 28.2 | 129 | 9.7 |
| 0 | 0.0 | 52 | 15.7 | 153 | 46.1 | 79 | 23.8 | 48 | 14.5 |
| 5 | 0.5 | 107 | 10.7 | 513 | 51.1 | 298 | 29.7 | 81 | 8.1 |

7-10（续 1）

| | | 调查人数 | | 男性 | | 女性 | |
|---|---|---|---|---|---|---|---|
| | | （人） | （%） | （人） | （%） | （人） | （%） |
| 浙江 | 小计 | 967 | 100 | 536 | 55.4 | 431 | 44.6 |
| | 团体 | 374 | 100 | 178 | 47.6 | 196 | 52.4 |
| | 散客 | 593 | 100 | 358 | 60.4 | 235 | 39.6 |
| 安徽 | 小计 | 1615 | 100 | 1033 | 64.0 | 582 | 36.0 |
| | 团体 | 477 | 100 | 295 | 61.8 | 182 | 38.2 |
| | 散客 | 1138 | 100 | 738 | 64.9 | 400 | 35.1 |
| 福建 | 小计 | 897 | 100 | 480 | 53.5 | 417 | 46.5 |
| | 团体 | 292 | 100 | 131 | 44.9 | 161 | 55.1 |
| | 散客 | 605 | 100 | 349 | 57.7 | 256 | 42.3 |
| 江西 | 小计 | 806 | 100 | 447 | 55.5 | 359 | 44.5 |
| | 团体 | 543 | 100 | 282 | 51.9 | 261 | 48.1 |
| | 散客 | 263 | 100 | 165 | 62.7 | 98 | 37.3 |
| 山东 | 小计 | 1933 | 100 | 1136 | 58.8 | 797 | 41.2 |
| | 团体 | 429 | 100 | 223 | 52.0 | 206 | 48.0 |
| | 散客 | 1504 | 100 | 913 | 60.7 | 591 | 39.3 |
| 河南 | 小计 | 863 | 100 | 438 | 50.8 | 425 | 49.2 |
| | 团体 | 512 | 100 | 284 | 55.5 | 228 | 44.5 |
| | 散客 | 351 | 100 | 154 | 43.9 | 197 | 56.1 |
| 湖北 | 小计 | 1171 | 100 | 617 | 52.7 | 554 | 47.3 |
| | 团体 | 410 | 100 | 180 | 43.9 | 230 | 56.1 |
| | 散客 | 761 | 100 | 437 | 57.4 | 324 | 42.6 |
| 湖南 | 小计 | 1810 | 100 | 1002 | 55.4 | 808 | 44.6 |
| | 团体 | 1428 | 100 | 776 | 54.3 | 652 | 45.7 |
| | 散客 | 382 | 100 | 226 | 59.2 | 156 | 40.8 |
| 广东 | 小计 | 5823 | 100 | 3341 | 57.4 | 2482 | 42.6 |
| | 团体 | 1167 | 100 | 557 | 47.7 | 610 | 52.3 |
| | 散客 | 4656 | 100 | 2784 | 59.8 | 1872 | 40.2 |
| 广西 | 小计 | 743 | 100 | 347 | 46.7 | 396 | 53.3 |
| | 团体 | 384 | 100 | 198 | 51.6 | 186 | 48.4 |
| | 散客 | 359 | 100 | 149 | 41.5 | 210 | 58.5 |
| 海南 | 小计 | 886 | 100 | 443 | 50.0 | 443 | 50.0 |
| | 团体 | 219 | 100 | 98 | 44.7 | 121 | 55.3 |
| | 散客 | 667 | 100 | 345 | 51.7 | 322 | 48.3 |

| 14 岁及以下 | | 15~24 岁 | | 25~44 岁 | | 45~64 岁 | | 65 岁及以上 | |
|---|---|---|---|---|---|---|---|---|---|
| （人） | （%） | （人） | （%） | （人） | （%） | （人） | （%） | （人） | （%） |
| 5 | 0.5 | 104 | 10.8 | 368 | 38.1 | 351 | 36.3 | 139 | 14.4 |
| 3 | 0.8 | 49 | 13.1 | 103 | 27.5 | 144 | 38.5 | 75 | 20.1 |
| 2 | 0.3 | 55 | 9.3 | 265 | 44.7 | 207 | 34.9 | 64 | 10.8 |
| 7 | 0.4 | 194 | 12.0 | 814 | 50.4 | 510 | 31.6 | 90 | 5.6 |
| 1 | 0.2 | 41 | 8.6 | 225 | 47.2 | 172 | 36.1 | 38 | 8.0 |
| 6 | 0.5 | 153 | 13.4 | 589 | 51.8 | 338 | 29.7 | 52 | 4.6 |
| 1 | 0.1 | 84 | 9.4 | 403 | 44.9 | 315 | 35.1 | 94 | 10.5 |
| 1 | 0.3 | 28 | 9.6 | 94 | 32.2 | 104 | 35.6 | 65 | 22.3 |
| 0 | 0.0 | 56 | 9.3 | 309 | 51.1 | 211 | 34.9 | 29 | 4.8 |
| 5 | 0.6 | 80 | 9.9 | 368 | 45.7 | 280 | 34.7 | 73 | 9.1 |
| 4 | 0.7 | 47 | 8.7 | 241 | 44.4 | 192 | 35.4 | 59 | 10.9 |
| 1 | 0.4 | 33 | 12.5 | 127 | 48.3 | 88 | 33.5 | 14 | 5.3 |
| 22 | 1.1 | 252 | 13.0 | 847 | 43.8 | 669 | 34.6 | 143 | 7.4 |
| 10 | 2.3 | 74 | 17.2 | 124 | 28.9 | 158 | 36.8 | 63 | 14.7 |
| 12 | 0.8 | 178 | 11.8 | 723 | 48.1 | 511 | 34.0 | 80 | 5.3 |
| 19 | 2.2 | 164 | 19.0 | 300 | 34.8 | 290 | 33.6 | 90 | 10.4 |
| 8 | 1.6 | 112 | 21.9 | 166 | 32.4 | 168 | 32.8 | 58 | 11.3 |
| 11 | 3.1 | 52 | 14.8 | 134 | 38.2 | 122 | 34.8 | 32 | 9.1 |
| 15 | 1.3 | 178 | 15.2 | 545 | 46.5 | 383 | 32.7 | 50 | 4.3 |
| 11 | 2.7 | 65 | 15.9 | 142 | 34.6 | 161 | 39.3 | 31 | 7.6 |
| 4 | 0.5 | 113 | 14.8 | 403 | 53.0 | 222 | 29.2 | 19 | 2.5 |
| 31 | 1.7 | 245 | 13.5 | 645 | 35.6 | 714 | 39.4 | 175 | 9.7 |
| 19 | 1.3 | 179 | 12.5 | 495 | 34.7 | 580 | 40.6 | 155 | 10.9 |
| 12 | 3.1 | 66 | 17.3 | 150 | 39.3 | 134 | 35.1 | 20 | 5.2 |
| 32 | 0.5 | 1101 | 18.9 | 3001 | 51.5 | 1465 | 25.2 | 224 | 3.8 |
| 9 | 0.8 | 195 | 16.7 | 534 | 45.8 | 353 | 30.2 | 76 | 6.5 |
| 23 | 0.5 | 906 | 19.5 | 2467 | 53.0 | 1112 | 23.9 | 148 | 3.2 |
| 37 | 5.0 | 102 | 13.7 | 179 | 24.1 | 368 | 49.5 | 57 | 7.7 |
| 17 | 4.4 | 57 | 14.8 | 90 | 23.4 | 186 | 48.4 | 34 | 8.9 |
| 20 | 5.6 | 45 | 12.5 | 89 | 24.8 | 182 | 50.7 | 23 | 6.4 |
| 4 | 0.5 | 121 | 13.7 | 446 | 50.3 | 264 | 29.8 | 51 | 5.8 |
| 1 | 0.5 | 24 | 11.0 | 112 | 51.1 | 69 | 31.5 | 13 | 5.9 |
| 3 | 0.4 | 97 | 14.5 | 334 | 50.1 | 195 | 29.2 | 38 | 5.7 |

7-10（续2）

| | | 调查人数 | | 男　性 | | 女　性 | |
|---|---|---|---|---|---|---|---|
| | | （人） | （%） | （人） | （%） | （人） | （%） |
| 重　庆 | 小计 | 588 | 100 | 292 | 49.7 | 296 | 50.3 |
| | 团体 | 337 | 100 | 164 | 48.7 | 173 | 51.3 |
| | 散客 | 251 | 100 | 128 | 51.0 | 123 | 49.0 |
| 四　川 | 小计 | 2447 | 100 | 1547 | 63.2 | 900 | 36.8 |
| | 团体 | 1068 | 100 | 641 | 60.0 | 427 | 40.0 |
| | 散客 | 1379 | 100 | 906 | 65.7 | 473 | 34.3 |
| 贵　州 | 小计 | 650 | 100 | 337 | 51.8 | 313 | 48.2 |
| | 团体 | 323 | 100 | 161 | 49.8 | 162 | 50.2 |
| | 散客 | 327 | 100 | 176 | 53.8 | 151 | 46.2 |
| 云　南 | 小计 | 943 | 100 | 508 | 53.9 | 435 | 46.1 |
| | 团体 | 370 | 100 | 182 | 49.2 | 188 | 50.8 |
| | 散客 | 573 | 100 | 326 | 56.9 | 247 | 43.1 |
| 西　藏 | 小计 | 543 | 100 | 295 | 54.3 | 248 | 45.7 |
| | 团体 | 543 | 100 | 295 | 54.3 | 248 | 45.7 |
| | 散客 | 0 | — | 0 | — | 0 | — |
| 陕　西 | 小计 | 1200 | 100 | 650 | 54.2 | 550 | 45.8 |
| | 团体 | 410 | 100 | 209 | 51.0 | 201 | 49.0 |
| | 散客 | 790 | 100 | 441 | 55.8 | 349 | 44.2 |
| 甘　肃 | 小计 | 800 | 100 | 374 | 46.8 | 426 | 53.3 |
| | 团体 | 559 | 100 | 244 | 43.6 | 315 | 56.4 |
| | 散客 | 241 | 100 | 130 | 53.9 | 111 | 46.1 |
| 青　海 | 小计 | 444 | 100 | 268 | 60.4 | 176 | 39.6 |
| | 团体 | 298 | 100 | 163 | 54.7 | 135 | 45.3 |
| | 散客 | 146 | 100 | 105 | 71.9 | 41 | 28.1 |
| 宁　夏 | 小计 | 200 | 100 | 108 | 54.0 | 92 | 46.0 |
| | 团体 | 110 | 100 | 53 | 48.2 | 57 | 51.8 |
| | 散客 | 90 | 100 | 55 | 61.1 | 35 | 38.9 |
| 新　疆 | 小计 | 642 | 100 | 373 | 58.1 | 269 | 41.9 |
| | 团体 | 131 | 100 | 42 | 32.1 | 89 | 67.9 |
| | 散客 | 511 | 100 | 331 | 64.8 | 180 | 35.2 |

| 14 岁及以下 | | 15~24 岁 | | 25~44 岁 | | 45~64 岁 | | 65 岁及以上 | |
|---|---|---|---|---|---|---|---|---|---|
| （人） | （%） | （人） | （%） | （人） | （%） | （人） | （%） | （人） | （%） |
| 4 | 0.7 | 49 | 8.3 | 163 | 27.7 | 252 | 42.9 | 120 | 20.4 |
| 4 | 1.2 | 17 | 5.0 | 91 | 27.0 | 152 | 45.1 | 73 | 21.7 |
| 0 | 0.0 | 32 | 12.7 | 72 | 28.7 | 100 | 39.8 | 47 | 18.7 |
| | | | | | | | | | |
| 10 | 0.4 | 208 | 8.5 | 953 | 38.9 | 1112 | 45.4 | 164 | 6.7 |
| 3 | 0.3 | 74 | 6.9 | 395 | 37.0 | 474 | 44.4 | 122 | 11.4 |
| 7 | 0.5 | 134 | 9.7 | 558 | 40.5 | 638 | 46.3 | 42 | 3.0 |
| | | | | | | | | | |
| 1 | 0.2 | 60 | 9.2 | 243 | 37.4 | 287 | 44.2 | 59 | 9.1 |
| 0 | 0.0 | 33 | 10.2 | 124 | 38.4 | 129 | 39.9 | 37 | 11.5 |
| 1 | 0.3 | 27 | 8.3 | 119 | 36.4 | 158 | 48.3 | 22 | 6.7 |
| | | | | | | | | | |
| 13 | 1.4 | 113 | 12.0 | 461 | 48.9 | 282 | 29.9 | 74 | 7.8 |
| 7 | 1.9 | 31 | 8.4 | 141 | 38.1 | 143 | 38.6 | 48 | 13.0 |
| 6 | 1.0 | 82 | 14.3 | 320 | 55.8 | 139 | 24.3 | 26 | 4.5 |
| | | | | | | | | | |
| 0 | 0.0 | 23 | 4.2 | 159 | 29.3 | 241 | 44.4 | 120 | 22.1 |
| 0 | 0.0 | 23 | 4.2 | 159 | 29.3 | 241 | 44.4 | 120 | 22.1 |
| 0 | — | 0 | — | 0 | — | 0 | — | 0 | — |
| | | | | | | | | | |
| 4 | 0.3 | 286 | 23.8 | 499 | 41.6 | 333 | 27.8 | 78 | 6.5 |
| 1 | 0.2 | 77 | 18.8 | 140 | 34.1 | 145 | 35.4 | 47 | 11.5 |
| 3 | 0.4 | 209 | 26.5 | 359 | 45.4 | 188 | 23.8 | 31 | 3.9 |
| | | | | | | | | | |
| 0 | 0.0 | 44 | 5.5 | 227 | 28.4 | 381 | 47.6 | 148 | 18.5 |
| 0 | 0.0 | 33 | 5.9 | 128 | 22.9 | 264 | 47.2 | 134 | 24.0 |
| 0 | 0.0 | 11 | 4.6 | 99 | 41.1 | 117 | 48.5 | 14 | 5.8 |
| | | | | | | | | | |
| 0 | 0.0 | 49 | 11.0 | 194 | 43.7 | 152 | 34.2 | 49 | 11.0 |
| 0 | 0.0 | 24 | 8.1 | 129 | 43.3 | 103 | 34.6 | 42 | 14.1 |
| 0 | 0.0 | 25 | 17.1 | 65 | 44.5 | 49 | 33.6 | 7 | 4.8 |
| | | | | | | | | | |
| 0 | 0.0 | 9 | 4.5 | 92 | 46.0 | 98 | 49.0 | 1 | 0.5 |
| 0 | 0.0 | 3 | 2.7 | 34 | 30.9 | 72 | 65.5 | 1 | 0.9 |
| 0 | 0.0 | 6 | 6.7 | 58 | 64.4 | 26 | 28.9 | 0 | 0.0 |
| | | | | | | | | | |
| 1 | 0.2 | 341 | 53.1 | 231 | 36.0 | 60 | 9.3 | 9 | 1.4 |
| 0 | 0.0 | 48 | 36.6 | 32 | 24.4 | 45 | 34.4 | 6 | 4.6 |
| 1 | 0.2 | 293 | 57.3 | 199 | 38.9 | 15 | 2.9 | 3 | 0.6 |

# 7-11 2019年饭店及游船调查入境游客人数及所占比重

| | | 调查人数 | | 政府工作人员 | | 专业技术人员 | | 职员 | | 技工/工人 | |
|---|---|---|---|---|---|---|---|---|---|---|---|
| | | (人) | (%) | (人) | (%) | (人) | (%) | (人) | (%) | (人) | (%) |
| 北京 | 小计 | 3868 | 100 | 307 | 7.9 | 781 | 20.2 | 1168 | 30.2 | 111 | 2.9 |
| | 团体 | 1111 | 100 | 73 | 6.6 | 147 | 13.2 | 337 | 30.3 | 42 | 3.8 |
| | 散客 | 2757 | 100 | 234 | 8.5 | 634 | 23.0 | 831 | 30.1 | 69 | 2.5 |
| 天津 | 小计 | 550 | 100 | 22 | 4.0 | 108 | 19.6 | 118 | 21.5 | 23 | 4.2 |
| | 团体 | 118 | 100 | 5 | 4.2 | 8 | 6.8 | 21 | 17.8 | 6 | 5.1 |
| | 散客 | 432 | 100 | 17 | 3.9 | 100 | 23.1 | 97 | 22.5 | 17 | 3.9 |
| 河北 | 小计 | 1084 | 100 | 64 | 5.9 | 159 | 14.7 | 170 | 15.7 | 55 | 5.1 |
| | 团体 | 367 | 100 | 24 | 6.5 | 37 | 10.1 | 68 | 18.5 | 17 | 4.6 |
| | 散客 | 717 | 100 | 40 | 5.6 | 122 | 17.0 | 102 | 14.2 | 38 | 5.3 |
| 山西 | 小计 | 509 | 100 | 81 | 15.9 | 82 | 16.1 | 54 | 10.6 | 11 | 2.2 |
| | 团体 | 228 | 100 | 34 | 14.9 | 36 | 15.8 | 26 | 11.4 | 7 | 3.1 |
| | 散客 | 281 | 100 | 47 | 16.7 | 46 | 16.4 | 28 | 10.0 | 4 | 1.4 |
| 内蒙古 | 小计 | 473 | 100 | 24 | 5.1 | 47 | 9.9 | 82 | 17.3 | 48 | 10.1 |
| | 团体 | 252 | 100 | 14 | 5.6 | 31 | 12.3 | 49 | 19.4 | 25 | 9.9 |
| | 散客 | 221 | 100 | 10 | 4.5 | 16 | 7.2 | 33 | 14.9 | 23 | 10.4 |
| 辽宁 | 小计 | 908 | 100 | 27 | 3.0 | 135 | 14.9 | 260 | 28.6 | 37 | 4.1 |
| | 团体 | 348 | 100 | 7 | 2.0 | 27 | 7.8 | 121 | 34.8 | 11 | 3.2 |
| | 散客 | 560 | 100 | 20 | 3.6 | 108 | 19.3 | 139 | 24.8 | 26 | 4.6 |
| 吉林 | 小计 | 584 | 100 | 55 | 9.4 | 39 | 6.7 | 169 | 28.9 | 16 | 2.7 |
| | 团体 | 442 | 100 | 47 | 10.6 | 14 | 3.2 | 145 | 32.8 | 12 | 2.7 |
| | 散客 | 142 | 100 | 8 | 5.6 | 25 | 17.6 | 24 | 16.9 | 4 | 2.8 |
| 黑龙江 | 小计 | 725 | 100 | 49 | 6.8 | 131 | 18.1 | 192 | 26.5 | 21 | 2.9 |
| | 团体 | 279 | 100 | 26 | 9.3 | 31 | 11.1 | 59 | 21.1 | 5 | 1.8 |
| | 散客 | 446 | 100 | 23 | 5.2 | 100 | 22.4 | 133 | 29.8 | 16 | 3.6 |
| 上海 | 小计 | 1682 | 100 | 42 | 2.5 | 232 | 13.8 | 556 | 33.1 | 68 | 4.0 |
| | 团体 | 107 | 100 | 0 | 0.0 | 7 | 6.5 | 31 | 29.0 | 4 | 3.7 |
| | 散客 | 1575 | 100 | 42 | 2.7 | 225 | 14.3 | 525 | 33.3 | 64 | 4.1 |
| 江苏 | 小计 | 1336 | 100 | 116 | 8.7 | 218 | 16.3 | 374 | 28.0 | 49 | 3.7 |
| | 团体 | 332 | 100 | 23 | 6.9 | 44 | 13.3 | 91 | 27.4 | 12 | 3.6 |
| | 散客 | 1004 | 100 | 93 | 9.3 | 174 | 17.3 | 283 | 28.2 | 37 | 3.7 |
| 浙江 | 小计 | 967 | 100 | 51 | 5.3 | 95 | 9.8 | 257 | 26.6 | 38 | 3.9 |
| | 团体 | 374 | 100 | 19 | 5.1 | 24 | 6.4 | 102 | 27.3 | 9 | 2.4 |
| | 散客 | 593 | 100 | 32 | 5.4 | 71 | 12.0 | 155 | 26.1 | 29 | 4.9 |

（按省〈区、市〉、职业、团体及散客分组）

| 商贸人员 | | 服务员/推销员 | | 退休人员 | | 家庭妇女 | | 军人 | | 学生 | | 其他 | |
|---|---|---|---|---|---|---|---|---|---|---|---|---|---|
| （人） | （%） | （人） | （%） | （人） | （%） | （人） | （%） | （人） | （%） | （人） | （%） | （人） | （%） |
| 470 | 12.2 | 125 | 3.2 | 268 | 6.9 | 109 | 2.8 | 15 | 0.4 | 347 | 9.0 | 167 | 4.3 |
| 90 | 8.1 | 53 | 4.8 | 132 | 11.9 | 47 | 4.2 | 6 | 0.5 | 150 | 13.5 | 34 | 3.1 |
| 380 | 13.8 | 72 | 2.6 | 136 | 4.9 | 62 | 2.2 | 9 | 0.3 | 197 | 7.1 | 133 | 4.8 |
| 98 | 17.8 | 19 | 3.5 | 34 | 6.2 | 38 | 6.9 | 0 | 0.0 | 77 | 14.0 | 13 | 2.4 |
| 16 | 13.6 | 10 | 8.5 | 18 | 15.3 | 16 | 13.6 | 0 | 0.0 | 15 | 12.7 | 3 | 2.5 |
| 82 | 19.0 | 9 | 2.1 | 16 | 3.7 | 22 | 5.1 | 0 | 0.0 | 62 | 14.4 | 10 | 2.3 |
| 178 | 16.4 | 16 | 1.5 | 31 | 2.9 | 55 | 5.1 | 1 | 0.1 | 217 | 20.0 | 138 | 12.7 |
| 27 | 7.4 | 5 | 1.4 | 18 | 4.9 | 33 | 9.0 | 0 | 0.0 | 75 | 20.4 | 63 | 17.2 |
| 151 | 21.1 | 11 | 1.5 | 13 | 1.8 | 22 | 3.1 | 1 | 0.1 | 142 | 19.8 | 75 | 10.5 |
| 38 | 7.5 | 9 | 1.8 | 62 | 12.2 | 32 | 6.3 | 0 | 0.0 | 97 | 19.1 | 43 | 8.4 |
| 13 | 5.7 | 6 | 2.6 | 50 | 21.9 | 20 | 8.8 | 0 | 0.0 | 23 | 10.1 | 13 | 5.7 |
| 25 | 8.9 | 3 | 1.1 | 12 | 4.3 | 12 | 4.3 | 0 | 0.0 | 74 | 26.3 | 30 | 10.7 |
| 90 | 19.0 | 26 | 5.5 | 41 | 8.7 | 33 | 7.0 | 0 | 0.0 | 26 | 5.5 | 56 | 11.8 |
| 57 | 22.6 | 14 | 5.6 | 24 | 9.5 | 17 | 6.7 | 0 | 0.0 | 10 | 4.0 | 11 | 4.4 |
| 33 | 14.9 | 12 | 5.4 | 17 | 7.7 | 16 | 7.2 | 0 | 0.0 | 16 | 7.2 | 45 | 20.4 |
| 129 | 14.2 | 29 | 3.2 | 94 | 10.4 | 32 | 3.5 | 0 | 0.0 | 54 | 5.9 | 111 | 12.2 |
| 23 | 6.6 | 5 | 1.4 | 64 | 18.4 | 16 | 4.6 | 0 | 0.0 | 22 | 6.3 | 52 | 14.9 |
| 106 | 18.9 | 24 | 4.3 | 30 | 5.4 | 16 | 2.9 | 0 | 0.0 | 32 | 5.7 | 59 | 10.5 |
| 74 | 12.7 | 48 | 8.2 | 38 | 6.5 | 32 | 5.5 | 1 | 0.2 | 40 | 6.8 | 72 | 12.3 |
| 62 | 14.0 | 36 | 8.1 | 28 | 6.3 | 25 | 5.7 | 0 | 0.0 | 21 | 4.8 | 52 | 11.8 |
| 12 | 8.5 | 12 | 8.5 | 10 | 7.0 | 7 | 4.9 | 1 | 0.7 | 19 | 13.4 | 20 | 14.1 |
| 57 | 7.9 | 4 | 0.6 | 54 | 7.4 | 22 | 3.0 | 1 | 0.1 | 79 | 10.9 | 115 | 15.9 |
| 8 | 2.9 | 1 | 0.4 | 27 | 9.7 | 14 | 5.0 | 0 | 0.0 | 32 | 11.5 | 76 | 27.2 |
| 49 | 11.0 | 3 | 0.7 | 27 | 6.1 | 8 | 1.8 | 1 | 0.2 | 47 | 10.5 | 39 | 8.7 |
| 345 | 20.5 | 70 | 4.2 | 139 | 8.3 | 77 | 4.6 | 2 | 0.1 | 121 | 7.2 | 30 | 1.8 |
| 6 | 5.6 | 4 | 3.7 | 31 | 29.0 | 7 | 6.5 | 0 | 0.0 | 10 | 9.3 | 7 | 6.5 |
| 339 | 21.5 | 66 | 4.2 | 108 | 6.9 | 70 | 4.4 | 2 | 0.1 | 111 | 7.0 | 23 | 1.5 |
| 230 | 17.2 | 35 | 2.6 | 92 | 6.9 | 59 | 4.4 | 2 | 0.1 | 128 | 9.6 | 33 | 2.5 |
| 28 | 8.4 | 13 | 3.9 | 43 | 13.0 | 22 | 6.6 | 1 | 0.3 | 52 | 15.7 | 3 | 0.9 |
| 202 | 20.1 | 22 | 2.2 | 49 | 4.9 | 37 | 3.7 | 1 | 0.1 | 76 | 7.6 | 30 | 3.0 |
| 186 | 19.2 | 19 | 2.0 | 133 | 13.8 | 81 | 8.4 | 1 | 0.1 | 86 | 8.9 | 20 | 2.1 |
| 25 | 6.7 | 8 | 2.1 | 83 | 22.2 | 51 | 13.6 | 1 | 0.3 | 49 | 13.1 | 3 | 0.8 |
| 161 | 27.2 | 11 | 1.9 | 50 | 8.4 | 30 | 5.1 | 0 | 0.0 | 37 | 6.2 | 17 | 2.9 |

7–11（续 1）

| | | 调查人数 | | 政府工作人员 | | 专业技术人员 | | 职员 | | 技工/工人 | |
|---|---|---|---|---|---|---|---|---|---|---|---|
| | | （人） | （%） | （人） | （%） | （人） | （%） | （人） | （%） | （人） | （%） |
| 安徽 | 小计 | 1615 | 100 | 105 | 6.5 | 294 | 18.2 | 332 | 20.6 | 65 | 4.0 |
| | 团体 | 477 | 100 | 34 | 7.1 | 64 | 13.4 | 107 | 22.4 | 18 | 3.8 |
| | 散客 | 1138 | 100 | 71 | 6.2 | 230 | 20.2 | 225 | 19.8 | 47 | 4.1 |
| 福建 | 小计 | 897 | 100 | 28 | 3.1 | 92 | 10.3 | 247 | 27.5 | 32 | 3.6 |
| | 团体 | 292 | 100 | 12 | 4.1 | 16 | 5.5 | 58 | 19.9 | 11 | 3.8 |
| | 散客 | 605 | 100 | 16 | 2.6 | 76 | 12.6 | 189 | 31.2 | 21 | 3.5 |
| 江西 | 小计 | 806 | 100 | 24 | 3.0 | 101 | 12.5 | 185 | 23.0 | 24 | 3.0 |
| | 团体 | 543 | 100 | 15 | 2.8 | 69 | 12.7 | 133 | 24.5 | 18 | 3.3 |
| | 散客 | 263 | 100 | 9 | 3.4 | 32 | 12.2 | 52 | 19.8 | 6 | 2.3 |
| 山东 | 小计 | 1933 | 100 | 133 | 6.9 | 303 | 15.7 | 424 | 21.9 | 120 | 6.2 |
| | 团体 | 429 | 100 | 42 | 9.8 | 56 | 13.1 | 66 | 15.4 | 21 | 4.9 |
| | 散客 | 1504 | 100 | 91 | 6.1 | 247 | 16.4 | 358 | 23.8 | 99 | 6.6 |
| 河南 | 小计 | 863 | 100 | 77 | 8.9 | 85 | 9.8 | 139 | 16.1 | 62 | 7.2 |
| | 团体 | 512 | 100 | 41 | 8.0 | 58 | 11.3 | 114 | 22.3 | 26 | 5.1 |
| | 散客 | 351 | 100 | 36 | 10.3 | 27 | 7.7 | 25 | 7.1 | 36 | 10.3 |
| 湖北 | 小计 | 1171 | 100 | 39 | 3.3 | 176 | 15.0 | 255 | 21.8 | 40 | 3.4 |
| | 团体 | 410 | 100 | 17 | 4.1 | 36 | 8.8 | 81 | 19.8 | 4 | 1.0 |
| | 散客 | 761 | 100 | 22 | 2.9 | 140 | 18.4 | 174 | 22.9 | 36 | 4.7 |
| 湖南 | 小计 | 1810 | 100 | 140 | 7.7 | 243 | 13.4 | 407 | 22.5 | 90 | 5.0 |
| | 团体 | 1428 | 100 | 112 | 7.8 | 177 | 12.4 | 352 | 24.6 | 67 | 4.7 |
| | 散客 | 382 | 100 | 28 | 7.3 | 66 | 17.3 | 55 | 14.4 | 23 | 6.0 |
| 广东 | 小计 | 5823 | 100 | 159 | 2.7 | 922 | 15.8 | 1483 | 25.5 | 364 | 6.3 |
| | 团体 | 1167 | 100 | 34 | 2.9 | 158 | 13.5 | 319 | 27.3 | 71 | 6.1 |
| | 散客 | 4656 | 100 | 125 | 2.7 | 764 | 16.4 | 1164 | 25.0 | 293 | 6.3 |
| 广西 | 小计 | 743 | 100 | 38 | 5.1 | 252 | 33.9 | 81 | 10.9 | 42 | 5.7 |
| | 团体 | 384 | 100 | 19 | 4.9 | 124 | 32.3 | 46 | 12.0 | 23 | 6.0 |
| | 散客 | 359 | 100 | 19 | 5.3 | 128 | 35.7 | 35 | 9.7 | 19 | 5.3 |
| 海南 | 小计 | 886 | 100 | 48 | 5.4 | 101 | 11.4 | 190 | 21.4 | 23 | 2.6 |
| | 团体 | 219 | 100 | 15 | 6.8 | 18 | 8.2 | 57 | 26.0 | 10 | 4.6 |
| | 散客 | 667 | 100 | 33 | 4.9 | 83 | 12.4 | 133 | 19.9 | 13 | 1.9 |

| 商贸人员 | | 服务员/推销员 | | 退休人员 | | 家庭妇女 | | 军人 | | 学生 | | 其他 | |
|---|---|---|---|---|---|---|---|---|---|---|---|---|---|
| (人) | (%) | (人) | (%) | (人) | (%) | (人) | (%) | (人) | (%) | (人) | (%) | (人) | (%) |
| 300 | 18.6 | 47 | 2.9 | 108 | 6.7 | 76 | 4.7 | 3 | 0.2 | 137 | 8.5 | 148 | 9.2 |
| 54 | 11.3 | 17 | 3.6 | 59 | 12.4 | 25 | 5.2 | 1 | 0.2 | 33 | 6.9 | 65 | 13.6 |
| 246 | 21.6 | 30 | 2.6 | 49 | 4.3 | 51 | 4.5 | 2 | 0.2 | 104 | 9.1 | 83 | 7.3 |
| 196 | 21.9 | 24 | 2.7 | 96 | 10.7 | 54 | 6.0 | 3 | 0.3 | 56 | 6.2 | 69 | 7.7 |
| 37 | 12.7 | 6 | 2.1 | 69 | 23.6 | 32 | 11.0 | 2 | 0.7 | 18 | 6.2 | 31 | 10.6 |
| 159 | 26.3 | 18 | 3.0 | 27 | 4.5 | 22 | 3.6 | 1 | 0.2 | 38 | 6.3 | 38 | 6.3 |
| 165 | 20.5 | 26 | 3.2 | 97 | 12.0 | 73 | 9.1 | 0 | 0.0 | 65 | 8.1 | 46 | 5.7 |
| 77 | 14.2 | 16 | 2.9 | 79 | 14.5 | 59 | 10.9 | 0 | 0.0 | 44 | 8.1 | 33 | 6.1 |
| 88 | 33.5 | 10 | 3.8 | 18 | 6.8 | 14 | 5.3 | 0 | 0.0 | 21 | 8.0 | 13 | 4.9 |
| 291 | 15.1 | 76 | 3.9 | 129 | 6.7 | 95 | 4.9 | 5 | 0.3 | 258 | 13.3 | 99 | 5.1 |
| 23 | 5.4 | 14 | 3.3 | 65 | 15.2 | 42 | 9.8 | 1 | 0.2 | 80 | 18.6 | 19 | 4.4 |
| 268 | 17.8 | 62 | 4.1 | 64 | 4.3 | 53 | 3.5 | 4 | 0.3 | 178 | 11.8 | 80 | 5.3 |
| 139 | 16.1 | 11 | 1.3 | 106 | 12.3 | 22 | 2.5 | 9 | 1.0 | 143 | 16.6 | 70 | 8.1 |
| 48 | 9.4 | 7 | 1.4 | 76 | 14.8 | 12 | 2.3 | 5 | 1.0 | 92 | 18.0 | 33 | 6.4 |
| 91 | 25.9 | 4 | 1.1 | 30 | 8.5 | 10 | 2.8 | 4 | 1.1 | 51 | 14.5 | 37 | 10.5 |
| 203 | 17.3 | 52 | 4.4 | 98 | 8.4 | 53 | 4.5 | 5 | 0.4 | 137 | 11.7 | 113 | 9.6 |
| 36 | 8.8 | 15 | 3.7 | 69 | 16.8 | 24 | 5.9 | 3 | 0.7 | 68 | 16.6 | 57 | 13.9 |
| 167 | 21.9 | 37 | 4.9 | 29 | 3.8 | 29 | 3.8 | 2 | 0.3 | 69 | 9.1 | 56 | 7.4 |
| 308 | 17.0 | 61 | 3.4 | 158 | 8.7 | 141 | 7.8 | 6 | 0.3 | 177 | 9.8 | 79 | 4.4 |
| 242 | 16.9 | 48 | 3.4 | 135 | 9.5 | 123 | 8.6 | 4 | 0.3 | 118 | 8.3 | 50 | 3.5 |
| 66 | 17.3 | 13 | 3.4 | 23 | 6.0 | 18 | 4.7 | 2 | 0.5 | 59 | 15.4 | 29 | 7.6 |
| 924 | 15.9 | 277 | 4.8 | 360 | 6.2 | 292 | 5.0 | 10 | 0.2 | 783 | 13.4 | 249 | 4.3 |
| 90 | 7.7 | 61 | 5.2 | 140 | 12.0 | 87 | 7.5 | 1 | 0.1 | 138 | 11.8 | 68 | 5.8 |
| 834 | 17.9 | 216 | 4.6 | 220 | 4.7 | 205 | 4.4 | 9 | 0.2 | 645 | 13.9 | 181 | 3.9 |
| 75 | 10.1 | 48 | 6.5 | 37 | 5.0 | 44 | 5.9 | 8 | 1.1 | 96 | 12.9 | 22 | 3.0 |
| 26 | 6.8 | 22 | 5.7 | 25 | 6.5 | 22 | 5.7 | 5 | 1.3 | 62 | 16.1 | 10 | 2.6 |
| 49 | 13.6 | 26 | 7.2 | 12 | 3.3 | 22 | 6.1 | 3 | .8 | 34 | 9.5 | 12 | 3.3 |
| 130 | 14.7 | 77 | 8.7 | 65 | 7.3 | 57 | 6.4 | 5 | 0.6 | 68 | 7.7 | 122 | 13.8 |
| 25 | 11.4 | 15 | 6.8 | 16 | 7.3 | 16 | 7.3 | 2 | 0.9 | 14 | 6.4 | 31 | 14.2 |
| 105 | 15.7 | 62 | 9.3 | 49 | 7.3 | 41 | 6.1 | 3 | 0.4 | 54 | 8.1 | 91 | 13.6 |

7-11（续 2）

| | | 调查人数 | | 政府工作人员 | | 专业技术人员 | | 职员 | | 技工/工人 | |
|---|---|---|---|---|---|---|---|---|---|---|---|
| | | （人） | （%） | （人） | （%） | （人） | （%） | （人） | （%） | （人） | （%） |
| 重庆 | 小计 | 588 | 100 | 16 | 2.7 | 175 | 29.8 | 96 | 16.3 | 26 | 4.4 |
| | 团体 | 337 | 100 | 12 | 3.6 | 108 | 32.0 | 49 | 14.5 | 16 | 4.7 |
| | 散客 | 251 | 100 | 4 | 1.6 | 67 | 26.7 | 47 | 18.7 | 10 | 4.0 |
| 四川 | 小计 | 2447 | 100 | 132 | 5.4 | 398 | 16.3 | 574 | 23.5 | 80 | 3.3 |
| | 团体 | 1068 | 100 | 50 | 4.7 | 138 | 12.9 | 320 | 30.0 | 55 | 5.1 |
| | 散客 | 1379 | 100 | 82 | 5.9 | 260 | 18.9 | 254 | 18.4 | 25 | 1.8 |
| 贵州 | 小计 | 650 | 100 | 68 | 10.5 | 124 | 19.1 | 41 | 6.3 | 87 | 13.4 |
| | 团体 | 323 | 100 | 41 | 12.7 | 56 | 17.3 | 21 | 6.5 | 42 | 13.0 |
| | 散客 | 327 | 100 | 27 | 8.3 | 68 | 20.8 | 20 | 6.1 | 45 | 13.8 |
| 云南 | 小计 | 943 | 100 | 48 | 5.1 | 148 | 15.7 | 146 | 15.5 | 30 | 3.2 |
| | 团体 | 370 | 100 | 16 | 4.3 | 82 | 22.2 | 55 | 14.9 | 13 | 3.5 |
| | 散客 | 573 | 100 | 32 | 5.6 | 66 | 11.5 | 91 | 15.9 | 17 | 3.0 |
| 西藏 | 小计 | 543 | 100 | 22 | 4.1 | 24 | 4.4 | 120 | 22.1 | 41 | 7.6 |
| | 团体 | 543 | 100 | 22 | 4.1 | 24 | 4.4 | 120 | 22.1 | 41 | 7.6 |
| | 散客 | 0 | — | 0 | — | 0 | — | 0 | — | 0 | — |
| 陕西 | 小计 | 1200 | 100 | 93 | 7.8 | 222 | 18.5 | 132 | 11.0 | 39 | 3.3 |
| | 团体 | 410 | 100 | 37 | 9.0 | 81 | 19.8 | 47 | 11.5 | 14 | 3.4 |
| | 散客 | 790 | 100 | 56 | 7.1 | 141 | 17.8 | 85 | 10.8 | 25 | 3.2 |
| 甘肃 | 小计 | 800 | 100 | 24 | 3.0 | 62 | 7.8 | 141 | 17.6 | 9 | 1.1 |
| | 团体 | 559 | 100 | 19 | 3.4 | 27 | 4.8 | 90 | 16.1 | 7 | 1.3 |
| | 散客 | 241 | 100 | 5 | 2.1 | 35 | 14.5 | 51 | 21.2 | 2 | 0.8 |
| 青海 | 小计 | 444 | 100 | 60 | 13.5 | 75 | 16.9 | 74 | 16.7 | 19 | 4.3 |
| | 团体 | 298 | 100 | 51 | 17.1 | 45 | 15.1 | 51 | 17.1 | 17 | 5.7 |
| | 散客 | 146 | 100 | 9 | 6.2 | 30 | 20.5 | 23 | 15.8 | 2 | 1.4 |
| 宁夏 | 小计 | 200 | 100 | 6 | 3.0 | 9 | 4.5 | 52 | 26.0 | 5 | 2.5 |
| | 团体 | 110 | 100 | 0 | 0.0 | 7 | 6.4 | 26 | 23.6 | 2 | 1.8 |
| | 散客 | 90 | 100 | 6 | 6.7 | 2 | 2.2 | 26 | 28.9 | 3 | 3.3 |
| 新疆 | 小计 | 642 | 100 | 18 | 2.8 | 13 | 2.0 | 38 | 5.9 | 4 | 0.6 |
| | 团体 | 131 | 100 | 7 | 5.3 | 1 | 0.8 | 10 | 7.6 | 0 | 0.0 |
| | 散客 | 511 | 100 | 11 | 2.2 | 12 | 2.3 | 28 | 5.5 | 4 | 0.8 |

| 商贸人员 | | 服务员/推销员 | | 退休人员 | | 家庭妇女 | | 军人 | | 学生 | | 其他 | |
|---|---|---|---|---|---|---|---|---|---|---|---|---|---|
| (人) | (%) | (人) | (%) | (人) | (%) | (人) | (%) | (人) | (%) | (人) | (%) | (人) | (%) |
| 83 | 14.1 | 66 | 11.2 | 44 | 7.5 | 31 | 5.3 | 4 | 0.7 | 19 | 3.2 | 28 | 4.8 |
| 38 | 11.3 | 41 | 12.2 | 21 | 6.2 | 22 | 6.5 | 2 | 0.6 | 12 | 3.6 | 16 | 4.7 |
| 45 | 17.9 | 25 | 10.0 | 23 | 9.2 | 9 | 3.6 | 2 | 0.8 | 7 | 2.8 | 12 | 4.8 |
| | | | | | | | | | | | | | |
| 516 | 21.1 | 58 | 2.4 | 267 | 10.9 | 94 | 3.8 | 2 | 0.1 | 223 | 9.1 | 103 | 4.2 |
| 117 | 11.0 | 39 | 3.7 | 164 | 15.4 | 58 | 5.4 | 1 | 0.1 | 61 | 5.7 | 65 | 6.1 |
| 399 | 28.9 | 19 | 1.4 | 103 | 7.5 | 36 | 2.6 | 1 | 0.1 | 162 | 11.7 | 38 | 2.8 |
| | | | | | | | | | | | | | |
| 197 | 30.3 | 0 | 0.0 | 110 | 16.9 | 0 | 0.0 | 0 | 0.0 | 22 | 3.4 | 1 | 0.2 |
| 95 | 29.4 | 0 | 0.0 | 54 | 16.7 | 0 | 0.0 | 0 | 0.0 | 13 | 4.0 | 1 | 0.3 |
| 102 | 31.2 | 0 | 0.0 | 56 | 17.1 | 0 | 0.0 | 0 | 0.0 | 9 | 2.8 | 0 | 0.0 |
| | | | | | | | | | | | | | |
| 135 | 14.3 | 26 | 2.8 | 90 | 9.5 | 48 | 5.1 | 0 | 0.0 | 128 | 13.6 | 144 | 15.3 |
| 32 | 8.6 | 9 | 2.4 | 55 | 14.9 | 22 | 5.9 | 0 | 0.0 | 37 | 10.0 | 49 | 13.2 |
| 103 | 18.0 | 17 | 3.0 | 35 | 6.1 | 26 | 4.5 | 0 | 0.0 | 91 | 15.9 | 95 | 16.6 |
| | | | | | | | | | | | | | |
| 63 | 11.6 | 29 | 5.3 | 102 | 18.8 | 62 | 11.4 | 1 | 0.2 | 30 | 5.5 | 49 | 9.0 |
| 63 | 11.6 | 29 | 5.3 | 102 | 18.8 | 62 | 11.4 | 1 | 0.2 | 30 | 5.5 | 49 | 9.0 |
| 0 | — | 0 | — | 0 | — | 0 | — | 0 | — | 0 | — | 0 | — |
| | | | | | | | | | | | | | |
| 138 | 11.5 | 40 | 3.3 | 131 | 10.9 | 32 | 2.7 | 10 | 0.8 | 311 | 25.9 | 52 | 4.3 |
| 32 | 7.8 | 19 | 4.6 | 75 | 18.3 | 10 | 2.4 | 4 | 1.0 | 80 | 19.5 | 11 | 2.7 |
| 106 | 13.4 | 21 | 2.7 | 56 | 7.1 | 22 | 2.8 | 6 | 0.8 | 231 | 29.2 | 41 | 5.2 |
| | | | | | | | | | | | | | |
| 74 | 9.3 | 8 | 1.0 | 173 | 21.6 | 69 | 8.6 | 0 | 0.0 | 47 | 5.9 | 193 | 24.1 |
| 28 | 5.0 | 4 | 0.7 | 159 | 28.4 | 59 | 10.6 | 0 | 0.0 | 30 | 5.4 | 136 | 24.3 |
| 46 | 19.1 | 4 | 1.7 | 14 | 5.8 | 10 | 4.1 | 0 | 0.0 | 17 | 7.1 | 57 | 23.7 |
| | | | | | | | | | | | | | |
| 30 | 6.8 | 31 | 7.0 | 42 | 9.5 | 9 | 2.0 | 3 | 0.7 | 24 | 5.4 | 77 | 17.3 |
| 19 | 6.4 | 17 | 5.7 | 26 | 8.7 | 7 | 2.3 | 3 | 1.0 | 12 | 4.0 | 50 | 16.8 |
| 11 | 7.5 | 14 | 9.6 | 16 | 11.0 | 2 | 1.4 | 0 | 0.0 | 12 | 8.2 | 27 | 18.5 |
| | | | | | | | | | | | | | |
| 34 | 17.0 | 7 | 3.5 | 40 | 20.0 | 12 | 6.0 | 0 | 0.0 | 5 | 2.5 | 30 | 15.0 |
| 11 | 10.0 | 0 | 0.0 | 38 | 34.5 | 7 | 6.4 | 0 | 0.0 | 3 | 2.7 | 16 | 14.5 |
| 23 | 25.6 | 7 | 7.8 | 2 | 2.2 | 5 | 5.6 | 0 | 0.0 | 2 | 2.2 | 14 | 15.6 |
| | | | | | | | | | | | | | |
| 94 | 14.6 | 10 | 1.6 | 17 | 2.6 | 42 | 6.5 | 0 | 0.0 | 360 | 56.1 | 46 | 7.2 |
| 5 | 3.8 | 0 | 0.0 | 17 | 13.0 | 36 | 27.5 | 0 | .0 | 46 | 35.1 | 9 | 6.9 |
| 89 | 17.4 | 10 | 2.0 | 0 | 0.0 | 6 | 1.2 | 0 | 0.0 | 314 | 61.4 | 37 | 7.2 |

# 7-12 2019年饭店及游船调查入境游客人数及所占比重

| | | 调查人数 | | 观光游览 | | 休闲度假 | | 探亲访友 | |
|---|---|---|---|---|---|---|---|---|---|
| | | （人） | （%） | （人） | （%） | （人） | （%） | （人） | （%） |
| 北京 | 小计 | 3868 | 100 | 1512 | 39.1 | 1006 | 26.0 | 139 | 3.6 |
| | 团体 | 1111 | 100 | 550 | 49.5 | 286 | 25.7 | 26 | 2.3 |
| | 散客 | 2757 | 100 | 962 | 34.9 | 720 | 26.1 | 113 | 4.1 |
| 天津 | 小计 | 550 | 100 | 158 | 28.7 | 100 | 18.2 | 78 | 14.2 |
| | 团体 | 118 | 100 | 70 | 59.3 | 32 | 27.1 | 3 | 2.5 |
| | 散客 | 432 | 100 | 88 | 20.4 | 68 | 15.7 | 75 | 17.4 |
| 河北 | 小计 | 1084 | 100 | 258 | 23.8 | 231 | 21.3 | 52 | 4.8 |
| | 团体 | 367 | 100 | 124 | 33.8 | 109 | 29.7 | 13 | 3.5 |
| | 散客 | 717 | 100 | 134 | 18.7 | 122 | 17.0 | 39 | 5.4 |
| 山西 | 小计 | 509 | 100 | 351 | 69.0 | 107 | 21.0 | 11 | 2.2 |
| | 团体 | 228 | 100 | 169 | 74.1 | 32 | 14.0 | 3 | 1.3 |
| | 散客 | 281 | 100 | 182 | 64.8 | 75 | 26.7 | 8 | 2.8 |
| 内蒙古 | 小计 | 473 | 100 | 159 | 33.6 | 104 | 22.0 | 37 | 7.8 |
| | 团体 | 252 | 100 | 111 | 44.0 | 66 | 26.2 | 14 | 5.6 |
| | 散客 | 221 | 100 | 48 | 21.7 | 38 | 17.2 | 23 | 10.4 |
| 辽宁 | 小计 | 908 | 100 | 387 | 42.6 | 234 | 25.8 | 39 | 4.3 |
| | 团体 | 348 | 100 | 220 | 63.2 | 88 | 25.3 | 10 | 2.9 |
| | 散客 | 560 | 100 | 167 | 29.8 | 146 | 26.1 | 29 | 5.2 |
| 吉林 | 小计 | 584 | 100 | 366 | 62.7 | 82 | 14.0 | 17 | 2.9 |
| | 团体 | 442 | 100 | 347 | 78.5 | 79 | 17.9 | 2 | 0.5 |
| | 散客 | 142 | 100 | 19 | 13.4 | 3 | 2.1 | 15 | 10.6 |
| 黑龙江 | 小计 | 725 | 100 | 196 | 27.0 | 164 | 22.6 | 44 | 6.1 |
| | 团体 | 279 | 100 | 93 | 33.3 | 106 | 38.0 | 1 | 0.4 |
| | 散客 | 446 | 100 | 103 | 23.1 | 58 | 13.0 | 43 | 9.6 |
| 上海 | 小计 | 1682 | 100 | 386 | 22.9 | 234 | 13.9 | 117 | 7.0 |
| | 团体 | 107 | 100 | 72 | 67.3 | 20 | 18.7 | 1 | 0.9 |
| | 散客 | 1575 | 100 | 314 | 19.9 | 214 | 13.6 | 116 | 7.4 |
| 江苏 | 小计 | 1336 | 100 | 453 | 33.9 | 328 | 24.6 | 65 | 4.9 |
| | 团体 | 332 | 100 | 200 | 60.2 | 80 | 24.1 | 9 | 2.7 |
| | 散客 | 1004 | 100 | 253 | 25.2 | 248 | 24.7 | 56 | 5.6 |

（按省〈区、市〉、职业、团体及散客分组）

| 商务 | | 会议 | | 宗教朝拜 | | 文化/体育/科技交流 | | 购物 | | 医疗保健 | | 其他 | |
|---|---|---|---|---|---|---|---|---|---|---|---|---|---|
| （人） | （%） | （人） | （%） | （人） | （%） | （人） | （%） | （人） | （%） | （人） | （%） | （人） | （%） |
| 644 | 16.6 | 303 | 7.8 | 15 | 0.4 | 166 | 4.3 | 32 | 0.8 | 16 | 0.4 | 35 | 0.9 |
| 75 | 6.8 | 55 | 5.0 | 10 | 0.9 | 81 | 7.3 | 11 | 1.0 | 10 | 0.9 | 7 | 0.6 |
| 569 | 20.6 | 248 | 9.0 | 5 | 0.2 | 85 | 3.1 | 21 | 0.8 | 6 | 0.2 | 28 | 1.0 |
| 110 | 20.0 | 58 | 10.5 | 5 | 0.9 | 29 | 5.3 | 3 | 0.5 | 8 | 1.5 | 1 | 0.2 |
| 2 | 1.7 | 3 | 2.5 | 2 | 1.7 | 3 | 2.5 | 1 | 0.8 | 2 | 1.7 | 0 | 0.0 |
| 108 | 25.0 | 55 | 12.7 | 3 | 0.7 | 26 | 6.0 | 2 | 0.5 | 6 | 1.4 | 1 | 0.2 |
| 183 | 16.9 | 47 | 4.3 | 4 | 0.4 | 88 | 8.1 | 10 | 0.9 | 6 | 0.6 | 205 | 18.9 |
| 16 | 4.4 | 7 | 1.9 | 2 | 0.5 | 14 | 3.8 | 5 | 1.4 | 0 | 0.0 | 77 | 21.0 |
| 167 | 23.3 | 40 | 5.6 | 2 | 0.3 | 74 | 10.3 | 5 | 0.7 | 6 | 0.8 | 128 | 17.9 |
| 7 | 1.4 | 2 | 0.4 | 16 | 3.1 | 11 | 2.2 | 0 | 0.0 | 0 | 0.0 | 4 | 0.8 |
| 3 | 1.3 | 0 | 0.0 | 14 | 6.1 | 5 | 2.2 | 0 | 0.0 | 0 | 0.0 | 2 | 0.9 |
| 4 | 1.4 | 2 | 0.7 | 2 | 0.7 | 6 | 2.1 | 0 | 0.0 | 0 | 0.0 | 2 | 0.7 |
| 54 | 11.4 | 20 | 4.2 | 1 | 0.2 | 12 | 2.5 | 48 | 10.1 | 0 | 0.0 | 38 | 8.0 |
| 20 | 7.9 | 5 | 2.0 | 1 | 0.4 | 5 | 2.0 | 23 | 9.1 | 0 | 0.0 | 7 | 2.8 |
| 34 | 15.4 | 15 | 6.8 | 0 | 0.0 | 7 | 3.2 | 25 | 11.3 | 0 | 0.0 | 31 | 14.0 |
| 104 | 11.5 | 55 | 6.1 | 1 | 0.1 | 36 | 4.0 | 0 | 0.0 | 8 | 0.9 | 44 | 4.8 |
| 5 | 1.4 | 1 | 0.3 | 0 | 0.0 | 1 | 0.3 | 0 | 0.0 | 1 | 0.3 | 22 | 6.3 |
| 99 | 17.7 | 54 | 9.6 | 1 | 0.2 | 35 | 6.3 | 0 | 0.0 | 7 | 1.3 | 22 | 3.9 |
| 29 | 5.0 | 29 | 5.0 | 6 | 1.0 | 30 | 5.1 | 7 | 1.2 | 3 | 0.5 | 15 | 2.6 |
| 1 | 0.2 | 2 | 0.5 | 6 | 1.4 | 0 | 0.0 | 2 | 0.5 | 2 | 0.5 | 1 | 0.2 |
| 28 | 19.7 | 27 | 19.0 | 0 | 0.0 | 30 | 21.1 | 5 | 3.5 | 1 | 0.7 | 14 | 9.9 |
| 123 | 17.0 | 31 | 4.3 | 0 | 0.0 | 85 | 11.7 | 25 | 3.4 | 3 | 0.4 | 54 | 7.4 |
| 6 | 2.2 | 0 | 0.0 | 0 | 0.0 | 24 | 8.6 | 15 | 5.4 | 3 | 1.1 | 31 | 11.1 |
| 117 | 26.2 | 31 | 7.0 | 0 | 0.0 | 61 | 13.7 | 10 | 2.2 | 0 | 0.0 | 23 | 5.2 |
| 577 | 34.3 | 203 | 12.1 | 3 | 0.2 | 114 | 6.8 | 22 | 1.3 | 4 | 0.2 | 22 | 1.3 |
| 10 | 9.3 | 1 | 0.9 | 1 | 0.9 | 2 | 1.9 | 0 | 0.0 | 0 | 0.0 | 0 | 0.0 |
| 567 | 36.0 | 202 | 12.8 | 2 | 0.1 | 112 | 7.1 | 22 | 1.4 | 4 | 0.3 | 22 | 1.4 |
| 290 | 21.7 | 82 | 6.1 | 18 | 1.3 | 71 | 5.3 | 18 | 1.3 | 3 | 0.2 | 8 | 0.6 |
| 15 | 4.5 | 3 | 0.9 | 10 | 3.0 | 11 | 3.3 | 4 | 1.2 | 0 | 0.0 | 0 | 0.0 |
| 275 | 27.4 | 79 | 7.9 | 8 | 0.8 | 60 | 6.0 | 14 | 1.4 | 3 | 0.3 | 8 | 0.8 |

7-12（续 1）

| | | | 调查人数 | | 观光游览 | | 休闲度假 | | 探亲访友 | |
|---|---|---|---|---|---|---|---|---|---|---|
| | | | （人） | （%） | （人） | （%） | （人） | （%） | （人） | （%） |
| 浙 | 江 | 小计 | 967 | 100 | 519 | 53.7 | 114 | 11.8 | 37 | 3.8 |
| | | 团体 | 374 | 100 | 297 | 79.4 | 27 | 7.2 | 8 | 2.1 |
| | | 散客 | 593 | 100 | 222 | 37.4 | 87 | 14.7 | 29 | 4.9 |
| 安 | 徽 | 小计 | 1615 | 100 | 551 | 34.1 | 396 | 24.5 | 111 | 6.9 |
| | | 团体 | 477 | 100 | 217 | 45.5 | 163 | 34.2 | 17 | 3.6 |
| | | 散客 | 1138 | 100 | 334 | 29.3 | 233 | 20.5 | 94 | 8.3 |
| 福 | 建 | 小计 | 897 | 100 | 271 | 30.2 | 140 | 15.6 | 110 | 12.3 |
| | | 团体 | 292 | 100 | 196 | 67.1 | 45 | 15.4 | 23 | 7.9 |
| | | 散客 | 605 | 100 | 75 | 12.4 | 95 | 15.7 | 87 | 14.4 |
| 江 | 西 | 小计 | 806 | 100 | 484 | 60.0 | 141 | 17.5 | 27 | 3.3 |
| | | 团体 | 543 | 100 | 409 | 75.3 | 101 | 18.6 | 6 | 1.1 |
| | | 散客 | 263 | 100 | 75 | 28.5 | 40 | 15.2 | 21 | 8.0 |
| 山 | 东 | 小计 | 1933 | 100 | 528 | 27.3 | 501 | 25.9 | 113 | 5.8 |
| | | 团体 | 429 | 100 | 183 | 42.7 | 101 | 23.5 | 3 | 0.7 |
| | | 散客 | 1504 | 100 | 345 | 22.9 | 400 | 26.6 | 110 | 7.3 |
| 河 | 南 | 小计 | 863 | 100 | 442 | 51.2 | 174 | 20.2 | 29 | 3.4 |
| | | 团体 | 512 | 100 | 272 | 53.1 | 110 | 21.5 | 21 | 4.1 |
| | | 散客 | 351 | 100 | 170 | 48.4 | 64 | 18.2 | 8 | 2.3 |
| 湖 | 北 | 小计 | 1171 | 100 | 484 | 41.3 | 307 | 26.2 | 59 | 5.0 |
| | | 团体 | 410 | 100 | 249 | 60.7 | 121 | 29.5 | 8 | 2.0 |
| | | 散客 | 761 | 100 | 235 | 30.9 | 186 | 24.4 | 51 | 6.7 |
| 湖 | 南 | 小计 | 1810 | 100 | 1072 | 59.2 | 352 | 19.4 | 48 | 2.7 |
| | | 团体 | 1428 | 100 | 926 | 64.8 | 269 | 18.8 | 15 | 1.1 |
| | | 散客 | 382 | 100 | 146 | 38.2 | 83 | 21.7 | 33 | 8.6 |
| 广 | 东 | 小计 | 5823 | 100 | 1776 | 30.5 | 1650 | 28.3 | 754 | 12.9 |
| | | 团体 | 1167 | 100 | 594 | 50.9 | 421 | 36.1 | 49 | 4.2 |
| | | 散客 | 4656 | 100 | 1182 | 25.4 | 1229 | 26.4 | 705 | 15.1 |
| 广 | 西 | 小计 | 743 | 100 | 145 | 19.5 | 395 | 53.2 | 45 | 6.1 |
| | | 团体 | 384 | 100 | 96 | 25.0 | 199 | 51.8 | 21 | 5.5 |
| | | 散客 | 359 | 100 | 49 | 13.6 | 196 | 54.6 | 24 | 6.7 |
| 海 | 南 | 小计 | 886 | 100 | 184 | 20.8 | 462 | 52.1 | 78 | 8.8 |
| | | 团体 | 219 | 100 | 55 | 25.1 | 150 | 68.5 | 3 | 1.4 |
| | | 散客 | 667 | 100 | 129 | 19.3 | 312 | 46.8 | 75 | 11.2 |

| 商务 | | 会议 | | 宗教朝拜 | | 文化/体育/科技交流 | | 购物 | | 医疗保健 | | 其他 | |
|---|---|---|---|---|---|---|---|---|---|---|---|---|---|
| (人) | (%) | (人) | (%) | (人) | (%) | (人) | (%) | (人) | (%) | (人) | (%) | (人) | (%) |
| 178 | 18.4 | 40 | 4.1 | 22 | 2.3 | 32 | 3.3 | 5 | 0.5 | 2 | 0.2 | 18 | 1.9 |
| 7 | 1.9 | 3 | 0.8 | 15 | 4.0 | 10 | 2.7 | 3 | 0.8 | 2 | 0.5 | 2 | 0.5 |
| 171 | 28.8 | 37 | 6.2 | 7 | 1.2 | 22 | 3.7 | 2 | 0.3 | 0 | 0.0 | 16 | 2.7 |
| 327 | 20.2 | 57 | 3.5 | 7 | 0.4 | 73 | 4.5 | 4 | 0.2 | 5 | 0.3 | 84 | 5.2 |
| 32 | 6.7 | 7 | 1.5 | 3 | 0.6 | 11 | 2.3 | 3 | 0.6 | 5 | 1.0 | 19 | 4.0 |
| 295 | 25.9 | 50 | 4.4 | 4 | 0.4 | 62 | 5.4 | 1 | 0.1 | 0 | 0.0 | 65 | 5.7 |
| 241 | 26.9 | 66 | 7.4 | 10 | 1.1 | 28 | 3.1 | 4 | 0.4 | 5 | 0.6 | 22 | 2.5 |
| 12 | 4.1 | 1 | 0.3 | 8 | 2.7 | 3 | 1.0 | 1 | 0.3 | 1 | 0.3 | 2 | 0.7 |
| 229 | 37.9 | 65 | 10.7 | 2 | 0.3 | 25 | 4.1 | 3 | 0.5 | 4 | 0.7 | 20 | 3.3 |
| 92 | 11.4 | 15 | 1.9 | 9 | 1.1 | 21 | 2.6 | 3 | 0.4 | 0 | 0.0 | 14 | 1.7 |
| 9 | 1.7 | 2 | 0.4 | 2 | 0.4 | 10 | 1.8 | 1 | 0.2 | 0 | 0.0 | 3 | 0.6 |
| 83 | 31.6 | 13 | 4.9 | 7 | 2.7 | 11 | 4.2 | 2 | 0.8 | 0 | 0.0 | 11 | 4.2 |
| 362 | 18.7 | 206 | 10.7 | 21 | 1.1 | 133 | 6.9 | 3 | 0.2 | 1 | 0.1 | 65 | 3.4 |
| 11 | 2.6 | 51 | 11.9 | 14 | 3.3 | 59 | 13.8 | 1 | 0.2 | 0 | 0.0 | 6 | 1.4 |
| 351 | 23.3 | 155 | 10.3 | 7 | 0.5 | 74 | 4.9 | 2 | 0.1 | 1 | 0.1 | 59 | 3.9 |
| 76 | 8.8 | 31 | 3.6 | 34 | 3.9 | 16 | 1.9 | 26 | 3.0 | 4 | 0.5 | 31 | 3.6 |
| 28 | 5.5 | 20 | 3.9 | 10 | 2.0 | 10 | 2.0 | 22 | 4.3 | 3 | 0.6 | 16 | 3.1 |
| 48 | 13.7 | 11 | 3.1 | 24 | 6.8 | 6 | 1.7 | 4 | 1.1 | 1 | 0.3 | 15 | 4.3 |
| 191 | 16.3 | 54 | 4.6 | 10 | 0.9 | 44 | 3.8 | 4 | 0.3 | 2 | 0.2 | 16 | 1.4 |
| 13 | 3.2 | 5 | 1.2 | 1 | 0.2 | 8 | 2.0 | 2 | 0.5 | 0 | 0.0 | 3 | 0.7 |
| 178 | 23.4 | 49 | 6.4 | 9 | 1.2 | 36 | 4.7 | 2 | 0.3 | 2 | 0.3 | 13 | 1.7 |
| 67 | 3.7 | 111 | 6.1 | 7 | 0.4 | 63 | 3.5 | 44 | 2.4 | 14 | 0.8 | 32 | 1.8 |
| 39 | 2.7 | 87 | 6.1 | 4 | 0.3 | 34 | 2.4 | 27 | 1.9 | 6 | 0.4 | 21 | 1.5 |
| 28 | 7.3 | 24 | 6.3 | 3 | 0.8 | 29 | 7.6 | 17 | 4.5 | 8 | 2.1 | 11 | 2.9 |
| 1014 | 17.4 | 243 | 4.2 | 16 | 0.3 | 149 | 2.6 | 94 | 1.6 | 24 | 0.4 | 103 | 1.8 |
| 41 | 3.5 | 14 | 1.2 | 3 | 0.3 | 16 | 1.4 | 14 | 1.2 | 1 | 0.1 | 14 | 1.2 |
| 973 | 20.9 | 229 | 4.9 | 13 | 0.3 | 133 | 2.9 | 80 | 1.7 | 23 | 0.5 | 89 | 1.9 |
| 43 | 5.8 | 25 | 3.4 | 4 | 0.5 | 32 | 4.3 | 29 | 3.9 | 0 | 0.0 | 25 | 3.4 |
| 16 | 4.2 | 13 | 3.4 | 3 | 0.8 | 14 | 3.6 | 12 | 3.1 | 0 | 0.0 | 10 | 2.6 |
| 27 | 7.5 | 12 | 3.3 | 1 | 0.3 | 18 | 5.0 | 17 | 4.7 | 0 | .0 | 15 | 4.2 |
| 74 | 8.4 | 42 | 4.7 | 2 | 0.2 | 15 | 1.7 | 7 | 0.8 | 4 | 0.5 | 18 | 2.0 |
| 1 | 0.5 | 1 | 0.5 | 0 | 0.0 | 4 | 1.8 | 1 | 0.5 | 2 | 0.9 | 2 | 0.9 |
| 73 | 10.9 | 41 | 6.1 | 2 | 0.3 | 11 | 1.6 | 6 | 0.9 | 2 | 0.3 | 16 | 2.4 |

7–12（续 2）

| | | 调查人数 | | 观光游览 | | 休闲度假 | | 探亲访友 | |
|---|---|---|---|---|---|---|---|---|---|
| | | （人） | （%） | （人） | （%） | （人） | （%） | （人） | （%） |
| 重庆 | 小计 | 588 | 100 | 425 | 72.3 | 110 | 18.7 | 9 | 1.5 |
| | 团体 | 337 | 100 | 254 | 75.4 | 66 | 19.6 | 1 | 0.3 |
| | 散客 | 251 | 100 | 171 | 68.1 | 44 | 17.5 | 8 | 3.2 |
| 四川 | 小计 | 2447 | 100 | 1206 | 49.3 | 246 | 10.1 | 113 | 4.6 |
| | 团体 | 1068 | 100 | 823 | 77.1 | 102 | 9.6 | 15 | 1.4 |
| | 散客 | 1379 | 100 | 383 | 27.8 | 144 | 10.4 | 98 | 7.1 |
| 贵州 | 小计 | 650 | 100 | 188 | 28.9 | 117 | 18.0 | 63 | 9.7 |
| | 团体 | 323 | 100 | 96 | 29.7 | 59 | 18.3 | 36 | 11.1 |
| | 散客 | 327 | 100 | 92 | 28.1 | 58 | 17.7 | 27 | 8.3 |
| 云南 | 小计 | 943 | 100 | 508 | 53.9 | 182 | 19.3 | 34 | 3.6 |
| | 团体 | 370 | 100 | 261 | 70.5 | 82 | 22.2 | 1 | 0.3 |
| | 散客 | 573 | 100 | 247 | 43.1 | 100 | 17.5 | 33 | 5.8 |
| 西藏 | 小计 | 543 | 100 | 412 | 75.9 | 82 | 15.1 | 2 | 0.4 |
| | 团体 | 543 | 100 | 412 | 75.9 | 82 | 15.1 | 2 | 0.4 |
| | 散客 | 0 | — | 0 | — | 0 | — | 0 | — |
| 陕西 | 小计 | 1200 | 100 | 559 | 46.6 | 385 | 32.1 | 58 | 4.8 |
| | 团体 | 410 | 100 | 214 | 52.2 | 137 | 33.4 | 9 | 2.2 |
| | 散客 | 790 | 100 | 345 | 43.7 | 248 | 31.4 | 49 | 6.2 |
| 甘肃 | 小计 | 800 | 100 | 559 | 69.9 | 100 | 12.5 | 4 | 0.5 |
| | 团体 | 559 | 100 | 459 | 82.1 | 64 | 11.4 | 0 | 0.0 |
| | 散客 | 241 | 100 | 100 | 41.5 | 36 | 14.9 | 4 | 1.7 |
| 青海 | 小计 | 444 | 100 | 285 | 64.2 | 94 | 21.2 | 9 | 2.0 |
| | 团体 | 298 | 100 | 205 | 68.8 | 62 | 20.8 | 4 | 1.3 |
| | 散客 | 146 | 100 | 80 | 54.8 | 32 | 21.9 | 5 | 3.4 |
| 宁夏 | 小计 | 200 | 100 | 48 | 24.0 | 75 | 37.5 | 7 | 3.5 |
| | 团体 | 110 | 100 | 31 | 28.2 | 62 | 56.4 | 1 | 0.9 |
| | 散客 | 90 | 100 | 17 | 18.9 | 13 | 14.4 | 6 | 6.7 |
| 新疆 | 小计 | 642 | 100 | 121 | 18.8 | 33 | 5.1 | 11 | 1.7 |
| | 团体 | 131 | 100 | 75 | 57.3 | 9 | 6.9 | 0 | 0.0 |
| | 散客 | 511 | 100 | 46 | 9.0 | 24 | 4.7 | 11 | 2.2 |

| 商务 | | 会议 | | 宗教朝拜 | | 文化/体育/科技交流 | | 购物 | | 医疗保健 | | 其他 | |
|---|---|---|---|---|---|---|---|---|---|---|---|---|---|
| (人) | (%) | (人) | (%) | (人) | (%) | (人) | (%) | (人) | (%) | (人) | (%) | (人) | (%) |
| 3 | 0.5 | 5 | 0.9 | 8 | 1.4 | 10 | 1.7 | 2 | 0.3 | 2 | 0.3 | 14 | 2.4 |
| 0 | 0.0 | 1 | 0.3 | 5 | 1.5 | 2 | 0.6 | 0 | 0.0 | 2 | 0.6 | 6 | 1.8 |
| 3 | 1.2 | 4 | 1.6 | 3 | 1.2 | 8 | 3.2 | 2 | 0.8 | 0 | 0.0 | 8 | 3.2 |
| 438 | 17.9 | 130 | 5.3 | 90 | 3.7 | 195 | 8.0 | 6 | 0.2 | 4 | 0.2 | 19 | 0.8 |
| 21 | 2.0 | 8 | 0.7 | 85 | 8.0 | 7 | 0.7 | 2 | 0.2 | 1 | 0.1 | 4 | 0.4 |
| 417 | 30.2 | 122 | 8.8 | 5 | 0.4 | 188 | 13.6 | 4 | 0.3 | 3 | 0.2 | 15 | 1.1 |
| 63 | 9.7 | 43 | 6.6 | 19 | 2.9 | 40 | 6.2 | 30 | 4.6 | 25 | 3.8 | 62 | 9.5 |
| 31 | 9.6 | 22 | 6.8 | 4 | 1.2 | 22 | 6.8 | 16 | 5.0 | 8 | 2.5 | 29 | 9.0 |
| 32 | 9.8 | 21 | 6.4 | 15 | 4.6 | 18 | 5.5 | 14 | 4.3 | 17 | 5.2 | 33 | 10.1 |
| 67 | 7.1 | 65 | 6.9 | 8 | 0.8 | 57 | 6.0 | 4 | 0.4 | 5 | 0.5 | 13 | 1.4 |
| 6 | 1.6 | 3 | 0.8 | 1 | 0.3 | 13 | 3.5 | 0 | 0.0 | 0 | 0.0 | 3 | 0.8 |
| 61 | 10.6 | 62 | 10.8 | 7 | 1.2 | 44 | 7.7 | 4 | 0.7 | 5 | 0.9 | 10 | 1.7 |
| 7 | 1.3 | 2 | 0.4 | 29 | 5.3 | 2 | 0.4 | 1 | 0.2 | 0 | 0.0 | 6 | 1.1 |
| 7 | 1.3 | 2 | 0.4 | 29 | 5.3 | 2 | 0.4 | 1 | 0.2 | 0 | 0.0 | 6 | 1.1 |
| 0 | — | 0 | — | 0 | — | 0 | — | 0 | — | 0 | — | 0 | — |
| 51 | 4.3 | 31 | 2.6 | 3 | 0.3 | 96 | 8.0 | 2 | 0.2 | 3 | 0.3 | 12 | 1.0 |
| 7 | 1.7 | 9 | 2.2 | 0 | 0.0 | 31 | 7.6 | 1 | 0.2 | 0 | 0.0 | 2 | 0.5 |
| 44 | 5.6 | 22 | 2.8 | 3 | 0.4 | 65 | 8.2 | 1 | 0.1 | 3 | 0.4 | 10 | 1.3 |
| 56 | 7.0 | 43 | 5.4 | 0 | 0.0 | 27 | 3.4 | 0 | 0.0 | 2 | 0.3 | 9 | 1.1 |
| 12 | 2.1 | 9 | 1.6 | 0 | 0.0 | 12 | 2.1 | 0 | 0.0 | 0 | 0.0 | 3 | 0.5 |
| 44 | 18.3 | 34 | 14.1 | 0 | 0.0 | 15 | 6.2 | 0 | 0.0 | 2 | 0.8 | 6 | 2.5 |
| 11 | 2.5 | 3 | 0.7 | 3 | 0.7 | 16 | 3.6 | 0 | 0.0 | 2 | 0.5 | 21 | 4.7 |
| 4 | 1.3 | 2 | 0.7 | 2 | 0.7 | 7 | 2.3 | 0 | 0.0 | 0 | 0.0 | 12 | 4.0 |
| 7 | 4.8 | 1 | 0.7 | 1 | 0.7 | 9 | 6.2 | 0 | 0.0 | 2 | 1.4 | 9 | 6.2 |
| 27 | 13.5 | 26 | 13.0 | 1 | 0.5 | 13 | 6.5 | 0 | 0.0 | 1 | 0.5 | 2 | 1.0 |
| 5 | 4.5 | 6 | 5.5 | 0 | 0.0 | 5 | 4.5 | 0 | 0.0 | 0 | 0.0 | 0 | 0.0 |
| 22 | 24.4 | 20 | 22.2 | 1 | 1.1 | 8 | 8.9 | 0 | 0.0 | 1 | 1.1 | 2 | 2.2 |
| 85 | 13.2 | 12 | 1.9 | 0 | 0.0 | 31 | 4.8 | 8 | 1.2 | 0 | 0.0 | 341 | 53.1 |
| 1 | 0.8 | 1 | 0.8 | 0 | 0.0 | 5 | 3.8 | 0 | 0.0 | 0 | .0 | 40 | 30.5 |
| 84 | 16.4 | 11 | 2.2 | 0 | 0.0 | 26 | 5.1 | 8 | 1.6 | 0 | 0.0 | 301 | 58.9 |

# 7-13 2019年饭店及游船调查外国游客

| | 调查人数 | 日本 | 菲律宾 | 泰国 | 新加坡 | 印度尼西亚 | 马来西亚 |
|---|---|---|---|---|---|---|---|
| 北　京 | 3365 | 292 | 69 | 118 | 144 | 30 | 115 |
| 天　津 | 414 | 63 | 2 | 11 | 37 | 5 | 8 |
| 河　北 | 957 | 103 | 12 | 22 | 29 | 3 | 9 |
| 山　西 | 448 | 14 | 0 | 0 | 6 | 0 | 1 |
| 内蒙古 | 414 | 0 | 8 | 5 | 11 | 4 | 2 |
| 辽　宁 | 732 | 153 | 11 | 17 | 45 | 8 | 34 |
| 吉　林 | 434 | 71 | 3 | 5 | 20 | 0 | 0 |
| 黑龙江 | 670 | 45 | 1 | 12 | 14 | 4 | 15 |
| 上　海 | 1477 | 389 | 16 | 33 | 65 | 17 | 41 |
| 江　苏 | 948 | 275 | 2 | 29 | 53 | 11 | 43 |
| 浙　江 | 792 | 120 | 7 | 28 | 54 | 5 | 13 |
| 安　徽 | 1410 | 166 | 12 | 25 | 41 | 8 | 16 |
| 福　建 | 488 | 86 | 15 | 20 | 57 | 12 | 43 |
| 江　西 | 517 | 76 | 13 | 8 | 26 | 9 | 18 |
| 山　东 | 1206 | 203 | 30 | 27 | 90 | 10 | 22 |
| 河　南 | 646 | 119 | 6 | 6 | 44 | 3 | 7 |
| 湖　北 | 551 | 62 | 12 | 10 | 31 | 5 | 15 |
| 湖　南 | 1413 | 140 | 23 | 13 | 12 | 5 | 24 |
| 广　东 | 3023 | 299 | 133 | 256 | 322 | 102 | 209 |
| 广　西 | 340 | 13 | 27 | 43 | 15 | 8 | 13 |
| 海　南 | 592 | 47 | 3 | 13 | 71 | 3 | 17 |
| 重　庆 | 462 | 12 | 10 | 11 | 11 | 5 | 17 |
| 四　川 | 1823 | 320 | 15 | 56 | 108 | 23 | 71 |
| 贵　州 | 275 | 19 | 5 | 6 | 12 | 8 | 15 |
| 云　南 | 748 | 40 | 24 | 116 | 52 | 12 | 34 |
| 西　藏 | 505 | 36 | 3 | 11 | 24 | 4 | 32 |
| 陕　西 | 1180 | 13 | 4 | 7 | 9 | 2 | 6 |
| 甘　肃 | 563 | 126 | 6 | 16 | 31 | 4 | 19 |
| 青　海 | 375 | 27 | 6 | 4 | 9 | 2 | 9 |
| 宁　夏 | 116 | 17 | 1 | 8 | 15 | 0 | 8 |
| 新　疆 | 565 | 4 | 0 | 4 | 0 | 0 | 4 |

## 人数（按省〈区、市〉、国别分组）

单位：人

| 韩国 | 朝鲜 | 蒙古 | 印度 | 越南 | 缅甸 | 哈萨克斯坦 | 英国 | 法国 |
|---|---|---|---|---|---|---|---|---|
| 338 | 22 | 21 | 73 | 46 | 19 | 18 | 208 | 278 |
| 89 | 6 | 5 | 8 | 2 | 1 | 1 | 25 | 18 |
| 117 | 14 | 31 | 46 | 13 | 2 | 5 | 35 | 31 |
| 102 | 1 | 0 | 0 | 1 | 0 | 1 | 12 | 26 |
| 11 | 2 | 114 | 3 | 2 | 0 | 0 | 16 | 6 |
| 122 | 3 | 3 | 3 | 4 | 1 | 1 | 44 | 28 |
| 214 | 1 | 1 | 0 | 1 | 3 | 0 | 17 | 16 |
| 40 | 1 | 0 | 4 | 1 | 0 | 0 | 12 | 20 |
| 190 | 3 | 4 | 31 | 4 | 2 | 5 | 69 | 64 |
| 151 | 3 | 2 | 13 | 3 | 0 | 2 | 62 | 40 |
| 148 | 3 | 1 | 17 | 31 | 1 | 2 | 46 | 51 |
| 343 | 8 | 8 | 14 | 11 | 3 | 5 | 161 | 113 |
| 56 | 5 | 3 | 12 | 5 | 2 | 0 | 11 | 23 |
| 36 | 1 | 0 | 12 | 4 | 3 | 2 | 43 | 22 |
| 317 | 10 | 3 | 17 | 6 | 6 | 1 | 41 | 33 |
| 96 | 3 | 0 | 6 | 2 | 0 | 3 | 47 | 30 |
| 47 | 1 | 3 | 13 | 11 | 3 | 1 | 27 | 38 |
| 571 | 2 | 0 | 10 | 105 | 0 | 0 | 166 | 73 |
| 261 | 31 | 17 | 134 | 87 | 39 | 5 | 184 | 105 |
| 10 | 19 | 6 | 7 | 81 | 7 | 1 | 17 | 9 |
| 47 | 0 | 1 | 32 | 4 | 3 | 19 | 42 | 10 |
| 36 | 3 | 1 | 15 | 6 | 8 | 8 | 21 | 19 |
| 283 | 9 | 6 | 30 | 17 | 6 | 4 | 144 | 138 |
| 57 | 6 | 6 | 7 | 11 | 5 | 0 | 14 | 11 |
| 55 | 2 | 0 | 28 | 16 | 35 | 1 | 51 | 30 |
| 48 | 1 | 1 | 5 | 19 | 0 | 4 | 22 | 34 |
| 11 | 0 | 0 | 6 | 1 | 4 | 6 | 95 | 142 |
| 115 | 0 | 3 | 13 | 5 | 1 | 3 | 26 | 24 |
| 32 | 1 | 4 | 2 | 2 | 1 | 3 | 84 | 46 |
| 24 | 0 | 0 | 0 | 1 | 2 | 1 | 2 | 5 |
| 0 | 0 | 0 | 44 | 0 | 0 | 123 | 2 | 0 |

7–13（续）

| | 调查人数 | 德国 | 西班牙 | 意大利 | 荷兰 | 瑞典 | 俄罗斯 |
|---|---|---|---|---|---|---|---|
| 北　京 | 3365 | 146 | 51 | 119 | 88 | 69 | 112 |
| 天　津 | 414 | 17 | 8 | 4 | 10 | 4 | 11 |
| 河　北 | 957 | 23 | 28 | 20 | 19 | 2 | 92 |
| 山　西 | 448 | 26 | 28 | 26 | 55 | 7 | 18 |
| 内蒙古 | 414 | 3 | 0 | 4 | 11 | 0 | 184 |
| 辽　宁 | 732 | 34 | 3 | 9 | 8 | 5 | 79 |
| 吉　林 | 434 | 21 | 0 | 1 | 0 | 0 | 36 |
| 黑龙江 | 670 | 16 | 5 | 9 | 4 | 2 | 360 |
| 上　海 | 1477 | 80 | 34 | 49 | 30 | 17 | 16 |
| 江　苏 | 948 | 33 | 5 | 21 | 16 | 5 | 22 |
| 浙　江 | 792 | 19 | 20 | 28 | 9 | 10 | 11 |
| 安　徽 | 1410 | 29 | 14 | 13 | 17 | 23 | 116 |
| 福　建 | 488 | 15 | 7 | 6 | 7 | 3 | 11 |
| 江　西 | 517 | 25 | 16 | 16 | 14 | 23 | 9 |
| 山　东 | 1206 | 42 | 7 | 13 | 14 | 13 | 47 |
| 河　南 | 646 | 27 | 17 | 13 | 11 | 5 | 17 |
| 湖　北 | 551 | 51 | 4 | 10 | 7 | 5 | 6 |
| 湖　南 | 1413 | 15 | 30 | 12 | 31 | 7 | 76 |
| 广　东 | 3023 | 77 | 31 | 36 | 36 | 21 | 72 |
| 广　西 | 340 | 3 | 16 | 5 | 2 | 5 | 4 |
| 海　南 | 592 | 9 | 0 | 2 | 2 | 0 | 155 |
| 重　庆 | 462 | 20 | 10 | 33 | 32 | 27 | 7 |
| 四　川 | 1823 | 91 | 16 | 36 | 25 | 22 | 38 |
| 贵　州 | 275 | 5 | 0 | 4 | 0 | 3 | 3 |
| 云　南 | 748 | 32 | 24 | 15 | 16 | 8 | 15 |
| 西　藏 | 505 | 29 | 10 | 18 | 29 | 8 | 16 |
| 陕　西 | 1180 | 112 | 57 | 63 | 73 | 23 | 51 |
| 甘　肃 | 563 | 11 | 2 | 4 | 12 | 6 | 6 |
| 青　海 | 375 | 7 | 4 | 11 | 4 | 7 | 14 |
| 宁　夏 | 116 | 2 | 1 | 3 | 0 | 1 | 0 |
| 新　疆 | 565 | 2 | 19 | 3 | 0 | 0 | 60 |

| 瑞士 | 乌克兰 | 美国 | 加拿大 | 澳大利亚 | 新西兰 | 非洲国家 | 中南美洲国家 | 其他国家 |
|---|---|---|---|---|---|---|---|---|
| 77 | 37 | 315 | 224 | 110 | 88 | 21 | 59 | 58 |
| 8 | 5 | 30 | 16 | 7 | 10 | 1 | 0 | 2 |
| 8 | 11 | 43 | 28 | 24 | 6 | 28 | 3 | 150 |
| 13 | 6 | 20 | 8 | 12 | 2 | 0 | 5 | 58 |
| 3 | 1 | 20 | 0 | 3 | 1 | 0 | 0 | 0 |
| 6 | 3 | 28 | 37 | 7 | 18 | 10 | 0 | 8 |
| 0 | 0 | 19 | 2 | 1 | 0 | 0 | 0 | 2 |
| 1 | 3 | 30 | 20 | 14 | 5 | 15 | 2 | 15 |
| 17 | 9 | 153 | 41 | 50 | 12 | 6 | 4 | 26 |
| 2 | 4 | 90 | 26 | 19 | 10 | 1 | 0 | 5 |
| 10 | 2 | 49 | 25 | 41 | 13 | 7 | 2 | 19 |
| 13 | 11 | 103 | 32 | 29 | 21 | 12 | 16 | 27 |
| 9 | 3 | 21 | 14 | 21 | 3 | 3 | 2 | 13 |
| 13 | 18 | 37 | 25 | 25 | 14 | 7 | 1 | 1 |
| 9 | 11 | 90 | 26 | 58 | 24 | 7 | 1 | 28 |
| 7 | 4 | 57 | 23 | 11 | 11 | 16 | 1 | 54 |
| 8 | 0 | 82 | 14 | 19 | 8 | 8 | 0 | 50 |
| 2 | 3 | 12 | 8 | 22 | 16 | 13 | 8 | 14 |
| 27 | 19 | 195 | 68 | 80 | 38 | 64 | 8 | 67 |
| 3 | 2 | 6 | 7 | 6 | 1 | 0 | 0 | 4 |
| 2 | 14 | 16 | 10 | 46 | 1 | 5 | 1 | 17 |
| 16 | 9 | 35 | 15 | 16 | 20 | 7 | 8 | 24 |
| 25 | 20 | 152 | 79 | 38 | 19 | 9 | 3 | 20 |
| 0 | 2 | 21 | 13 | 14 | 5 | 10 | 0 | 13 |
| 8 | 2 | 75 | 15 | 27 | 11 | 4 | 0 | 0 |
| 7 | 9 | 52 | 12 | 16 | 9 | 1 | 0 | 45 |
| 25 | 16 | 185 | 33 | 76 | 28 | 40 | 6 | 86 |
| 8 | 2 | 41 | 39 | 21 | 10 | 0 | 0 | 9 |
| 3 | 4 | 34 | 15 | 16 | 3 | 0 | 2 | 19 |
| 1 | 0 | 6 | 5 | 1 | 3 | 1 | 0 | 8 |
| 0 | 7 | 8 | 0 | 8 | 1 | 0 | 0 | 276 |

# 7-14 2019年饭店及游船调查入境游客人数及所占比重
## （按城市、外国人、港澳台胞分组）

| | 调查人数 | | 外国人 | | 香港同胞 | | 澳门同胞 | | 台湾同胞 | |
|---|---|---|---|---|---|---|---|---|---|---|
| | （人） | （%） | （人） | （%） | （人） | （%） | （人） | （%） | （人） | （%） |
| 北　　京 | 3868 | 100 | 3365 | 87.0 | 236 | 6.1 | 118 | 3.1 | 149 | 3.9 |
| 天　　津 | 550 | 100 | 414 | 75.3 | 55 | 10.0 | 21 | 3.8 | 60 | 10.9 |
| 石 家 庄 | 199 | 100 | 171 | 85.9 | 14 | 7.0 | 5 | 2.5 | 9 | 4.5 |
| 唐　　山 | 81 | 100 | 71 | 87.7 | 2 | 2.5 | 0 | 0.0 | 8 | 9.9 |
| 秦 皇 岛 | 569 | 100 | 490 | 86.1 | 26 | 4.6 | 31 | 5.4 | 22 | 3.9 |
| 承　　德 | 235 | 100 | 225 | 95.7 | 2 | 0.9 | 6 | 2.6 | 2 | 0.9 |
| 大　　同 | 129 | 100 | 129 | 100.0 | 0 | 0.0 | 0 | 0.0 | 0 | 0.0 |
| 长　　治 | 20 | 100 | 20 | 100.0 | 0 | 0.0 | 0 | 0.0 | 0 | 0.0 |
| 晋　　城 | 69 | 100 | 69 | 100.0 | 0 | 0.0 | 0 | 0.0 | 0 | 0.0 |
| 晋　　中 | 261 | 100 | 229 | 87.7 | 13 | 5.0 | 1 | 0.4 | 18 | 6.9 |
| 忻　　州 | 30 | 100 | 1 | 3.3 | 14 | 46.7 | 0 | 0.0 | 15 | 50.0 |
| 呼和浩特 | 166 | 100 | 140 | 84.3 | 9 | 5.4 | 7 | 4.2 | 10 | 6.0 |
| 包　　头 | 140 | 100 | 108 | 77.1 | 10 | 7.1 | 6 | 4.3 | 16 | 11.4 |
| 二连浩特 | 57 | 100 | 56 | 98.2 | 1 | 1.8 | 0 | 0.0 | 0 | 0.0 |
| 赤　　峰 | 110 | 100 | 110 | 100.0 | 0 | 0.0 | 0 | 0.0 | 0 | 0.0 |
| 沈　　阳 | 88 | 100 | 80 | 90.9 | 1 | 1.1 | 0 | 0.0 | 7 | 8.0 |
| 大　　连 | 104 | 100 | 80 | 76.9 | 13 | 12.5 | 5 | 4.8 | 6 | 5.8 |
| 鞍　　山 | 66 | 100 | 64 | 97.0 | 0 | 0.0 | 2 | 3.0 | 0 | 0.0 |
| 抚　　顺 | 99 | 100 | 80 | 80.8 | 15 | 15.2 | 1 | 1.0 | 3 | 3.0 |
| 本　　溪 | 80 | 100 | 74 | 92.5 | 1 | 1.3 | 2 | 2.5 | 3 | 3.8 |
| 丹　　东 | 101 | 100 | 70 | 69.3 | 3 | 3.0 | 10 | 9.9 | 18 | 17.8 |
| 锦　　州 | 87 | 100 | 36 | 41.4 | 30 | 34.5 | 12 | 13.8 | 9 | 10.3 |
| 营　　口 | 99 | 100 | 76 | 76.8 | 6 | 6.1 | 13 | 13.1 | 4 | 4.0 |
| 盘　　锦 | 84 | 100 | 83 | 98.8 | 1 | 1.2 | 0 | 0.0 | 0 | 0.0 |
| 葫 芦 岛 | 100 | 100 | 89 | 89.0 | 2 | 2.0 | 1 | 1.0 | 8 | 8.0 |

7-14（续1）

| | 调查人数 | | 外国人 | | 香港同胞 | | 澳门同胞 | | 台湾同胞 | |
|---|---|---|---|---|---|---|---|---|---|---|
| | （人） | （%） | （人） | （%） | （人） | （%） | （人） | （%） | （人） | （%） |
| 长　春 | 150 | 100 | 128 | 85.3 | 7 | 4.7 | 8 | 5.3 | 7 | 4.7 |
| 吉　林 | 168 | 100 | 115 | 68.5 | 16 | 9.5 | 0 | 0.0 | 37 | 22.0 |
| 通　化 | 100 | 100 | 74 | 74.0 | 0 | 0.0 | 0 | 0.0 | 26 | 26.0 |
| 白　山 | 88 | 100 | 40 | 45.5 | 31 | 35.2 | 7 | 8.0 | 10 | 11.4 |
| 延　吉 | 78 | 100 | 77 | 98.7 | 1 | 1.3 | 0 | 0.0 | 0 | 0.0 |
| 哈尔滨 | 250 | 100 | 239 | 95.6 | 7 | 2.8 | 0 | 0.0 | 4 | 1.6 |
| 齐齐哈尔 | 100 | 100 | 83 | 83.0 | 11 | 11.0 | 0 | 0.0 | 6 | 6.0 |
| 大　庆 | 100 | 100 | 74 | 74.0 | 19 | 19.0 | 2 | 2.0 | 5 | 5.0 |
| 佳木斯 | 100 | 100 | 99 | 99.0 | 1 | 1.0 | 0 | 0.0 | 0 | 0.0 |
| 牡丹江 | 175 | 100 | 175 | 100.0 | 0 | 0.0 | 0 | 0.0 | 0 | 0.0 |
| 上　海 | 1682 | 100 | 1477 | 87.8 | 98 | 5.8 | 24 | 1.4 | 83 | 4.9 |
| 南　京 | 475 | 100 | 376 | 79.2 | 43 | 9.1 | 20 | 4.2 | 36 | 7.6 |
| 无　锡 | 245 | 100 | 160 | 65.3 | 21 | 8.6 | 31 | 12.7 | 33 | 13.5 |
| 苏　州 | 367 | 100 | 255 | 69.5 | 37 | 10.1 | 11 | 3.0 | 64 | 17.4 |
| 南　通 | 124 | 100 | 80 | 64.5 | 10 | 8.1 | 6 | 4.8 | 28 | 22.6 |
| 扬　州 | 125 | 100 | 77 | 61.6 | 17 | 13.6 | 8 | 6.4 | 23 | 18.4 |
| 杭　州 | 454 | 100 | 405 | 89.2 | 8 | 1.8 | 13 | 2.9 | 28 | 6.2 |
| 宁　波 | 279 | 100 | 199 | 71.3 | 38 | 13.6 | 14 | 5.0 | 28 | 10.0 |
| 温　州 | 99 | 100 | 90 | 90.9 | 2 | 2.0 | 0 | 0.0 | 7 | 7.1 |
| 绍　兴 | 98 | 100 | 72 | 73.5 | 22 | 22.4 | 2 | 2.0 | 2 | 2.0 |
| 金　华 | 37 | 100 | 26 | 70.3 | 1 | 2.7 | 5 | 13.5 | 5 | 13.5 |
| 合　肥 | 99 | 100 | 63 | 63.6 | 22 | 22.2 | 3 | 3.0 | 11 | 11.1 |
| 芜　湖 | 179 | 100 | 157 | 87.7 | 10 | 5.6 | 1 | 0.6 | 11 | 6.1 |
| 马鞍山 | 159 | 100 | 152 | 95.6 | 7 | 4.4 | 0 | 0.0 | 0 | 0.0 |
| 铜　陵 | 99 | 100 | 96 | 97.0 | 3 | 3.0 | 0 | 0.0 | 0 | 0.0 |
| 安　庆 | 172 | 100 | 151 | 87.8 | 7 | 4.1 | 6 | 3.5 | 8 | 4.7 |
| 黄　山 | 485 | 100 | 440 | 90.7 | 8 | 1.6 | 21 | 4.3 | 16 | 3.3 |

7-14（续2）

| | 调查人数 | | 外国人 | | 香港同胞 | | 澳门同胞 | | 台湾同胞 | |
|---|---|---|---|---|---|---|---|---|---|---|
| | （人） | （%） | （人） | （%） | （人） | （%） | （人） | （%） | （人） | （%） |
| 滁州 | 144 | 100 | 144 | 100.0 | 0 | 0.0 | 0 | 0.0 | 0 | 0.0 |
| 亳州 | 100 | 100 | 48 | 48.0 | 23 | 23.0 | 10 | 10.0 | 19 | 19.0 |
| 池州 | 45 | 100 | 35 | 77.8 | 5 | 11.1 | 1 | 2.2 | 4 | 8.9 |
| 宣城 | 133 | 100 | 124 | 93.2 | 4 | 3.0 | 1 | 0.8 | 4 | 3.0 |
| 福州 | 251 | 100 | 132 | 52.6 | 31 | 12.4 | 25 | 10.0 | 63 | 25.1 |
| 厦门 | 298 | 100 | 223 | 74.8 | 31 | 10.4 | 12 | 4.0 | 32 | 10.7 |
| 泉州 | 149 | 100 | 57 | 38.3 | 47 | 31.5 | 22 | 14.8 | 23 | 15.4 |
| 漳州 | 100 | 100 | 43 | 43.0 | 17 | 17.0 | 2 | 2.0 | 38 | 38.0 |
| 武夷山 | 99 | 100 | 33 | 33.3 | 37 | 37.4 | 0 | 0.0 | 29 | 29.3 |
| 南昌 | 140 | 100 | 90 | 64.3 | 15 | 10.7 | 11 | 7.9 | 24 | 17.1 |
| 景德镇 | 130 | 100 | 81 | 62.3 | 24 | 18.5 | 13 | 10.0 | 12 | 9.2 |
| 九江 | 140 | 100 | 101 | 72.1 | 21 | 15.0 | 6 | 4.3 | 12 | 8.6 |
| 鹰潭 | 127 | 100 | 81 | 63.8 | 22 | 17.3 | 10 | 7.9 | 14 | 11.0 |
| 赣州 | 139 | 100 | 77 | 55.4 | 36 | 25.9 | 13 | 9.4 | 13 | 9.4 |
| 吉安 | 130 | 100 | 87 | 66.9 | 17 | 13.1 | 11 | 8.5 | 15 | 11.5 |
| 济南 | 451 | 100 | 281 | 62.3 | 54 | 12.0 | 28 | 6.2 | 88 | 19.5 |
| 青岛 | 530 | 100 | 439 | 82.8 | 42 | 7.9 | 16 | 3.0 | 33 | 6.2 |
| 烟台 | 208 | 100 | 130 | 62.5 | 25 | 12.0 | 20 | 9.6 | 33 | 15.9 |
| 曲阜 | 408 | 100 | 194 | 47.5 | 79 | 19.4 | 69 | 16.9 | 66 | 16.2 |
| 泰安 | 169 | 100 | 83 | 49.1 | 35 | 20.7 | 17 | 10.1 | 34 | 20.1 |
| 威海 | 167 | 100 | 79 | 47.3 | 38 | 22.8 | 12 | 7.2 | 38 | 22.8 |
| 郑州 | 250 | 100 | 212 | 84.8 | 23 | 9.2 | 11 | 4.4 | 4 | 1.6 |
| 开封 | 194 | 100 | 135 | 69.6 | 25 | 12.9 | 4 | 2.1 | 30 | 15.5 |
| 洛阳 | 218 | 100 | 206 | 94.5 | 8 | 3.7 | 0 | 0.0 | 4 | 1.8 |
| 三门峡 | 201 | 100 | 93 | 46.3 | 35 | 17.4 | 24 | 11.9 | 49 | 24.4 |
| 武汉 | 490 | 100 | 237 | 48.4 | 118 | 24.1 | 28 | 5.7 | 107 | 21.8 |
| 十堰 | 117 | 100 | 62 | 53.0 | 21 | 17.9 | 11 | 9.4 | 23 | 19.7 |

7–14（续 3 ）

| | 调查人数 | | 外国人 | | 香港同胞 | | 澳门同胞 | | 台湾同胞 | |
|---|---|---|---|---|---|---|---|---|---|---|
| | （人） | （%） | （人） | （%） | （人） | （%） | （人） | （%） | （人） | （%） |
| 宜　　昌 | 134 | 100 | 56 | 41.8 | 35 | 26.1 | 16 | 11.9 | 27 | 20.1 |
| 襄　　阳 | 104 | 100 | 40 | 38.5 | 32 | 30.8 | 10 | 9.6 | 22 | 21.2 |
| 荆　　州 | 110 | 100 | 42 | 38.2 | 32 | 29.1 | 12 | 10.9 | 24 | 21.8 |
| 恩　　施 | 113 | 100 | 54 | 47.8 | 21 | 18.6 | 14 | 12.4 | 24 | 21.2 |
| 湖北游船 | 103 | 100 | 60 | 58.3 | 19 | 18.4 | 8 | 7.8 | 16 | 15.5 |
| 长　　沙 | 383 | 100 | 346 | 90.3 | 14 | 3.7 | 15 | 3.9 | 8 | 2.1 |
| 湘　　潭 | 181 | 100 | 131 | 72.4 | 24 | 13.3 | 13 | 7.2 | 13 | 7.2 |
| 衡　　阳 | 173 | 100 | 173 | 100.0 | 0 | 0.0 | 0 | 0.0 | 0 | 0.0 |
| 岳　　阳 | 202 | 100 | 171 | 84.7 | 22 | 10.9 | 4 | 2.0 | 5 | 2.5 |
| 张 家 界 | 413 | 100 | 382 | 92.5 | 20 | 4.8 | 7 | 1.7 | 4 | 1.0 |
| 郴　　州 | 200 | 100 | 15 | 7.5 | 88 | 44.0 | 42 | 21.0 | 55 | 27.5 |
| 湘　　西 | 258 | 100 | 195 | 75.6 | 46 | 17.8 | 0 | 0.0 | 17 | 6.6 |
| 广　　州 | 1471 | 100 | 1037 | 70.5 | 224 | 15.2 | 98 | 6.7 | 112 | 7.6 |
| 深　　圳 | 1473 | 100 | 732 | 49.7 | 622 | 42.2 | 17 | 1.2 | 102 | 6.9 |
| 珠　　海 | 736 | 100 | 322 | 43.8 | 184 | 25.0 | 176 | 23.9 | 54 | 7.3 |
| 汕　　头 | 425 | 100 | 290 | 68.2 | 55 | 12.9 | 40 | 9.4 | 40 | 9.4 |
| 江　　门 | 320 | 100 | 135 | 42.2 | 105 | 32.8 | 51 | 15.9 | 29 | 9.1 |
| 湛　　江 | 322 | 100 | 137 | 42.5 | 108 | 33.5 | 45 | 14.0 | 32 | 9.9 |
| 惠　　州 | 317 | 100 | 68 | 21.5 | 170 | 53.6 | 45 | 14.2 | 34 | 10.7 |
| 东　　莞 | 320 | 100 | 84 | 26.3 | 150 | 46.9 | 42 | 13.1 | 44 | 13.8 |
| 中　　山 | 439 | 100 | 218 | 49.7 | 129 | 29.4 | 51 | 11.6 | 41 | 9.3 |
| 南　　宁 | 143 | 100 | 94 | 65.7 | 1 | 0.7 | 35 | 24.5 | 13 | 9.1 |
| 桂　　林 | 123 | 100 | 38 | 30.9 | 5 | 4.1 | 48 | 39.0 | 32 | 26.0 |
| 梧　　州 | 83 | 100 | 8 | 9.6 | 31 | 37.3 | 22 | 26.5 | 22 | 26.5 |
| 北　　海 | 98 | 100 | 56 | 57.1 | 16 | 16.3 | 16 | 16.3 | 10 | 10.2 |
| 防 城 港 | 99 | 100 | 79 | 79.8 | 2 | 2.0 | 16 | 16.2 | 2 | 2.0 |
| 贺　　州 | 97 | 100 | 16 | 16.5 | 34 | 35.1 | 24 | 24.7 | 23 | 23.7 |

7-14（续 4）

| | 调查人数 | | 外国人 | | 香港同胞 | | 澳门同胞 | | 台湾同胞 | |
|---|---|---|---|---|---|---|---|---|---|---|
| | （人） | （%） | （人） | （%） | （人） | （%） | （人） | （%） | （人） | （%） |
| 崇　左 | 100 | 100 | 49 | 49.0 | 17 | 17.0 | 24 | 24.0 | 10 | 10.0 |
| 海　口 | 248 | 100 | 175 | 70.6 | 43 | 17.3 | 10 | 4.0 | 20 | 8.1 |
| 三　亚 | 638 | 100 | 417 | 65.4 | 103 | 16.1 | 21 | 3.3 | 97 | 15.2 |
| 重　庆 | 512 | 100 | 399 | 77.9 | 16 | 3.1 | 26 | 5.1 | 71 | 13.9 |
| 重庆游船 | 76 | 100 | 63 | 82.9 | 4 | 5.3 | 1 | 1.3 | 8 | 10.5 |
| 成　都 | 659 | 100 | 530 | 80.4 | 47 | 7.1 | 32 | 4.9 | 50 | 7.6 |
| 绵　阳 | 614 | 100 | 481 | 78.3 | 22 | 3.6 | 50 | 8.1 | 61 | 9.9 |
| 乐山（峨眉山） | 699 | 100 | 435 | 62.2 | 136 | 19.5 | 27 | 3.9 | 101 | 14.4 |
| 阿坝州 | 475 | 100 | 377 | 79.4 | 24 | 5.1 | 27 | 5.7 | 47 | 9.9 |
| 贵　阳 | 276 | 100 | 113 | 40.9 | 72 | 26.1 | 21 | 7.6 | 70 | 25.4 |
| 安　顺 | 191 | 100 | 78 | 40.8 | 36 | 18.8 | 22 | 11.5 | 55 | 28.8 |
| 黔东南 | 183 | 100 | 84 | 45.9 | 34 | 18.6 | 18 | 9.8 | 47 | 25.7 |
| 昆　明 | 740 | 100 | 581 | 78.5 | 76 | 10.3 | 28 | 3.8 | 55 | 7.4 |
| 景　洪 | 100 | 100 | 81 | 81.0 | 5 | 5.0 | 5 | 5.0 | 9 | 9.0 |
| 大　理 | 103 | 100 | 86 | 83.5 | 6 | 5.8 | 5 | 4.9 | 6 | 5.8 |
| 拉　萨 | 543 | 100 | 505 | 93.0 | 10 | 1.8 | 5 | 0.9 | 23 | 4.2 |
| 西　安 | 1107 | 100 | 1089 | 98.4 | 12 | 1.1 | 3 | 0.3 | 3 | 0.3 |
| 咸　阳 | 93 | 100 | 91 | 97.8 | 1 | 1.1 | 0 | 0.0 | 1 | 1.1 |
| 兰　州 | 400 | 100 | 268 | 67.0 | 48 | 12.0 | 37 | 9.3 | 47 | 11.8 |
| 敦　煌 | 400 | 100 | 295 | 73.8 | 38 | 9.5 | 34 | 8.5 | 33 | 8.3 |
| 西　宁 | 119 | 100 | 101 | 84.9 | 17 | 14.3 | 0 | 0.0 | 1 | 0.8 |
| 海　东 | 174 | 100 | 150 | 86.2 | 19 | 10.9 | 0 | 0.0 | 5 | 2.9 |
| 黄南州 | 59 | 100 | 56 | 94.9 | 2 | 3.4 | 1 | 1.7 | 0 | 0.0 |
| 海西州 | 92 | 100 | 68 | 73.9 | 10 | 10.9 | 10 | 10.9 | 4 | 4.3 |
| 银　川 | 200 | 100 | 116 | 58.0 | 24 | 12.0 | 16 | 8.0 | 44 | 22.0 |
| 乌鲁木齐 | 642 | 100 | 565 | 88.0 | 0 | 0.0 | 0 | 0.0 | 77 | 12.0 |

# 下　　篇

## 国内旅游抽样调查资料

# 第一部分　综合分析报告

# 2019年中国国内旅游抽样调查综合分析报告

由文化和旅游部与国家统计局社情民意调查中心合作，在我国大陆地区开展的国内旅游抽样调查结果表明，2019年我国国内旅游市场继续保持较快增长。据测算，全年国内旅游人数60.06亿人次，国内旅游收入达5.73万亿元。

——国内旅游总人数60.06亿人次，比上年增长8.4%；

——国内旅游总收入57250.92亿元，增长11.6%；

——国内游客人均花费953.25元/人次，增长3.0%。

2019年中国国内旅游抽样调查综合情况如下：

## 一、2019年中国国内旅游抽样调查对象和调查方法

2019年中国居民国内旅游抽样调查的调查对象是我国大陆城乡居民中，不以谋求职业、获取报酬为目的，离开惯常环境10公里以外，停留时间超过6小时、但不超过12个月，从事参观游览、度假休闲、探亲访友、健康疗养、考察、会议等活动，以及从事经济、科技、文化、教育、体育、宗教等活动的人。

鉴于城镇居民和农村居民出游行为及消费习惯差异明显，故将调查总体分为城镇居民和农村居民两个调查子总体，调查频率为季度调查，调查问卷重点关注出游次数、出游目的、出游花费和构成等内容；调查采取计算机辅助电话访谈（CATI）采集数据。根据调查结果，分别测算得出城镇居民国内旅游总体情况、农村居民国内旅游总体情况，再汇总合成全国国内旅游总体情况。

## 二、2019年国内旅游总体情况

### （一）城镇居民

2019年，我国城镇居民国内旅游出游人数44.71亿人次，出游人数比率（以下简称为出游率）579.89%，旅游总花费47508.99亿元，游客每次出游人均花费（以下简称人均花费）1062.64元。

各季度城镇居民国内旅游情况：

一季度全国城镇居民旅游人数 12.16 亿人次，出游率 157.72%，旅游总花费 13663.10 亿元，游客人均花费 1123.61 元。

二季度全国城镇居民旅游人数 9.90 亿人次，出游率 128.41%，旅游总花费 8794.07 亿元，游客人均花费 888.29 元。

三季度全国城镇居民旅游人数 11.72 亿人次，出游率 151.99%，旅游总花费 13387.22 亿元，游客人均花费 1142.42 元。

四季度全国城镇居民旅游人数 10.93 亿人次，出游率 141.77%，旅游总花费 11664.60 亿元，游客人均花费 1067.18 元。

**（二）农村居民**

2018 年，我国农村居民国内旅游出游人数 15.35 亿人次，出游率 254.56%，旅游总花费 9741.93 亿元，游客人均花费 634.66 元。

各季度农村居民国内旅游情况：

一季度全国农村居民旅游人数 5.59 亿人次，出游率 92.70%，旅游总花费 3619.80 亿元，游客人均花费 647.55 元。

二季度全国农村居民旅游人数 3.09 亿人次，出游率 51.24%，旅游总花费 1793.90 亿元，游客人均花费 580.55 元。

三季度全国农村居民旅游人数 3.51 亿人次，出游率 58.16%，旅游总花费 2209.55 亿元，游客人均花费 629.98 元。

四季度全国农村居民旅游人数 3.16 亿人次，出游率 52.46%，旅游总花费 2118.68 亿元，游客人均花费 669.92 元。

## 三、2019 年国内旅游抽样调查基本结果

**（一）城镇居民**

**1. 出游人数构成**

调查数据显示，一日游游客占 31.5%，过夜游游客占 68.5%；团队游客占 6.0%，散客占 94.0%。

按性别分，男性占 51.26%，女性占 48.74%。

按年龄分，25~34 岁出游人次数最多，占出游总人数的 30.45%。14 岁及以下的占 7.61%，15~24 岁的占 11.59%，35~44 岁的占 21.28%，45~64 岁的占 22.56%，65 岁及以上的占 4.95%。

按受教育程度分，大学本科、大专程度的游客出游人数最多，占出游总人数的 61.48%。研究生及以上的占 9.67%，高中（中专 / 职高 / 技校）的占 14.08%，初中及以下的占 14.77%。

按旅游目的分，观光游览的占28.8%，度假休闲的占23.8%，出差开会商务的占13.3%，探亲访友的占30.0%，文娱体育健身的占1.9%，养生保健疗养的占1.0%，其他旅游目的的占1.1%。

按出游半径分，本地游占48.8%，异地游占51.2%。

**2. 游客每次出游人均花费情况**

城镇游客每次出游人均花费1626.5元。其中，一日游游客人均花费569.1元，过夜游游客人均花费2112.9元。

按性别分，男性游客人均花费1715.1元，女性游客人均花费1533.2元。

按年龄分，25~34岁的游客人均花费最高，达1749.8元。35~44岁的人均花费1718.2元，45~64岁的人均花费1652.3元，15~24岁的人均花费1588.7元，14岁及以下的人均花费1169.6元，65岁及以上的人均花费1209.2元。

按受教育程度分，研究生及以上的游客人均花费2215.4元，大学本科、大专的人均花费1714.9元，高中（中专/职高/技校）的人均花费1328.3元，初中及以下的人均花费1157.3元。出游人均花费与受教育程度呈高度正相关。

按旅游目的分，商务出差的游客人均花费最高，达2409.4元；观光游览的人均花费1657.4元，度假休闲的人均花费1615.0元，养生保健疗养的人均花费1514.2元，探亲访友的人均花费1256.3元，文娱体育健身的人均花费2020.0元，其他旅游目的的人均花费1116.0元。

按旅游方式分组，旅行社组织的游客人均花费2530.3元，非旅行社组织的人均花费1440.8元。

**3. 散客每次出游人均花费构成**

城镇居民散客的花费构成情况是：交通费占总花费的34.3%，住宿费占16.7%，餐饮费占23.6%，购物费占15.5%，景区游览费占5.1%，其他费用占4.8%。

其中，过夜游散客花费构成情况是：交通费占总花费的35.7%，住宿费占19.3%，餐饮费占22.4%，购物费占13.8%，景区游览费占5.1%，其他费用占3.7%。

一日游散客花费构成情况是：交通费占总花费的25.4%，餐饮费占31.0%，购物费占26.8%，景区游览费占5.5%，其他费用占11.3%。

**4. 过夜游客平均停留时间**

城镇过夜游客每次出游平均停留3.27天。其中，停留1~3天的占70.62%，4~7天的占22.64%，8~14天的占4.50%，超过14天的占2.23%。

### （二）农村居民

#### 1. 出游人数构成

调查数据显示，一日游游客占 42.0%，过夜游游客占 58.0%；团队游客占 4.0%，散客占 96.0%。

按性别分，男性占 59.53%，女性占 40.47%。

按年龄分，25~34 岁的出游人数最多，占出游总人数的 28.43%。14 岁及以下的占 8.87%，15~24 岁的占 8.01%，35~44 岁的占 22.65%，45~64 岁的占 28.02%，65 岁及以上的占 4.01%。

按受教育程度分，大专、大学本科及以上的占 47.05%，高中（中专 / 职高 / 技校）的占 21.04%，初中的占 19.11%，小学及以上的占 12.80%。

按旅游目的分，观光游览的占 23.9%，度假休闲的占 13.3%，做生意外出办理公事等的占 16.3%，探亲访友的占 37.0%，文娱体育健身的占 1.4%，健康疗养的占 1.9%，其他旅游目的的占 6.1%。

按出游半径分，本地游占 54.9%，异地游占 45.1%。

#### 2. 游客每次出游人均花费情况

农村游客每次出游人均花费 960.4 元。其中，一日游人均花费 347.2 元，过夜游人均花费 1404.9 元。

按性别分，男性游客人均花费 1005.2 元，女性游客人均花费 894.5 元。

按年龄分，15~24 岁的游客人均花费最高，达 1313.4 元。25~34 岁的人均花费 1099.7 元，35~44 岁的人均花费 917.8 元，45~64 岁的人均花费 884.2 元，14 岁及以下的人均花费 595.8 元，65 岁及以上的人均花费 847.5 元。

按受教育程度分，大专、大学本科及以上的游客人均花费 1127.5 元，高中（中专 / 职高 / 技校）的人均花费 964.0 元，初中的人均花费 734.8 元，小学及以下的人均花费 677.5 元。

按旅游目的分，养生保健疗养的游客人均花费最高，达 2068.5 元；做生意外出办理公事的人均花费 1097.5 元，休闲度假的人均花费 1116.4 元，观光游览的人均花费 1158.5 元，文娱体育健身的人均花费 870.4 元，探亲访友的人均花费 708.9 元，其他旅游目的的人均花费 673.6 元。

按旅游方式分，旅行社组织的游客人均花费 1693.4 元，非旅行社组织的人均花费 901.7 元。

#### 3. 散客每次出游人均花费构成

农村居民散客的花费构成情况是：交通费占总花费的 32.0%，住宿费占 12.7%，餐饮费占 26.1%，购物费占 17.8%，景区游览费占 4.9%，其他费用占 6.5%。

其中，过夜游散客的花费构成情况是：交通费占总花费的31.9%，住宿费占15.2%，餐饮费占24.0%，购物费占17.7%，景区游览费占4.9%，其他费用占6.2%。

一日游散客的花费构成情况是：交通费占总花费的32.6%，餐饮费占36.3%，购物费占18.2%，景区游览费占5.2%，其他费用占7.7%。

**4. 过夜游客平均停留时间**

农村过夜游客每次出游平均停留2.93天。其中，停留1~3天的占77.15%，4~7天的占17.45%，8~14天的占3.45%，超过14天的占1.96%。

# 第二部分　分类数据

## 一、国内旅游基本情况

# 1-1 2019年国内旅游基本情况

| | 总人数（亿人次） | 出游率*（%） | 总花费（亿元） | 人均每次花费（元/人次） |
|---|---|---|---|---|
| **全国总计** | **60.06** | **436.79** | **57250.92** | **953.25** |
| **城镇居民合计** | **44.71** | **579.89** | **47508.99** | **1062.64** |
| 一季度 | 12.16 | 157.72 | 13663.10 | 1123.61 |
| 二季度 | 9.90 | 128.41 | 8794.09 | 888.29 |
| 三季度 | 11.72 | 151.99 | 13387.22 | 1142.42 |
| 四季度 | 10.93 | 141.77 | 11664.60 | 1067.18 |
| **农村居民合计** | **15.35** | **254.56** | **9741.93** | **634.66** |
| 一季度 | 5.59 | 92.70 | 3619.80 | 647.55 |
| 二季度 | 3.09 | 51.24 | 1793.90 | 580.55 |
| 三季度 | 3.51 | 58.16 | 2209.55 | 629.98 |
| 四季度 | 3.16 | 52.46 | 2118.68 | 669.92 |

*出游率：即出游人数比率，指城镇居民或农村居民出游人数与其总人口数的比值。

# 二、城镇居民国内旅游抽样调查数据

# 1. 2019 年城镇居民国内游客人数调查构成

## 2-1-1　城镇居民国内游客人数构成
（按旅游方式分组）

单位：%

| | 人数构成 | 旅行社组织 | 非旅行社组织 |
|---|---|---|---|
| **调查总平均** | **100.0** | **6.0** | **94.0** |
| **按性别分组** | | | |
| 男　性 | 100.0 | 5.0 | 95.0 |
| 女　性 | 100.0 | 7.0 | 93.0 |
| **按年龄分组** | | | |
| 14 岁及以下 | 100.0 | 4.0 | 96.0 |
| 15~24 岁 | 100.0 | 4.2 | 95.8 |
| 25~34 岁 | 100.0 | 3.3 | 96.7 |
| 35~44 岁 | 100.0 | 4.3 | 95.7 |
| 45~64 岁 | 100.0 | 9.2 | 90.8 |
| 65 岁及以上 | 100.0 | 20.8 | 79.2 |
| **按受教育程度分组** | | | |
| 初中及以下 | 100.0 | 8.2 | 91.8 |
| 高中（中专 / 职高 / 技校） | 100.0 | 9.0 | 91.0 |
| 大学本科、大专 | 100.0 | 5.2 | 94.8 |
| 研究生及以上 | 100.0 | 2.1 | 97.9 |

# 2-1-2 城镇居民国内游客人数构成
## （按旅游目的分组）

单位：%

| | 人数构成 | 观光游览 | 休闲度假 | 出差开会商务 | 探亲访友 | 文娱体育健身 | 养生保健疗养 | 其他 |
|---|---|---|---|---|---|---|---|---|
| **调查总平均** | **100.0** | **28.8** | **23.8** | **13.3** | **30.0** | **1.9** | **1.0** | **1.1** |
| **按性别分组** | | | | | | | | |
| 男　性 | 100.0 | 28.0 | 22.3 | 17.3 | 28.2 | 2.2 | 1.1 | 0.9 |
| 女　性 | 100.0 | 29.7 | 25.5 | 9.1 | 31.9 | 1.6 | 0.9 | 1.3 |
| **按年龄分组** | | | | | | | | |
| 14 岁及以下 | 100.0 | 41.8 | 27.0 | 0.0 | 27.6 | 2.1 | 0.5 | 1.0 |
| 15~24 岁 | 100.0 | 28.3 | 21.9 | 11.7 | 34.1 | 2.4 | 0.4 | 1.1 |
| 25~34 岁 | 100.0 | 24.7 | 21.6 | 16.0 | 34.2 | 2.1 | 0.5 | 0.8 |
| 35~44 岁 | 100.0 | 27.1 | 25.8 | 16.3 | 27.5 | 1.5 | 0.7 | 1.2 |
| 45~64 岁 | 100.0 | 28.1 | 25.5 | 15.0 | 26.6 | 1.9 | 1.8 | 1.0 |
| 65 岁及以上 | 100.0 | 44.1 | 19.8 | 2.0 | 25.8 | 1.2 | 3.6 | 3.5 |
| **按受教育程度分组** | | | | | | | | |
| 初中及以下 | 100.0 | 39.1 | 23.5 | 3.6 | 29.6 | 1.5 | 1.2 | 1.5 |
| 高中（中专 / 职高 / 技校） | 100.0 | 32.6 | 22.4 | 8.4 | 32.1 | 1.7 | 1.4 | 1.4 |
| 大学本科、大专 | 100.0 | 26.7 | 24.7 | 14.8 | 29.7 | 2.2 | 0.9 | 1.0 |
| 研究生及以上 | 100.0 | 21.3 | 21.2 | 25.8 | 29.2 | 1.0 | 0.7 | 0.8 |

# 2-1-3　城镇居民国内游客人数构成
## （按停留时间分组）

单位：%

| | 人数构成 | 一日游 | 过夜游 |
|---|---|---|---|
| **调查总平均** | **100.0** | **31.5** | **68.5** |
| **按性别分组** | | | |
| 男　性 | 100.0 | 32.8 | 67.2 |
| 女　性 | 100.0 | 30.1 | 69.9 |
| **按年龄分组** | | | |
| 14 岁及以下 | 100.0 | 32.6 | 67.4 |
| 15~24 岁 | 100.0 | 28.2 | 71.8 |
| 25~34 岁 | 100.0 | 30.1 | 69.9 |
| 35~44 岁 | 100.0 | 30.3 | 69.7 |
| 45~64 岁 | 100.0 | 33.5 | 66.5 |
| 65 岁及以上 | 100.0 | 41.8 | 58.2 |
| **按受教育程度分组** | | | |
| 初中及以下 | 100.0 | 35.0 | 65.0 |
| 高中（中专 / 职高 / 技校） | 100.0 | 36.5 | 63.5 |
| 大学本科、大专 | 100.0 | 30.3 | 69.7 |
| 研究生及以上 | 100.0 | 26.4 | 73.6 |
| **按旅游目的分组** | | | |
| 观光游览 | 100.0 | 39.3 | 60.7 |
| 休闲度假 | 100.0 | 32.8 | 67.2 |
| 出差 / 开会 / 商务 | 100.0 | 21.9 | 78.1 |
| 探亲访友 | 100.0 | 23.7 | 76.3 |
| 文娱 / 体育 / 健身 | 100.0 | 67.1 | 32.9 |
| 养生 / 保健 / 疗养 | 100.0 | 43.1 | 56.9 |
| 其他 | 100.0 | 53.0 | 47.0 |

## 2-1-4 城镇居民国内游客人数构成
### （按出游半径分组）

单位：%

| | 人数构成 | 本地游 | 异地游 * |
|---|---|---|---|
| **调查总平均** | **100.0** | **48.8** | **51.2** |
| **按性别分组** | | | |
| 男 性 | 100.0 | 49.0 | 51.0 |
| 女 性 | 100.0 | 48.6 | 51.4 |
| **按年龄分组** | | | |
| 14 岁及以下 | 100.0 | 49.6 | 50.4 |
| 15~24 岁 | 100.0 | 51.1 | 48.9 |
| 25~34 岁 | 100.0 | 46.0 | 54.0 |
| 35~44 岁 | 100.0 | 47.0 | 53.0 |
| 45~64 岁 | 100.0 | 51.0 | 49.0 |
| 65 岁及以上 | 100.0 | 57.8 | 42.2 |
| **按受教育程度分组** | | | |
| 初中及以下 | 100.0 | 52.8 | 47.2 |
| 高中（中专 / 职高 / 技校） | 100.0 | 58.5 | 41.5 |
| 大学本科、大专 | 100.0 | 48.1 | 51.9 |
| 研究生及以上 | 100.0 | 33.1 | 66.9 |
| **按旅游目的分组** | | | |
| 观光游览 | 100.0 | 51.9 | 48.1 |
| 休闲度假 | 100.0 | 57.1 | 42.9 |
| 出差 / 开会 / 商务 | 100.0 | 32.7 | 67.3 |
| 探亲访友 | 100.0 | 43.6 | 56.4 |
| 文娱 / 体育 / 健身 | 100.0 | 75.8 | 24.2 |
| 养生 / 保健 / 疗养 | 100.0 | 72.3 | 27.7 |
| 其他 | 100.0 | 58.4 | 41.6 |

* 异地游：指城镇居民离开自己惯常居住城市（以该城市行政地域为界），前往国内其他城市的旅游行为。（下同）

# 2. 2019 年城镇居民国内游客人均每次花费

## 2-2-1　城镇居民国内游客人均每次花费

单位：元 / 人次

| | 城镇居民国内游客人均每次花费 |
|---|---|
| **调查总平均** | **1626.5** |
| | |
| **按性别分组** | |
| 男　性 | 1715.1 |
| 女　性 | 1533.2 |
| | |
| **按年龄分组** | |
| 14 岁及以下 | 1169.6 |
| 15~24 岁 | 1588.7 |
| 25~34 岁 | 1749.8 |
| 35~44 岁 | 1718.2 |
| 45~64 岁 | 1652.3 |
| 65 岁及以上 | 1209.2 |
| | |
| **按受教育程度分组** | |
| 初中及以下 | 1157.3 |
| 高中（中专 / 职高 / 技校） | 1328.3 |
| 大学本科、大专 | 1714.9 |
| 研究生及以上 | 2215.4 |
| | |
| **按旅游目的分组** | |
| 观光游览 | 1657.4 |
| 休闲度假 | 1615.0 |
| 出差 / 开会 / 商务 | 2409.4 |
| 探亲访友 | 1256.3 |
| 文娱 / 体育 / 健身 | 2020.0 |
| 养生 / 保健 / 疗养 | 1514.2 |
| 其他 | 1116.0 |

## 2-2-2 城镇居民国内游客人均每次花费
### （按旅游方式分组）

单位：元 / 人次

| | 人均每次花费 | 旅行社组织 | 非旅行社组织 |
|---|---|---|---|
| **调查总平均** | **1626.5** | **2530.3** | **1440.8** |
| **按性别分组** | | | |
| 男　性 | 1715.1 | 2798.6 | 1494.0 |
| 女　性 | 1533.2 | 2346.1 | 1388.8 |
| **按年龄分组** | | | |
| 14 岁及以下 | 1169.6 | 2545.7 | 1112.1 |
| 15~24 岁 | 1588.7 | 2051.4 | 1522.3 |
| 25~34 岁 | 1749.8 | 3435.6 | 1562.9 |
| 35~44 岁 | 1718.2 | 3527.3 | 1444.3 |
| 45~64 岁 | 1652.3 | 2340.4 | 1440.5 |
| 65 岁及以上 | 1209.2 | 1509.3 | 1141.2 |
| **按受教育程度分组** | | | |
| 初中及以下 | 1157.3 | 1835.1 | 1080.1 |
| 高中（中专 / 职高 / 技校） | 1328.3 | 1867.6 | 1252.8 |
| 大学本科、大专 | 1714.9 | 3162.9 | 1517.4 |
| 研究生及以上 | 2215.4 | 1598.8 | 1884.2 |

# 2-2-3 城镇居民国内游客人均每次花费
## （按旅游目的分组）

单位：元 / 人次

| | 人均每次花费 | 观光游览 | 休闲度假 | 出差开会商务 | 探亲访友 | 文娱体育健身 | 养生保健疗养 | 其他 |
|---|---|---|---|---|---|---|---|---|
| **调查总平均** | **1626.5** | **1657.4** | **1615.0** | **2409.4** | **1256.3** | **2020.0** | **1514.2** | **1116.0** |
| **按性别分组** | | | | | | | | |
| 男　性 | 1715.1 | 1688.1 | 1590.6 | 2458.9 | 1362.2 | 2460.0 | 1240.0 | 1092.1 |
| 女　性 | 1533.2 | 1626.9 | 1637.5 | 2310.2 | 1158.2 | 1351.1 | 1854.7 | 1134.0 |
| **按年龄分组** | | | | | | | | |
| 14 岁及以下 | 1169.6 | 1347.2 | 1273.5 | — | 824.7 | 1051.4 | 534.2 | 1021.9 |
| 15~24 岁 | 1588.7 | 1514.1 | 1994.7 | 1920.8 | 1327.1 | 1042.7 | 1026.7 | 1402.5 |
| 25~34 岁 | 1749.8 | 1760.0 | 1856.1 | 2402.8 | 1385.1 | 1891.4 | 926.5 | 1284.0 |
| 35~44 岁 | 1718.2 | 1852.9 | 1592.6 | 2662.2 | 1163.6 | 1025.4 | 3289.6 | 1226.7 |
| 45~64 岁 | 1652.3 | 1726.6 | 1447.6 | 2384.3 | 1223.2 | 4073.1 | 1552.5 | 789.5 |
| 65 岁及以上 | 1209.2 | 1276.1 | 994.2 | 791.3 | 1384.8 | 907.1 | 877.8 | 970.6 |
| **按受教育程度分组** | | | | | | | | |
| 初中及以下 | 1157.3 | 1331.9 | 1227.3 | 1570.1 | 856.1 | 903.6 | 754.7 | 1067.3 |
| 高中（中专 / 职高 / 技校） | 1328.3 | 1400.8 | 1581.4 | 1544.0 | 1108.1 | 587.8 | 1019.5 | 536.4 |
| 大学本科、大专 | 1714.9 | 1817.9 | 1652.3 | 2358.5 | 1322.8 | 2450.5 | 1465.5 | 1259.5 |
| 研究生及以上 | 2215.4 | 1862.1 | 2047.1 | 3187.2 | 1683.5 | 2116.6 | 5353.4 | 1558.8 |

## 2-2-4 城镇居民国内游客人均每次花费
### （按停留时间分组）

单位：元 / 人次

| | 人均每次花费 | 一日游 | 过夜游 |
|---|---|---|---|
| **调查总平均** | **1626.5** | **569.1** | **2112.9** |
| **按性别分组** | | | |
| 男　性 | 1715.1 | 676.6 | 2222.5 |
| 女　性 | 1533.2 | 445.9 | 2002.1 |
| **按年龄分组** | | | |
| 14 岁及以下 | 1169.6 | 343.7 | 1570.0 |
| 15~24 岁 | 1588.7 | 573.3 | 1987.7 |
| 25~34 岁 | 1749.8 | 671.3 | 2214.0 |
| 35~44 岁 | 1718.2 | 489.9 | 2252.0 |
| 45~64 岁 | 1652.3 | 620.0 | 2172.1 |
| 65 岁及以上 | 1209.2 | 479.7 | 1733.0 |
| **按受教育程度分组** | | | |
| 初中及以下 | 1157.3 | 354.7 | 1588.6 |
| 高中（中专 / 职高 / 技校） | 1328.3 | 569.5 | 1764.0 |
| 大学本科、大专 | 1714.9 | 632.5 | 2186.5 |
| 研究生及以上 | 2215.4 | 539.0 | 2816.4 |
| **按旅游目的分组** | | | |
| 观光游览 | 1657.4 | 439.8 | 2447.4 |
| 休闲度假 | 1615.0 | 552.7 | 2134.6 |
| 出差 / 开会 / 商务 | 2409.4 | 438.0 | 2962.2 |
| 探亲访友 | 1256.3 | 635.9 | 1449.3 |
| 文娱 / 体育 / 健身 | 2020.0 | 1862.1 | 2341.4 |
| 养生 / 保健 / 疗养 | 1514.2 | 520.8 | 2266.1 |
| 其他 | 1116.0 | 348.6 | 1981.9 |

# 2-2-5 城镇居民国内游客人均每次花费
## （按出游半径分组）

单位：元 / 人次

| | 人均每次花费 | 本地游 | 异地游 |
|---|---|---|---|
| **调查总平均** | **1626.5** | **792.6** | **2421.4** |
| **按性别分组** | | | |
| 男　性 | 1715.1 | 858.4 | 2538.1 |
| 女　性 | 1533.2 | 722.8 | 2299.6 |
| **按年龄分组** | | | |
| 14 岁及以下 | 1169.6 | 518.1 | 1810.7 |
| 15~24 岁 | 1588.7 | 900.5 | 2306.9 |
| 25~34 岁 | 1749.8 | 924.6 | 2453.0 |
| 35~44 岁 | 1718.2 | 718.1 | 2603.9 |
| 45~64 岁 | 1652.3 | 764.4 | 2574.9 |
| 65 岁及以上 | 1209.2 | 723.5 | 1873.1 |
| **按受教育程度分组** | | | |
| 初中及以下 | 1157.3 | 563.0 | 1823.3 |
| 高中（中专 / 职高 / 技校） | 1328.3 | 779.1 | 2103.4 |
| 大学本科、大专 | 1714.9 | 834.9 | 2529.5 |
| 研究生及以上 | 2215.4 | 997.0 | 2818.9 |
| **按旅游目的分组** | | | |
| 观光游览 | 1657.4 | 719.7 | 2669.4 |
| 休闲度假 | 1615.0 | 913.9 | 2546.5 |
| 出差 / 开会 / 商务 | 2409.4 | 1058.0 | 3066.3 |
| 探亲访友 | 1256.3 | 673.7 | 1706.0 |
| 文娱 / 体育 / 健身 | 2020.0 | 908.4 | 5500.3 |
| 养生 / 保健 / 疗养 | 1514.2 | 692.2 | 3660.7 |
| 其他 | 1116.0 | 403.2 | 2116.1 |

## 3. 2019 年城镇居民国内散客人均每次各项花费及构成

### 2-3-1 城镇居民国内散客人均每次各项花费

单位：元 / 人次

| | 人均每次花费 | 交通费 | 住宿费 | 餐饮费 | 购物费 | 景区游览费 | 其他 |
|---|---|---|---|---|---|---|---|
| **调查总平均** | **1440.8** | **494.5** | **240.0** | **339.5** | **224.0** | **74.0** | **68.9** |
| **按性别分组** | | | | | | | |
| 男　性 | 1494.0 | 498.2 | 237.8 | 357.6 | 246.6 | 74.2 | 79.7 |
| 女　性 | 1388.8 | 490.8 | 242.1 | 321.8 | 201.9 | 73.8 | 58.3 |
| **按年龄分组** | | | | | | | |
| 14 岁及以下 | 1112.1 | 372.1 | 245.9 | 263.2 | 118.7 | 83.8 | 28.3 |
| 15~24 岁 | 1522.3 | 498.6 | 237.5 | 402.6 | 244.4 | 65.0 | 74.2 |
| 25~34 岁 | 1562.9 | 526.5 | 234.9 | 376.7 | 272.1 | 74.3 | 78.4 |
| 35~44 岁 | 1444.3 | 533.1 | 267.2 | 315.8 | 188.7 | 87.2 | 52.4 |
| 45~64 岁 | 1440.5 | 479.0 | 229.1 | 334.1 | 261.5 | 70.2 | 66.6 |
| 65 岁及以上 | 1141.2 | 431.2 | 192.0 | 242.9 | 78.7 | 30.7 | 166.4 |
| **按受教育程度分组** | | | | | | | |
| 初中及以下 | 1080.1 | 381.9 | 197.5 | 267.6 | 122.3 | 65.7 | 45.2 |
| 高中（中专 / 职高 / 技校） | 1252.8 | 378.0 | 185.0 | 336.2 | 233.4 | 63.1 | 56.9 |
| 大学本科、大专 | 1517.4 | 523.8 | 246.3 | 355.7 | 237.9 | 76.8 | 76.9 |
| 研究生及以上 | 1884.2 | 690.4 | 366.1 | 364.3 | 298.9 | 88.2 | 76.2 |
| **按旅游目的分组** | | | | | | | |
| 观光游览 | 1537.5 | 524.8 | 318.9 | 351.1 | 181.4 | 121.4 | 40.0 |
| 休闲度假 | 1551.9 | 465.7 | 353.6 | 379.6 | 198.0 | 97.5 | 57.6 |
| 出差 / 开会 / 商务 | 2409.4 | 1262.7 | 702.1 | 444.6 | — | — | — |
| 探亲访友 | 1250.6 | 507.0 | 95.3 | 299.8 | 238.8 | 22.7 | 86.9 |
| 文娱 / 体育 / 健身 | 2055.9 | 272.6 | 156.8 | 433.3 | 924.8 | 35.4 | 233.0 |
| 养生 / 保健 / 疗养 | 1409.7 | 367.7 | 185.3 | 240.3 | 310.7 | 24.5 | 281.2 |
| 其他 | 1109.9 | 520.4 | 232.7 | 254.6 | 74.6 | 8.2 | 20.2 |

*"出差 / 开会 / 商务"未在过夜分组中,且未调查以"出差 / 开会 / 商务"为旅游目的的购物费和景区游览费。（下同）

# 2-3-2 城镇居民国内散客人均每次各项花费构成

单位：%

| | 人均每次花费 | 交通费 | 住宿费 | 餐饮费 | 购物费 | 景区游览费 | 其他 |
|---|---|---|---|---|---|---|---|
| **调查总平均** | **100.0** | **34.3** | **16.7** | **23.6** | **15.5** | **5.1** | **4.8** |
| **按性别分组** | | | | | | | |
| 男　性 | 100.0 | 33.3 | 15.9 | 23.9 | 16.5 | 5.0 | 5.3 |
| 女　性 | 100.0 | 35.3 | 17.4 | 23.2 | 14.5 | 5.3 | 4.2 |
| **按年龄分组** | | | | | | | |
| 14 岁及以下 | 100.0 | 33.5 | 22.1 | 23.7 | 10.7 | 7.5 | 2.5 |
| 15~24 岁 | 100.0 | 32.8 | 15.6 | 26.4 | 16.1 | 4.3 | 4.9 |
| 25~34 岁 | 100.0 | 33.7 | 15.0 | 24.1 | 17.4 | 4.8 | 5.0 |
| 35~44 岁 | 100.0 | 36.9 | 18.5 | 21.9 | 13.1 | 6.0 | 3.6 |
| 45~64 岁 | 100.0 | 33.3 | 15.9 | 23.2 | 18.2 | 4.9 | 4.6 |
| 65 岁及以上 | 100.0 | 37.8 | 16.8 | 21.3 | 6.9 | 2.7 | 14.6 |
| **按受教育程度分组** | | | | | | | |
| 初中及以下 | 100.0 | 35.4 | 18.3 | 24.8 | 11.3 | 6.1 | 4.2 |
| 高中（中专 / 职高 / 技校） | 100.0 | 30.2 | 14.8 | 26.8 | 18.6 | 5.0 | 4.5 |
| 大学本科、大专 | 100.0 | 34.5 | 16.2 | 23.4 | 15.7 | 5.1 | 5.1 |
| 研究生及以上 | 100.0 | 36.6 | 19.4 | 19.3 | 15.9 | 4.7 | 4.0 |
| **按旅游目的分组** | | | | | | | |
| 观光游览 | 100.0 | 34.1 | 20.7 | 22.8 | 11.8 | 7.9 | 2.6 |
| 休闲度假 | 100.0 | 30.0 | 22.8 | 24.5 | 12.8 | 6.3 | 3.7 |
| 出差 / 开会 / 商务 | 100.0 | 52.4 | 29.1 | 18.5 | — | — | — |
| 探亲访友 | 100.0 | 40.5 | 7.6 | 24.0 | 19.1 | 1.8 | 7.0 |
| 文娱 / 体育 / 健身 | 100.0 | 13.3 | 7.6 | 21.1 | 45.0 | 1.7 | 11.3 |
| 养生 / 保健 / 疗养 | 100.0 | 26.1 | 13.1 | 17.0 | 22.0 | 1.7 | 19.9 |
| 其他 | 100.0 | 46.9 | 21.0 | 22.9 | 6.7 | 0.7 | 1.8 |

# 2-3-3 城镇居民国内过夜散客人均每次各项花费

单位：元 / 人次

| | 人均每次花费 | 交通费 | 住宿费 | 餐饮费 | 购物费 | 景区游览费 | 其他 |
|---|---|---|---|---|---|---|---|
| **调查总平均** | **1883.3** | **673.0** | **363.4** | **421.6** | **259.3** | **95.6** | **70.5** |
| **按性别分组** | | | | | | | |
| 男　性 | 1951.4 | 691.9 | 372.3 | 445.6 | 268.8 | 97.6 | 75.3 |
| 女　性 | 1820.9 | 655.7 | 355.3 | 399.6 | 250.7 | 93.7 | 66.0 |
| **按年龄分组** | | | | | | | |
| 14 岁及以下 | 1496.0 | 499.6 | 369.1 | 334.8 | 150.6 | 106.8 | 35.2 |
| 15~24 岁 | 1883.6 | 633.0 | 332.1 | 470.3 | 294.9 | 74.1 | 79.2 |
| 25~34 岁 | 1979.5 | 694.8 | 346.7 | 457.6 | 310.4 | 91.3 | 78.7 |
| 35~44 岁 | 1931.0 | 723.1 | 400.0 | 394.5 | 238.0 | 114.8 | 60.6 |
| 45~64 岁 | 1910.4 | 685.7 | 367.2 | 421.3 | 263.9 | 97.7 | 74.4 |
| 65 岁及以上 | 1705.0 | 725.1 | 354.8 | 358.4 | 115.6 | 49.2 | 102.9 |
| **按受教育程度分组** | | | | | | | |
| 初中及以下 | 1494.1 | 528.1 | 309.0 | 347.1 | 164.1 | 85.4 | 60.6 |
| 高中（中专 / 职高 / 技校） | 1663.5 | 536.2 | 301.2 | 438.0 | 246.0 | 81.5 | 60.6 |
| 大学本科、大专 | 1940.4 | 701.7 | 365.9 | 432.4 | 268.2 | 98.6 | 73.7 |
| 研究生及以上 | 2490.2 | 929.3 | 533.3 | 451.4 | 383.1 | 113.2 | 80.0 |
| **按旅游目的分组** | | | | | | | |
| 观光游览 | 2351.0 | 821.2 | 551.2 | 494.4 | 257.5 | 176.5 | 50.2 |
| 休闲度假 | 2070.5 | 641.4 | 537.5 | 481.0 | 219.9 | 129.8 | 60.9 |
| 出差 / 开会 / 商务 | 2962.2 | 1531.8 | 899.0 | 531.4 | — | — | — |
| 探亲访友 | 1442.3 | 596.5 | 125.0 | 335.0 | 280.3 | 26.0 | 79.4 |
| 文娱 / 体育 / 健身 | 2365.6 | 611.2 | 470.5 | 540.5 | 412.2 | 54.3 | 276.9 |
| 养生 / 保健 / 疗养 | 2113.1 | 569.8 | 336.4 | 316.4 | 536.3 | 30.1 | 324.1 |
| 其他 | 1967.2 | 924.5 | 499.6 | 444.6 | 65.3 | 11.0 | 28.0 |

# 2-3-4 城镇居民国内过夜散客人均每次各项花费构成

单位：%

| | 人均每次花费 | 交通费 | 住宿费 | 餐饮费 | 购物费 | 景区游览费 | 其他 |
|---|---|---|---|---|---|---|---|
| **调查总平均** | **100.0** | **35.7** | **19.3** | **22.4** | **13.8** | **5.1** | **3.7** |
| **按性别分组** | | | | | | | |
| 男　性 | 100.0 | 35.5 | 19.1 | 22.8 | 13.8 | 5.0 | 3.9 |
| 女　性 | 100.0 | 36.0 | 19.5 | 21.9 | 13.8 | 5.1 | 3.6 |
| **按年龄分组** | | | | | | | |
| 14 岁及以下 | 100.0 | 33.4 | 24.7 | 22.4 | 10.1 | 7.1 | 2.4 |
| 15~24 岁 | 100.0 | 33.6 | 17.6 | 25.0 | 15.7 | 3.9 | 4.2 |
| 25~34 岁 | 100.0 | 35.1 | 17.5 | 23.1 | 15.7 | 4.6 | 4.0 |
| 35~44 岁 | 100.0 | 37.4 | 20.7 | 20.4 | 12.3 | 5.9 | 3.1 |
| 45~64 岁 | 100.0 | 35.9 | 19.2 | 22.1 | 13.8 | 5.1 | 3.9 |
| 65 岁及以上 | 100.0 | 42.5 | 20.8 | 21.0 | 6.8 | 2.9 | 6.0 |
| **按受教育程度分组** | | | | | | | |
| 初中及以下 | 100.0 | 35.3 | 20.7 | 23.2 | 11.0 | 5.7 | 4.1 |
| 高中（中专 / 职高 / 技校） | 100.0 | 32.2 | 18.1 | 26.3 | 14.8 | 4.9 | 3.6 |
| 大学本科、大专 | 100.0 | 36.2 | 18.9 | 22.3 | 13.8 | 5.1 | 3.8 |
| 研究生及以上 | 100.0 | 37.3 | 21.4 | 18.1 | 15.4 | 4.5 | 3.2 |
| **按旅游目的分组** | | | | | | | |
| 观光游览 | 100.0 | 34.9 | 23.4 | 21.0 | 11.0 | 7.5 | 2.1 |
| 休闲度假 | 100.0 | 31.0 | 26.0 | 23.2 | 10.6 | 6.3 | 2.9 |
| 出差 / 开会 / 商务 | 100.0 | 51.7 | 30.3 | 17.9 | — | — | — |
| 探亲访友 | 100.0 | 41.4 | 8.7 | 23.2 | 19.4 | 1.8 | 5.5 |
| 文娱 / 体育 / 健身 | 100.0 | 25.8 | 19.9 | 22.8 | 17.4 | 2.3 | 11.7 |
| 养生 / 保健 / 疗养 | 100.0 | 27.0 | 15.9 | 15.0 | 25.4 | 1.4 | 15.3 |
| 其他 | 100.0 | 47.0 | 25.4 | 22.6 | 3.3 | 0.6 | 1.4 |

# 2-3-5 城镇居民国内一日游散客人均每次各项花费

单位：元 / 人次

| | 人均每次花费 | 交通费 | 餐饮费 | 购物费 | 景区游览费 | 其他 |
|---|---|---|---|---|---|---|
| **调查总平均** | **579.9** | **147.1** | **179.7** | **155.3** | **32.1** | **65.8** |
| **按性别分组** | | | | | | |
| 男　性 | 684.6 | 155.5 | 201.7 | 207.3 | 32.7 | 87.4 |
| 女　性 | 463.8 | 137.8 | 155.3 | 97.6 | 31.3 | 41.9 |
| **按年龄分组** | | | | | | |
| 14 岁及以下 | 345.3 | 117.6 | 120.2 | 54.9 | 37.9 | 14.7 |
| 15~24 岁 | 615.6 | 161.5 | 232.7 | 117.7 | 42.1 | 61.6 |
| 25~34 岁 | 687.7 | 173.1 | 206.7 | 191.6 | 38.4 | 77.9 |
| 35~44 岁 | 465.3 | 150.7 | 157.5 | 89.6 | 31.7 | 35.8 |
| 45~64 岁 | 661.3 | 136.3 | 189.6 | 257.3 | 24.5 | 53.6 |
| 65 岁及以上 | 473.7 | 81.7 | 106.2 | 35.1 | 8.9 | 241.7 |
| **按受教育程度分组** | | | | | | |
| 初中及以下 | 346.6 | 122.9 | 126.6 | 48.3 | 30.7 | 18.0 |
| 高中（中专 / 职高 / 技校） | 598.6 | 126.1 | 174.2 | 213.4 | 34.0 | 50.9 |
| 大学本科、大专 | 645.5 | 157.2 | 197.5 | 175.7 | 31.7 | 83.6 |
| 研究生及以上 | 557.7 | 167.5 | 173.8 | 114.8 | 33.5 | 68.0 |
| **按旅游目的分组** | | | | | | |
| 观光游览 | 421.1 | 117.9 | 154.4 | 77.0 | 45.7 | 26.0 |
| 休闲度假 | 554.7 | 127.6 | 184.7 | 156.0 | 35.3 | 51.3 |
| 出差 / 开会 / 商务 | 438.0 | 303.0 | 135.0 | — | — | — |
| 探亲访友 | 635.0 | 219.7 | 186.8 | 105.4 | 12.2 | 110.9 |
| 文娱 / 体育 / 健身 | 1901.0 | 103.3 | 379.7 | 1181.1 | 25.9 | 211.0 |
| 养生 / 保健 / 疗养 | 547.0 | 119.7 | 147.0 | 34.1 | 17.6 | 228.5 |
| 其他 | 351.4 | 163.0 | 86.4 | 82.9 | 5.7 | 13.4 |

## 2-3-6 城镇居民国内一日游散客人均每次各项花费构成

单位：%

| | 人均每次花费 | 交通费 | 餐饮费 | 购物费 | 景区游览费 | 其他 |
|---|---|---|---|---|---|---|
| **调查总平均** | **100.0** | **25.4** | **31.0** | **26.8** | **5.5** | **11.3** |
| **按性别分组** | | | | | | |
| 男　性 | 100.0 | 22.7 | 29.5 | 30.3 | 4.8 | 12.8 |
| 女　性 | 100.0 | 29.7 | 33.5 | 21.0 | 6.8 | 9.0 |
| **按年龄分组** | | | | | | |
| 14 岁及以下 | 100.0 | 34.0 | 34.8 | 15.9 | 11.0 | 4.2 |
| 15~24 岁 | 100.0 | 26.2 | 37.8 | 19.1 | 6.8 | 10.0 |
| 25~34 岁 | 100.0 | 25.2 | 30.1 | 27.9 | 5.6 | 11.3 |
| 35~44 岁 | 100.0 | 32.4 | 33.8 | 19.3 | 6.8 | 7.7 |
| 45~64 岁 | 100.0 | 20.6 | 28.7 | 38.9 | 3.7 | 8.1 |
| 65 岁及以上 | 100.0 | 17.3 | 22.4 | 7.4 | 1.9 | 51.0 |
| **按受教育程度分组** | | | | | | |
| 初中及以下 | 100.0 | 35.5 | 36.5 | 13.9 | 8.9 | 5.2 |
| 高中（中专 / 职高 / 技校） | 100.0 | 21.1 | 29.1 | 35.6 | 5.7 | 8.5 |
| 大学本科、大专 | 100.0 | 24.3 | 30.6 | 27.2 | 4.9 | 12.9 |
| 研究生及以上 | 100.0 | 30.0 | 31.2 | 20.6 | 6.0 | 12.2 |
| **按旅游目的分组** | | | | | | |
| 观光游览 | 100.0 | 28.0 | 36.7 | 18.3 | 10.9 | 6.2 |
| 休闲度假 | 100.0 | 23.0 | 33.3 | 28.1 | 6.4 | 9.2 |
| 出差 / 开会 / 商务 | 100.0 | 69.2 | 30.8 | — | — | — |
| 探亲访友 | 100.0 | 34.6 | 29.4 | 16.6 | 1.9 | 17.5 |
| 文娱 / 体育 / 健身 | 100.0 | 5.4 | 20.0 | 62.1 | 1.4 | 11.1 |
| 养生 / 保健 / 疗养 | 100.0 | 21.9 | 26.9 | 6.2 | 3.2 | 41.8 |
| 其他 | 100.0 | 46.4 | 24.6 | 23.6 | 1.6 | 3.8 |

# 三、农村居民国内旅游抽样调查数据

# 1. 2019 年农村居民国内游客人数调查构成

## 3-1-1　农村居民国内游客人数构成
### （按旅游方式分组）

单位：%

| | 人数构成 | 旅行社组织 | 非旅行社组织 |
|---|---|---|---|
| **调查总平均** | **100.0** | **4.0** | **96.0** |
| **按性别分组** | | | |
| 男　性 | 100.0 | 3.6 | 96.4 |
| 女　性 | 100.0 | 4.6 | 95.4 |
| **按年龄分组** | | | |
| 14 岁及以下 | 100.0 | 5.4 | 94.6 |
| 15~24 岁 | 100.0 | 2.6 | 97.4 |
| 25~34 岁 | 100.0 | 2.8 | 97.2 |
| 35~44 岁 | 100.0 | 3.9 | 96.1 |
| 45~64 岁 | 100.0 | 4.7 | 95.3 |
| 65 岁及以上 | 100.0 | 7.6 | 92.4 |
| **按受教育程度分组** | | | |
| 小学及以下 | 100.0 | 4.3 | 95.7 |
| 初中 | 100.0 | 5.7 | 94.3 |
| 高中（中专 / 职高 / 技校） | 100.0 | 5.0 | 95.0 |
| 大专、大学本科及以上 | 100.0 | 2.8 | 97.2 |

# 3-1-2 农村居民国内游客人数构成

## （按旅游目的分组）

单位：%

| | 人数构成 | 观光游览 | 休闲度假 | 做生意外出办理公事等 | 探亲访友 | 文娱体育健身 | 养生保健疗养 | 其他 |
|---|---|---|---|---|---|---|---|---|
| **调查总平均** | **100.0** | **23.9** | **13.3** | **16.3** | **37.0** | **1.4** | **1.9** | **6.1** |
| **按性别分组** | | | | | | | | |
| 男　性 | 100.0 | 23.1 | 12.3 | 20.2 | 35.1 | 1.4 | 1.8 | 6.1 |
| 女　性 | 100.0 | 25.0 | 14.9 | 10.7 | 39.8 | 1.5 | 2.1 | 6.0 |
| **按年龄分组** | | | | | | | | |
| 14 岁及以下 | 100.0 | 39.3 | 16.8 | 0.8 | 34.7 | 3.1 | 1.5 | 3.8 |
| 15~24 岁 | 100.0 | 26.2 | 19.1 | 15.1 | 31.9 | 1.1 | 1.4 | 5.1 |
| 25~34 岁 | 100.0 | 22.8 | 15.3 | 18.0 | 36.3 | 1.4 | 2.0 | 4.3 |
| 35~44 岁 | 100.0 | 22.6 | 13.2 | 18.7 | 37.3 | 1.3 | 1.5 | 5.3 |
| 45~64 岁 | 100.0 | 20.7 | 9.7 | 19.6 | 38.8 | 1.2 | 2.2 | 7.7 |
| 65 岁及以上 | 100.0 | 22.4 | 6.4 | 5.0 | 43.2 | 0.8 | 3.9 | 18.3 |
| **按受教育程度分组** | | | | | | | | |
| 小学及以下 | 100.0 | 30.6 | 14.3 | 4.6 | 38.0 | 1.9 | 2.8 | 7.7 |
| 初中 | 100.0 | 22.5 | 10.1 | 16.3 | 38.6 | 1.6 | 2.4 | 8.4 |
| 高中（中专 / 职高 / 技校） | 100.0 | 23.5 | 11.8 | 19.0 | 36.7 | 0.9 | 2.0 | 6.1 |
| 大专、大学本科及以上 | 100.0 | 22.8 | 15.1 | 18.4 | 36.2 | 1.4 | 1.5 | 4.7 |

# 3-1-3　农村居民国内游客人数构成
## （按停留时间分组）

单位：%

| | 人数构成 | 一日游 | 过夜游 |
|---|---|---|---|
| **调查总平均** | 100.0 | 42.0 | 58.0 |
| **按性别分组** | | | |
| 男　性 | 100.0 | 43.3 | 56.7 |
| 女　性 | 100.0 | 40.2 | 59.8 |
| **按年龄分组** | | | |
| 14 岁及以下 | 100.0 | 45.6 | 54.4 |
| 15~24 岁 | 100.0 | 32.5 | 67.5 |
| 25~34 岁 | 100.0 | 35.1 | 64.9 |
| 35~44 岁 | 100.0 | 43.1 | 56.9 |
| 45~64 岁 | 100.0 | 48.7 | 51.3 |
| 65 岁及以上 | 100.0 | 50.1 | 49.9 |
| **按受教育程度分组** | | | |
| 小学及以下 | 100.0 | 48.7 | 51.3 |
| 初中 | 100.0 | 51.9 | 48.1 |
| 高中（中专 / 职高 / 技校） | 100.0 | 45.3 | 54.7 |
| 大专、大学本科及以上 | 100.0 | 34.7 | 65.3 |
| **按旅游目的分组** | | | |
| 观光游览 | 100.0 | 47.5 | 52.5 |
| 休闲度假 | 100.0 | 44.9 | 55.1 |
| 做生意 / 外出办理公事等 | 100.0 | 43.8 | 56.2 |
| 探亲访友 | 100.0 | 34.7 | 65.3 |
| 文娱 / 体育 / 健身 | 100.0 | 47.7 | 52.3 |
| 养生 / 保健 / 疗养 | 100.0 | 42.2 | 57.8 |
| 其他 | 100.0 | 52.3 | 47.7 |

# 3-1-4　农村居民国内游客人数构成
## （按出游半径分组）

单位：%

| | 人数构成 | 本地游 | 异地游 * |
|---|---|---|---|
| **调查总平均** | **100.0** | **54.9** | **45.1** |
| **按性别分组** | | | |
| 男　性 | 100.0 | 54.5 | 45.5 |
| 女　性 | 100.0 | 55.6 | 44.4 |
| **按年龄分组** | | | |
| 14 岁及以下 | 100.0 | 54.1 | 45.9 |
| 15~24 岁 | 100.0 | 56.0 | 44.0 |
| 25~34 岁 | 100.0 | 49.6 | 50.4 |
| 35~44 岁 | 100.0 | 55.1 | 44.9 |
| 45~64 岁 | 100.0 | 58.6 | 41.4 |
| 65 岁及以上 | 100.0 | 65.9 | 34.1 |
| **按受教育程度分组** | | | |
| 小学及以下 | 100.0 | 58.8 | 41.2 |
| 初中 | 100.0 | 63.0 | 37.0 |
| 高中（中专 / 职高 / 技校） | 100.0 | 59.5 | 40.5 |
| 大专、大学本科及以上 | 100.0 | 48.6 | 51.4 |
| **按旅游目的分组** | | | |
| 观光游览 | 100.0 | 49.8 | 50.2 |
| 休闲度假 | 100.0 | 57.5 | 42.5 |
| 做生意 / 外出办理公事等 | 100.0 | 51.1 | 48.9 |
| 探亲访友 | 100.0 | 59.1 | 40.9 |
| 文娱 / 体育 / 健身 | 100.0 | 65.6 | 34.4 |
| 养生 / 保健 / 疗养 | 100.0 | 55.5 | 44.5 |
| 其他 | 100.0 | 51.9 | 48.1 |

* 异地游：指农村居民离开自己惯常居住县 / 市（以该县 / 市行政地域为界），前往本省及其他县 / 市或外省的旅游行为。（下同）

## 2. 2019 年农村居民国内游客人均每次花费

### 3-2-1 农村居民国内游客人均每次花费

单位：元 / 人次

| | 农村居民国内游客人均每次花费 |
| --- | --- |
| **调查总平均** | 960.4 |
| | |
| **按性别分组** | |
| 男　性 | 1005.2 |
| 女　性 | 894.5 |
| | |
| **按年龄分组** | |
| 14 岁及以下 | 595.8 |
| 15~24 岁 | 1313.4 |
| 25~34 岁 | 1099.7 |
| 35~44 岁 | 917.8 |
| 45~64 岁 | 884.2 |
| 65 岁及以上 | 847.5 |
| | |
| **按受教育程度分组** | |
| 小学及以下 | 677.5 |
| 初中 | 734.8 |
| 高中（中专 / 职高 / 技校） | 964.0 |
| 大专、大学本科及以上 | 1127.5 |
| | |
| **按旅游目的分组** | |
| 观光游览 | 1158.5 |
| 休闲度假 | 1116.4 |
| 出差 / 开会 / 商务 | 1097.5 |
| 探亲访友 | 708.9 |
| 文娱 / 体育 / 健身 | 870.4 |
| 养生 / 保健 / 疗养 | 2068.5 |
| 其他 | 673.6 |

# 3-2-2 农村居民国内游客人均每次花费
## （按旅游方式分组）

单位：元 / 人次

| | 人均每次花费 | 旅行社组织 | 非旅行社组织 |
|---|---|---|---|
| **调查总平均** | **960.4** | **1693.4** | **901.7** |
| **按性别分组** | | | |
| 男　性 | 1005.2 | 1854.5 | 933.6 |
| 女　性 | 894.5 | 1530.1 | 859.2 |
| **按年龄分组** | | | |
| 14 岁及以下 | 595.8 | 877.1 | 578.0 |
| 15~24 岁 | 1313.4 | 1023.4 | 1324.8 |
| 25~34 岁 | 1099.7 | 2413.8 | 1045.4 |
| 35~44 岁 | 917.8 | 1530.8 | 839.1 |
| 45~64 岁 | 884.2 | 1791.3 | 814.9 |
| 65 岁及以上 | 847.5 | 1869.3 | 789.7 |
| **按受教育程度分组** | | | |
| 小学及以下 | 677.5 | 1071.7 | 656.8 |
| 初中 | 734.8 | 1543.3 | 644.9 |
| 高中（中专 / 职高 / 技校） | 964.0 | 1596.4 | 913.5 |
| 大专、大学本科及以上 | 1127.5 | 2193.3 | 1076.9 |

# 3-2-3 农村居民国内游客人均每次花费
## （按旅游目的分组）

单位：元 / 人次

| | 人均每次花费 | 观光游览 | 休闲度假 | 做生意外出办理公事等 | 探亲访友 | 文娱体育健身 | 养生保健疗养 | 其他 |
|---|---|---|---|---|---|---|---|---|
| **调查总平均** | **960.4** | **1158.5** | **1116.4** | **1097.5** | **708.9** | **870.4** | **2068.5** | **673.6** |
| **按性别分组** | | | | | | | | |
| 男　性 | 1005.2 | 1213.4 | 1075.0 | 1158.3 | 766.7 | 793.2 | 2018.0 | 699.7 |
| 女　性 | 894.5 | 1083.9 | 1166.6 | 929.1 | 633.7 | 976.2 | 2130.0 | 634.2 |
| **按年龄分组** | | | | | | | | |
| 14 岁及以下 | 595.8 | 703.7 | 678.3 | 805 | 442.4 | 657.8 | 284.4 | 545.1 |
| 15~24 岁 | 1313.4 | 1708.4 | 1631.4 | 1293.5 | 854.7 | 769.2 | 2122.3 | 918.9 |
| 25~34 岁 | 1099.7 | 1234.8 | 1286.5 | 1172.0 | 856.3 | 1276.6 | 2693.7 | 688.9 |
| 35~44 岁 | 917.8 | 1121.8 | 957.7 | 1141.1 | 664.5 | 671.0 | 1963.4 | 701.4 |
| 45~64 岁 | 884.2 | 1183.9 | 1035.6 | 980.8 | 624.3 | 842.3 | 1952.6 | 653.9 |
| 65 岁及以上 | 847.5 | 1134.2 | 400.8 | 388.4 | 837.2 | 190.3 | 2022.5 | 581.5 |
| **按受教育程度分组** | | | | | | | | |
| 小学及以下 | 677.5 | 793.2 | 784.5 | 738.5 | 556.5 | 735.5 | 1129.1 | 402.8 |
| 初中 | 734.8 | 931.9 | 742.2 | 932.5 | 559.9 | 610.8 | 766.7 | 632.4 |
| 高中（中专 / 职高 / 技校） | 964.0 | 1351.8 | 934.2 | 1032.9 | 642.1 | 1248.4 | 2436.5 | 723.9 |
| 大专、大学本科及以上 | 1127.5 | 1293.9 | 1367.4 | 1211.5 | 847.2 | 932.9 | 3188.6 | 796.7 |

# 3-2-4　农村居民国内游客人均每次花费
## （按停留时间分组）

单位：元 / 人次

| | 人均每次花费 | 一日游 | 过夜游 |
|---|---|---|---|
| **调查总平均** | **960.4** | **347.2** | **1404.9** |
| **按性别分组** | | | |
| 男　性 | 1005.2 | 352.1 | 1503.6 |
| 女　性 | 894.5 | 339.5 | 1267.3 |
| **按年龄分组** | | | |
| 14 岁及以下 | 595.8 | 259.2 | 878.1 |
| 15~24 岁 | 1313.4 | 474.7 | 1716.4 |
| 25~34 岁 | 1099.7 | 399.5 | 1477.8 |
| 35~44 岁 | 917.8 | 311.8 | 1376.4 |
| 45~64 岁 | 884.2 | 314.7 | 1424.4 |
| 65 岁及以上 | 847.5 | 492.2 | 1204.8 |
| **按受教育程度分组** | | | |
| 小学及以下 | 677.5 | 331.2 | 1006.2 |
| 初中 | 734.8 | 310.7 | 1193.3 |
| 高中（中专 / 职高 / 技校） | 964.0 | 354.9 | 1468.9 |
| 大专、大学本科及以上 | 1127.5 | 371.0 | 1529.5 |
| **按旅游目的分组** | | | |
| 观光游览 | 1158.5 | 350.5 | 1890.6 |
| 休闲度假 | 1116.4 | 363.9 | 1728.9 |
| 做生意 / 外出办理公事等 | 1097.5 | 304.8 | 1715.5 |
| 探亲访友 | 708.9 | 360.1 | 894.6 |
| 文娱 / 体育 / 健身 | 870.4 | 259.7 | 1426.4 |
| 养生 / 保健 / 疗养 | 2068.5 | 737.9 | 3039.8 |
| 其他 | 673.6 | 266.2 | 1120.0 |

# 3-2-5 农村居民国内游客人均每次花费
## （按出游半径分组）

单位：元 / 人次

| | 人均每次花费 | 本地游 | 异地游 |
|---|---|---|---|
| **调查总平均** | **960.4** | **542.7** | **1469.8** |
| **按性别分组** | | | |
| 男 性 | 1005.2 | 552.8 | 1547.6 |
| 女 性 | 894.5 | 528.1 | 1352.6 |
| **按年龄分组** | | | |
| 14 岁及以下 | 595.8 | 331.7 | 907.5 |
| 15~24 岁 | 1313.4 | 927.2 | 1805.6 |
| 25~34 岁 | 1099.7 | 665.2 | 1528.1 |
| 35~44 岁 | 917.8 | 490.5 | 1441.2 |
| 45~64 岁 | 884.2 | 456.6 | 1489.2 |
| 65 岁及以上 | 847.5 | 399.6 | 1714.2 |
| **按受教育程度分组** | | | |
| 小学及以下 | 677.5 | 339.0 | 1159.9 |
| 初中 | 734.8 | 448.8 | 1221.7 |
| 高中（中专 / 职高 / 技校） | 964.0 | 583.0 | 1523.2 |
| 大专、大学本科及以上 | 1127.5 | 637.1 | 1591.1 |
| **按旅游目的分组** | | | |
| 观光游览 | 1158.5 | 593.4 | 1718.4 |
| 休闲度假 | 1116.4 | 720.6 | 1652.9 |
| 做生意 / 外出办理公事等 | 1097.5 | 503.3 | 1718.2 |
| 探亲访友 | 708.9 | 458.8 | 1070.1 |
| 文娱 / 体育 / 健身 | 870.4 | 763.8 | 1073.9 |
| 养生 / 保健 / 疗养 | 2068.5 | 978.2 | 3427.8 |
| 其他 | 673.6 | 392.1 | 977.6 |

# 3. 2019 年农村居民国内散客人均每次各项花费及构成

## 3-3-1　农村居民国内散客人均每次各项花费

单位：元 / 人次

| | 人均每次花费 | 交通费 | 住宿费 | 餐饮费 | 购物费 | 景区游览费 | 其他 |
|---|---|---|---|---|---|---|---|
| **调查总平均** | **901.7** | **288.9** | **114.2** | **235.2** | **160.5** | **44.6** | **58.4** |
| **按性别分组** | | | | | | | |
| 男　性 | 933.6 | 299.4 | 123.7 | 253.5 | 163.5 | 42.8 | 50.8 |
| 女　性 | 859.2 | 274.9 | 101.5 | 210.7 | 156.4 | 47.1 | 68.6 |
| **按年龄分组** | | | | | | | |
| 14 岁及以下 | 578.0 | 194.4 | 75.9 | 145.7 | 94.8 | 44.6 | 22.5 |
| 15~24 岁 | 1324.8 | 364.9 | 189.3 | 356.2 | 314.7 | 48.2 | 51.4 |
| 25~34 岁 | 1045.4 | 331.8 | 138.3 | 270.2 | 185.6 | 45.1 | 74.5 |
| 35~44 岁 | 839.1 | 285.7 | 104.4 | 209.9 | 146.9 | 49.2 | 43.1 |
| 45~64 岁 | 814.9 | 268.0 | 88.2 | 212.3 | 138.4 | 40.9 | 67.1 |
| 65 岁及以上 | 789.7 | 236.1 | 115.8 | 259.6 | 66.5 | 34.4 | 77.4 |
| **按受教育程度分组** | | | | | | | |
| 小学及以下 | 656.8 | 192.3 | 74.6 | 210.8 | 94.9 | 39.4 | 44.8 |
| 初中 | 644.9 | 227.8 | 96.9 | 163.7 | 94.0 | 27.8 | 34.6 |
| 高中（中专 / 职高 / 技校） | 913.5 | 272.6 | 98.1 | 247.1 | 173.5 | 50.9 | 71.4 |
| 大专、大学本科及以上 | 1076.9 | 350.8 | 140.5 | 266.4 | 202.2 | 50.3 | 66.7 |
| **按旅游目的分组** | | | | | | | |
| 观光游览 | 1111.2 | 336.3 | 175.0 | 283.8 | 177.4 | 100.5 | 38.3 |
| 休闲度假 | 1064.0 | 324.7 | 150.3 | 273.2 | 202.0 | 64.2 | 49.5 |
| 做生意 / 外出办理公事等 | 1097.5 | 557.4 | 270.7 | 269.5 | — | — | — |
| 探亲访友 | 707.6 | 257.2 | 57.0 | 203.8 | 140.0 | 13.9 | 35.5 |
| 文娱 / 体育 / 健身 | 873.9 | 260.4 | 161.8 | 248.7 | 115.4 | 22.7 | 64.8 |
| 养生 / 保健 / 疗养 | 2017.8 | 358.3 | 225.6 | 220.6 | 345.2 | 15.3 | 852.7 |
| 其他 | 668.9 | 224.1 | 127.2 | 175.9 | 92.2 | 6.9 | 42.7 |

*“出差 / 开会 / 商务”未在过夜分组中，且未调查以“出差 / 开会 / 商务”为旅游目的的购物费和景区游览费。（下同）

# 3-3-2 农村居民国内散客人均每次各项花费构成

单位：%

| | 人均每次花费 | 交通费 | 住宿费 | 餐饮费 | 购物费 | 景区游览费 | 其他 |
|---|---|---|---|---|---|---|---|
| **调查总平均** | **100.0** | **32.0** | **12.7** | **26.1** | **17.8** | **4.9** | **6.5** |
| **按性别分组** | | | | | | | |
| 男　性 | 100.0 | 32.1 | 13.3 | 27.2 | 17.5 | 4.6 | 5.4 |
| 女　性 | 100.0 | 32.0 | 11.8 | 24.5 | 18.2 | 5.5 | 8.0 |
| **按年龄分组** | | | | | | | |
| 14 岁及以下 | 100.0 | 33.6 | 13.1 | 25.2 | 16.4 | 7.7 | 3.9 |
| 15~24 岁 | 100.0 | 27.5 | 14.3 | 26.9 | 23.8 | 3.6 | 3.9 |
| 25~34 岁 | 100.0 | 31.7 | 13.2 | 25.8 | 17.8 | 4.3 | 7.1 |
| 35~44 岁 | 100.0 | 34.0 | 12.4 | 25.0 | 17.5 | 5.9 | 5.1 |
| 45~64 岁 | 100.0 | 32.9 | 10.8 | 26.0 | 17.0 | 5.0 | 8.2 |
| 65 岁及以上 | 100.0 | 29.9 | 14.7 | 32.9 | 8.4 | 4.4 | 9.8 |
| **按受教育程度分组** | | | | | | | |
| 小学及以下 | 100.0 | 29.3 | 11.4 | 32.1 | 14.5 | 6.0 | 6.8 |
| 初中 | 100.0 | 35.3 | 15.0 | 25.4 | 14.6 | 4.3 | 5.4 |
| 高中（中专 / 职高 / 技校） | 100.0 | 29.8 | 10.7 | 27.0 | 19.0 | 5.6 | 7.8 |
| 大专、大学本科及以上 | 100.0 | 32.6 | 13.0 | 24.7 | 18.8 | 4.7 | 6.2 |
| **按旅游目的分组** | | | | | | | |
| 观光游览 | 100.0 | 30.3 | 15.7 | 25.5 | 16.0 | 9.0 | 3.4 |
| 休闲度假 | 100.0 | 30.5 | 14.1 | 25.7 | 19.0 | 6.0 | 4.7 |
| 做生意 / 外出办理公事等 | 100.0 | 50.8 | 24.7 | 24.6 | — | — | — |
| 探亲访友 | 100.0 | 36.4 | 8.1 | 28.8 | 19.8 | 2.0 | 5.0 |
| 文娱 / 体育 / 健身 | 100.0 | 29.8 | 18.5 | 28.5 | 13.2 | 2.6 | 7.4 |
| 养生 / 保健 / 疗养 | 100.0 | 17.8 | 11.2 | 10.9 | 17.1 | 0.8 | 42.3 |
| 其他 | 100.0 | 33.5 | 19.0 | 26.3 | 13.8 | 1.0 | 6.4 |

## 3-3-3 农村居民国内过夜散客人均每次各项花费

单位：元 / 人次

| | 人均每次花费 | 交通费 | 住宿费 | 餐饮费 | 购物费 | 景区游览费 | 其他 |
|---|---|---|---|---|---|---|---|
| **调查总平均** | **1300.6** | **415.3** | **197.8** | **312.4** | **230.4** | **63.6** | **81.2** |
| **按性别分组** | | | | | | | |
| 男　性 | 1372.0 | 438.2 | 218.4 | 337.8 | 244.7 | 61.4 | 71.6 |
| 女　性 | 1209.7 | 386.1 | 171.6 | 280.1 | 212.1 | 66.4 | 93.3 |
| **按年龄分组** | | | | | | | |
| 14 岁及以下 | 844.7 | 280.1 | 139.0 | 196.5 | 136.7 | 63.4 | 29.1 |
| 15~24 岁 | 1703.0 | 460.4 | 277.9 | 438.7 | 421.3 | 60.8 | 43.9 |
| 25~34 岁 | 1388.6 | 442.4 | 211.6 | 336.8 | 243.0 | 56.6 | 98.4 |
| 35~44 岁 | 1241.0 | 412.4 | 184.5 | 294.7 | 217.1 | 73.2 | 59.1 |
| 45~64 岁 | 1298.3 | 426.4 | 176.4 | 314.1 | 206.5 | 65.9 | 109.0 |
| 65 岁及以上 | 1055.2 | 369.1 | 235.2 | 171.2 | 96.0 | 60.5 | 123.1 |
| **按受教育程度分组** | | | | | | | |
| 小学及以下 | 962.0 | 291.4 | 145.9 | 248.3 | 151.8 | 61.9 | 62.6 |
| 初中 | 1013.5 | 367.5 | 202.5 | 234.4 | 120.1 | 41.5 | 47.5 |
| 高中（中专 / 职高 / 技校） | 1379.0 | 399.2 | 180.4 | 349.0 | 266.3 | 75.7 | 108.4 |
| 大专、大学本科及以上 | 1440.5 | 465.7 | 215.5 | 338.1 | 269.4 | 66.2 | 85.8 |
| **按旅游目的分组** | | | | | | | |
| 观光游览 | 1859.3 | 550.2 | 347.2 | 444.3 | 294.5 | 162.1 | 60.9 |
| 休闲度假 | 1653.2 | 493.1 | 277.7 | 392.5 | 312.7 | 99.6 | 77.7 |
| 做生意 / 外出办理公事等 | 1715.5 | 833.9 | 481.7 | 399.9 | — | — | — |
| 探亲访友 | 893.0 | 334.7 | 87.4 | 232.1 | 181.1 | 17.8 | 40.0 |
| 文娱 / 体育 / 健身 | 1450.3 | 411.1 | 313.7 | 391.6 | 189.4 | 36.7 | 107.8 |
| 养生 / 保健 / 疗养 | 3011.7 | 467.4 | 400.8 | 301.9 | 503.0 | 23.1 | 1315.6 |
| 其他 | 1115.2 | 379.8 | 268.3 | 282.7 | 117.6 | 13.0 | 53.9 |

## 3-3-4　农村居民国内过夜散客人均每次各项花费构成

单位：%

| | 人均每次花费 | 交通费 | 住宿费 | 餐饮费 | 购物费 | 景区游览费 | 其他 |
|---|---|---|---|---|---|---|---|
| **调查总平均** | **100.0** | **31.9** | **15.2** | **24.0** | **17.7** | **4.9** | **6.2** |
| **按性别分组** | | | | | | | |
| 男　性 | 100.0 | 31.9 | 15.9 | 24.6 | 17.8 | 4.5 | 5.2 |
| 女　性 | 100.0 | 31.9 | 14.2 | 23.2 | 17.5 | 5.5 | 7.7 |
| **按年龄分组** | | | | | | | |
| 14 岁及以下 | 100.0 | 33.2 | 16.5 | 23.3 | 16.2 | 7.5 | 3.4 |
| 15~24 岁 | 100.0 | 27.0 | 16.3 | 25.8 | 24.7 | 3.6 | 2.6 |
| 25~34 岁 | 100.0 | 31.9 | 15.2 | 24.3 | 17.5 | 4.1 | 7.1 |
| 35~44 岁 | 100.0 | 33.2 | 14.9 | 23.7 | 17.5 | 5.9 | 4.8 |
| 45~64 岁 | 100.0 | 32.8 | 13.6 | 24.2 | 15.9 | 5.1 | 8.4 |
| 65 岁及以上 | 100.0 | 35.0 | 22.3 | 16.2 | 9.1 | 5.7 | 11.7 |
| **按受教育程度分组** | | | | | | | |
| 小学及以下 | 100.0 | 30.3 | 15.2 | 25.8 | 15.8 | 6.4 | 6.5 |
| 初中 | 100.0 | 36.3 | 20.0 | 23.1 | 11.9 | 4.1 | 4.7 |
| 高中（中专 / 职高 / 技校） | 100.0 | 28.9 | 13.1 | 25.3 | 19.3 | 5.5 | 7.9 |
| 大专、大学本科及以上 | 100.0 | 32.3 | 15.0 | 23.5 | 18.7 | 4.6 | 6.0 |
| **按旅游目的分组** | | | | | | | |
| 观光游览 | 100.0 | 29.6 | 18.7 | 23.9 | 15.8 | 8.7 | 3.3 |
| 休闲度假 | 100.0 | 29.8 | 16.8 | 23.7 | 18.9 | 6.0 | 4.7 |
| 做生意 / 外出办理公事等 | 100.0 | 48.6 | 28.1 | 23.3 | — | — | — |
| 探亲访友 | 100.0 | 37.5 | 9.8 | 26.0 | 20.3 | 2.0 | 4.5 |
| 文娱 / 体育 / 健身 | 100.0 | 28.3 | 21.6 | 27.0 | 13.1 | 2.5 | 7.4 |
| 养生 / 保健 / 疗养 | 100.0 | 15.5 | 13.3 | 10.0 | 16.7 | 0.8 | 43.7 |
| 其他 | 100.0 | 34.1 | 24.1 | 25.3 | 10.5 | 1.2 | 4.8 |

## 3-3-5 农村居民国内一日游散客人均每次各项花费

单位：元 / 人次

| | 人均每次花费 | 交通费 | 餐饮费 | 购物费 | 景区游览费 | 其他 |
|---|---|---|---|---|---|---|
| **调查总平均** | **357.1** | **116.3** | **129.7** | **65.0** | **18.7** | **27.3** |
| **按性别分组** | | | | | | |
| 男　性 | 361.2 | 118.1 | 143.5 | 57.5 | 18.5 | 23.5 |
| 女　性 | 351.4 | 113.7 | 110.1 | 75.7 | 19.0 | 32.7 |
| **按年龄分组** | | | | | | |
| 14 岁及以下 | 257.1 | 91.4 | 84.6 | 44.4 | 22.1 | 14.5 |
| 15~24 岁 | 516.7 | 160.6 | 179.8 | 87.0 | 21.3 | 67.7 |
| 25~34 岁 | 398.7 | 123.6 | 144.7 | 77.6 | 23.5 | 29.4 |
| 35~44 岁 | 315.7 | 120.7 | 99.6 | 55.4 | 17.8 | 22.2 |
| 45~64 岁 | 330.9 | 109.3 | 110.3 | 70.2 | 15.8 | 25.2 |
| 65 岁及以上 | 532.6 | 107.3 | 345.2 | 38.0 | 9.0 | 33.1 |
| **按受教育程度分组** | | | | | | |
| 小学及以下 | 337.4 | 88.5 | 171.6 | 35.4 | 15.7 | 26.2 |
| 初中 | 306.6 | 99.6 | 98.9 | 70.1 | 15.3 | 22.7 |
| 高中（中专 / 职高 / 技校） | 359.2 | 121.9 | 125.7 | 63.0 | 21.3 | 27.2 |
| 大专、大学本科及以上 | 395.2 | 135.4 | 132.1 | 76.2 | 20.7 | 30.7 |
| **按旅游目的分组** | | | | | | |
| 观光游览 | 351.4 | 119.0 | 120.7 | 58.4 | 38.0 | 15.3 |
| 休闲度假 | 368.6 | 126.0 | 132.5 | 71.3 | 22.5 | 16.2 |
| 做生意 / 外出办理公事等 | 304.8 | 202.6 | 102.1 | — | — | — |
| 探亲访友 | 360.3 | 112.3 | 150.9 | 63.2 | 6.8 | 27.0 |
| 文娱 / 体育 / 健身 | 259.7 | 99.8 | 96.5 | 36.6 | 7.8 | 19.0 |
| 养生 / 保健 / 疗养 | 737.9 | 217.9 | 116.0 | 142.1 | 5.3 | 256.6 |
| 其他 | 266.2 | 83.2 | 79.5 | 69.4 | 1.4 | 32.6 |

## 3-3-6 农村居民国内一日游散客人均每次各项花费构成

单位：%

| | 人均每次花费 | 交通费 | 餐饮费 | 购物费 | 景区游览费 | 其他 |
|---|---|---|---|---|---|---|
| **调查总平均** | **100.0** | **32.6** | **36.3** | **18.2** | **5.2** | **7.7** |
| **按性别分组** | | | | | | |
| 男　性 | 100.0 | 32.7 | 39.7 | 15.9 | 5.1 | 6.5 |
| 女　性 | 100.0 | 32.4 | 31.3 | 21.6 | 5.4 | 9.3 |
| **按年龄分组** | | | | | | |
| 14 岁及以下 | 100.0 | 35.5 | 32.9 | 17.3 | 8.6 | 5.7 |
| 15~24 岁 | 100.0 | 31.1 | 34.8 | 16.8 | 4.1 | 13.1 |
| 25~34 岁 | 100.0 | 31.0 | 36.3 | 19.5 | 5.9 | 7.4 |
| 35~44 岁 | 100.0 | 38.2 | 31.5 | 17.5 | 5.6 | 7.0 |
| 45~64 岁 | 100.0 | 33.0 | 33.3 | 21.2 | 4.8 | 7.6 |
| 65 岁及以上 | 100.0 | 20.2 | 64.8 | 7.1 | 1.7 | 6.2 |
| **按受教育程度分组** | | | | | | |
| 小学及以下 | 100.0 | 26.2 | 50.9 | 10.5 | 4.7 | 7.8 |
| 初中 | 100.0 | 32.5 | 32.3 | 22.9 | 5.0 | 7.4 |
| 高中（中专 / 职高 / 技校） | 100.0 | 33.9 | 35.0 | 17.5 | 5.9 | 7.6 |
| 大专、大学本科及以上 | 100.0 | 34.3 | 33.4 | 19.3 | 5.2 | 7.8 |
| **按旅游目的分组** | | | | | | |
| 观光游览 | 100.0 | 33.9 | 34.3 | 16.6 | 10.8 | 4.3 |
| 休闲度假 | 100.0 | 34.2 | 35.9 | 19.4 | 6.1 | 4.4 |
| 做生意 / 外出办理公事等 | 100.0 | 66.5 | 33.5 | — | — | — |
| 探亲访友 | 100.0 | 31.2 | 41.9 | 17.6 | 1.9 | 7.5 |
| 文娱 / 体育 / 健身 | 100.0 | 38.4 | 37.2 | 14.1 | 3.0 | 7.3 |
| 养生 / 保健 / 疗养 | 100.0 | 29.5 | 15.7 | 19.3 | 0.7 | 34.8 |
| 其他 | 100.0 | 31.3 | 29.9 | 26.1 | 0.5 | 12.3 |

**责任编辑：**王　军
**责任印制：**冯冬青

**图书在版编目（CIP）数据**

旅游抽样调查资料. 2020 / 中华人民共和国文化和旅游部编. -- 北京 : 中国旅游出版社, 2020.11
ISBN 978-7-5032-6601-0

Ⅰ. ①旅… Ⅱ. ①中… Ⅲ. ①旅游业－抽样调查统计－统计资料－中国-2020 Ⅳ. ①F592-66

中国版本图书馆CIP数据核字(2020)第202398号

**书　　名：**旅游抽样调查资料 2020

**作　　者：**中华人民共和国文化和旅游部编
**出版发行：**中国旅游出版社
（北京静安东里 6 号　邮编：100028）
http://www.cttp.net.cn　E-mail:cttp@mct.gov.cn
营销中心电话：010-57377108，010-57377109
读者服务部电话：010-57377151
**排　　版：**北京旅教文化传播有限公司
**经　　销：**全国各地新华书店
**印　　刷：**北京工商事务印刷有限公司
**版　　次：**2020 年 11 月第 1 版　2020 年 11 月第 1 次印刷
**开　　本：**787 毫米 ×1092 毫米　1/16
**印　　张：**20.5
**字　　数：**380 千
**定　　价：**120.00 元
**ISBN**　978-7-5032-6601-0